波斯纳文丛
Collected Works of Richard A. Posner ｜ 苏力 主编

# 衰老、老龄与法律

[美] 理查德·波斯纳 ◎ 著　周云 ◎ 译

# AGING
## *and*
# OLD AGE

中国政法大学出版社

2023·北京

*Aging and Old Age*

By

Richard A. Posner

根据芝加哥大学出版社 1995 年英文版翻译

# 《波斯纳文丛》总译序

## 一

《波斯纳文丛》的翻译是个过程的积淀。

我 1993 年开始翻译波斯纳的著作，即 1994 年出版的《法理学问题》。此后多年也读了他不少著作。但这位作者的写作速度太快了，范围也太广，至今我还没有或没能力读完他的全部著作。自 1996 年起，鉴于中国的法学理论研究视野狭窄，概念游戏，普遍缺乏对社会科学的了解和人文学科的深度，也鉴于与中国法学人更多分享这位美国法官/学人（注意，这有别于抽象的"美国法学"）的专业和学术素养，我一直想编一部两卷本的《波斯纳文选》。在这种想法指导下，同时也为了精读，我陆陆续续选译了波斯纳的少量论文和众多著作中的一些章节，包括《超越法律》《性与理性》《法律与文学》《正义/司法的经济学》等著作。到 1998 年时，已经译了 80 万字左右。也联系了版权，但最终没有落实，未能最后修改定稿。译稿在计算机硬盘上蛰伏了很久。

1998 年，我感到早先翻译的《法理学问题》译文问题很多，除了一些令自己难堪的错失之外，最大的问题是翻译时我刚回国，中文表达已经相当生疏。当时我还有一种非常奇怪的观点，想尽可能保持英文文法，译文因此太欧化。这一定令读者很头痛。我为此深感内疚，决定重译该书，到 1999 年上半年完成了译稿。

1999 年 10 月，我到哈佛燕京学社做访问学者，更系统阅读了波斯纳的一些著作。也同样只为精读，我翻译了他当年的新著《道德和法律理论的疑问》。此后，由于"美国法律文库"项目的启动，中国政法大学出版社约我翻译波斯纳的《超越法律》全书，我也答应了。诸多因素的汇合，令我决心把这一系列零零碎碎的翻译变成一个大的翻译项目。

2000 年 5 月，在耶鲁大学法学院葛维堡教授和欧文·费斯教授的安排下，我从堪布里奇飞到芝加哥，同波斯纳法官会了面，其间谈到了我的打算和决定。临别时，波斯纳法官同意了我的请求。

2000 年 8 月回国后，我开始了一系列工作。时任中国政法大学出版社社长李传敢，编辑张越、赵瑞红等给予了积极并且很大的支持。会同出版社，我进行了颇为麻烦的版权联系和交易。与此同时，我也忙里偷闲，起早贪黑，特别是利用寒暑假，进行翻译，并组织翻译。因此有了目前的这一套丛书，完成了多年来的一个心愿。

## 二

上面的叙述表明这套文丛似乎是一个机会主义过程的产物，甚至，挑剔一点说，我也有减少自己"沉淀成本"（sunk cost）的想法。但总的说来，这套书的选择并非随意，而是有策划、有斟酌的。

我的选译有两个考量。一是学科范围——法学研究，特别是多学科、经验的法理研究；二是读者群，这包括法官在内的法律人和其他一些社会科学人。

中国目前的理论法学研究有不少弱点。首先是自我限制，搞法理就是钻研一些传统的概念，例如法治、正义、公正之类的，加一点时下流行的各种或多或少有点、甚至很强的意识形态意味的话语，依法治国、司法改革、现代化、全球化、人权等。这种"高级理论""大词法学"其实与作为实践的法律，特别是部门法，很少直接关联；乃至近来我听到有部门法学者半开玩笑半嘲弄地说：怎么你们搞法理的人如今全都搞司法改革了！这当然反映了司法改革日益为法学研究者关注；但也可能说明了一个问题：法理可能确实面临某种困境。这境况可能就如波斯纳批评30多年前美国法理那样，已进入了它的"暮年"。[1] 法理必须探求新路。司法改革的话题也许会带来一个刺激，形成一个"新的增长点"；但我们必须注意，这不是，也不可能是全部。我们必须开拓理论法学的研究视野。

当代中国法学研究的另一个重大弱点是，说是社会科学，但法学一直缺乏社会科学的特质，缺少经验研究，缺少实证研究。国内的法经济学、法社会学、法人类学诸如此类，也都一直停留在介绍的水平或应然的层面。既缺少量化的研究，也缺少细致精密的个案分析；甚至常常不能做一个不带个人意气的客观如实的生动描述。大约在中国人心目中文字本身是神圣的，如果你用文字客观描述了某种不那么理想的东西，这种客观又对"法治的理想"或"公认的原则"提出了某些质疑，那你就"需要提升价值"，把你的描述"调整"到符合这些理想和原则上来。在这种心态和氛围下，文字就成了一个过滤和筛选可研究和不可研究的、可言说和不可言说的设置。一些学者不无道理地反对滥用"本土资源"的说法，[2] 但另一方面，又迅速利用了在中国历来占强势的道德话语，开掘出了政治正确的本土资源。"法学是一个古老的学科"这样一个其实并不符合事实的事实描述被用作法学应坚持教义学、修辞学和决疑术的老传统、拒绝社会科学研究新传统的规范理由，成了拒绝法学与时俱进的信条。对于中国法治发展非常必要的法学专门化，在某种程度上，也成了创造知识神秘、故弄玄虚、拒绝普通人进入、以期获得因职业垄断而产生的高额货币和非货币租金的一种工具。当然，这不是普遍现象，但这种现象在扩展。更普遍的情况则是法学家就所谓的"法律问题"笼统发发感慨，提提看法，写点社

---

〔1〕 Richard A. Posner, *Overcoming Law*, Harvard University Press, 1995, p. 70.

〔2〕 其实任何"滥用"都是应当反对的。但问题是什么是滥用或不滥用的边界？"滥用"被用作标签，贴在基于本土经验反对意识形态化的法治的任何尝试上。

评。这些感慨、看法并没有多少法学的，甚或任何学术的意味，但在社会的大量现实交易中，值钱与否不全取决于货品的质量，而往往取决于货品的品牌，法学圈内也不例外。在我看来，真正能减少——不可能消灭——这种现象的可能是学术的竞争，包括并特别是来自其他社会科学知识和方法的竞争。也就是要"超越法律"。

因此，这套书的预期读者也许首先是法学研究者、部分有些理论兴趣的法律实务者，包括一些法官。中国法官的状况一直是我的关切之一。中国法官目前知识和专业素质仍需提高，即使少数法官有较高学历，但学历不等于明智；要适应一个现代社会、一个工商社会，还有很大距离。这种状况不可能在短期转变，哪怕是对法律职业资格考试也不应指望过高。因为中国的法学教育本身也面临急迫的知识转型问题。我当然不指望读点书就改变法官状况了。但至少，这些著作会给某些或未来的法官一些提醒。中国的法官或迟或早不同程度上也都可能遇到波斯纳法官遇到的一些问题。

这套书最多的、最认真的读者最终也许是如今在校的学生，即使是为了学生，翻译这套书也是值得的。甚至，我预期这套书的潜在读者不全是法学生，有可能是社会学、政治学、经济学乃至文史哲的学生和从事这类研究的人。因为，波斯纳的著作做到了他的追求，大意是，法学应当让外行人也感到有意思。[3]

因为这个目的和为了这些读者，我选书时大致坚持了三个相互关联的标准。其一，尽可能涵盖波斯纳涉猎的领域，反映一个全面的波斯纳；因此，其二，尽可能包容广泛的读者，不局限于法学；其三，希望这些著作能展示法学的交叉学科研究以及法学对其他学科的可能贡献。

最后这一点也许应多讲几句。近年来，一些法学家和学生感到了经济学和社会学的帝国主义，一些喜欢思考又有一定理论思辨能力的学生往往

---

[3] Richard A. Posner, *The Problems of Jurisprudence*, Harvard University Press, 1990, p. xiii.

喜好读其他学科的书，甚至感到在现有知识体制中，法学的贡献很少。我相信，波斯纳的著作可以消除人们的这种错觉。法学可以是有趣的。也许法学没有为其他学科的发展提供什么总体思路和方法论的贡献，但读了波斯纳的这些书后，读者会感到法学家的知识同样可能对理解其他学科有所贡献，特别是在细节的理解和制度处理上。也许由于实践和世俗的特征，法学的知识贡献注定不是宏大理论，而是微观的制度性理解和处置；是要把事办妥（而不是办"正确"）。

这里所选著作都与法律有关，却也与其他某些学科和问题相关。《法理问题》[4]、《超越法律》和《道德和法律理论的疑问》，是波斯纳法理著作的"三部曲"，与诸多法理流派，与法哲学、法社会学、政治哲学和道德哲学有关。《正义/司法的经济学》有很大一部分与初民社会以及一些非正式社会控制有关，其余部分则与私隐、歧视有关。《法律理论的前沿》更涉及了经济学、历史学、心理学、认识论、统计学的一些问题。《法律与文学》不仅讨论了文学，包括经典文学和大众文学，也还涉及阐释学和解释理论，甚至一些知识产权法。《性、理性与法律》[5] 从问题上看，就与性、家庭、婚姻、同性恋、色情和情色读物有关；另一方面，作为知识传统，它还汲取了社会生物学（在西方通常称之为演化心理学）的许多洞识。《衰老、老龄与法律》[6] 则分别与老人、老龄化和社会学有关。《反托拉斯法》与经济学和政府规制有很大关系。《联邦法院》不仅研究了一个具体的（美国联邦的）司法制度，而且同政治学、特别是司法政治学、制度理论有关。《公共知识分子》与（特别是法学）知识分子和知识社会学有关。所有这些"有关"都是相对的，"文丛"中几乎每本书中都涉猎了许多不同学科的知识，都是真正的交叉学科研究。比较而言，前六部著

---

[4] 此书原名为《法理学问题》。

[5] 此书原名为《性与理性》。这一译名未能凸显原作者从法律经济学的理性视角对相关"性"的问题的学术分析和处理，因此影响了其在中文法学界的阅读和接受。现改译为《性、理性与法律》。

[6] 此书原名为《衰老与老龄》。

作的主要关切更多是法学理论；后五部著作尽管同样涉猎广泛，相对说来，更侧重法学理论在特定领域的运用。研究结论不一定都对，因此不要将之作为结论、作为权威、作为真理来引证，而只应作为进一步研究甚或是批判的起点。它们也未必涉及了这些学科最前沿的知识，也可能没坚持一个融贯一致的学科理论体系；但这也许就是法学的要求和命定。法学强调实践，法官必须在有限时间内处理问题，他们不能等所有的知识都齐备了才按部就班作出惟一正确的决断，法律不允许他等到"黄花菜都凉了"。司法至少有时就是，概括波斯纳的话，头脑清醒地对付或凑合过去（muddle through）。[7]因此要调动一切知识资源，在现有的制度框架中不但是要干事，而且是要干成事。

这就是实用主义，至少是波斯纳牌号的实用主义，这是一种新的法理。

## 三

对于波斯纳，许多中国法律人都已熟悉了他的名字和一些著作，但有不少误解。因此，我要多几句嘴，做一个尽可能简洁但平衡的介绍。

波斯纳，1939 年 1 月 11 日出生在纽约的一个中产阶级犹太家庭，父亲是律师，母亲是一位"非常左倾"（波斯纳语）的公立学校教师。16 岁进耶鲁大学，1959 年，波斯纳以最优生毕业于耶鲁大学英文系，1962 年以年级第一名毕业于哈佛法学院。在法学院学习期间，他担任《哈佛法学评论》主编（president，这一职务通常由年级成绩最优者担任）。他没有 Ph. D 学位，但曾获得过包括耶鲁、乔治城等国内外大学的荣誉法学博士。1962 年毕业后，直到 1967 年，他曾先后在联邦最高法院担任大法官布伦南的法官助理，并先后任职政府其他机关。也在这一时期，波斯纳部分因"工作需要"开始接触并自学经济学，形成了他的学术思想。1968 年，他

---

〔7〕　Richard A. Posner, *Overcoming Law*, Harvard University Press, 1995, p. 404.

加入斯坦福大学法学院，成为副教授；次年，他来到芝加哥大学法学院，任教授；1973 年以一部《法律的经济分析》给整个法律界带来了一场"革命"（《纽约时报书评》语）；1978 年后任芝大法学院讲席教授。1981 年，里根总统提名他出任位于芝加哥的联邦第七巡回区上诉法院法官至今，在 1993 年至 2000 年间因资深出任该法院的首席法官，兼管该法院的一些行政事务（2017 年夏，波斯纳法官宣布退休）。

任职法官期间，波斯纳仍一直任芝大法学院高级讲师；每年至少上两门课。同时，他每年撰写 80 件以上的上诉审判决意见（这意味着每周近 2 件），这个数量之多位居撰写司法意见最多的美国联邦上诉审（包括最高法院）法官之列（比美国联邦上诉法院法官撰写司法意见的年均数高出 2 倍以上）。重要的是，不像绝大多数法官由法官助理捉刀代笔，波斯纳从来是自己披挂（或许应称其"赤膊"?）上阵。他说出来的话，我遇到的一位他的前法官助理说，直接打出来就是一段文稿，几乎不用修改。

不仅产出数量多，而且质量高。他的上诉审判决意见位居被其他联邦上诉法院引用最多之法官的前茅，事实是排名第一（高出平均值约 3 倍）。他的学术著作也如此，1999 年的几个研究分别发现，1978 年以后出版的他人引证最多的 50 本法学著作中，波斯纳一个人就占了 4 本（都在前 25），数量第一；他的总引证率也是有史以来最高的（7 981 次），比位居第二的学者（德沃金，4 488 次）高出近 80%。〔8〕一个有关波斯纳的校园幽默是，"谣言说，波斯纳每天晚上还睡觉"。

数字也许太枯燥了，而有关波斯纳的才华、勤奋、博学的趣闻轶事也

〔8〕 关于波斯纳的司法意见的引证率，请看，William M. Landes, Lawrence Lessig, and Michael E. Solimine, "Judicial Influence: A Citation Analysis of Federal Courts of Appeals Judges", *Journal of Legal Studies*, vol. 27, 1998, pp. 288, 298; 以及，David Klein and Darby Morrisroe, "The Prestige and Influence of Individual Judges on the U. S. Courts of Appeals", *Journal of Legal Studies*, vol. 28, 1999, p. 381. 在前一研究中，波斯纳名列第一；在后一个研究中，波斯纳由于种种原因名列第三。关于最常引用的法学著作以及著作引证率的研究，请看，Fred R. Shapiro, "The Most-Cited Legal Books Published Since 1978", *The Journal of Legal Studies*, vol. 29 (pt. 2), 2000, pp. 397-406, tab. 1; Fred R. Shapiro, "The Most-Cited Legal Scholars", *The Journal of Legal Studies*, vol. 29 (pt. 2), 2000, pp. 409-426.

很多。这里就说两件吧！一是他在联邦最高法院当法律助手期间，有一次，全体大法官们投票对某案作出了决定，并指定由大法官布冉能撰写司法意见。按照惯例，司法意见一般都由法律助手撰写初稿。但不知是由于布冉能说反了，还是波斯纳听反了，甚或其他，波斯纳反正是撰写了一份与最高法院的决定完全相反的司法意见。然而，这份意见不仅说服了布冉能大法官，而且说服了最高法院。最高法院的决定也就顺水推舟按着波斯纳的意见办了。[9]当然可以赞美这些大法官们的平等待人，从善如流，大家风范；但就本文而言，这更证明了波斯纳真正是才华横溢（当然不同的人还可能从中得出许多其他正面、负面甚或是解构主义的感想：令人怀疑那些被——尤其是被某些中国学者——神化了的美国大法官们的责任心、智慧和勤勉程度，以及案件的不确定性，等等；随便想去吧！）。记得张五常曾记述了他所谓的“经济学历史上最有名的辩论聚会”——科斯为《联邦通讯委员会》一文同包括弗里德曼等9位大经济学家展开论战，最后让对手统统缴械的学术佳话。[10]　不讨论学术意义，若仅就事件本身而言，波斯纳的这一轶事足以同科斯的故事媲美，甚至有过人之处：因为波斯纳是在一个具有高度政治性和等级性的领域，他是作为下属，而不像科斯是作为平等的学者参与了学术的论战——我们知道不同领域内的游戏规则是不一样的；并且这有关一个已初步投票定下来的案件。

　　另一轶事发生在2000年。在波斯纳任职的联邦第七巡回区上诉法院的一个决定中，多数派法官否决了波斯纳志愿临时充任地区法院法官审理时作出的一个裁决。[11]但就在这一司法意见的头一个脚注中，波斯纳的同事法官写道：

---

　　[9] *Sanders v. United States*, 373 U. S. 1, 83 S. Ct. 1068（1963）. James Ryerson, "The Outrageous Pragmatism of Judge Richard Posner", *Lingufeature: The Review of Academic Life-Online*, May, 2000, vol. 10, no. 4（http://www. linguafranca. com/0005/posner. html）. 又请看, Larissa MacFarquhar, "The Bench Burner", *New Yorker*, December 10, 2001.

　　[10]《五常谈学术》，花千树，2000年，第196~198页。

　　[11] *Bankcarp America, Inc. v. Universal Bancard Systems, Inc.*, 203 F. 3d 477（7th Cir. 2000）.

　　当时，联邦地方法院急需新增法官来决定此案，我们的首席
法官波斯纳自愿承担了这一地区法官的工作，听审了此案，这充
分证明了他对工作的献身精神。当然，法官波斯纳还同时履行了
他在本院的全部工作。并且，作为我们巡回区的首席法官，他还
完成了大量的行政管理职责。他所做的甚至还远不止这些。他撰
写的书要比许多人毕生阅读过的还多。更重要的是，当时，他正
利用业余时间，在联邦政府针对微软公司的反托拉斯大案诉讼
中，作为某法院任命的特别调解人，努力工作。显然，波斯纳法
官的工作实在是太多了，远远超出了人们的承受能力。这充分证
明了波斯纳法官的才华，他能同时处理这么多的角色，并且还是
如此严密、杰出和潇洒。（着重号为引者所加）

　　由衷的赞美和敬佩之情，可谓溢于言表。这两件事都足以说明波斯纳的
才华。（当然，我们从这里也可以看到我们大力赞美的美国司法判决书的另一
侧面。）

　　波斯纳的思辨极为精细，文风非常犀利，可以说是锋芒毕露，在学术批
评上毫不留情，只认理，不认人。但在日常生活中，同他有过哪怕是简短交
往的人都认为他是一位非常绅士的人，对人礼貌、周到，说话谦和、平等、
幽默。上面引用的他同事的司法意见，就是个明证。

　　也许是——但显然不是——因为学了法律，当了法官，波斯纳是位务实
得近于冷酷的人，与那些高唱人文精神的浪漫主义的、理想主义的学者形成
了强烈反差。一次午餐间，波斯纳与知名女古典学者努斯鲍姆，争论了一些
问题。过了会，波斯纳好似没头没脑地告诉努斯鲍姆，自己的一个发现：他
波斯纳本人是位浪漫主义者，而努斯鲍姆等所谓的浪漫者其实是功利主义者。
为什么？波斯纳以功利主义世界观闻名，努斯鲍姆甚至称波氏是狄更斯小说
《艰难时世》中把一切关系都货币化的葛擂硬。后来，努斯鲍姆，突然理解了
波斯纳的这一判断，认为这一判断入骨三分的准确。波斯纳的发现是，同其

他许多浪漫主义道德哲学家一样，努斯鲍姆从本质上认定"人应当幸福，这是生活中最重要的"。波斯纳本人，则如同尼采，认为生活的一切都是挣扎和痛苦，并不存在什么最大多数人的最大幸福；对于一个人来说，只有英雄的和创造性的成就才重要。是的，波斯纳就是这样一个尼采式的浪漫主义者，他视人生为一个不断创造和突破自己的过程，要在人生的苦役和虚无中创造意义。相反，那些认为人生就要不受限制地满足自己情感、希望、意欲的浪漫主义者，在这个意义上，恰恰是最现实、最功利的人。难道坚持要到一个叫"前面"的地方去的鲁迅[12]不比"在康河的柔波里，我甘心做一条水草"的徐志摩[13]更浪漫，更英雄主义吗?!

波斯纳对自己和他人的这一发现的意味又何止这些? 甚至，仅从这一发现中，我们也可以感受到波斯纳高度抽象的思辨能力，对语词与事物关系的把握，以及他对人和事物的总体把握和平衡?!

这是位绝顶聪明的学者。

## 四

1999 年底，《美国法律人》杂志年终刊评选了 100 位 20 世纪最有影响的美国法律人，自然有霍姆斯、汉德、卡多佐等已故法官、学者，也有不少实务律师、法律活动家。对其中 13 人有专文介绍，其中之一是波斯纳。当时的哈佛法学院讲座教授、现任斯坦福法学院讲座教授劳伦斯·莱西格（曾担任波斯纳的法律助理）撰写了一篇极为精炼且很有意味的波斯纳简介、题为《多产的偶像破坏者》，[14] 也许有助于我们理解一个全面、复合的法官、学者波斯纳。经莱西格教授同意和杂志社授权，我将这一短文翻译如下，作为这篇文字的结尾，必要的地方我还加了脚注。

---

〔12〕 "过客"，《鲁迅全集》卷 2，人民出版社 1981 年版，第 188~194 页。
〔13〕 "再别康桥"，《再别康桥：徐志摩诗歌全集》，线装书局 2003 年版，第 217 页。
〔14〕 Lawrence Lessig, "The Prolific Iconoclast: Richard Posner", *The American Lawyer* (December, 1999), p. 105.

自 1981 年以来，理查德·波斯纳一直担任美国第七巡回区上诉法院法官，自 1993 年以来，还一直担任首席法官。[15] 他是著述最丰的联邦法官，前无古人。任职上诉法院、却仍然位列最多产的法学家，同样前无古人。如果引证率可以测度影响力，那么当仁不让，波斯纳是在世的最有影响的法学家，他已有 30 本书，330 篇论文，以及 1680 篇司法意见，[16] 都是引证最多的；同时属于挨批最多之列。

人说波斯纳是保守主义者，是法律经济学创建者之一。但真正的保守主义者会质疑他是否忠诚（他怀疑宪法律的初衷论，还批评"禁毒战"）。对法律经济学的影响，他也不限于一位创建者；在这一运动中，他是亨利·福特，而不是詹姆斯·麦迪逊[17]：他把一套关于法律规则连着社会后果（规则如何影响行为；行为如何更能适应相关法律规则）的实用主义见解投入生产，把这套方法用于无穷无尽的法律课题，用于一切，从合同和反托拉斯到宪法的宗教条款和法官行为。

法律经济学的某些新领域看上去有点别扭，但这是任何新领域的特性，却不是这个运动的特性。哲学家也许还在为法律经济学的哲学基础烦心，但随着这一运动的成熟，走出其早期的政治争论，法律经济学已改变了整个法律领域。如今，我们全都是法律经济学家了！法律经济学出现之前的法学院毕业生已经看不懂今天的公司法和反托拉斯法了；尽管今天 40 多岁的人，也许因受过管教，对法律经济学的简约论、反再分配倾向还疑心重重，但法律经济学的洞见如今已是常规科学。当年罗伯特·鲍克的《反托拉斯法的悖论》第一版用了法律经济学的许多论点（其中许多都出自波斯纳），他嘲

---

〔15〕 波斯纳已于 2000 年卸任该院首席法官。联邦上诉法院的首席法官并非政治任命，而是由最早任职该法院的在任法官担任，任期 7 年。

〔16〕 这都只是 1999 年的数字。10 年后波斯纳仅专著就增加到 50 多部。

〔17〕 亨利·福特是美国汽车大王，不仅自行设计了第一辆汽车，更是通过产业化，让汽车走进了千家万户；詹姆斯·麦迪逊是美国宪法的主要设计者之一。作者以这两人形象化了波斯纳的贡献。

笑联邦最高法院反托拉斯法的学理；但到第二版，鲍克就不得不承认，尽管有点扭捏，最高法院基本得救了。

但波斯纳厌倦常规科学。尽管《法律的经济分析》——如今已经出到第五版[18]——涵盖了全部法律地带，他晚近的兴趣却还是盯紧了这一学科的前沿。过去几年间，波斯纳写作题目之一有关性的规制，其中一本有关艾滋病。他还把经济学的镜头对准了老龄化。他考察了引证率，努力测度了一位非同小可的法官本杰明·卡多佐的影响。他还是"法律与文学"运动的中心人物之一，并在法理、道德理论和司法行政管理问题上著述甚多。在1995年的《超越法律》中，他坚定地承诺，很能代表他的个性：没有单独的哪种进路，包括法律经济学，能一劳永逸地把握法律的复杂性。

如果波斯纳心中有英雄，那也不是经济学，不是美国联邦党人，更多是霍姆斯。波斯纳的作品很有霍姆斯作品的特点，有朴素、直率之美（波斯纳的司法意见中从不用脚注）。他也完全分享霍姆斯的司法哲学风味，实用主义加对高等理论的怀疑。他的手笔也完全是霍姆斯的；而且波斯纳也真有手笔。与大多数法官不一样，波斯纳真的亲自动笔撰写司法意见。他雇法律助理来质检，自己则下地干活。在法官权力如此巨大的制度中，这是一种伟大的德性。写作会约束人。当一篇司法意见"不管怎样，就写不下去"时，波斯纳就会改变观点。

因为波斯纳有他自己的生活。波斯纳的父母都是左翼（一个著名故事令他把自己的玩具火车送给了卢森堡夫妇[19]的孩子），此后他逐渐右转。[20] 他当年学的是英语文学；如今影响却是在经济学。他当过亨利·弗兰德利法官和威廉·布伦南大法官的法律助手，后

---

〔18〕 2014年已经第9版了；Richard A. Posner, *Economic Analysis of Law*, 9th ed., Wolters Kluwer Law & Business, 2014.

〔19〕 卢森堡夫妇50年代初因被指控为苏联的原子间谍而处死；成了美国历史上唯有的被处死的白领人士。

〔20〕 事实上，2008年后，波斯纳明显左转；如今他大致是中派。

来又是瑟古德·马歇尔的下属,[21] 但波斯纳的思想属于他自己,似乎一点没受这些导师的影响。无论是主动还是被动,他的变化都来自他的质疑,或来自他质疑的对象。无人可以主导他,只有他自己。

这位法官还有更杰出的特点。波斯纳写作从不迎合他人（他的新作《国家大事》,有关克林顿弹劾,肯定不让任何人舒服）。这倒也不是说他写作就想给人添堵,让人犯难。这就使他有别于那个以符合民意为写作宗旨的世界,也使他有别于公共领域生活的几乎所有人。也因此,哪怕有各种再好理由,波斯纳也根本不可能被任命为联邦最高法院大法官。他从没想要保持智识上的诚实,他只是诚实而已。他令过于简单的对立双方都很失望。他写作严肃且涉及广泛,目的只是参与。

这是位不算计的经济学家和公众人物,尽管这有点反讽,在他身上,确实有些罕见且非同寻常的东西。但这才反映了波斯纳最深刻的信念:一个学者,进而一个法官,最大罪过就是循规蹈矩。

我们的制度不奖励他的这种德性。但,这仍是一种德性。

希望本丛书的出版不仅仅有助于理解波斯纳以及与他相关的学科,还有助于理解我们自己以及我们的事业。

苏 力

---

〔21〕 这些人都是著名法官。弗兰德利是第二巡回区上诉法院法官。后两人都曾长期担任联邦最高法院大法官,是自由派大法官的"灵魂"人物和中坚;马歇尔（Thurgood Marshall）还是美国历史上第一位黑人大法官。但波斯纳早期一直被视为保守派法官。

# 不知老之将至
## ——代译序

一

1995年，56岁的波斯纳法官出人意料地出版了《衰老、老龄与法律》。出人意料不在于波斯纳贪得无厌地继续推进了从经济学进路研究非市场行为这样一种视角，而在于他把学术目光从性的领域[1]投向了老龄化这样一个在法律学术界一直不大看重的领域。的确，这个问题远不如性那么有意思，那样争议不休，那样容易引人注目。[2] 出人意料还在于，这本书在波斯纳的学术传统和生涯中似乎有点横空出世的感觉。在波斯纳此前发表的论文著作中，几乎没有迹象显示他关注过或正关注着这样一个问题；尽管事后看他的《正义/司法的经济学》已涉猎了这样的问题。在某种程度上，这个问题也是1992年他在《性、理性与法律》中讨论的生育问题的另一种延伸。写作此书时，波斯纳本人身处壮年，在美国法官中

---

〔1〕 Richard A. Posner, *Sex and Reason*, Harvard University Press, 1992.

〔2〕 这部著作也许是波斯纳著作中，学人评论最少的一部。搜寻相关的书评只发现3篇：Thomas S. Ulen, "Book Review Essay: The Law and Economics of the Elderly", 4 *Elder Law Journal* 99, Spring, 1996; Patrick E. Longan, *Elder Law Symposium: Book Review: the Law and Economics of Aging and the Aged*, 26 *Stetson Law Review* 667, Winter, 1996; Paul H. Brietzke and Linda S. Whitton, "Book Review: An Old (er) Mastrer Stands on the Shoulders of Ageims to Stake Another Claims for Law and Economics", 31 *Valparasiso University Law Review* 89 Fall, 1996.

则当属中年，因此老龄问题似乎也不是他这位法官的人生问题。而且，老龄问题在美国社会中也并非一个学术热点。就这样冷不丁，波斯纳拿出了一本不仅令法学家感到意外（这本书是波斯纳著作中最少有法律家书评的一本），而且许多人口学者甚至专门研究老龄化问题的学者也不能不予以赞许的著作（我在网上就发现这本书被列入了一些人口研究院推荐研究生阅读的著作）。

作为法官，波斯纳在这部著作中当然讨论了许多与老人有关的法律问题，例如老人的医疗保健、老人犯罪、就业年龄歧视、老人退休金和福利以及安乐死等领域的法律问题，在这个意义上，它是一部法学的著作。但这更是一部有一定开拓意义的社会学著作。基于并发展了经济学家贝克尔提出的人力资本理论，波斯纳从理论上分析了一系列与老人有关的社会问题，不仅独具慧眼，而且相当犀利，有些结论具有相当广泛的政策法律寓意，有许多都具有启示。

例如，波斯纳指出，相比起来，老人比年轻人更加稳健（或保守），因此当一个社会老龄化程度比较高时，当其他变量稳定时，该社会可能就会相对稳定。这一点，也许对理解 1960 年代西方社会的动荡有一定启示，当时正是西方国家二战后"婴儿爆炸"一代人进入社会的年代；甚至对理解中国 1960 年代到 80 年代的社会状况，以及中国今后的发展趋势，也不无启发。这种理解社会情势的视角——就我所知道的而言——是非常独特和新颖的，可以扩大政治社会学研究的视野。

又比如，许多人口学家都指出，老年人的消费习惯与青年人的消费习惯不同，由于收入的前景相对固定，老人一般比较节约，当其他变量稳定时，老龄化可能带来经济的衰落。但波斯纳认为，这不是必定。由于老年人的消费与青年人的消费不同，老人往往是"纯"消费，可能更多是旅游、保健、医疗，因此这种需求也可能增加社会的消费需求，甚至老龄化会带来社会产业的变迁。

又比如，世界各国的人口预期寿命都是女比男长，这种差距还有增大的趋势，人们通常认为这理所当然——因为这是"自然的"。而波斯纳提出了一系列论点论证，社会也许应把医疗保健的投入从妇女转向男子，延长男子的预期寿命，缩小男女预期寿命的差别。从总体看来，这对社会中无论男女老人的福利都有好处，因为至少老年女性会更少一些孤独的岁月。

波斯纳还分析了为什么老人在美国以及其他现代发达国家不能获得他们在传统农业社会中的尊敬和热爱。这种分析对于转型社会的中国显然是一个告诫。按照历史唯物主义，"孝"作为一种政治意识形态必定是同一定的生产力水平和生产关系相联系的，因此我们今天的市场经济将并且确实正侵蚀着传统的"孝"，至少社会正在发生一些显著的变化。我们必须未雨绸缪。

我介绍的这些要点都很简略，显然也会有争议；具体可以看波斯纳书中的论证。我想说的只是，尽管这些问题都很专门，似乎很雕虫小技，但对这些问题的分析论证，我敢说，都不是一个简单的法律专门家甚或法学理论家可以提出的。这种眼光、其中隐含的这种气度都属于一个大学者，他必须同时具备了对具体问题的关切、宽阔的视野和广泛的社会科学和人文学科的知识。一个法条主义者或社会科学专家很难有这样的眼光，一个只关注正义、法治等大词的宏大理论家也不可能看到这些琐细问题中的重大社会政策意义。

从 1999 年开始，中国进入老龄化社会；在中国城市地区实行了 20 年的非常严格的"只生一个好"的国策已经在很大程度上改变了中国人口的年龄构成。因此，这本著作对于当代中国至少是一本有重要实践意义的著作。但是，它也可以帮助我们重新理解与老龄化相关的一系列社会的和法律的理论问题，为中国的未来可持续发展至少增加一些学术思想的准备。它还可能为一些年轻的法律学者和实务工作者提供指南，看到一个尚待开拓的法律业务领域。中国的法治也将在这些似乎很不起眼的努力中逐步建立和完善起来。在这个意义上，这是一部对中国学界——不仅仅是法学界——

很及时的著作。

但是，这篇文字并不打算讨论这些问题。我想基于波斯纳的研究，简单地讨论这些研究对中国司法改革的一个方面，即对任免法官的政策寓意。

二

波斯纳在本书中扩展了他首先在《正义/司法的经济学》第三编以及在《超越法律》第25章中提出的"多重自我"的概念，把这个本来属于不同空间的概念延伸到不同的时间领域内。我们习惯于认为每个人都有一个自我，并往往把这个自我实体化了，视其为一个人从小到大固定不变的东西。波斯纳，在汲取了社会学家高夫曼"角色理论"的基础上，认为对"自我"不能作本质主义的理解。人事实上在不同的场合会呈现出不同的自我，例如在熟人堆里可能老实巴交，但在陌生人堆里则可能行为令人不可思议。这种情况是常见的。许多人往往因此会认为，前者是一种伪装，后者才充分暴露了他/她的真实面目，是真实的自我；甚至有时我们对自己也这么看。但在波斯纳看来，人是很复杂的，所谓的自我其实是人在社会与现实间互动的产物，是一种人为；人为不等于虚假，是由各种社会交往的收益成本构建起来的。

依照这样一种构建主义的思路，波斯纳在书中进一步指出，一个人到老年时，由于身心与年轻时相比发生了变化，以至于可以说与他年轻时已不是同一个人了。波斯纳以自己母亲为例。他母亲60多岁时，看到一位老人坐在轮椅上，说：以后我要是变成这样，就杀了我。二十年后，当他的母亲也靠轮椅行动时，她就不想死了。波斯纳认为这一变化是由于老人的心境有了根本变化，这两个自我同样是真实的。但年轻人往往不了解老年人的心态。据此，波斯纳认为"衰老"不只是一个生理变化过程，还是包含心理和智力变化的过程。这一点在我们生活中是常见的。一个年轻时的激进者到了晚年可能自觉不自觉地变成了一个保守派。即使也有些老人希望并有意表现得还像年轻人那么激进，那么敢说话，那么无所畏惧，但他的话题和处理话题的方式其实还是非常老派的。例如今天有些老人把什么问题都往政治上拉，往封建传统上拉，往他关心的问题上拉，他的这种"年轻"虽然会让少数年轻人开心，但会让更多年轻人敬而远之。这种做作出来的激进其实正反映了其保守。

老年人与青年人的一个重要差别是智力。这一点人们都接受，并往往认为老人不如年轻人。借助心理学上的"晶体智力"（crystallized intelligence）和"流体智力"（fluid intelligence）的概念区分，波斯纳指出，上面的判断实际上是人们选择性抽样和概括的结果。根据大量历史上的人物和故事，特别是美国的一些著名法官，他建构了一个人的能力随年龄增减和工作需求变化的关系曲线。他指出，一般说来，年轻人的流体智力较强，晶体智力较弱，换言之，他们学习创造的能力较强，知识更新快，但这些知识都未能身体化，经验累积少。老人则相反。一般说来，在完全衰老之前，每个人都会随着年龄增加而某些能力加强，有些能力则会随着年龄增加而减弱。

社会对人的能力需求并不单一，社会具体职业对人的能力要求也不相同，有时甚至很不相同（想像社会对艺术家和工程师的不同要求吧）。因此，波斯纳认为，老人和年轻人之间的智力差别不必定构成一种对立，过分夸大智力或趣味上的代沟是过度概括的结果。老人与年轻人之间的智力差别实际上可以互补，从而为深入细致的社会分工创造前提条件。事实上，这种分工在任何社会中都一直存在。在初民社会中，外出狩猎或冲锋陷阵的往往是身强力壮的年轻人，老人则更多决策；农业社会中，年轻人外出务农，老人在家照看孩子；都属于这样的例子。波斯纳进一步系统分析了不同行业里的一些历史名人的年龄与创造力的关系，指出在今天，在诗歌、艺术、数学等学科中，真正做出贡献的往往是青年人；但在有些领域，往往只有年长者才能有所贡献。这都表明，年龄确实是职业分工的一个重要因素。

在波斯纳看来，司法是后一种职业的典型代表。因为司法（与法学研究不同，甚至与法律实务也不同）比较适合老人。其主要理由在于，首先，法律是一个强调稳定性的工作，因此是一项"保守"的事业。其次，司法不仅仅需要知识和想像力，更需要对社会生活的洞察力和审判经验的累积，而这些因素——相比而言——都恰恰是年长者的优势。最后，晶体智力的形成需要时间，这是一种很难说清的知识，不是通过说理获得的，像医生、律师、法官等许多职业（profession）一样，必须通过长期的实践才能获得。冯象曾说人们不放心17岁就从法学院毕业的神童去讨债；同样，人们恐怕也很难接受17岁的外科医生做脑颅外科手术，即使他在学校门门功课考试都得了满分。因此，在这些职业领域内的这种私人的"年龄歧视"，作为一种普遍的社会现象，其实是有一定道理的。

正因为这种晶体智力的形成需要时间，一旦形成后衰变率也比较低，因此在历史上，法学家常常比较年长。波斯纳特别细致地分析了美国法律史上两位最伟大的法官霍姆斯和汉德的司法意见撰述，发现他们直到80多岁，无论是思维能力还是写作能力都没衰减的迹象，有力地例证了这一规律。

## 三

波斯纳的话语背景是英美法，针对的是关于美国法官是否要强制退休的问题。在英美法传统中，理想的法官是法律人加政治家（lawyer/states-man），不仅要懂法律，还要在法无规定但必要时"发现"法律，而后者在欧洲大陆的法学传统中从理论上看完全属于政治家的责任。在欧陆法系中，更多要求法官是精通法规、严格执法的专家，并且法院内部的专业分工也更细，因此，波斯纳的这一关于法官的分析不能普世适用。中国的司法体制基本沿袭的是欧陆法系的传统，法官退休和国家公务员是相同的；自然，波斯纳的分析也不可能完全照搬。

但是，波斯纳的分析对我们的司法制度研究，特别是法官的选任和退休制度的改革设计仍可能有所启发。

第一，既然各个行业对知识能力的要求不同，因此就司法审判而言，必须重新考虑我们的法官选任标准。目前我国依据《法官法》和有关规定，首先要求是大学本科毕业，学法律出身更好；其次是要通过国家的统一司法考试（2018 年改称为"国家统一法律职业资格考试"）。这种要求标准应当说是基本的，是最低的要求；但在目前中国普遍说来，甚至这个标准也很难做到，只能以各种各样的方式——包括自学高考、专升本——来迁就（实际是降低）标准。中国的司法专业化还有漫长的道路要走。但是，波斯纳的细致分析还提醒我们：即使出任法官都达到了这两点要求，对于出色履行司法审判职责来说，这个标准可能还是太低了。也许担任一般的律师、检察官（他们其实是国家的刑事控诉律师），有了大学毕业或研究生毕业的资格，加上积极进取的工作态度和一定的办事能力，经过一段时间就可以胜任工作了。但对法官来说，这个标准可能不够。不够主要表现在两个方面，一方面是缺乏司法实务的经验，另一方面是对某些高级法官来说缺乏其工作所要求的政策水平（政治家能力）。甚至两年德国、日本式的司法培训也很难弥补这两方面的缺乏。

法官缺乏司法实务经验以及政策水平的问题在中国未来 20 年内甚至可能会更为突出，因为中国的现代化要普及到全国各地，恐怕至少还需要 20 年的时间。这就意味着，目前以城市为标准的法律到了一些相对偏远的地区会很难运作；一个法学院毕业生哪怕是学习考试成绩再好，恐怕也很难给"秋菊"之类的当事人一些满意的说法。在这些地方要当好法官，恐怕有无能力和意愿理解与法律相关的社会生活并恰当地调整制定法与生活之间的关系更为重要。另一方面的问题是，处于中国社会的这一转型期，面对"理想的"法律和"不理想的"现实，面对种种冲突但必须兼顾的利益，至少一些高级法院的法官在某些特定关节点上很难回避作出一个有先例意义的平衡判断，这种责任也不是仅有法学院毕业的学历就可以承担的，这种能力也不是研究生甚或教授的牌子就可以自动赋予的。

坦白地说——因此一定很得罪人的——中国目前的法学教育，包括号称要培养实用性法律人才的法律硕士教育，由于种种限制（教师、教材、教学经验、法务经验、教学时间、授课方式以及更开阔一点说法学教育传统），实际较难培养法律实用人才。绝大多数法律实用人才都是到了法律工作岗位上逐渐培养起来的。法学院的作用在很大程度上只是通过严格的考试制度，把社会中一些比较聪明的、因此可以指望他/她们有足够的智识能力——但未必有道德品质——能出色从事法律和司法的人筛选出来了，并传授了可通过课堂和书本传授的法律基础知识。无疑这些人当中已经产生了当代最优秀的法律实务人才，将会产生也应当产生中国出色的大法官，并且从长远来看，他们必将全面占据整个司法职业并进入相关的行业。对此我是有信心的，也满怀希望。但是，如果说这些刚毕业的学生，哪怕是博士，一出校门就能有效履行起司法的职能，就言过其实了，如果不是想讨好法学院的毕业生，那就一定根本不理解司法的特点。

这不仅意味着我们的法学教育需要全面深入的改革，更重要的是，就司法改革中的法官人选问题而言，我们也许应当把候选对象转到有多年法律实务经验、教学经验的律师、检察官以及法律教授身上，由此也必须提高初任法官的年龄，而不能仅仅重视学历。事实上，在美国没有任何法学院的毕业生——无论他在法学院多么出色——一出校门就担任法官的，而另一方面，美国的法官中几乎从来都没有什么有硕士博士的学位，所有的法官都只有一个号称法律博士实际相当于法学本科的学历。甚至直到20世纪中期，一些伟大的法官也没有获得法学学位（例如卡多佐）甚或根本没有进过法学院（例如罗伯特·杰克逊）。但是美国法官的能力是举世公认的。

根据波斯纳的研究，我们也许还可以考虑另一项举措（尽管目前可以暂缓推行），或许把法官的法定退休年龄推迟到70岁甚至到75岁。这是因为，假如法官更需要晶体智力，并且司法审判工作所需要的这种晶体智力往往到60岁之后仍然在增长，而不是衰落，那么，如果真的尊重人才、尊重知识，那么我们就必须注意充分利用和发挥法官在长期司法审判工作中累积起来的这类知识，而不是让一位法官在他的晶体智力风头最劲的时候就退休离职。对于中国这个司法知识传统起步较晚的国家，尤其应当考虑到这一点。

目前可以暂缓推行这一措施，适当加快法官的更替，可能是在职培训之外提升法官的平均知识能力和素养的最重要措施。但即使如此，我们也必须注意累积司法审判的经验，因此必须注意保持法官的职业化，不能在制度上造成有经验的法官从司法职业中流失（包括提拔那些出色的法官出任行政职务）。第二，可能会引起争议的是，在法院系统，也许应逐渐减少强调"干部"的年轻化，只有当因年轻化带来的知识化、专业化的收益明显大于因年轻化带来的司法经验的损耗和其他成本时除外。我之所以提出这样的观点，也可能不利于法学院毕业生就业，因此注定是有争议的建议，就目前我所了解的情况来看，有些问题显然是令人忧虑的。在我到过的个别基层和中级法院，一些出色的法官往往会被任命——而且这些法官往往也愿意——为其他部门党政官员；由于强调法院领导班子年轻化，以及相应的各庭庭长普遍年轻化，许多从事司法审判工作20年左右的50岁上下甚至有些还不到50岁的"老"法官，事实上就已经半退休了。这两种人事变动看起来差别很大，实际后果却都不利于司法审判经验的长期积累。后一种现象更可能损害法官的尊严，可能促进法官"从政"，这对中国的独立的司法审判传统的形成是非常不利的。

除此之外，推迟法官法定退休年龄在中国还起码有另外三个好处（并不穷尽）。一是，现在中国已经是一个人口老龄化的国家，因此未来有可能很快会显现劳动力的不足，肯定需要一部分老人晚退休；但不可能、也不应在所有职业中都如此。从英美国家的经验来看，以及从波斯纳的研究来看，法官可能是一个可作为例外的职业；医生、教师也许是另一些可能例外的职业（但决定都应在仔细的科学研究考察之后）。通过这样的职业区分，也许可以更有效地配置社会的劳动力资源，促进社会的有效分工。

二是，年长的法官——以及一般的长者——往往事实上会更要求尊严，他们不大容易听命于领导的指令。这既可能是因为他"无欲则刚"，也可能因为年长者一般说来会更重视自己的经验和司法判断。

与上一点有关，三是，法官平均年龄大了，整体的司法风格肯定会发生变化，会更懂得司法的边界，而不会为了展示司法的政绩而司法扩张。由此，则可能促使司法进一步的专业定位和法官职业化，形成司法自我约束和自我节制的传统。

但是，要推迟法官的退休年龄并将之制度化，还需要一系列制度保证。其中一个重要的前提条件是法官必须相对职业化。也许我们可以考虑，只有在60岁时任法官已满10年或15年甚或20年的法官才可以推迟到70岁或75岁退休。另一个辅助性制度可能是法官的长任期制。但如果法官退休年龄推迟可以成为正式法律，那也就是默认了特定形式的法官终身制。

这两个想法都只是针对中国的法院系统改革的现状，从波斯纳对老龄法官的创造力和产出能力之分析中演绎出来的一些初步想法。这些想法中蕴含的变革收益也许与其他一些也许同样值得追求的价值会有交换，甚至无法兼容。但究竟是好处多，还是坏处多？都不只是逻辑证明的问题，更需要经验研究。即使原则上值得采纳，也肯定会有许多具体的、牵一发动全身的操作问题。因此，这里提出的建议只是为中国的司法改革研究提出一些可能通过实证研究来验证的具体问题，促使我们更深入细致地从实证的角度来考察中国的司法改革，而不只是从理念上、概念上讨论司法改革。至少，上面提到的两项措施可以在中国的一些省区试行，例如西部边远地区，以及中部的一些经济相对落后的地区，那里的高级司法人才可能更为短缺。这未尝不是另一种吸引和留住人才的方式。

四

今天是除夕。早上8点和韩启德校长、袁明教授一起到中日友好医院代表校、院看望了王铁崖先生。按中国人的算法，王先生今年90岁了；他在医院的监护室已躺了8个月了，人消瘦了很多，但精神仍然很好，头脑非常清楚。他无法说话，只能用笔交流，字写得仍然很漂亮、很清丽，只是写多了之后，手有点颤。他表达了他还想写作、出书，希望韩校长帮助他迁到楼上的单人房间。其实，王先生就是从楼上的单人房间搬下来的，因为楼上没有必要的抢救仪器设备。

王先生是法学院的老前辈了，是我老师的老师，但由于师承关系，并不熟。但在那一刻，确实让我有点感动。

回到办公室以后，想结束昨天没写完的这个代译序，却再写不下去了。从王先生的愿望中，我固然感到生命的紧迫，感到想做的事太多，要抓紧做事，免得老来遗憾；但也感到自己与王先生以及许多老人实际很陌生，因为我从来没有真正努力去理解过老人，理解他们的追求。

我们都会老，都会有雄心犹在，壮志难酬的时候。难道一定要等我们自己老了，才想起去理解老人吗，才开始理解老人吗？是的，有许多理解和了解只能来自亲身的经验，甚至许多想像和推论的基础都是经验，但是我们至少应当开始从法律学术的角度注意与老人有关的社会问题。中国目前的法律人绝大多数都是30~40岁左右的年轻人，"不知老之将至"，自然，老人问题很难进入法律实务和法律学术的主流视野。但是，中国社会正在转型，养老问题已经成为中国社会中的一个大问题，自然也是法律必须面对的一个大问题，必定是中国法治的一个构成部分。甚至，即使是为了我们自己，也许也应当关注一下这样一个个具体的世俗问题。借用卫方学兄新著的书名，我们应关注《具体法治》。

苏　力

2002 年 2 月 11 日于北大法学院

# 目　录

# 序

在我们的社会里，由于老年人的人数和比例迅速增长，年老，更通俗地说是衰老非常适时地引发了许多令人着迷的问题。本书写作的基础是确信一些非市场行为的经济学可以为相关衰老的问题提供新的解释，而经济学家很少或从未关注过这些问题。例如，老年人安乐死、就业上的年龄歧视、法官退休、年龄与创造力和领导能力的关系、老年人参与选举和陪审团工作、老年人的过失和犯罪行为、用于防止和治疗老年疾病的资源分配、老年人特有的看法和习惯、他们变化着的社会地位以及与老年人有关的公共政策的政治系统。实际上我希望说明，经济学可以为观察有关老年人的所有社会问题提供一个统一的视角。

我的分析方法既是实证的又是规范的。它关注的是提高对衰老与老龄的认识，并且评估，或更不过分地说，是创造一个评估体系来评价有关年龄的公共政策。它是跨学科的。我所挖掘的领域涉及进化生物学、认知心理学、哲学和文学，以便认清衰老和老年。年轻的自我和年老的自我是两个不同的个人，这一更具有哲学而非经济学特点的观点，以及统计学的选择偏见概念，在我的分析中占有一个特殊的位置，如同亚里士多德学派的心理学一样。但是经济学是我的多学科交响乐的指挥棒。本书的基本假设是，与生物学、心理学、社会学、哲学或其他任何单一的自然和社会科学相比，经济学能更好地解释与衰老相关的态度和行为，更好地解决衰老带来的政策问题。

在写作时我脑海里有这样一些读者。一类是多学科的老年学群体；对他们来说，本书的主要惊人之处在于与老年经济学紧密相连。第二类读者包括对非市场行为，或者更广一点说，对将经济学理论应用于传统经济学领域以外问题感兴趣的经济学家。对这类读者，他们会惊奇地发现老年学领域的学者正研究着如此多直接或间接地应由经济学家探讨的问题。第三类读者包括律师、法官、哲学家、生物伦理学家、社会科学家以及其他对衰老和老龄研究中某一特定或相关问题有兴趣的专业人员和学者，这些问题包括养老金管理、安乐死、医疗补助、强制退休、思维能力、基于年龄的偏袒和歧视以及代际间的公平。所有这些问题都出现在法律诉讼中。律师和法官常常惊奇地发现案例中引起他们关注的问题在非法律专业已经被广泛研究。一些仅仅对自己的衰老感兴趣的个人也会从本书中发现一些有价值的内容。

我试图通俗易懂地将本书的内容展现给这些不同的读者。我使用了少量形式化模型，但都非常简单且透彻地作了解释。即使如此，没有数学背景的读者跳过这些模型，也不妨碍理解本书。看懂本书中的任何分析不一定非要有经济学的背景。

尽管我的专业归属是法律，本书却不是一本主要关于老年的法律著作。当然，我会讨论一些法律适用问题，包括反年龄歧视法律和养老金法律、刑事判决和民事侵权责任，法官退休政策等。我的选题受到我作为联邦法官经历的影响。在我的法庭上，雇用年龄反歧视法令（ADEA）和雇员退休金保障条例（ERISA）引发了许多案例。联邦法官的职业，一个从不受法定退休年龄限制且宪法第三条保证其不受限制的职业，是一种显赫的内斯特*式（Nestorian）的职业。许多联邦法官直到80多岁仍做全职或近似全职的工作（霍姆斯法官90岁才退休，还有其他一些90多岁的法官），历史上一些最为重要的司法意见是由一些80多岁的人撰写的。时常会有些关于法官年龄太大的呼声，最有名的是罗斯福"法院改组计划"（1937）的辩解；当每个最高法院法

3

---

\* 内斯特，古希腊特洛伊战争中的智慧长者。泛指智慧长者。——译者注

官达到 70 岁但拒绝退休或辞职时，该计划会授权任命另外一名最高法院法官，直到最高法院法官满 15 名。这项提议对司法独立的威胁非常显著，从那以后，人们很少讨论年老法官的问题。然而在专业圈内人们十分清楚，包括最高法院法官在内的一些联邦法官虽然由于年龄关系已严重影响到了他们的司法工作，但他们仍占据着法官席位。

联邦法官认为规制养老金和退休、禁止基于年龄的"歧视性"区别对待的联邦法律之存在是理所当然的；他们认为关于自己特有的终身职位的规定也是理所当然的。法官非常在行想当然。审判的结构促成了对法官工作的教义内容和制度形式都持一种被动甚至是消极的态度。裁判的角色生来就有些消极。辩驳连着辩驳，人物在变换着，序列随机，令人眼花缭乱（对一位上诉法官更是如此，他每年会听取 200～300 个不同的案件）。在这个国家和英国，裁决对法官来说似乎总是他的第二职业，法官晚上场早退场，从不被邀到台后看一看。我并不是指责上诉审的基本结构。但其后果之一是法官一般不很了解受理案件的背景或其所处的制度结构。当面对老龄这样带有很重感情分量、却不十分熟悉和未透彻领会的一类问题时，则更是如此；然而对非此类专业的人来说，许多研究结果随手可得。就这一问题，我的《性、理性法律》（1992）一书和本书的目的之一就是要让我和我的法官同事看到一个无处不在、带有感情色彩、但了解甚少的现象（或是一类现象），它为现代法的一些重要领域提供了议题和背景；就老年问题而言，这种现象也是一些有影响的法律制定者和实施者群体的显著特色。尽管这个问题不像性的主题一样有那么多禁忌，但公开讨论其中的许多方面，特别是本书侧重的一些方面，仍十分难以展开、让人为难、甚至被人拒谈。我试图撩开这一面纱。为了这一目的，我在适当的地方尽可能利用数据来支持我的分析，尽管我的分析更具有理论，稍谦虚地说，或更具有思辨的特点。关于老年的数据是不缺乏的。

我从经济学角度讨论衰老并不完全基于理论的评述，这就像我在《性、理性与法律》一书中从经济学角度考察性一样。关于老年的经济学研究文献很多，并且技术复杂。[1] 但它集中关注的是有关退休的一些问题，例如决定退休年龄的因素以及退休后消费资金的筹集（个人或公共养老金）。这些研究忽视了衰老的精神和生理方面，这两方面（我们将讨论到）可以用经济学来解释。

并不是所有关注衰老的经济学家都只研究退休问题。戴蒙德（Arthur Diamond）就写过科学创造力以及科学家对新理论的接受能力与年龄的关系；我会在第 7 章讨论他的观点。埃利希（Issac Ehrlich）和中马宏之（Hiroyuki Chuma）写过老年人为延长寿命的各种努力（见第 5 章）。还有其他一些类型的研究，[2] 但数量较少。因此，经济学文献只阐明了一些问题，例如遗产动机对老年人的储蓄和消费行为的影响、社会保障对中年人和老年人加入劳动力大军以及社会总储蓄率的影响，但忽略了其他许多问题。我希望回答的其中的一些问题是，为什么老年人比年轻人更不愿意承担金融和其他一些风险；机构是否会像个人一样衰老；"匿名"评审的学术期刊是否毫无根据地不利于老年学者；尽管监禁的预期费用因老年人的余寿而降低了，为什么老年人的犯罪率却很低（用另一种方式说，分析老年人"最后阶段"行为的意义是什么）；老年人是否是年龄歧视的受害者；相反，他们是否拥有太大的权力；为什么老年人比年轻人更多地参加选举，为什么这种差距在国会选举时大于总

---

　　[1]　Michael D. Hurd 对这方面的文献做了很好的回顾。"Research on the Elderly: Economic Status, Retirement, and Consumption and Saving," 28 *Journal of Economic Literature* 565 (1990). 更早的相关文献参见，Robert Clark, Juanita Kreps, and Joseph Spengler, "Economics of Aging: A Survey," 16 *Journal of Economic Literature* 919 (1978). 一个非专业但很优秀的文献参见，Victor R. Fuchs, *How We live*, ch. 7 (1983).

　　[2]　其中最令人好奇的是，Ray C. Fair, "How Fast Do Old Men Slow Down?" 76 *Review of Economics and Statistics* 103 (1994). 这是一个对男子田径和汽车公路赛的统计分析研究。其中没有经济学模型。这位杰出的学者认为他的研究结果对政策有影响，即在一些竞技活动中，85 岁的男子的速度只比他在 55 岁时的速度慢49%；再进一步说，其结论可能说明"社会对一个健康个人因年龄增加带来的负面影响过于悲观"（出处同上，第 117 页）。我不理解他的结论对政策的重要性，但我确信 Fair 教授会非常感兴趣地知道，如果他还不知道的话，美国网球协会已有一个 85 岁以上选手的网球锦标赛。另一篇文章是，Dan Shaughnessy, "Seniors Serve as Inspiration," *Boston Globe*, Sept. 7, 1994, p. 57. 一位 87 岁的选手在被要求确认"在这个岁数上，这些绅士参与竞争"的"一个共性"时，他聪明地回答说："要说共性，那就是我们还活着。"（出处同上，第 59 页）

统选举；儿童没有选举权，那么是否也应该禁止老年人选举，以平衡年轻人和老年人的利益；为什么人们常常是在临近死亡时才立遗嘱；是否应该为法官制定强制性退休年龄；相关的另一个问题是如何才能测定年龄对司法产生的影响；为什么有的社会尊崇老人，而有的社会歧视甚至杀死老人；为什么黑人似乎（我们会发现他们实际上是）比白人更尊敬老人；老年人的生命是否比年轻人的生命在某种意义的"价值"上价值更少；为什么在不同领域人们的创造力出现的巅峰期不一样；老年人是否真比年轻人有啰唆的倾向，如果是，其原因是什么；为什么如此多病在身的老年人会留恋生命；我们是否该让他们死得更轻松一些；公共基金支持的医学研究是否应该使美国男女的寿命相当；医学研究是否应该更多关注如失明和失聪等降低老年人生活质量的问题，而不是一些导致老年人死亡的疾病；试图消除年龄歧视对不同人的终身财富分配的影响是什么——老年人是否该被认为和他或她年轻时是同一个个人；一个人为自己年老时使用而储蓄和为子女或孙子女留下遗产而储蓄是否有道德上的差别。上面列举的许多问题听起来不像经济学问题，这是因为大多数人（包括许多经济学家）对经济学的定义过于狭窄。

在这本书中指导我的分析并给其力量的经济学概念是大家所熟悉的。它们来自于已有的经济学领域，如信息经济学、健康经济学、法律经济学、人力资本经济学，当然有些概念会在其通常认定的范围以外适用（例如把一个人年轻的自我和年老的自我区分为不同的理性个体）或带上某些新的意味。本书对经济学的新贡献在于，它试图将经济学对衰老和年老的关注点从金融和市场方面转向非金融和非市场的领域。我要说，这种着重点的转移甚至对已经有很深研究的一些问题，如退休制度，也会提出新的洞见。

与坚持真正的多学科研究相一致，将信息经济学应用于衰老研究的灵感不是来自于经济学文献，而是出自亚里士多德修辞学论文的一段话。他讨论如何分别同年轻人和老年人论争，认为这与他们对生命的不同看法有关。他列举了许多不同看法，但下面一点特别引起了我的注意："（年轻人的）生命在期望中而不是在回忆中度过；期望是对未来，回忆则是对往昔。年轻人有长长的未来和短暂的历史：每个人在出生的第一天没有什么可回忆的，只能展望未来。"相反，老年人"靠回忆而不是靠希望生活；他们今后的生命比起已过去的要短；希望属于未来，回忆属于过去。"[3] 如果我们把回忆等同于知识，把希望和期望等同于想像，[4] 如果我们把知识和想像（大抵相当于心理学家所称的"晶体"和"流体"智力）作为理性的两种主要要素，那么随着年龄的增加，这两者之间的平衡就会变化。这种变化在我的分析中会起主导作用，而以前大多数关于衰老的经济学著作都是从认知、感情、伦理和其他角度分析老年人和年轻人的不同。这些著作指出的惟一不同几乎就是与生命终点的距离不同，因为死亡缩短了人力资本投资的回报期。实际上并不总是如此——从经济学角度看，一个人将其效用最大化的期限并非随其死亡而消失——更为重要的是，这并不是年轻人和老年人之间的惟一显著区别。亚里士多德提出的认知变化也很重要，已有很好的记录说明在精神和生理能力方面的降低与衰老有关，这与亚里士多德提到的变化相互作用。

　　大多数论述生命周期的经济学家都含蓄地拒绝承认相关能力发生衰退或其他某种变化这一意义上的衰老，这样说他们并不特别夸张。他们暗指的年龄与生产和消费相关的函数概念是一条水平线，其函数值随死亡和退休直线下降至零点。然而在人力资本理论中（这对衰老经济学是一个中心理论），并没有要求忽视随年龄变化出现的生理和认知的变化。人力资本（挣钱能力，"挣钱"是广义的，包括了非金钱和金钱回报）包括天生的能力——如数学或音乐天才、反应敏捷、体魄健壮——和后天的能力。甚至后天的能力也不一定是训练的产物。天生的能力受生物衰退的影响。后天获得的能力包括亚里士多德认定的只是来自于生活和工作，或者说是来自经验的知识，它是同年龄以及同通过学校和培训得到的知识相关，也会衰退。有关衰老的经济学研

　　[3] Aristotle, *Rhetoric*, bk. 2, ch. 12, in *The Complete Works of Aristotle*, vol. 2, pp. 2213, 2214 (Jonathan Barnes, ed., 1984) (W. Rhys Roberts, trans.). 在希腊文本中有关的页码和栏的信息是 1389a 和 1390a。

　　[4] 被 Roberts 先翻译成期望，后又译为希望的是同一个词——$\epsilon\lambda\pi\iota\sigma$——这个词同时有这两种意思。

究尤其忽视天生能力的一个原因是，他们研究的生命周期截止于退休，而能力的急剧下降是在退休之后。但是能力的下降在较早的时间就已开始，有时是非常早的。相关的问题是，从功能上看，退休本身可能在 65 岁常规退休年龄之前就已出现（自俾斯麦［Bismarck］的社会福利立法以来，这是一个常规但不一定统一的退休年龄）。经济学家很少对常规生命周期以外的特例感兴趣。

关于功能退休对名义退休的观点表明，尽管我的重点是老年，退休并不像人们想像的那样是一个狭窄的概念。联邦反年龄歧视法把受保护的范围定在所有 40 岁以上的雇员。依据该法律的许多案件关系到比正常退休年龄早的提前退休。衰老更是一个连续的而非间断的过程。在一些领域，如职业运动员，30 岁就可能已经"老"了；又如理论物理和计算机软件设计一类的学术领域，事业的巅峰也在年轻时。按年龄划分职业或活动等级（即根据生理年龄赋予角色）是原始社会的一个重要特点，不仅限于老年人。研究老年是无法与研究整个生命周期分开的。这也是本书书名中为什么有"衰老"和"老龄"一词的原因，尽管后者是我的重点。一些对老年人特别有意义的话题对年轻人也有用，如对惯犯的处罚、安乐死、对生活中非金钱效用损失的损害赔偿测度以及医疗资源的最佳配置。同样，分析老龄法官的司法行为可以使人们大体了解司法过程，基于反年龄歧视法的诉讼格局也有助于理解原告一般在诉讼中获胜的决定因素。本书中的内容有时会越线，有时又会不着边际，因为老年问题以及相关文献实在太多和太广。

对本书结构的梗概性介绍也许对读者有益。前 4 章是一个基础。在第 1 章中我谈到了有关老年的基本生理资料，这些资料一般都被忽视，或是包裹在社会科学文献中。有关资料显示，确有"正常衰老"这一现象——人们在衰老；人们不仅仅是更容易生病和发生事故。否定这一事实，相反会夸大老年人能力丧失的看法。这一章要研究的问题之一是，是否有老年的遗传学基因。"没有"的回答似是而非地为下面几章用遗传学术语解释老年经历的某些特征起到了作用。

第 2 章虽长但更明亮一些。这一章从人口学、历史学、经济学而非生物学的角度提供了更多有关人类衰老和老年的背景资料。本章也初步评论了广为流传和学者关注的国家正不祥地变得老龄化的问题。我要论争，虽然人口在老龄化，但并不像危言耸听者看到和呼吁的那样可怕。他们夸大了人口老龄化的代价，无视其有利的一面——当然这不是否认有代价，一个增长着的代价。

第 3、4 章里通过一系列衰老经济学模型，为我的分析奠定了主要的理论基础。第 3 章从常规老年生命周期的人力资本模型的应用入手，紧接着将模型从几方面进行扩展。例如，去世后的效用问题（不限于立遗嘱的效用）和包括朋友关系、其他如商业上的个人关系的我称之为"关系"人力资本的问题。第 4 章进一步改进了常规的模型。其中的一些假设是：从年轻向年老的过渡是许多认知的变化，是我前面提到的想像力和知识平衡的变化；主观时间的推移速度也在变化（速度在变快）；生理和精神能力随年龄的增加而降低。对于大多数人在年龄很大之前这种降低过程是缓慢的，但借助"剩余能力"的概念我认为这个过程可以用模型来说明，这种模型表明 65 岁似乎是许多活动的一个转折点。我还会强调厌倦，作为习惯的另一面，也是可以用经济学来分析退休决定的一个因素。我要介绍并辩解在我的书中举足轻重的一个假设，这就是一个人年轻的自我和年老的自我可能会有很大的不同。如果将一个人的这两面作为两个人而不是一个人来分析可能会更有成果。第 3 章和第 4 章介绍了认真探讨衰老的衰老经济学，来遵守我的诺言。

本书的第二编（第 5 章到第 9 章）进一步扩展了我的观点。在第 5 章里，我用老年"经济心理学"来进行分析。用这个词是要说明利用经济学理论分析心理特性的可能性，而不是像一般经济学那样把这些心理特性作为外因来对待。例如我认为，老年人（一般来说——对待一个大且无定形的像"老年人"这样一个群体，这是一个非常重要的限定条件）比起年轻人是较差的聆听者和不太考虑他人的说话者。老年人在建立人力资本方面投资较少，因此从他人那里得到信息所带来的效益就较少。因为他们较少参与交易，因此，他们掩盖以自我为中心的想法以及进行合作式的而非自我扩张式的交谈的意愿就要弱一些；而且从掩饰那种会减少达成有利交易的机会的行为上，他们所得到的也要少。[5]

第 6 章为有关老年人行为的一些难题提出解决办法，如老年人的驾车和汽车事故、犯罪、自杀、性、居住方式、遗产、选举、陪审团工作以及（再次提出）退休。这些难题之间还有一些关联，如非常低的犯罪率和犯罪受害率但高事故率和很高的自杀率，很高的选举率但低陪审团工作参与率。我要努力使任何持有怀疑态度的人认识到：第一，通过鉴定一些与年龄有关的行为，说明"老年"确实是一个有分析意义的范畴。第二，在认识社会行为中非常抽象的差异方面，经济学可以发挥它通常具备的有用作用。

第 7 章挖掘的是年龄和创造力或成就之间的关系。我强调了区分生活阅历和实践经验与书本知识学习和抽象推理之间的差异，对不同活动进行年龄分析的重要性。我也试图解释"创造性"行业和领导能力之间的不同，解释与年龄相关的变化和创造性工作质量的不同。这说明在艺术领域有"老年流派"或"生命后期流派"。第 8 章进一步分析老年人司法工作的产出，特别关注受理上诉的法官。通过对意见书进行的引用分析所收集的实证资料说明，法官确实能将他们的能力保持到很大年纪，尽管会有一定程度的衰减。通过讨论司法经验和写作能力（这种能力随着年龄减退的程度不如大部分其他认知能力减退的程度）对成功完成司法工作、特别是上诉司法工作的重要性，并通过讨论选择偏见这一尽管平常但反复出现的因素，我解释了司法能力随着年龄的减退是逐渐的。第 7、8 章为不同活动中年龄衰退的速度极不相同提供了一些解释线索。

第 9 章研究了老年人的社会地位在不同社会极为不同的现象，这种不同从强制性的安乐死到祖先崇拜应有尽有。其侧重点在前现代社会（那时不同社会的差异最大），试图说明为什么老年人在一些社会有很高的社会地位，而

---

[5] 比较 M. F. K. Fisher, *Sister Age* 234 (1964)："我创造了一个有力的理论，不存在什么'变成'了别扭的老男人或老恶婆。这种人当然很多，但我认为他们生来就别扭，就丑恶。他们 5 岁时隐藏了丑恶的一面，一直过着正常的生活。但到了他们没有必要遵从社会行为准则时，他们那讨厌的天性就再次暴露出来了。"

在其他一些社会的地位却十分低下。另一侧重点是向现代社会的转型时期。我还会讨论按年龄划分等级的实践，把个人的衰老和公司、国家以及其他一些机构的老化类同或看作是相互影响的（我认为两者都有）这种做法是否有益。

本书的第一编和第二编试图创立一个有关衰老的经济学理论，它具有解释和预测的能力，能经得起推敲。这不仅因为它是一种知识，也因它为研究很多衰老现象表现出的伦理和法律的规范问题提供了指南。第三编直接研究规范问题，可分为宏观经济学和微观经济学问题。前者可简略成"剥削"的问题。老年人是否在压榨年轻人？如果是，程度如何？该如何控制？"剥削"的问题将在第 11 章中讨论。但其分析基础和预想的答案已出现在第 2 章里。

第二类的规范问题即微观经济学问题，涉及的是特殊的市场和行为问题。第 10 章关于安乐死（当老年人被"安乐"死时称为老年人的安乐死），它是一种示范分析。我认为，使医生协助的自杀合法化可能会降低而不是提高自杀率，尽管支持和反对这种做法的人都认为会提高自杀率。我也会分析反对这种做法的一些观点，如这会使医生匆忙地将体弱病人推向死亡，并（依靠约翰·斯图尔特·密尔的政治理论）得出这样的结论：当病人有晚期病症、身体极度虚弱时，不应视医生协助自杀为犯罪。但我反对年轻的自我为防止未来会发生的某种特定情况，如衰老，而自寻短见，从而残杀了年老的自我。

第 11 章讨论其他许多涉及针对老年人的公共政策的伦理问题。如强制和政府补贴的养老金、老年人的医疗补助、用于研究男性和女性老人不同疾病的医学研究经费的分配以及，当特别是与儿童相比时，民主制度是否给予老年人更多的权利。我要再次反直观地说，对医疗研究资源进行重新分配，使之从对女性老人的疾病研究偏向对男性老人的疾病研究，女性的境况可能因之而变得更好；老年人的选举权利可能并不过大，如果我们确认他们的今天是当今年轻和中年人未来的"代表"的话。这一章的重点是哲学问题，包括这个经常出现的问题：是否并且为何要把一个人一生的年轻时期和年老时期看作是一个自我的两个不同阶段，是否该把这两段时期看作是两个不同的自我。我要指出的是，年轻和年老的自我之间的紧张关系使得资助老年人的医疗和家庭护理问题复杂化。这笔花费会随老年人口的增加而增加，其增加速度极有可能比老年人口的增加速度要快。但我的结论是：没有充足的理由认为，老年人已经，或，随着他们的人口增加，将会从年轻人和中年人那里过多获取资金。

第 12 章和第 13 章利用前面章节中的实证和规范分析来探讨一些法律问题。例如：管理私人养老金的联邦法（ERISA），涉及老年人的侵权、刑事和财产案件，被判无期徒刑的年轻人年老后继续监禁等引发的问题。但我研究的重点（第 13 章，本书最长的一章）是年龄歧视，包括强制在一定年龄退休的问题。我研究了雇用年龄反歧视法令（Age Discrimination in Employment Act）的理论基础以及这个法令可能会有的功效、费用以及配置性的或分配性的效果。这也让我深思强制性退休的正负面作用，这个法令现在已经基本废除强制性退休。我的结论是：应该说这个法令是无效的，在一定程度上其效果大约是对收入分配造成了负面影响，并对老年工人造成了伤害。它说明了这样一个事实（但通常被忽视），即一旦我们明白了"社会"或"经济"规制的真实的前提假设及其后果，我们就会发现这种规制根本就损害了任何对公共利益的合理理解——甚至可能损害了其表面上的受益者。

本书涉及的内容和方法很多，与学术研究领域内正不断强化的专门化潮流唱了反调（尽管我认为总体来讲这种专门化是一个有益的方向）。这本书提出了观察一个老年人（没有双关语的意思）和多种问题的一个新方法。读者应将本书中对一些特殊问题的特殊回答看作是建议性的而非确定无疑的。尽管如此，本书不可能使人人高兴。一些人会因将理性选择理论用于"非经济学"现象而愤怒，还有那些对人口急速老龄化带来的可怕后果（他们这么认为）大惊小怪的人以及夸大老年人困境、为老年人呼吁的职业鼓动家们也会不满。我虽不赞成西塞罗的老年是智者一生最幸福的阶段的观点，不相信我们有或者会有一个面向老年人的最优的公共政策，但我也不相信美国人口的老龄化预示着国家灾难，需要采取类似废除社会保障制度或大幅度缩减社会保险的极端措施。人们夸大了人口老龄化的代价，忽视了其有利的一面。我希望读者至少认识到这一点，这个问题的实际情况，并不像人们担心的那样，那么的可怕。

在研究、撰写本书时，我得到许多人的帮助。埃勒（Benjamin Aller），费希尔（Mark Fisher），盖勒（Scott Gaille），海尼斯（Richard Hynes），凯尔曼（Wesley Kelman），内德哈特（Steven Neidhart），特拉斯克（Andrew Trask），尤利尔（Clinton Uhlir），赖特（John Wright），伊巴勃（Douglas Y'Barbo）为本研究提供了非常宝贵的帮助。希尔（Christopher Hill）提出了有益的研究线索，劳曼（Edward Laumann），普里斯特（George Priest），施莱辛格（Steven Schlesinger）以及史密斯（Tom Smith）提供了有价值的数据。下列人员为本书初稿的一章或几章提出过十分有益的评论，我感谢他们：埃隆森（Michael Aronson），埃尔斯（Ian Ayres），贝克尔（Gary Becker），布斯（Wayne Booth），布利尼格（Margaret Brinig），卡塞尔（Christine Cassel），戴蒙德（Arthur Diamond），多诺霍（John Donohue），唐斯（Larry Downes），德沃金（Ronald Dworkin），易斯特布鲁克（Frank Easterbrook），埃尔斯特（Jon Elster），埃博斯坦（Richard Epstein），弗格森（Robert Ferguson），弗里德曼（David Friedman），法赫斯（Victor Fuchs），格林沃特（David Greenwald），格里菲斯（John Griffiths），乔尔斯（Christine Jolls），兰德斯（William Landes），朗本（John Langbein），莱策尔（Edward Lazear），莱希格（Lawrence Lessig），努斯包姆（Martha Nussbaum），奥先斯基（Jay Olshansky），菲利普森（Tomas Philipson），波斯纳（Charlene Posner），波斯纳（Eric Posner），拉姆希尔（Mark Ramseyer），拉斯姆森（Eric Rasmusen），鲁瑟林（George Rutherglen），桑斯坦（Cass Sunstein），特林斯基（John Tryneski），维沃（Carolyn Weaver）。他们不仅找到书中的许多错误，也为我的研究开拓了新的视角。对我帮助最大的是贝克尔（Gary Becker）。这不仅是因为他为书稿提出了许多有益的建议，也是因为就这一问题与他进行的一系列交谈以及因他对本书的基础——人力资本经济学所进行的基础研究之故。

　　本书一些章节的初稿曾用于耶鲁大学有关人类价值的 1994 年坦纳（Tanner）讲座。本书的其他部分则曾在下列场合阐述过：弗吉尼亚大学法学院，爱尔兰经济学和社会研究研究所，芝加哥大学的城市前沿论坛，哈佛法学院法律与经济专题讨论会，美国法律与经济学会年会。我感谢参加上述活动的听众，感谢他们许多令人深思的评论。

　　由于我强调的一点是老年人的价值观和看法可能与年轻人和中年人的非常不同，因此我必须说明在写本书时我的年龄是 55 岁。

第一编

# 作为社会、生物、经济学现象的衰老与老龄

# 第一章
# 什么是衰老，为什么？

## 衰老过程

随着年龄的增加，我们"老了"。真是这样吗？一些老年学学者认为，
"正常衰老"这一表述是一个自相矛盾的语词，并认为"衰老"并不意味着
一个过程，仅仅是表达了各种令人不快的结果的一种混合。随着年老，我们
更容易染上许多疾病。[1] 因此，也许"衰老"只意味着人们不断地患一种、
更多的情况是多种疾病，直到最终我们被疾病制服。从这点来说，老年人和
年轻人的惟一区别是前者更容易得更严重的病。如果老年人恰巧不是这样的
话，那他就是一个年轻人。

人们可以承认"疾病"这个概念的外延是模糊的，[2] 哪怕无法认为以上
这种衰老的概念有些微的说服力。第一，这种概念无视亚里士多德的观点——
人的一生中想像力和知识之间的平衡在变化。这种变化，不能被形容（在不
很违反语义的情况下）成一种病。第二，这种认为"衰老"说明的仅仅是得
病机会增加的概念，无视肌体和精神上变化的形式，尽管这些形式常可以被

---

〔1〕 超过一定年龄更是如此，健康的 60 岁男子中仅有 30%可能活到 80 岁并保持健康。E. Jeffrey
Metter et al. , "How Comparable Are Healthy 60-and 80-Year-Old Men?" 47 *Journal of Gerontology* M73,
M75 (1992). 但是医学科学在不断地改写这些可能性。

〔2〕 精神病学和法学上的一些有名的争论也提到过这类问题，例如同性恋是否是"疾病"，精神
变态或反社会的个性是否是一种疾病。

18　　界定成能力衰减的标志，但仍无法说它们是疾病。体育项目中的大多数职业运动员在快 30 或 30 岁出头时尽管没有明显的伤残就已经"老了"，但他们没有病。他们的肌体和神经系统并没有得疾病一词通常意指的疾病。他们仅仅是在反应能力和奔跑速度上缓慢了一点，但这一点是至关重要的。[3] 这种缓慢有其生理学的原因，如果有人愿意，可以称这些原因为"疾病"因素。一个二三十岁的年轻人（或者四五十岁停经的妇女）所得的运动能力下降的"疾病"，由于在最具有社会相关性的层面上，与下列病症十分不同，如癌症、心脏冠状动脉疾病、中风和糖尿病等，因此应该（要求）用不同的名字来称呼。[4]

　　把衰老看作是一个过程最为有益，这个过程中显现的因素之一就是身体（包括躯体和精神）的能力在许多方面的无情下降，在这里称为"身体衰退"。[5] 衰老的其他因素，或和其相关的因素（非躯体因素，将在以后的章节深入讨论）包括：随着年老，人们逐步接近死亡，这将影响到智力源泉的想像力和知识之间的平衡，影响人们对人力资本投资的动力；习惯对适应环境变化能力的影响；在特定职业上工作经验的增长（这与亚里士多德将一般生活经验的增长与衰老相联是不同的）；多年从事同一种工作所带来的无聊。这些因素是与年龄相关的变化，但与躯体没有直接的联系，也不是所有的这

---

〔3〕　Richard Schulz and Christine Curnow, "Peak Performance and Age among Superathletes: Track and Field, Swimming, Baseball, Tennis, and Golf," 43 *Journal of Gerontology* P113 (1988). 大脑能力也在年轻时开始衰退（至少在笔纸考试上是如此——正如我们将看到的，这是一项重要限制条件）。一项（只考察健康人的）研究说明，这种衰退发生在 35 岁至 44 岁。Kurt A. Moehle and Charles J. Long, "Models of Aging and Neuropsychological Test Performance Decline with Aging," 44 *Journal of Gerontology* P176, P177 (1989) (tab. 1).

〔4〕　有关躯体健康只能有限地缓解因衰老而致的记忆丧失的证据参见，Douglas H. Powell（与 Deal K. Whitla 合作），*Profiles in Cognitive Aging*, Ch. 5 (1994); Wojtek J. Chodzko-Zajko et al. , "The Influence of Physical Fitness on Automatic and Effortful Memory Changes in Aging," 35 *International Journal of Aging and Human Development* 265 (1992).

〔5〕　更为准确但不一定更精确地说，衰老可以如此定义，"一系列积累的、普遍的、进行的、内在的、有害的功能和结构变化，这种变化始于生殖成熟后，以死亡而终止。"Robert Arking, *Biology of Aging: Observations and Principles* 9 (1991). 当然，这不包括与衰老无关的早年死亡。有关衰老（包括人类和动物）的生物学综述文章参见，Caleb E. Finch, *Longevity, Senescence, and the Genome* (1990).

些变化都是衰退。

　　躯体方面的身体衰老（"躯体"这里的含义是狭义的，与"精神"的含　19
义相对）指运动能力、反应、肌肉的健康度下降；身体的健壮程度、精力和
耐力的下降；视力、听力和其他感官能力的下降；生育能力和性功能的下降；
秃顶、发色变化以及皮肤平滑度的下降；免疫系统功能的下降；身高以及
肌肉占体重的比例的变化。精神方面的衰老包括丧失（尤其是短期记忆）
记忆；缺乏不顾一切的热情和性欲；不愿冒金融风险；解决问题能力的低
下；接受新观点或重新审视自己旧观点的意愿减弱。一些精神方面的变化
可能并不完全是躯体变化——在商业公司行为里我们会看到不愿重新审视自
己旧观点的影子，而公司没有躯体衰老意义上的衰老——但我认为所有的精
神变化都有躯体变化的一面。至少从科学的角度看，智力和感情是依赖身体
状况的；导致躯体衰退的细胞和其他生理的变化同样也会导致精神的
衰退。[6]

　　尽管将衰老的过程区别于那种因年龄而易患一些特定疾病的几率增加是
有益的，但这种几率的增加是一个不容忽视的现实。衰老对医疗保健筹资一
类问题影响很大，哪怕不存在什么正常的衰老过程，而只存在一种易于患病
的几率增加。

　　在我们高度敏感的文化背景下，人们通常否认有什么正常的衰老过程。
对一些人来说，年龄成见与种族成见是一样的罪恶。他们担心的是，如果认
为人人都要衰老，那么，这种观念可能被认为是意指老年人比年轻人在智力

───────────────

　　〔6〕　关于与年龄相关的躯体和精神衰退的证据和分析，参见同上第 5 章；Powell，本章注〔4〕，
第 69 页（图表 4.1）；*Handbook of Mental Health and Aging*，ch. 6 ~ 13（James E. Birren et al.，eds. 2d
ed. 1992）；Timothy A. Salthouse，*Theoretical Perspectives on Cognitive Aging*（1991），esp. ch. 7；*Handbook of
Psychology of Aging*，pt. 3（James E. Birren and K. Warner Schaie，eds.，3d ed. 1990）；Nathan W. Shock et
al.，*Normal Human Aging：The Baltimore Longitudinal Study of Aging*，ch. 6（1984）；James L. Fozard et al.，
"Age Differences and Changes in Reaction Time：The Baltimore Longitudinal Study of Aging，" 49 *Journal of
Gerontology* P179（1994）；Kathryn A. Bayles and Alfred W. Kaszniak，*Communication and Cognition in Normal
Aging and Dementia*，ch. 5（1987）；Michaela Morgan et al.，"Age Related Motor Slowness：Simply Strategic？"
49 *Journal of Gerontology* M133（1994）.

上低下一些。而这个观点是错误的。两种类别可能有着不同的意思，但仍可能有相当的重叠。在比较年轻人和老年人能力这一点上就是如此；理由有两点——人们衰老的速度不同，人们能力开始衰老的起点不同。一个在 30 岁时有极为出色能力的衰老得很慢的 75 岁的人，可能比一个在 30 岁时平庸、衰老速度快的人的能力大得多；这个人也可能会——这点困扰着反对"歧视老年人"的一些人——比一个平庸的 30 岁的人更有能力。

当然在同龄组人中逐渐出现的个体变化[7]以及不同年龄组之间的个体相似没有否认正常衰老的事实。与纯躯体衰老相对的认知衰老也是正常的——在 65 岁之前这种衰老是渐渐的，之后加速，直到死亡——除非有目前无法预见的科学上的重大突破，这是每个人都要经历的。[8] 还有证据说明，健康的身体甚至健康的精神并不能明显阻止认知衰老，而若认知衰老不过是疾病的副产品的话，我们就应当看到与此相反的情况。[9] 这种衰老在很大程度上也不是环境的长期变化对某一年龄组的影响，如贫穷、缺少教育、抽样偏差或者缺乏智力上的挑战或刺激带来的智力生锈（"不使用之，就会失去"）。[10] 而且，拒绝承认有正常的衰老、特别是认知衰老，也能夸大人们对老年人能力的疑问，尽管这种拒绝承认远不是"歧视老年人的"，而正常衰老的概念能够帮助消除人们的一些疑问。如果认知衰老不是正常衰老的一个方面，而总是疾病的一种症状，这就意味着绝大多数老年人都得有老年痴呆症。大多数老年人都会有认知降低的经历，其症候与最早期的痴呆表现难以分清；但这

---

[7] Powell 的书中强调了这一点，特别是第 12~14 页，图表 1.3，本章注 [4]。其他文献参见，Dorothy Field, K. Warner Schaie, and E. Victor Leino, "Continuity in Intellectual Functioning: The Role of Self-Reported Health," 3 *Psychology and Aging* 385, 390 (1988). 差异不断出现是不可避免的，这如同数学一样简单。例如，观察两组分别有 100 和 50 能力的人的变化，各组成员会以不同的速度衰老。许多年后，100 能力组中衰老缓慢的人的能力可能还会接近 100，如有 90 的能力；而 50 能力组中衰老速度快的人的能力可能会很低，如能力只有 10。这样一来两组中最好和最差的人之间的衰老差异会很大。

[8] 参见 Powell，本章注 [4]，第 4 章；有关这方面的精细回顾参见 Salthouse，本章注 [6]。

[9] 参见本章注 [4]。

[10] 参见 Salthouse，本章注 [6]，第 3 章和第 4 章。

种降低多半不会发展成痴呆。[11]  根据痴呆有随年龄增加而迅速严重的现象，任何人活到一定年龄就有可能痴呆；但大多数人在这个年龄之前就已离世。

为分清正常认知衰老和痴呆，有必要认清下列词语：（1）阿尔茨海默病，或者现在常叫的 SDAT（阿尔茨海默类老年痴呆）；（2）痴呆；（3）老年痴呆；（4）与年龄相关的正常认知衰退。通常被外行人认为就是老年痴呆的阿尔茨海默病，实际上是快速进行性痴呆的一种，它导致脑组织的明显病变，更多出现在 65 岁以后的人群中，但也会发生在年轻、有时更为年轻的人群里。有唐氏综合症的人常常在十几岁时就染上阿尔茨海默病。所以把阿尔茨海默病命名为"阿尔茨海默类老年痴呆"造成了混乱；最早使用阿尔茨海默病时只限于老年以前的痴呆。[12]  研究疾病的学者一直在区分着阿尔茨海默病（老年之前的）和 SDAT（老年），尽管这是一种病，只不过像癌症一样影响不同年龄组的人群而已。

痴呆是形容能力丧失型精神退化的一个最为概括的词，因此也包含了多种不同的疾病状态；老年痴呆指老人的痴呆。SDAT 包括了老年痴呆的大多数种类（大约 80%），其他的痴呆通常是中风、酗酒、帕金森氏病、维生素 B-12 缺乏症、脑积水等疾病的后遗症。对我来说，区分 SDAT 和老年痴呆并不重要。我会互用"SDAT"、阿尔茨海默病、"老年痴呆"这几个词。

不知道患有老年痴呆的老人的精确人数，但负责任的推断是，这些人占整个 65 岁以上人口的 11.3%。[13]  这一比例随年龄的增加而快速增加。在 65~74 岁年龄组中，其比例在 3.9%，75~84 岁年龄组的比例升高到 16.4%，85 岁及以上年龄组其比例已到 47.6%。[14]  因此大多数老人遭受不同程度的认知衰

---

〔11〕  参见 Rajendra Jutagir, "Psychological Aspects of Aging: When Does Memory Loss Signal Dementia?" 49 *Geriatrics* 45（1994）.

〔12〕  Denis A. Evans et al., "Estimated Prevalence of Alzheimer's Disease in the United States," 68 *Milbank Quarterly* 267（1990）.

〔13〕  同上注，第 273 页。另参见，James C. Anthony 和 Ahmed Aboraya, "The Epidemiology of Selected Mental Disorders in Later Life," in *Handbook of Mental Health and Aging*, 本章注〔6〕，第 27、33 页。

〔14〕  Evans, et al., 本章注〔12〕，第 274 页。

退，特别是流体智力方面，它比晶体智力的衰退要早，[15] 只有少数（尽管是一个数量可观的少数）老人患有痴呆。

22    在解释这些比例时要十分小心。这些数字没有区分早期轻度的痴呆症状和晚期严重的痴呆症状。更复杂的是轻度痴呆并不总发展成有 SDAT 特点的重度痴呆。（介乎于年龄有关的正常认知衰退和进行性痴呆之间的状况称为"轻度认知损伤"，MCI）。如果我们关注的是重度、而非轻微或中度的认知损伤，以上提到的关于 3 个年龄组的比例就分别降低到 0.3%，5.6%，19.6%。[16] 当然这些比例数可能低估了事实。所调查的人群不包括住在专门机构的人，他们当中患有重度认知损伤的比例更高。[17] 如果仅从表面看，这些数字也表示比例数是随年龄的增加而急速上升的。[18] 这说明随着超高龄组（very oldest age group）人数的快速增加，老年人口中重度痴呆的比例会增加地更快。

对以上讨论进行一个小结，衰老的后果是：（1）更易于感染多种疾病；（2）属于正常衰老后果之一的躯体上的变化；（3）作为同一过程的后果之一的非躯体上的变化。躯体的变化有两种：生理和精神上的变化。非躯体变化有三种：（a）逐步接近死亡（一种纯"客观"的、存在于一个人的环境之中而不是其自身的变化），这是人力资本文献的重点；（b）从亚里士多德的观点

---

〔15〕 Jutagir, 本章注〔11〕, 第 46 页；Paul B. Baltes, Jacqui Smith, and Ursula M. Staudinger, "Wisdom and Successful Aging," 39 *Nebraska Symposium on Aging* 123, 139-143, (1992)；参见本书序中对这些词语的论述。

〔16〕 Evans, et al., 本章注〔12〕, 第 281 页。又参见, Fred Plum, "Dementia," in *Encyclopedia of Neuroscience*, vol. 1, p. 309 (George Adelman, ed., 1987).

〔17〕 一项没有包括住在专门机构人群的研究发现，在上述三个年龄组中，因各种原因患有严重认知损伤问题的比例分别为 2.9%, 6.8%, 15.8%。Anthony and Aboraya, 本章注〔13〕, 第 35 页。

〔18〕 一项研究说明，在 65~75 岁年龄组中仅有 1% 的人患有重度痴呆，在 95 岁及以上年龄组中，患有重度痴呆的比例则是 43%。再度要说明的是，这两个数字是一个低估计，因为未住进专门机构的患有重度痴呆的人未被包括在分母中，所以这个比例是住在专门机构里的痴呆老人在整个老人（住在和未住在专门机构的）中的比例。C. G. Gottfries, "Senile Dementia of the Alzheimer's Type：Clinical Genetic, Pathogenetic, and Treatment Aspects," in *Human Development and the Life Course*：*Multidisciplinary Perspectives* 31, 34 (Aage B. Sørensen, Franz E. Weinert, and Lonnie R. Sherrod, eds., 1986). 有关各种程度的老年痴呆的其他估计参见, Powell, 本章注〔4〕, 第 140, 144~145 页（表 7.2, 7.4~7.5）。

看,在认知平衡上,知识对想像的比值增高;(c)因花在工作上时间的变化而产生的变化(经历及其有害的对立面,呆板、无聊,有时更是筋疲力尽),这种变化只与衰老有关。

这些变化不仅相互之间有联系,还都与年龄有关,一些变化又相互影响。对下面一些章节特别重要的是流体智力下降与亚里士多德确认的知识与想像的比值变化之间的相互关系。它们之间相互作用的综合效果是,明显与年龄有关的从抽象推理向具体推理的转移,[19] 或者借用亚里士多德另外一个有用的两分法的词来说,是从严谨推理(逻辑或科学的)向注重实践推理的转移。[20] 这就有助于我们理解为什么(例如)裁决领域而非理论物理更是一个老年人的职业。

我们必须牢记,并不是所有与年龄相关的生理和精神上的变化都是极为负面的,一些变化甚至是积极的,这取决于具体环境。头发和体毛的“重新分配”,皮肤的皱纹、气粗、耳背,这些只对个人样貌有影响,当然对很多人来说这些方面是非常重要的。有益的一面是老年人可以逃脱年轻人患的疾病,而且癌细胞的生长速度减缓。有些变化对一些人(可能对整个社会)但不一定对所有的人都是有利的,如随着睾丸素产生的减少引发的性欲减退、少生气、少放肆,等等。一些中年人,甚至老年人比年轻时更英俊。

老年症状并不同时出现,也不以同一速度发展。尽管我曾提到“不可避免的”衰退,但一些衰老的症状可以突然发生,如四十几岁开始老花眼、耳鸣、秃顶,等等,之后这些症状稳定下来而不一定继续朝坏方向发展。衰退的速度不仅会因能力而异,还会如同我指出的那样因人而异。[21] 这种差异使得以年龄组划分老年人的方法更是武断。没有人能够逃脱衰老过程,因此,一个再“健康”的老年人在生理和精神方面也会比一个在其他方面一样的年

---

〔19〕 有关的证据参见,Salthouse, 本章注〔6〕,第 276~277 页;Steven W. Cornelius, "Aging and Everyday Cognitive Abilities," in *Aging and Cognition*: *Knowledge Organization and Utilization* 411 (Thomas M. Hess, ed., 1990).

〔20〕 参见,Richard A. Posner, *The Problems of Jurisprudence*, 71-73 (1990).

〔21〕 有关显著例证参见,Arking, 本章注〔5〕,第 56~59 页,图表 3~8。

轻人的能力差，当然"在其他方面一样"这一限制至关重要。由于与年龄相关的变化，如免疫系统功能下降，增加了老年人患病的机会，不健康老年人的比例比不健康年轻人的比例要大得多。人过 30 岁后，死亡几率大约每 8 年增加 1 倍。[22] 患其他严重疾病的机会，特别是退化性疾病（相对传染性疾病而言），如癌症、中风、心脏病，也随年龄的增加而增加。

如果有人怀疑在当今世界医学最为发达的社会里，"正常"或"健康"的老年人也会出现可见的、显著的、有规则的、普遍的、可测定的、目前生物和医学知识无法阻挡的身体和精神功能方面的衰老，如果有人认为与年龄相关的"衰退"是大众误会的产物，或者是恶毒、非理性的偏见的产物，那么这些人就在脱离实际。[23] 当然，至于衰退从什么时间开始、衰退速度如何、在一个特定年龄组中有多大差异、衰老对认知的影响在多大程度上有多少可能会被生活经历（包括工作经历）和补偿性策略（如更为小心、花费更多的时间进行计划和完成一些任务）所抵消等问题，则尚有理性讨论的余地。[24] 而且，精神特别是体力方面的衰老速度能够并且正在被饮食改善、锻炼增加、医疗技术发展而减慢。[25] 我们不可能消灭年老，但我们可以延缓它的到来；我们也已经将其延缓了。与 30 年前相比，现在我们很少将一个健康

---

〔22〕 同上注，第 42~43 页，图表 2~17。

〔23〕 有关衰退与年龄相关的显著例证参见，James N. Schubert, "Age and Active-Passive Leadership Style," 82 *American Political Science Review* 763 (1988)；有关证据的综合回顾参见，Powell，本章注〔4〕，第 4 章；也可参见本章注〔6〕。这并不是年轻人和中年人反对老年人的一个阴谋；一些有关这种衰退的生动、有说服力、吸引人的描述来自老年人本身。著名的例子有，Simone de Beauvoir, *Old Age* (1972)，特别是其中的第 7 章；B. F. Skinner, "Intellectual Self-Management in Old Age," 38 *American Psychologist* 239 (1983).

〔24〕 例如参见，K. Warner Schaie and Sherry L. Willis, "Adult Personality and Psychomotor Performance: Cross-Sectional and Longitudinal Analysis," 46 *Journal of Gerontology*, P275 (1991)；Neil Charness and Elizabeth A. Bosman, "Expertise and Aging: Life in the Lab," in *Aging and Cognition: Knowledge Organization and Utilization*，本章注〔19〕，第 343 页；James E. Birren, Anita M. Woods, and M. Virtrue Williams, "Behavioral Slowing with Age: Causes, Organization, and Consequences," in *Aging in the 1980s: Psychological Issues* 293，第 302~303 页 (Leonard W. Poon. ed., 1980)；Daniel Goleman, "Mental Decline in Aging Need Not Be Inevitable," *New York Times* (national ed.), April 26, 1994, p. B5.

〔25〕 例如参见，John W. Rowe and Robert L. Kahn, "Human Aging: Usual and Successful," 237 *Science* 143 (1987)；Balters, Smith, and Staudinger，本章注〔15〕，第 133~134 页。

的 60 岁甚至 70 岁的人看作是"老"人。尽管目前世界上的"老"人比任何时候都多，这种老年人口的增多带来的人口结构变化并不像想像中的那么大。

夸大体力和精神行为上的与年龄相关的退化的经济、社会意义是危险的。人们倾向于以夸大有用的能力在整个生命期间中的衰退的笔纸测验以及其他一些实验室型的实验程序，来测定精神功能的退化。[26] 一个相关但更为基本的问题（我将在第 4 章中讨论）是，年轻人的体力和精神能力经常超出经济和社会对他们的要求，因此到达某一时点之前——这时超出程度已被年龄洗尽——衰老过程可能不会造成有社会意义的能力减退。对衰老的影响有夸大印象的另一个原因是，人们没有看到我在第 5 章中要讲的一点——老年人在活动中理性地利用时间（时间这时对他们是廉价的）来代替其他类型的投入，结果是他们在活动和说话时更为缓慢和犹豫不决，尽管他们的身体和精神能力能让他们更快、更坚决一些。

老年人口中女性老人所占的人数优势为我们提出了一个重要的问题，即衰老对男女的影响是否不同。如果如此，总体上来说，男性老人和女性老人之间的差异会与年轻人的不同，即使考虑到社会环境对这些人群的暂时影响，也如此；例如当今女性老人比男性老人教育水平低的程度要比当今年轻女性与男性相比的程度要高。这个问题已经有很多的研究，但仍未穷尽。然而，若说在衰老特点或速度上有性别差异的话，这个差异似乎也很小。[27] 当然，女性老人的人数要比男性老人的人数多。但是如果比较存活的同龄男女，他们在衰老过程上没有差别——在"衰老"问题上没有差别——尽管平均来说

〔26〕 Paul Verhaeghen, Alfons Marcoen, and Luc Goossens, "Facts and Fiction about Memory Aging: A Quantitative Integration of Research Findings," 48 *Journal of Gerontology* P157 (1993). 关于与年龄相关的精神能力退化证据的特别（我认为是过度的）广泛的评论参见，Gisela Labouvie-Vief, "Individual Time, Social Time, and Intellectual Aging," in *Age and Life Course Transitions: An Interdisciplinary Perspective* 151 (Tamara K. Hareven and Kathleen J. Adams, eds., 1982).

〔27〕 Powell, 本章注〔4〕, 第 6 章。老年女性似乎比同龄男性更脆弱。Margaret J. Penning and Laurel A. Strain, "Gender Differences in Disability, Assistance, and Subjective Well-Being in Later Life," 49 *Journal of Gerontology* S202 (1994).

他们距离死亡的远近是不同的。

## 衰老与进化

26 　　我们还没有考虑为什么身体（也包括精神）会衰老。最好的解释是基因。[28] 像保养汽车一样，保养一种动物的躯体的花费很大。保养花费的资源越多，可供给生育这一进化上的关键特性的资源就越少；一种生来要活很长时间、非常复杂的动物需要有一个很长的妊娠和婴儿发育时期，父母花费大。因此，此类存活时间越长的动物的生育量就越少。如果这类动物遭意外毁灭（保养也无法防止这种毁灭）的风险很大，那么延长的寿命就可能不会补偿父母的生育花费（不论是通过这类罕见的长寿动物对其子孙的时间更长的保护，还是通过时间更长的生育能力）。较不复杂的、被意外毁灭几率小的动物能够长寿，例如乌龟，是因为"设计"这种长寿动物的花费更低。[29] 但是如果生命的持久性以生育能力的不必要牺牲为代价，由于持久性不能转变成等量的生存，那么持久性更高生物的父母生育的后代会比持久性低的生物要少，那么这种生物最终会灭绝。

　　这种分析解释了我们为什么会被耗尽、死亡，更确切地说为什么死亡率会在我们过了生育的黄金时代之后急速上升；这种分析得到了如下证据的支

---

　　[28] Thomas B. L. Kirkwood, "Comparative Life Spans of Species: Why Do Species Have the Life Spans They Do?" 55 *American Journal of Clinical Nutrition* 1191S (1992). 衰老的进化理论由以下作者作了综述：Steven M. Albert and Maria G. Cattell, *Old Age in Global Perspective: Cross-Cultural and Cross-National Views* 27-29 (1994); S. Jay Olshansky, Bruce A. Carnes, and Christine Cassel, "The Aging of the Human Species," *Scientific American*, April 1993, 46, 49-50; Arking, 本章注〔5〕, 第83~88页。更全面的综述可参见，Bruce A. Carnes and S. Jay Olshansky, "Evolutionary Perspectives on Human Senescence," 19 *Population and Development Review* 793 (1994), 详尽的论述参见，Michael R. Rose, *Evolutionary Biology of Aging* (1991).

　　[29] J. Whitfield Gibbons, "Life in the Slow Lane: Lugging a Shell Around Has Its Rewards, as Turtles Have Known for Millions of Years," *National History*, 1993, no. 2, p. 32. 尽管这篇文章有着一个孩童般的题目，但它是一篇非常严肃的文章。

持——动物在很大程度上也同人一样会在精神和体力上衰老。[30] 但是这种分析没有更多地解释老年人的心理和行为。关于衰老的基因理论说明，不太可能有一种基因程序来延长人类的寿命，当然这要看如何延长。我们可以相对容易地理解，为什么在进化时代——亦即通过自然选择，人类已经基本进化到现在的生物阶段的史前时期——男子在他们全盛时期后、女子在绝经结束生育能力后会再活几年这种状况可能是出于适应环境的需要。男性老人仍可生育，他积累的知识（在文字出现之前的文化里特别重要）会补偿他身体的衰退，使他有能力保护自己的子孙。[31] 老年妇女可以更好地保护她还未长大成人的年轻子女，协助照顾她的孙子女。[32] 如果在进化时代这些老年人（不是以我们的老人标准）对他们的年轻亲属有用，亲属们也看重老年人——否则老年人没有什么生存下去的好前景——这也许可以解释为什么至今，哪怕在美国，大多数人多少都尊敬、保护老人，至少是自己的年老亲属；这种感觉可能是天生的。

　　不再能生育的亲属可以提高泛适应性（他们的基因在其后代中复制的数量），这也许是为他们生存、受其他亲属保护而设置的一种基因程序。这已经不是什么新的观点。例如，这是同性恋的基因理论的关键所在。[33] 等式 1.1

---

〔30〕 例如参见，Diana S. Woodruff-Pak, "Mammalian Models of Learning, Memory, and Aging," in *Handbook of the Psychology Of Aging*, 本章注〔6〕，第 234 页；National Research Council, *Mammalian Models for Research on Aging* 307（1981）. "动物也有类似记忆减退，记不住新名字和新面孔的现象。" P. L. Broadhurst, *The Science of Animal Behaviour* 110（1963）.

〔31〕 David Gutmann, *Reclaimed Powers: Toward a New Psychology of Men and Women in Later Life* 216（1987）.

〔32〕 Jane B. Lancaster and Barbara J. King "An Evolutionary Perspective on Menopause," in *In Her Prime: New Views of Middle-Aged Women* 7（Virginia Kerns and Judith K. Brown, eds., 2d ed. 1992）；Peter J. Mayer, "Evolutionary Advantages of the Menopause," 10 *Human Ecology* 477（1982）. Gutmann, 本章注〔31〕，第 163～173、232 页；这里着重强调了绝经后的妇女在具有早期家庭特点的大家庭家庭事务中的领导作用。另外一种解释是，绝经是一种避孕方法，它可以减少一个妇女的子女数，至少增加部分子女的生存机会。引自 Sarah Blaffer Hrdy, "Fitness Tradeoffs in the History and Evolution of Delegated Mothering with Special Reference to Wet-Nursing, Abandonment, and Infanticide," 13 *Ethology and Sociobiology* 409（1992）.

〔33〕 这方面的证据在不断增加，我在《超越法律》一书中（1995 年版，第二十六章）有过回顾。特别引人注目的证据是，同卵双胞胎之间的同性恋比异卵双胞胎更为和谐。比起后者，前者的基因关系更为紧密，但在环境相似方面可能没有太大的差别。这是因为不管是同卵还是异卵，双胞胎一般都生长在同样的家庭环境中。

表达了这种概念。[34] 一个个人 $i$ 在某一年龄时的最佳预期寿命（$L_i$）是他剩余生育潜力（$p_i$）和所有 $k$ 的剩余生育潜力的函数，其中 $k$ 是 $i$ 的一些亲属，因亲疏远近程度（$r_k$）、$i$ 继续存活对 $k$（$b_k$）利益大小的不同而不同。

$$L_i = p_i + \sum (b_k r_k p_k) \qquad (1.1)$$

这个等式表示，一个个人生育能力的减弱（例如绝经）可以因这个人帮助增加亲属的生育能力而得到补偿。

进化理论可能能够解释人们为什么能活至中年，但在人类进化时期可能很少有老年人。人们生活在狩猎采集社会。这样一个社会中的生命面临着巨大的身体挑战，因为（除了众多其他的原因之外）它是一个游牧社会——人们移动频繁。那里很少有多余食物供给那些不能直接参与生产的人（见第 9 章），人们很少有剩余的精力将无助的老年人从一个营地带到另一个营地。南美原始部落雅诺马马印第安人（yanomama Indians）中只有 8% 的人活到 65 岁，而现代美国人中则有 85% 的人活到 65 岁。[35] 在真正的新石器文化里，只有 2% 的人能活到 50 岁。[36] 如果很少有人活到老年，就不可能在有不同特性的老年人中进行太多的自然选择——一个可以使一个人有更多子孙的那些特性发扬光大的过程——因为没有什么多样性。我们知道，同现在一样，在进化时代有许多年轻女性，因此可以想像这种选择通常有利于一些有特性的妇女——例如有生育能力、对孩子有爱心、有能力吸引可能很好保护自己子

---

[34] 参见，Denys de Catanzaro, "Evolutionary Pressures and Limitations to Self-Preservation," in *Sociobiology and Psychology*: *Ideas*, *Issues and Applications* 311, 317-318 (Charles Crawford, Martin Smith, and Dennis Krebs, eds., 1987).

[35] Albert and Cattlell，本章注 [28]，第 31 页（表 2.1）。

[36] Gy. Acsádi and J. Nemeskéri, *History of Human Life Span and Mortality* 188 (1970)（表 58）. 又参见，William Petersen, "A Demographer's View of Prehistoric Demography," 16 *Current Anthropology* 227, 232-234 (1975)；Gottfried Kurth, "Comment," 出处同上，第 239 页。更高比例估计参见，Nancy Howell, "Toward a Uniformitarian Theory of Human Paleodemography," in *The Demographic Evolution of Human Populations* 25, 35, 38 (R. H. Ward and K. M. Weiss, eds., 1976). 这些统计数字当然有可能误导，因为如果大部分人在婴儿或儿童时期就已死亡，那么很大一部分成人就可能变成老人，即使（自出生时起一直）活到老年的比例非常低。

女的男子（同时也被他们吸引过去）——这样就可能增加她们子孙的数量。而由于老年人的人数太少，类似的选择过程就无从下手。[37] 人类的社会和物质进步使得生命到达了一个基因未事先设计的阶段。

这里有一个兜圈子的问题——没有对最有适应性的老年人进行自然选择是因为没有足够的人活到我们认为能够让自然选择发挥作用的足够老的年龄。如果老年给一个人的子孙带来很大的好处，例如通过给后代带来有价值的信息来增加他们的生育能力，那么我们可能会看到更多老年人存活，哪怕他们的身体被"设计"成用部分生育能力来换取更长的生命。然而，老年人对社会的信息价值在他到达中年后可能不会增长太多；每个年龄段中可能只需要一小部分人存活下来，就可以向后人传授关于食物、捕食、社会结构的基本信息。[38] 若果真如此，"设计"人类活到老年也就没有过多的进化价值，而且这种"设计"必然会带来生育能力降低的代价。

也就是说，我们的基因才能，包括我们的生物"钟"，适应与今天不同的环境。大家可以回想一下我曾提到的剩余能力。如果在狩猎时期，生命在身体甚至精神方面受到的挑战比现代社会要多，[39] 那么基因编码可能让那时的年轻人在身体和精神方面获得在现代生活的大多数活动中并不需要的能力；而老年人的能力虽然下降了，在一定程度上难以适应狩猎社会，但其能力却能适应现代社会。对人的要求越少，人们就越有可能达到要求，尽管人的能力在减退。衰老不是进化中的一个偶然现象，但活到老年可能是个偶然现象。

这里的讨论说明进化生物学对解释与老年有关的社会问题的贡献，尽管活到老年缺乏达尔文进化论意义上的生存特性，尽管如同避孕药、精子库一样，老年（我们所理解的）在作为我们基因遗产的源头的那个环境中并不存在。在以后的几章特别是第 5 章中，我们将看到其他一些说明这一点的例子：在解释那个基因并没有编码安排的，被我们称为老年的生命阶段上，基因遗

---

〔37〕 本章注〔28〕中 Carnes and Olshansky 强调过这点，第 801~802 页。

〔38〕 这种说法似乎在有理地假定，老一代人无法可行地将自己的知识传递给自己的后代。

〔39〕 在现代社会里精神能力的范围五花八门；始终警觉、集中、敏捷不是生存的条件，但在人类生活进化阶段，在极为艰苦和危险的情况下，这些又是生存的必要条件。

传学的作用恰恰是很大的。

30　　　如果自然选择意味着我们的持久性被"设计"得很有限，那么利用医学来征服年老，而且利用在老年病学研究中的恰当重点应当是考虑老年的残障问题。那些接受了我所构画的衰老的基因理论的生物学家们确实相信，我们的基因没有给我们无限的生命。[40] 他们也许是正确的。人的细胞在分裂和替代衰老细胞的次数上也许有一个生物极限。就算如此，人们并不清楚这个极限，而且以我们今天的知识所及来看，这个极限也许可以通过将来的医学科学无限延长。[41] 仅仅是对现有技术能够控制的危险因素进行更有效的控制本身，就可以大幅度地增长预期寿命。[42] 来自瑞典的最新数据确认，哪怕在预期寿命已经很长的人口中预期寿命仍有继续增长的可能。[43] 即使没有重大的研究突破，达到 85 岁的预期寿命也是非常可能的。[44] 这将意味着已经非常庞大的老年人口还会大幅度增加。

---

　　〔40〕 例如参见，Carnes and Olshansky，本章注〔28〕，第 802~804 页。关于争论人的生命是否有一个生物极限的好文章参见，Marcia Barinaga, "How Long Is the Human life‐Span?" 254 *Science* 936 (1991).

　　〔41〕 有关的优秀讨论参见，Samuel H. Preston, "Demographic Change in the United States, 1970‐2050," in *Demography and Retirement: The Twenty‐First Century* 20, 30‐37 (Anna M. Rappaport and Sylvester J. Schieber, eds., 1993); Kenneth M. Weiss, "The Biology of Aging and the Quality of Later Life," in *Aging 2000: Our Health Care Destiny*, vol. 1: *Biomedical Issues* 29 (Charles M. Gaitz and T. Samorajski, eds., 1985).

　　〔42〕 Kenneth G. Manton, Eric Stallard, and Burton H. Singer, "Methods for Projecting the Future Size and Health Status of the U. S. Elderly Population," in *Studies in the Economics of Aging* 41 (David A. Wise, ed., 1994).

　　〔43〕 James M. Vaupel and Hans Lundström, "Longer Life Expectancy? Evidence from Sweden of Reductions in Mortality Rates at Advanced Ages," 同上注，第 79 页。

　　〔44〕 S. Jay Olshansky, Bruce A. Carnes, and Christine Cassel, "In Search of Methuselah: Estimating the Upper Limits to Human Longevity," 250 *Science* 634 (1990).

# 第二章

# 老龄——过去、现在和将来

本章的目的是向读者介绍有关老年人的人口和经济方面的基本资料。其中一些资料在以后的章节中仍会使用，也可能是在那些章节中首次提及。在开始时将这些资料连贯地展示出来，可能让非专业人员对相关问题有个初步的了解，对专业人员把握自己的观点也有益。第一部分是历史的，在一定程度上也是比较的。第二和第三部分侧重当代和未来的美国。我认为，一旦人们理解了人口老龄化对财政和经济方面的影响，而且诸如"抚养比"这样不严谨的词语得到修正，那么，人们就不再会将人口老龄化看作一个灾难，虽然它也绝不是一个可以让人志得意满的现象。

## 老龄的历史

在所有的社会里都能看到老年人，但是比例却非常不同。（老年的界定在每个社会也不尽相同。）在"序"一章，我提到过荷马史诗中的老人内斯特。人们常常认为，如荷马史诗所描绘的那样，在没有文字的社会里老年人一定具有特殊的价值——一个非洲的格言称，"一位老人去世，就如同一座图书馆被焚毁。"[1] 但在第9章中我们可以看到，现实要比这个复杂得多。老年人的社会地位在不同的文化和时期，甚至在同一文化、同一时期中也会令人迷

---

[1] George Minois, *History of Old Age*: From Antiquity to the Renaissance 9 (1989).

32 惑地有所差异。如果说内斯特在《伊利亚特》中大出风头的话，那么奥德修斯的父亲拉埃尔特斯在《奥德赛》中则无足轻重。因此，老普里阿摩斯在《伊利亚特》中的角色并不是非常令人难忘。

我们甚至对 19 世纪以前的西方的人口年龄概况了解得并不多。有估计认为，10%～15% 的斯巴达人在 60 岁以上，[2] 这种估计至少是高度猜测性的。[3] 而且，若人们试图依据这种估计来把握当时人们的预期寿命的话，这种估计是会让他们误入歧途的。因为，低出生率、年轻男性在战场上的高死亡率、或者年轻女性在生育过程中的高死亡率，都可能导致这样的局面：即使人们随着年龄增长健康迅速恶化，侥幸存活至成年者之中能够活到老年的人很少，也会导致老年人的占比高。从历史上看，为了提高一个国家的人口平均年龄，生育率的降低比寿命的增加更为重要。

关于更为近期的情况，我们知道在中世纪欧洲有许多老年人，其中大多数是男人，因为许多女人死于生孩子，许多男性老人在寺庙或教会任职；与士兵相比，和年龄相关的衰退对人们担任这些职务的影响不大。[4] 我们也知道，在西方历史上我们也不是第一个经历人口快速老龄化的国家。14 世纪至15 世纪时老年人在总人口中的比重上升了，这是因为黑死病有放过老年人的倾向。[5] 为老年人准备的集体生活形式的急速增加——养老院和退休公寓不是什么新想法——以及退休观念的出现，都是为了妥善处理已经明显多余的老年人。[6] 人们退休的历史和记载的历史一样长，或许更长。但是在身体健康不允许工作或衰老之前就停止工作的观点——亦即退休是生命周期中显著

---

[2] Ephraim David, *Old Age in Sparta* 9–13 (1991).

[3] Tim G. Parkin, *Demography and Roman Society* (1992)，这是一个拒绝认同对古罗马老年人口的任何推测的范例。关于 14 世纪至 18 世纪老年人口有益推测的概要研究参见，Herbert C. Covey, "The Definitions of the Beginning of Old Age in History," 34 *International Journal of Aging and Human Development* 325, 335 (1992).

[4] Minois，本章注 [1]，第 179～183 页。

[5] 同上注，第 210～217 页。15 世纪意大利的托斯卡纳区，大约 15% 的人口在 60 岁以上（美国今天 60 岁以上的老年人口是 23%），其中主要是男子。同上注，第 213 页。

[6] 同上注，第 211、246 页。如果年轻人口突然减少，社会当然会增加对老年工人的需求，但是老年工人的工作能力局限性仍可能使老年人对年轻的生产人口的依赖增加。

的、多少带有普遍性的一个阶段的观念——却是更为新近的一个事物。

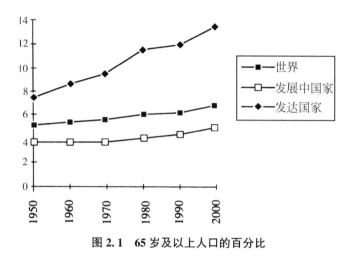

**图2.1 65 岁及以上人口的百分比**

黑死病时代结束后，老年人口的比例下降了。18 世纪的美国，65 岁及以上的人口不到 2%。直到 1851 年，英国 65 岁及以上的老年人口仅占总人口的 4.7%，80 岁及以上的人口仅占 0.65%。美国的对应比例（1870 年）为 3% 和 0.37%。两国比例的差别可能说明美国有更多的年轻移民，而不是美国老年人口的死亡率高。[7] 1551 年至 1901 年期间，英国的 60 岁以上的人口在 5% ~ 10% 之间摆动。[8]

直到最近的 1950 年，发达国的 65 岁及以上的人口也不到 8%（见图 2.1）。[9] 自此之后，收入的实际增加（长寿的一个直接原因）、更好的医疗

〔7〕 美国的统计数字来自美国普查局。U. S. Bureau of Census, *Seventh Census of the United States*：1850 xlii（1850）；U. S. Bureau of the Census, *Historical Statistics of the United States*：*Colonial Times to* 1970 15（1976）；David Hackett Fischer, *Growing Old in America* 222（1977）（tab. 1）；B. R. Mitchell, *British Historical Statistics* 15−16（1988）；Mitchell, *European Historical Statistics* 1750−1970 37（1976）；Nathan Keyfitz and Wilhelm Flieger, *World Population*：*An Analysis of Vital Data* 312, 479（1968）.

〔8〕 E. A. Wrigley and R. S. Schofield, *The Population History of England* 1541−1871：*A Reconstruction* 216（1981）（fig. 7.4）.

〔9〕 图2.1 和2.2 以及表2.1 和2.2 来自联合国的资料，United Nations, Department of International Economic and Social Affairs, *The Sex and Age Distribution of Population*：*The* 1990 *Revision of the United States Global Population Estimates and Projections*（Population Study No. 122, 1991）.

保健以及生育率的下降，导致老年人口比例出现了急剧的增加。1950 年至 1990 年之间，发达国家 65 岁及以上的人口比例从不足 8%增加到了 12%。预计到 2000 年，这个比例将增至 14%。

同期 80 岁及以上的人口比例增加更为明显（如图 2.2 所示），从 1%增加到了 2.6%。到 2000 年，这个比例可能会接近 3%。这与发展中国家（"第三世界"）的差别是显著的。发展中国家现今的老年和高龄老年人口的比例没有比 1850 年西欧和北美的比例高多少。

表 2.1 和表 2.2 是关于美国和一些选来作比较的其他国家的数字。1950 年美国 65 岁及以上的人口比例是 8.1%，1990 年为 12.6%，预计在 20 世纪末达到 12.8%。尽管这些数字与历史和如尼日利亚这样的国家相比是高的，但与西欧一些国家和日本相比则是低的，这些国家的移民比例和生育率都比美国的低。在 80 岁及以上的人口中这种国家悬殊不那么明显，这可能与美国老年人在医疗保健方面的高花费有关。

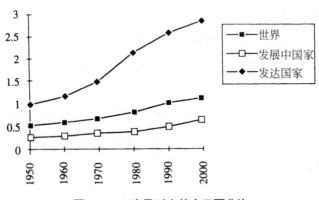

**图 2.2　80 岁及以上的人口百分比**

这几个表都有对 21 世纪老年人口的预测，因为这种预测本来就是来自于这些表格中的部分数据，但我们要有保留地看这些预测；如果医学科学持续快速发展，实际数字会很快超过表中的这些预测数字。另外一点是在看关于老年统计数字时，我们要清楚地认识到高龄老年人口——90 多岁、特别是

100 多岁——的数字是不准确的，一些年纪很大的人常夸大自己的年龄。90
多岁特别是 100 多岁的人仍享有崇高地位。美国官方估计有 5 万名百岁老人，
但实际人数可能不到这个数字的一半。[10]

表 2.1　65 岁及以上人口的百分比

| 国家/地区 | 1950 | 1960 | 1970 | 1980 | 1990 | 2000 | 2010 | 2020 |
|---|---|---|---|---|---|---|---|---|
| 加拿大 | 7.7 | 7.5 | 7.9 | 9.5 | 11.4 | 12.7 | 14.4 | 18.8 |
| 法国 | 11.4 | 11.6 | 12.9 | 14.0 | 13.8 | 15.4 | 15.7 | 19.3 |
| 德国 | 9.4 | 10.8 | 13.2 | 15.5 | 15.4 | 17.0 | 20.4 | 22.2 |
| 日本 | 4.9 | 5.7 | 7.1 | 9.0 | 11.7 | 15.9 | 19.6 | 23.7 |
| 尼日利亚 | 2.4 | 2.3 | 2.4 | 2.5 | 2.5 | 2.6 | 2.8 | 3.2 |
| 瑞典 | 10.3 | 12.0 | 13.7 | 16.3 | 18.1 | 17.1 | 18.8 | 21.8 |
| 英国 | 10.7 | 11.7 | 12.9 | 15.1 | 15.4 | 15.2 | 15.7 | 18.2 |
| 美国 | 8.1 | 9.2 | 9.8 | 11.3 | 12.6 | 12.8 | 13.6 | 17.5 |
| 全世界 | 5.1 | 5.3 | 5.4 | 5.9 | 6.2 | 6.8 | 7.3 | 8.7 |
| 欠发达地区 | 3.8 | 3.8 | 3.8 | 4.0 | 4.5 | 5.0 | 5.6 | 7.0 |
| 发达地区 | 7.6 | 8.5 | 9.6 | 11.5 | 12.1 | 13.7 | 14.8 | 17.4 |

表 2.2　80 岁及以上人口的百分比

| 国家/地区 | 1950 | 1960 | 1970 | 1980 | 1990 | 2000 | 2010 | 2020 |
|---|---|---|---|---|---|---|---|---|
| 加拿大 | 1.1 | 1.2 | 1.4 | 1.8 | 2.3 | 3.0 | 3.7 | 4.1 |
| 法国 | 1.7 | 2.0 | 2.3 | 3.1 | 3.5 | 3.3 | 3.8 | 3.9 |
| 德国 | 1.0 | 1.5 | 1.9 | 2.7 | 3.7 | 3.6 | 4.6 | 5.9 |
| 日本 | 0.5 | 0.7 | 0.9 | 1.4 | 2.2 | 3.0 | 4.3 | 6.0 |
| 尼日利亚 | 0.2 | 0.2 | 0.2 | 0.2 | 0.2 | 0.3 | 0.3 | 0.4 |
| 瑞典 | 1.5 | 1.9 | 2.3 | 3.2 | 4.3 | 4.8 | 5.0 | 5.2 |
| 英国 | 1.5 | 1.9 | 2.2 | 2.8 | 3.4 | 3.6 | 4.0 | 4.2 |
| 美国 | 1.1 | 1.4 | 1.8 | 2.3 | 2.8 | 3.3 | 3.8 | 3.9 |
| 全世界 | 0.5 | 0.6 | 0.7 | 0.8 | 1.0 | 1.1 | 1.3 | 1.5 |
| 欠发达地区 | 0.3 | 0.3 | 0.4 | 0.4 | 0.5 | 0.6 | 0.8 | 1.0 |
| 发达地区 | 1.0 | 1.2 | 1.5 | 2.1 | 2.6 | 2.8 | 3.5 | 4.1 |

〔10〕 Bert Kestenbaum, "A Description of the Extreme Aged Population Based on Improved Medicare En-rollment Data," 29 *Demography*, 565 (1992), esp. p. 573. 关于美国人口老龄化的统计数字分析和丰富概括参见，Jacob S. Siegel, *A Generation of Change: A Profile of America's Older Population*, ch. 1 (1993).

## 对人口老龄化的担心

36　　　人们对像美国这样富有国家里老年人口迅速增加表达的担忧主要有两点。第一种是老年人昂贵的医疗费用。在修正了其他原因后，尽管一个国家人口的平均年龄和其人均医疗保健的支出之间好像没有关系，[11] 但主要由医疗技术的发展带来的医疗费用的增加以及老年人口的快速增加预示着要明显增加医疗费用的总支出，除非削减年轻人的保健需求。在美国，65 岁及以上的人口虽然只占总人口的 13%，但他们的医疗费用支出已超过总量的 1/3。[12] 这些数字没有包括许多老年人需要的家庭护理费用，这些费用大多数是非货币的，因为这些服务以个人看护形式由家人承担而不是以现金支出体现。在第 11 章中我们会看到这些花费是实实在在的——这并不单是子女有照顾年老双亲的满腔热忱的问题。

　　　第二种担忧是，老年人口比例增加带来的非工作预期寿命的增加，预示着生命周期中生产年数对消费年数的比例下降，老年人会利用他们的政治力量强迫年轻人以他们的生产来满足老年人的消费。生命周期中生产年数对消费年数的比例的下降，并非寿命不断增加的不可避免的产物。除了其他因素之外，这个比例还取决于退休年龄这一因素：随着寿命的延长，退休年龄也可以相应地提高。但是目前这些尚未发生。相反，在预期寿命提高的同时，平均退休年龄却在下降。图 2.3 比较了 1950 年至 2000 年间男性的平均预期寿命和平均退休年龄。[13] 1950 年时男性的平均预期寿命实际上比平均退休年龄

　　　〔11〕　Thomas E. Getzen, "Population Aging and the Growth of Health Expenditures," 47 *Journal of Gerontology* S98 (1992).

　　　〔12〕　Daniel R. Waldo et al., "Health Expenditures by Age Group, 1977 and 1987," *Health Care Financing Review*, Summer 1989, p. 111; U. S. Senate Special Committee on Aging et al., *Aging America: Trends and Projection* 133 (1991 ed.). 本章以下所有统计均为美国的数字。

　　　〔13〕　图 2.3 来自 Cynthia Taeuber, *Sixty-Five Plus in America* 25 (U. S. Bureau of the Census, Current Population Reports, Special Study P23–178 RV, revised May 1993) (tab. 3–1); Murray Gendell and Jacob S. Siegel. "Trends in Retirement Age by Sex, 1950–2005," *Monthly Labor Review*, July 1992, pp. 22, 27 (1992) (tab. 4); U. S. Senate Special Committee on Aging et al., *Aging America: Trends and Projections* 25 (1987–1988 ed.).

要低，而到了 1990 年前者高出后者近 10 岁。比较女性的图表会显示更高的平均预期寿命（稍后讨论）和更高的退休年龄，但是两者之间的差别与图2.3 中男性的情况相似。

出生时的预期寿命只是对成年人口年龄分布的一个粗略估计，因为这个指标对婴儿和儿童死亡率变化非常敏感。但是多年来婴儿和儿童死亡率一直很低，因此只关注成年人的平均预期寿命（如图 2.4 所示[14]）并不会改变图表中显示的趋势。巧合的是图 2.4 描绘的趋势已存在很长时间。在 1840 年，20 岁的美国人中只有 50% 可以活到 65 岁，38.8% 可能活到 70 岁。到 1910年，这些数字分别上升到了 69.3% 和 59.5%。[15]

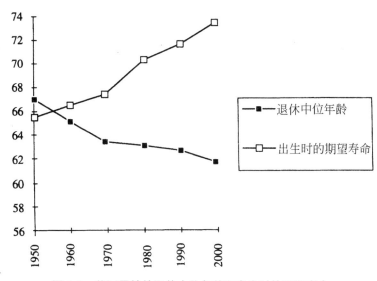

**图 2.3 美国男性的退休中位年龄和出生时的预期寿命**

考虑到生物学对寿命的限制，人们会认为增加寿命的努力会遇到收益急

---

〔14〕 图 2.4 和 2.5 来自，"U. S. Longevity at a Standstill," in Metropolitan Life Insurance Company, *Statistical Bulletin*, July–Sept. 1992, pp. 2, 8；1950，1970，1990 年美国人口普查局的生命表，*Statistical Abstract of the United States*. 50 岁的预期寿命数据显示了与图 2.4 相似的趋势。例如参见，Peter Laslett, "The Emergence of the Third Age," 7 *Ageing and Society* 133, 144 (1987) (tab. 2).

〔15〕 Fischer，本章注〔7〕，第 225 页（表 4）。

剧递减的问题。然而事实却相反，图2.5勾画了成年人预期寿命的变化，在
一个世纪大部分时间里，年增加率本身一直都在上升。因此，图2.6[16]显示
的最近几十年来老年和高龄老年人口一直在明显增加，当然这也得益于出生
率的下降，就没有什么可奇怪的了。在第1章中我们说过，没有理由相信预
期寿命的增加已经或者快要接近"自然"的上限了，尽管如果没有研究上的
重大突破，整个人口的预期寿命达到85岁以上是不可能的。

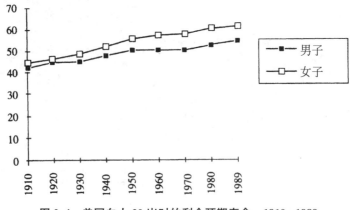

**图2.4 美国白人20岁时的剩余预期寿命，1910~1989**

两性的寿命增加并不是平衡的。20世纪中，女性寿命明显比男性寿命增
加得快（见图2.4），造成了男性老人和女性老人在数量上的极不平衡。1989
年，在85岁及以上的老年人中只有39%为男性，也就是说，男女之比低于
2∶5，而在整个65岁及以上的人口中男女之比为2∶3。[17]

〔16〕 图2.6来自美国普查局，U. S. Bureau of the Census，*Historical Statistics of the United States：Colonial Times to 1970*，同本章注〔7〕，第15页；U. S. Senate Special Committee on Aging et al.，同本章注〔12〕，第7页（表1-2）。

〔17〕 出处同上，第17页（图表1-9）。又参见，Leonard A. Sagan，*The Health of Nations：True Causes of Sickness and Well-Being* 22（1987）（fig. 1. 3）.

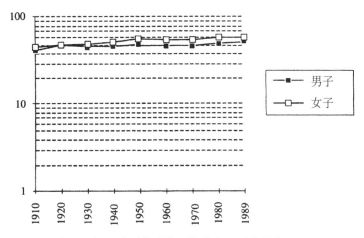

**图 2.5 美国白人 20 岁时的剩余预期寿命（对数尺度），1910~1989**

与老年人口增加并行的是这个人口中参与劳动的人数在减少，因为人们 39
有提前退休的趋势。这两者造成"老年抚养比"（其机械定义为 65 岁及以上
人口对 20~64 岁的人口的比值）从 1960 年的 0.173 上升到 1990 年的 0.209。
社会保障总署和普查局预测，到 2050 年这个比例会进一步上升到 0.392 和
0.416 之间。[18]这种未来的人口预测是不准确的；"抚养比"这个词本身就
具有误导性，它假定所有 65 岁及以上的老年人都退休，因此都依赖于他人——
尽管他们可能只是依赖自己积累的财富——同时假定所有 20~64 岁的年轻人
都在工作。这两种假设都不对。从功能角度定义的抚养比，亦即工人对非工
人的比例，自 20 世纪 60 年代中期开始急速下降，这主要是因为大量妇女参
与工作。预期这个比例在 2005 年以后会上升，但不会回到 20 世纪 60 年代中
期的水平。[19]就算重新定义之后，老年抚养比仍是具有误导性的，因为"依
赖"个人早年的收入——这反映的是把早年的消费转移到晚年消费的一种个人
决定——与依赖目前工作的一代，这在伦理学和经济学上都是截然不同的事情。

〔18〕 Samuel H. Preston, "Demographic Change in the Untied States, 1970-2050," in *Demography and Retirement: The Twenty-First Century* 19, 23 (Anna M. Rappaport and Sylvester J. Schieber, eds. , 1993).

〔19〕 Stephen H. Sandell, "Prospects for Older Workers: The Demographic and Economic Context," in *The Problem Isn't Age: Work and Older Americans* 3, 5 (Stephen H. Sandell, ed. , 1987) (fig. 1. 1).

40 　我们当然不否认抚养比受退休趋势的影响。与社会保障制度建立之后比较
起来，之前的美国人自愿退休的不多。[20] 1840 年时，70%的 65 岁以上的美国
男性在工作，而且，另外那部分人中的大部分应当是因为身体状况而无法工作
的。30 年之后，64%的 60 岁以上的美国男性在工作；而 60 年后这个比例实际
上又略微升高了一点。1935 年建立社会保障制度后，老年美国人参加工作的比
例开始下降，到 1980 年其比例下降至 32%。[21] 在 1950 年，83%的 60 至 64 岁
的美国男性、值得注意的是 21%的 75 岁及以上的美国男性在工作，与此相比，
90%的 55~59 岁的男性有工作（见表 2.3）。[22] 到 1990 年，80%的 55~59 岁
男性有工作，但 60~64 岁的工作比例下降到 56%，75 岁及以上的比例只有 7%。
这些下降说明，老人有能力自愿地退休，而不是因为他们工作能力下降了。

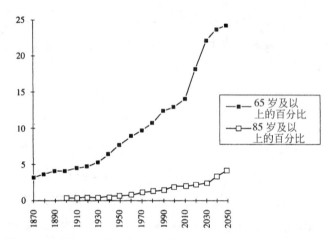

图 2.6　美国 65 岁及以上、85 岁及以上人口的比例，1870~2050

　　[20]　Gordeon F. Streib, "Discussion," in *Issues in Contemporary Retirement* 27 (Rita Ricardo-Campbell and Edward P. Lazear, eds., 1988). 但是比起一般人认为的要常见。见第 9 章。

　　[21]　这些统计数字来自，Wililam Graebner, *A History of Retirement: The Meaning and Function of an American Institution*, 1885-1978 12 (1980); Roger L. Ranson and Richard Sutch, "The Decline of Retirement in the Years before Social Security: U. S. Retirement Patterns, 1870-1940," in *Issues in Contemporary Retirement*, 本章注〔20〕，第 1、13 页（图表 1.6）; Carole Haber and Brian Gratton, *Old Age and the Search for Security: An American Social History* 104-110 (1994).

　　[22]　表 2.3 的资料来自 Gendell and Siegel, 本章注〔13〕，第 25 页（表 2）。20 世纪 90 年代的数据是推测的，因此可能不准确，这点在下面会看到。

　　妇女退休年龄的降低被妇女参与工作的比例的不断升高所抵消,[23] 当然这不包括 75 岁及以上的妇女——这个年龄组的妇女历来很少参与外面的工作。如果将两性综合起来考虑、并考虑退休后工作的问题、与最近而不是很远的过去相比,那么,我们将看到,老年人退休后参与工作的比例实际上是在增加而不是在继续下降。

表 2.3　两性之中 45 岁~49 岁至 75 岁及以上的人参加工作的
百分比,不同年份,1950~2000

| | 45~49 | 50~54 | 55~59 | 60~64 | 65~69 | 70~74 | 75 及以上 |
|---|---|---|---|---|---|---|---|
| 男性 | | | | | | | |
| 1950 | 96.5 | 95.0 | 89.9 | 83.4 | 63.9 | 43.2 | 21.3 |
| 1960 | 96.9 | 94.7 | 91.6 | 81.1 | 46.8 | 31.6 | 17.5 |
| 1970 | 95.3 | 93.0 | 89.5 | 75.0 | 41.6 | 25.2 | 12.0 |
| 1980 | 93.2 | 89.2 | 81.7 | 60.8 | 28.5 | 17.9 | 8.8 |
| 1990 | 92.3 | 88.8 | 79.8 | 55.5 | 26.0 | 15.4 | 7.1 |
| 2000 | 91.8 | 89.0 | 79.2 | 54.2 | 27.3 | 15.6 | 7.3 |
| 女性 | | | | | | | |
| 1950 | 39.9 | 35.7 | 29.7 | 23.8 | 15.5 | 7.9 | 3.2 |
| 1960 | 50.7 | 48.7 | 42.2 | 31.4 | 17.6 | 9.5 | 4.4 |
| 1970 | 55.0 | 53.8 | 49.0 | 36.1 | 17.3 | 9.1 | 3.4 |
| 1980 | 62.1 | 57.8 | 48.5 | 33.2 | 15.1 | 7.5 | 2.5 |
| 1990 | 74.8 | 66.9 | 55.3 | 35.5 | 17.0 | 8.2 | 2.7 |
| 2000 | 82.7 | 74.8 | 61.9 | 39.5 | 19.7 | 8.5 | 2.7 |

　　如果退休后平均年收入随退休后年数的增加而下降,哪怕老年人参与工作的比例持续下降,对社会和经济的影响也相对小,对政府的决策可能根本

　　[23]　又参见,Amanda Bennett, "More and More Women Staying on the Job Later in Life Than Men," *Wall Street Journal*, Sept. 1, 1994, p. B1.

没有影响。老人的消费在总体上不会增加，只是将消费分散在更长时期里而已。然而，退休后的收入和花费与工作时的收入相比，实际上是在提高而不是在下降。1957 年~1990 年间，65 岁及以上美国人的中位（median）收入增加了 1 倍以上，比整个人口的中位收入增长得快[24]——这里还没有考虑老年保健医疗制度的价值。如果将这些因素考虑进来，老年人至少和非老年人一样地富有，极有可能更富有[25]——他们可能早在 1973 年就赶上了非老年人的富有水平。[26] "老年人中百万富翁很少，但大多数是富有的——而且变得更富有——至少与年轻人的家庭相比是如此。"[27] 1991 年只有 12.4% 的 65 岁及以上的老人生活在贫困线下，整个人口生活在贫困线下的比例为14.2%。[28] 所有这些没有考虑任何闲暇的价值，退休人员比正在工作的人有更多的闲暇，或者（相同的观点）说他们不必向工作投入任何费用。

然而，这些统计数字有一定的误导性。收入和寿命有正相关的关系，也就是说一些人活到老年是因为他们富有，他们的富有不是因为社会对老年人慷慨。但无论如何，不容怀疑的事实是，老年人的经济状况相对提高了，这意味着不管他们的寿命是否在延长、退休是否更早，他们在消费总量中所占的比例可能增加。然而他们的寿命确实延长了，退休也确实提前了，这意味着，如果把医疗花费看作是一种消费，那么生产和非生产成年人的相对收入比值可能发生了明显的变化。从经济学而不是金融学的角度看（经济学家考虑的是资源分

---

〔24〕 Taeuber，本章注〔13〕，第 4~7 页、注〔104〕。更为明显的是 1970 年至 1984 年间，老年人（65 岁以上）家庭的平均实际收入增加了 35%，而在 25~64 岁年龄组的家庭的收入只增加了 1%。Alan J. Auerbach and Laurence J. Kotlikoff, "The Impact of the Demographic Transition on Capital Formation," in *Demography and Retirement*: *The Twenty-First Century*，本章注〔18〕，第 163、174 页。

〔25〕 Michael D. Hurd, "Research on the Elderly: Economic Status, Retirement, and Consumption and Saving," 28 *Journal of Economic Literature* 565, 576-578 (1990); John R. Wolfe, *The Coming Health Crisis*: *Who Will Pay for Care for the Aged in the Twenty-First Century*? 10 (1993).

〔26〕 参见 Sheldon Danziger et al., "Income Transfers and the Economic Status of the Elderly," in *Economic Transfers in the United States* 239, 264 (Marilyn Moon, ed., 1984).

〔27〕 John C. Weicher, "Wealth and Poverty among the Elderly," in *The Care of Tomorrow's Elderly* 11, 24 (Marion Ein Lewin and Sean Sullivan, eds., 1989); 另参见，Pamela B. Hitschler, "Spending by Older Consumers: 1980 and 1990 Compared," 116 *Monthly Labor Review*, May 1993, p. 3.

〔28〕 *Social Security Bulletin*: *Annual Statistics Supplement* 1993 148 (tab. 3. E2).

配而不是收支平衡表和收入报表本身），这种变化只会因参与工作的妇女人数的增加得到部分抵消。一旦妇女参加工作，她们只是用市场工作代替了非市场工作。非市场工作是有价值的。因此这对社会总产值的净贡献比对市场收入的净贡献要小，如果我们考虑退休对公共资金影响的问题（这是有关抚养比讨论的通常核心所在），那么此种对市场收入的净贡献与我们讨论的问题更具有相关性。

43

## 重理观点

在对显示人口老龄化正在出现（若不是正在迅速发展的话）的人口老龄化统计指标过于恐慌之前，读者应该深思如下的问题：

1. 如我早已指出，"真正"的抚养比不仅取决于老年人口的比例，也取决于儿童和不工作的成年人的比例，因为这类人也依赖他人。参加工作妇女人数的增加，减少了不工作成年人的人数，而且通过对生育率的负面影响，减少了孩子数（如果妇女在就业市场上有好的工作机会，那么生孩子的机会成本就会更大）。若进行恰当测定的话，美国的抚养比实际是在下降。在21世纪里，这个比例会再次上升，但我们不应因此太烦恼。作为一个有魅力吸引移民（大多数是年轻人）且相对不拥挤的国家，美国可以随意放宽移民法来降低抚养比。哪怕不考虑这种可能（因为本书的许多读者不会同意美国"仍然相对不拥挤"的观点），人口不断老龄化的财政意义也不像流行想法认为的那样不祥。老年人的花费会增加，但比起人均收入的增加，这种花费的增加并不显著，而且它也会因教育费用的减少（因子女数减少）而被部分抵消。[29]

当然这种乐观的预测实际是基于不现实的假设——实际（调整通货膨胀后）医疗费用不会增加；但在探讨人口年龄结构变化对经济影响的研究中，这种假设是合理的，因为老年人口（他们的人均健康支出高于平均水平）增加与健康费用增加之间的相互影响相对来说较小。医疗费用上涨的速度比人

---

〔29〕 Michael D. Hurd, "Comment," in *Studies in the Economics of Aging* 33 (David A. Wise, ed., 1994).

口年龄结构变化的速度要快得多，因此年龄结构的变化对所谓医疗费用的"危机"只有较小的影响。[30] 也许根本就没有任何影响。众所周知，医药花费多集中在生命最后阶段（去世前的一年、一个月、一个星期里）（见第5章）。让我们假定所有人的医疗花费都使用在生命的最后一年——一种夸张但富有启发意义的想法。那么平均寿命的提高会减少医疗保健的平均费用，因为它将每个人的总花费（假定不变）平摊在更多年头里。[31]

哪怕这种乐观的预测被证明是错误的，在降低面向（未来）老年人的资金流动水平的做法在政治上可行之前，人们有必要提前搞清楚这点，我们在第11章中将再讨论这个问题。在那章中，我们也会看到，对健康保健和家庭护理的花费问题，这并不是一个完整的答案。不论我们要削减多少福利，我们的社会也不会允许遗弃老年人。社会会想方设法地支付老年人的医疗保健以及基本生活需求的费用；只不过随着削减专门为老年人设置的一些项目，如联邦医疗保险和社会保障系统的福利，付款人的身份发生了变化而已。如果医学科学和技术的发展继续增加人的寿命但不减少疾病和残障，那么老年人的医疗和家庭护理总费用就会上升，哪怕这些服务的单位费用相对于其他物品及服务的单位费用并未上涨。

2. 以平均退休年龄作为人们停止工作的年龄，这具有误导性，因为很多工人——实际上推测有25%——从他们的专业上退休后，继续以半工或全职的方式工作（通常是前者从事其他工作）。[32] 因此，随着平均退休年龄的降低，工作的老年人比例会保持平稳甚至是上升。事实上，与表2.3暗指的相反，自1985年以来（图2.7）65岁及以上人口参加工作的比例上升了（尽管幅度很小）。[33] "退休"这个词定位不准。

---

〔30〕 出处同上，第36~37页。

〔31〕 参见 Wolfe，本章注〔25〕，第27页。

〔32〕 Daniel A. Myers，"Work after Cessation of Career Job," 46 *Journal of Gerontology* S93, S100 (1991)；Dean W. Morse, Anna B. Durka, and Susan H. Gray, *Life after Early Retirement: The Experiences of Lower-Level Worker*, ch. 3 (1983). 又参见，Erdman B. Plamore et al., *Retirement: Causes and Consequences*, ch. 7 (1985).

〔33〕 图2.7的资料来自劳工部劳工统计局出版的多期出版物，*Employment and Earning*.

3. 与年轻人相比，老年人犯罪的可能性要低，而犯罪是这个国家中个人和社会成本的一个主要来源。老人的车祸发生率比年轻人的要高，但是这涉及一个如何计算的问题。第 6 章里我们会看到老年驾驶员带来的事故伤亡数要小、他们开车的个人价值大。

4. 当"财富"指的是真正的而不单纯是金钱的财富时，家庭生产和其他形式的非市场生产（如志愿者服务）则是国家财富的一个重要来源。退休会增加人们的非市场生产，因为这种生产的机会成本——若他们没有退休的话，他们在市场生产中会得到的收入——在变低。非市场生产的增加（不包括休闲，下面要讨论这一问题）不会完全抵消他们为市场生产的价值的降低，但会部分抵消这种降低。[34]

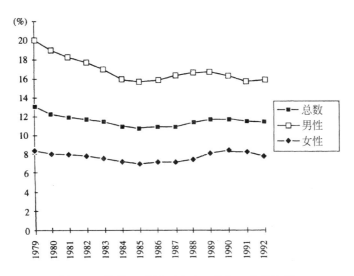

**图 2.7　美国 65 岁及以上人口参加工作的比例**

〔34〕　A. Regula Herzog et al. , "Age Differences in Productive Activities," 44 *Journal of Gerontology* S129（1989）；Phillip B. Levine and Olivia S. Mitchell, "Expected Changes in the Workforce and Implications for Labor Markets," in *Demography and Retirement*: *The Twenty-First Century*，本章注〔18〕，第 73、77～78 页。Martha S. Hill, "Patterns of Time Use," in *Time*，*Goods*，*and Well-Being* 133，151～153（F. Thomas Juster and Frank P. Stafford, eds. , 1985）（fig. 7.5），这里记录了老人从市场生产转向个人保健（睡觉、涮洗，等等）、休闲、家庭生产以及有组织的活动（政治的、宗教的、慈善的，等等）的时间分配。

5. 对经济学家来说，老年人增加的休闲"产出"（或者同等的休闲活动的消费）是一种真正的财富，对那些可以在市场上有工作但退休后从休闲活动或不活动中得到更大实惠的老年人来说更是如此。实际上对那些无论是为享受生活还是惧怕死亡而继续生存并从中获得净得利益的人，[35] 不断增加的寿命就是效用的一个来源，不论从福利或财富的经济学角度看都是如此，即使增加的寿命是以更高的医疗保健费用和较低的市场生产和服务产出为代价的。

6. 休闲更被看作是一种优越产品，因为它的基础是人们收入的提高；至少这看起来似乎合理地解释了长期以来工作时间的减少。[36] 时间从工作转向休闲是国家产出价值增加而不是降低的标志。

7. 不工作的预期寿命（nonworking life expectancy）的增加要与残障预期寿命（disabled life expectuncy）的增加区分开来。人们可以想像这样一种医疗制度，它增加了退休人口的预期寿命，但没有使他们更健康。结果是，因为他们活得更长，不活动、虚弱、痴呆、情绪低落或苦恼的退休人口比例就在上升。但增加了成年人预期寿命的医学技术（预防方面和治疗方面）的同步发展也减少了老年人中的残障人口，并因此减少了依赖人口，这（举例说来）是通过更好治疗髋骨骨折、变性关节、骨质疏松、循环系统疾病、白内障和其他视觉障碍、糖尿病等疾病实现的。[37] 另外，老年人的平均教育和收入水

---

〔35〕 因为自杀的成本之故，这对每一个活着的人并不一定如此（如大家可能认定的那样）——这将在第10章中进一步讨论。

〔36〕 这种模棱两可的说法（"至少看起来"）的原因是工资增加的速度增加了休闲的机会成本，这种抵消效果可能会超过收入效果。收入效果占主导的证据参见，B. K. Atrostic, "The Demand for Leisure and Nonpecuniary Job Characteristics," 72 *American Economic Review* 428, 435 (1982) (tab. 3); John D. Owen, "The Demand for Leisure," 79 *Journal of Political Economy* 56, 69 (1971).

〔37〕 Kenneth G. Manton, Larry S. Corder and Eric Stallard, "Estimates of Change in Chronic Disability and Institutional Incidence and Prevalence Rates in the U. S. Elderly Population from the 1982, 1984, and 1989 National Long Term Care Survey," 48 *Journal of Gerontology* S153 (1993). 这项研究从被调查者基本日常生活能力（例如自己穿衣、上厕所）和借助其他工具完成日常生活（如准备饭等方面的）能力来测定残障程度。另外一项细致的研究却发现残障现象减少得很少。Eileen M. Crimmins and Dominique G. Ingegneri, "Trends in Health among the American Population," in *Demography and Retirement: The Twenty-First Century*, 本章注〔18〕, 第225、237~238页。

平在增加——教育和收入与老年人的健康正相关。[38]

    我们不可以把这些观点看得过重。例如，不应该从收入和健康之间的正47相关得出这样的错误结论：由于对退休金进行补贴会被为老年人支付的医疗开支减少所抵消，因此，对退休金进行补贴不是一种向老年人的资金净流动。对退休金进行补贴也增加寿命（因为不仅收入与健康之间有正相关关系，收入与长寿之间亦是如此），因此，也会增加对医疗费用的需求。医学的发展短期可以减少残障，长期却可增加残障。以前髋骨骨折对许多老年人意味着死亡通知。现在则可以治愈，病人可以活到他或她极有可能被另外什么疾病致残的年龄。非常笼统地说，老年人人数增加的速度超过了其中残障人数减少的速度，残障老年人的人数在增加，尽管其速度没有老年人人数增加得快。到 1991 年，4.2%的 65 岁及以上的人口生活在养老院（85 岁及以上老人的比例是 17.5%），[39] 另外，15%~30%的老人有严重的残障，需要一些护理。[40] 这个比例会上升。现在，除了为贫穷老人支付养老院的费用之外，联邦医疗保险不支付数目可观的家庭护理和养老院护理的费用，老年人自己和他们的亲人支付这笔费用。[41]

    8. 我们不清楚在我们社会里年轻人流向老年人的财富净流动量有多大。在一定程度上老年人是富有的，对自己家中的年轻人是无私的，他们会以遗嘱、礼品或其他来自公共事业方面的收入补偿年轻人不得已向老年人作出的、

---

    〔38〕 参见下一章的主文和注〔22〕中的参考文献；另参见，J. Paul Leigh and James F. Fries, "Education, Gender and the Compression of Mortality," 39 *International Journal of Aging and Human Development* 233（1994）；Marti G. Parker, Mats Thorslund, and Olle Lundberg, "Physical Function and Social Class among Swedish Oldest Old," 49 *Journal of Gerontology* S196（1994）.

    〔39〕 Al Sirrocco, "Nursing Homes and Board and Care Homes: Data from the 1991 National Health Provider Inventory," *Advance Data* No. 244, Feb. 23, 1994, p. 4（National Center for Health Statistics）（tabs. 8, 9）.

    〔40〕 15%的数字根据本章注〔12〕计算，（美国参议院老年问题特别委员会，第 144 页）时间是 1985 年至 1986 年。30%的数字是根据 "65 岁以上的人口中有 1/3 的人需要某种形式的护理" 推算出的。Roxanne Jamshidi et al., "Aging in America: Limits to Life Span and Elderly Care Options," 2 *Population Research and Policy Review*, 169, 173（1992）. 如果只有 4%的老人在私人疗养院，那么 1/3 的推测就意味着 29%的老人需要一些护理但还不用进专门机构（29+4＝33）。

    〔41〕 出处同上，第 173 页。

增加了老年人家庭收入的投入（主要是通过包括联邦医疗保险制度在内的社会保障体系）；同时年轻人，包括一些无私的年轻人，也会减少他们对老年人的自愿投入。[42] 个人的决定常常会抵消政府项目的作用；这是如此多政府项目没有效果的一个原因。连自私的个人也被迫通过纳税来支付年轻人的教育费用。这就给了他们一个合适的借口，要求年轻人到达工作年龄后要支援自己，支援那些到了退休年龄的父母那辈的纳税人。

广泛存在的有关老年人形成了一个自私的选举集团、歪曲着民主政府最佳运作的观念是夸大的，后面几章会解释这个问题。人口平均年龄结构的增加会延缓技术进步的说法也是夸张的，我们也会解释这个问题。从社会福利的角度看，老年人口是政治和文化上的一支稳定力量，可能是一种净利益。

政府强制年轻人的资金流向老年人与其他类型的强制性重新分配资源是不同的，因为尽管男人不会变成女人（除少数变性人这一有争议的例外之外）、白人不会变成黑人，可是大多数年轻人都会变成老人，因此从某种意义上说年轻人是将资金给了自己。但是我们不应该过于强调这点。一些人不会活到老年。每个人对消费在一生中各个阶段的分配不会无动于衷。同一个人年轻和年老时甚至可以看作是两个人（第4章将讨论）。此外，实际的资金流向基本是从今天的年轻人流向今天的老年人，而不是从今天的年轻人流向明天年老的自己。由于此种转移可能使得联邦财政赤字增加并降低经济增长速度，所以当今天的年轻人变老时，这种资金慷慨转移的可能性有可能就会减少。他们可能会不满，在政治上反对资金进一步流向老年人。今天年轻的一代人可能在他们的一生中是纯粹的损失者。

9. 退休年龄可能不会继续降低，实际上可能会提高。决定退休年龄的因素是复杂的，下面几章中我们会看到这点。这些因素包括较年轻工人的人数，私人退休金计划，社会保障退休福利的丰厚程度。社会保障制度的法律改革

---

[42] 例如参见，Gary S. Becker, *A Treatise on the Family* 275-276（enlarged ed. 1991）以及其中的一些参考文献。

降低了退休收入的预期价值；[43] 随着婴儿潮一代进入老年，年轻工人数量的减少会增加雇主用年轻工人替换老年工人的费用。[44] 由于提早退休的退休金会减少，[45] 当工人预期会活得更长时他们就会晚退休，因为晚退休他们可以在更长的时间内享受到更高的退休金。[46] 因此预期寿命提高可能会（在其他条件相当的情况下）提高平均退休年龄。

49

10. 在退休是与老年关联在一起的这个意义上，理解这一点是重要的："老年"与"贫穷"一样，是一个相对的词语。不同社会定义的老年开始的年龄不同，范围在 30~70 岁。[47] 对那些预期寿命很短、没有或很少有治疗中年身体毛病（如远视眼）办法的社会，正如人们所能预料的那样，其老年的开始年龄早。成年人预期寿命的不断增加、医学技术的持续发展会使人们上调观念中老年开始的年龄，这样老年人的比例就会降低。我们一定不要认为"老年"这个词指的是一种天然的类别，或者 65 岁或 80 岁将永远被用来指老年年龄的开始。

这是最为重要的一点。随着时间的推移，成百万的美国人（不仅仅是中上阶层），因为营养、锻炼和医学技术的合力之故，从老年阶层跃至中年阶层。40 年前，大多数 60 多岁和 70 多岁的人都被（他们自己以及他人）认为已经"老了"。今天，许多人直到 70 多岁后期仍保持着"年轻"（更确切地说是中年）的影子。人们不喜欢老。成百万的人们从老人变成非老人，对他们自己和家庭来说都是一种巨大的效用。当然这种转换是有代价的。其中一种就是保持年轻的医疗保健费用。另外一种是年轻人和中年人照顾老年人担子的加重，因为随着老人变为非老人，很多人又从死亡退回到老年。一些变回非老人的人们会发现，这个好运的"代价"是要照顾自己病老的父母（这

〔43〕　Levine and Mitchell，本章注〔34〕，第 92~94 页。

〔44〕　出处同上。

〔45〕　例如，一个人可以在 62 岁时开始领取社会保障退休金，这时他只能得到如果他等到 65 岁退休时的金额的 80%。大多数养老金方案都有类似的特点（"延迟"）。见第 12 章。

〔46〕　John R. Wolfe，"Perceived Longevity and Early Retirement，" 65 *Review of Economics and Statistics* 544（1983）.

〔47〕　Covey，本章注〔3〕。第 5 章中我们可以看到亚里士多德把老年男性的开始年龄定在 50 岁。

50 些父母如果没有营养、锻炼和医学技术的帮助会早已去世），还要交重税支撑社会保障和联邦医疗保险制度以及其他帮助更老的老人的一些项目。这些花费是感情上和精神上的，也是时间上和税费上的。有关这点我们几乎不需要再提示。实际上我们敏锐注意的是美国人口老龄化的代价，忽视了其有益的一面。当人们从年老体弱一类转为中年一类时，它的一个益处就是会延迟平均退休年龄，因为这与健康是强烈相关的。[48]

尽管这幅图画是复杂的，充满了不确定性，但是我的研究让我看到，美国人口老龄化的净财政、净总花费（不论是当前的还是未来的花费）被夸大。如果真如此，这将是非常重要的，因为一切解决人口年龄结构变化带来的"问题"的努力，都将减少投入到其他一些可能更为严重的社会问题的资源。

我们不知道为什么人们要广泛地夸大这个"问题"。一种可能是，人们难以根据以下事实来调整他们关于老年的想法：如果他们要活得更长、要有更多的退休生活，如果他们要支付很高的医疗费用来获得寿命的延长，并在延长的老年期内保持健康的话，那么，他们在工作期间就要降低一些生活标准，如工作更长时间和更努力地工作、将更多的收入积蓄起来用于退休后的医疗和其他消费的费用或者支付更高的税金。

这里我建议人们不仅看到衰老的现象及其带来的公共政策的问题。有人认为人口老龄化的问题可以因人们认识到他们需要将自己的收入分散在更多年里使用而得到解决，然而这一令人鼓舞的想法可能会破碎，因为要求年轻的自我为自己的老年生活存储更多钱财的事实可能无法完全满足年老的自我。以对年龄结构明显老龄化的社会和人口后果的恐惧态度，对于理解老年现象及其带来的社会政策问题是没有助益的。我不是一个盲目乐观者。我和其他人一样害怕老年。我要说的是，这可能更是一个严重的个人问题，而不是社会、经济或者政治问题。

---

[48] 例如参见，Herbert S. Parnes and David G. Sommers, "Shunning Retirement: Work Experience of Men in Their Seventies and Early Eighties," 49 *Journal of Gerontology* S117, S123 (1994).

# 第三章
# 衰老的人力资本模型

## 最简单的生命周期模型

经济学家用来提高对衰老认识的基本模型，来自于给人印象深刻的人力 51
资本方面的理论和实证文献。[1] 这个模型是我研究衰老经济学的起点——仅
仅是一个起点。针对那些对此模型不熟悉的读者，我对这个模型做一简述。
然后我会提一些建议，使这个模型更为丰富，有助于将衰老与老龄理论化。
下一章仍将继续这个话题，最终我们会形成一个经济学模型，它具有灵活性，
足以解释常规人力资本经济学难以解释的各种精神和行为现象。

人与人之间收入的差异、一个人一生中收入的差异等一些重要现象可以
用人力资本投资不同来解释。经济学家使用这个词语时，与物质资本十分相
似，指的是一种在长期内而非当即产生收入的资产。这种收入可以是金钱的
也可以是非金钱形式的，尽管人们更多强调前一种形式。正规教育和在职培
训就是创造人力资本活动的例子。

人力资本的许多投资都是间接的。例如，即使当正规教育"免费"时， 52
一个人也要为此支付费用，这个费用就是他这一时期在学校、没在市场上工
作而放弃的收入。如果他的老板不对他进行在职培训投资，这时他也许还要

---

[1] 参见，Gary S. Becker, *Human Capital*：*A Theoretical and Empirical Analysis*，*with Special Reference to Education*（3d ed. 1993）；概要的文章参见，Becker, *A Treatise on the Family* 26–27（enlarged ed. 1991）.

支付在职培训的费用，这表现为他接受低于他本来可能得到的工资。如果在职"培训"只包括了经验——通过边干边学，那么他就不必为之支付什么费用。[2] 这种人力资本的获取不需任何花费。而且，获得了高额人力资本的雇员甚至也可以不支付任何费用。与正规教育不同，许多在职培训创造的人力资本只能用于为特定雇主雇佣之时（"特殊人力资本"）。雇员不会情愿支付这种培训，因为如果这种人力资本是特殊的，他就很难辞去现在的工作，带着这种人力资本到其他地方获取更高的工资。同时，比起一般的人力资本培训，雇主更愿意支付特殊人力资本培训的费用，因为雇员不容易利用这种培训提供的特殊人力资本（通过跳槽或威胁要跳槽）。由于没有收回投资的把握，雇主会非常不情愿地支付创造一般人力资本的费用。这就是为什么许多这样的资本是由正规教育机构而不是工作场所创造的一个原因。

一个理性的人，雇主也好，雇员也罢，不会直接或间接地支付制造或获取人力资本的花费，除非这些花费会被高生产率或高收入（对雇员来说）所抵消。因此，收入的组成部分之一，必须是对获得收入者的人力资本投资（包括利息）的一种隐含回报。个人的人力资本投入越多，他期望的收入也将越多，这样他才可以收回等同于他从另一种风险相同的投资中所能获得的收入的投资与利息。因而，一个现在或未来的工人大力投资人力资本（例如在研究生院或专业学校中的长期训练），就会产生一种随年龄增长而急剧上升的收入图。投资期间的收入低，有时还会是负收入，因此补偿期收入必须高，使其之前的投资物有所值。

53　　和物质资本一样，人力资本也会贬值。这不仅因为人力资本会因记忆力丧失或灵巧度下降——这些是大多数人力资本分析所没有注重的因素——而用尽，还因为工作环境在变化，这会降低特殊知识或技能的价值。看起来似乎是，如果人们不死、不老、不退休，他们大约就要更换贬值了的人力资本，

---

〔2〕 参见，Kenneth J. Arrow, "The Economic Implications of Learning by Doing," 29 *Review of Economic Studies* 155 (1962); Becker, *Human Capital*, 本章注〔1〕，第67~68页。无论如何他都不必支付太多；他可以工作更长时间来获取有价值的经验，他可以放弃休闲，而休闲的价值是获取经验的一种成本。

这样他们收入中代表人力资本投资回报的那部分没有什么变化。但并不完全是这样。如果人们的收入随年龄增加是因为他们有更多的经验，那么人力资本的任何新投资都将是更为昂贵的，这时的新投资要求人们从工作中拿出时间（例如回到学校）；失去的收入可能是上学的花费（例如学费）的一部分。虽然如此，如果人们是永生的，他们的收入还是不会有什么明显年龄上的顶峰。相反，收入会在最后 1 美元的人力资本投资多创造出 1 美元时不再变动。因为人们会死，在那之前会退休，至少知道大约什么时间会退休，他们最终将停止在人力资本上的投入，哪怕投资的成本与年龄是没有什么关系的。如果人力资本上的投入最短要 20 年才能得到回报，一个理性的人就不会在他还有 10 年工作时间时去进行此种投资。因此，即使人们适应工作和学习新技能的能力不会衰老（但确实会在一个和现在差不多的可预知年龄死亡），而且，即使由于他们不会衰老且有一个稳定的收入，从而可以在生命周期的任何时间点以相同的成本投资人力资本，我们也不大可能指望一个年届 80 的人会去上什么医学院。

如果人力资本的投入费用随年龄的增加而增加，或者预期回报随年龄的增加而减少，或者因以上两种情况，对新人力资本的投资率最终会随年龄的增加而减少，当这个比例低于工人目前人力资本的贬值率时，就会出现净贬值。这会减少收入中代表人力资本回报的那个组成部分，因此减少总收入。这种影响可能会被整个经济的效率增加带来的全面收入增加所掩盖。[3] 然而，这个限定条件与我这里出于激励目的而关切的所在关系并不密切，而且如果忽略这点以及我将讨论的一个问题，那么年龄收入曲线图（在目前分析 54阶段，更确切地说是工作时间比收入的曲线）就是一个倒转的 U 型，见图 3.1。

---

〔3〕 当然未被全部掩盖，因为小时工资的增加会被因年龄关系而导致工作小时的减少所抵消。参见，Gilbert R. Ghez and Gary S. Becker, *The Allocation of Time and Goods over the Life Cycle* 85（1975）（fig. 3.1）.

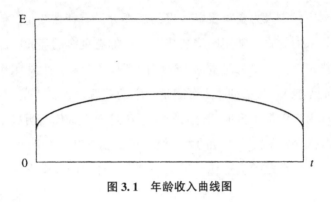

**图 3.1　年龄收入曲线图**

收入（$E$）以纵轴表示，工作年数（时间，$t$）以横轴表示。他们之间关系的简单模型是，

$$E\ (t)\ = a + b_1 t - b_2 t^2 \tag{3.1}$$

其中 $E\ (t)$ 是年收入，它是时间（从第一份工作到退休的工作年数）的函数。$a$ 是一个常数，是与人力资本投入无关的收入部分，$b_1$ 代表因人力资本投入带来的年收入增加部分，$-b_2$ 代表人力资本个人储备净贬值引发的年收入降低部分。收入峰值年（$t^*$）是通过将 $E\ (t)$ 对 $t$ 进行求导、使其等于零而得（可以设想满足了极大值的其他条件）。列成等式就是，

$$t^* = \frac{b_1}{2b_2} \tag{3.2}$$

这个公式表明，当一个人的收入达到峰值年的时间越晚，他收入中因对人力资本的投入而获益的部分就越大，年龄对他收入的负影响（因年龄而更少对逐步贬值的人力资本再投资）就越小。[4]

───────────────

〔4〕　像在人力资本模型中常见的一样，如果 3.1 等式中的从属变量用收入的自然对数表示，那么 $b_1$ 和 $b_2$ 就变成了百分比，$b_1$ 表示人力资本回报率，$b_2$ 表示人力资本贬值率。证明我的观点并不需要如此精细的计算。

尽管为了简便我假设一个人自己支付人力资本投入的费用，但如果雇主　55
支付，分析方法仍一样。死亡或者退休会缩小雇主在雇员身上投资的回报，
所以雇员的死亡或退休的后果是使雇主最终停止雇员人力资本的再投入，不
再对雇员的人力资本贬值的损失进行补偿。

如果与年龄有关的人力资本投资减少导致了实际收入的下降，而不是稳
定或减缓收入的增加速度，那么雇员继续工作的金钱动力就会很小甚至没有。
如同前面提到的，工资水平因生产能力的长期增长引发的长期增长，抵消了
未得到补偿的人力资本损失对工资的影响，因此雇员一般都在工作的最后一
年才达到他们的收入峰值。（正如我们将看到的，工作最后一年才达到峰值，
也许还有其他的原因。）如果雇员一直储蓄他的部分收入，以应付他可能无法
工作或不想工作时的生活，随着他的工作收入逐步平稳下来，他对来自储蓄
的期望收入就会越高，根据他继续工作所能获得的期望收入和所要付出的代
价，他可能会决定退休会更好一些。继续工作的代价可能很高，因为年龄可
能会强迫一个工人为达到工作要求而做出更多的努力，继续工作的期望收入
可能会因同样的原因以及继续他的人力资本投资热情下降而减少。要注意的
是，降低对人力资本的投入影响着退休年龄，退休年龄也同样影响着这种投
资。这是因为预期的退休年龄设定了一条界线，越过它之后，雇主就不能从
对雇员的人力资本投入上得到任何回报。

美国人的寿命可能会继续上升，我们需要考虑这对人力资本构成可能带
来的影响。我们可以设想两种补偿（不一定是完全的补偿）效果。一是人力
资本投入量的增加，这是因为潜在回报期更长。二是如果人口老龄化增加了
对老年人的照顾需求，那么此种投入量就会降低，因为这种照顾是一种低技
术含量的工作。[5] 第二种说法假设寿命的增加必然会导致无助老人人数的增
加。正如我们在前一章中看到的，这是一种合理的假设，而且是我们对之予
以关切的原因所在。但是一些最为危言耸听者关于未来寿命延长后果的一些　56

---

　〔5〕　David Owen Meltzer, "Mortality Decline, the Demographic Transition, and Economic Growth" 47,
75-77 (Ph. D. diss. , University of Chicago Dept. of Economics, Dec. 1992).

预测是没有根据的。例如利昂·卡斯（Leon Kass）预言，如果平均预期寿命再增加 10 年或者 20 年，哪怕增加的年数中没有衰老的问题，也将带来严重的社会后果。[6] 卡斯认为，寿命的增加预示着用以支撑更长的退休生活的负担将沉重不堪；或者，如果为了缓解这笔费用而提高退休年龄，年轻人将会因老年人不让位给他们、没有被提拔的机会而心灰意冷。基于卡斯的假设——多出的寿命会加在一个人的黄金时代——这些观点是不成立的。由于生产能力随着年龄增长而降低的幅度会变得缓慢，因此，退休年龄就会推迟。因此而导致的抚养比（见第 2 章）下降会增加国家产出，为年轻人创造新的工作机会。人到中年更换工作的现象会更加普遍，因为中年的人力资本投资回报会更大；[7] 一些中年更换工作的人会发现在新的工作岗位上他们为比自己年轻的人工作。无聊（下一章会更详细讨论）是促使这些人更换工作的另外一个原因。随着这些变化，就没有理由再期望退休年龄像今天这样低，而且，年轻人晋升也不会遇到什么阻碍。我们都不清楚是否还会有更多的老年人。人们会生活得更久，但他们更多的时光将是黄金时代而不是老年时代。

作为个体变化的衰老（我暗指的一个过程）不是人力资本文献中最简单的生命周期模型的一部分。在那个模型中，不同年龄的人之间的差别仅在于离死亡的远近之不同。大多数经济学分析利用了这个衰老模型，一个从与年龄相关的在灵活度、想像力、体力、或其他与工作有关的潜能等方面的降低提炼出的模型。举加里·贝克尔（Gary Becker）为例，他称这种变化为"生命周期效应"，他的模型里不包含这些因素。[8] 雅克布·闵瑟尔（Jacob Mincer）在另外一项人力资本的重要研究中试图测量年龄对收入的净影响。他发现，年龄对收入的影响比经验对收入的影响要小得多，但指出 50 岁以后年龄就会有一些负面影响。[9] 他没有考虑下面要讨论的这种可能性，即老年

57

〔6〕 Leon R. Kass, *Toward a More Natural Science: Biology and Human Affairs* 302–305 (1985).

〔7〕 引自, Yoram Weiss, "Learning by Doing and Occupational Specialization," 3 *Journal of Economic Theory* 189 (1971).

〔8〕 Becker, *Human Capital*, 本章注〔1〕, 第 86~87、92 页。

〔9〕 Jacob Mincer, *Schooling, Experience, and Earnings* 80 (1974).

工人的一部分工资是对他们不辞掉工作的鼓励（或者是奖励他在过去没有辞掉工作），因此夸大了他们当前的工作能力。贝克尔和闵瑟尔都对老年人或退休者没有兴趣，对类似职业运动员或理论物理这些早于正常退休年龄的，会受到年龄很大影响的职业也不感兴趣。

区分衰老的影响和接近死亡的影响（proximity-to-death effects）的一个办法是，从职业的选择、投资、教育、休闲活动和其他活动的角度，对老年人和预期寿命缩短了但尚明显健康的年轻人或中年人进行比较。例如一个新近染上艾滋病病毒的人的预期寿命大约和65岁的人相当，[10] 这期间大约不会有很重的症状。常规的人力资本模型认为，对这类人和有同样预期寿命的老年人在收入及其他方面的差异（一个很大的区别是前者不能依靠退休金）进行调整之后，两组人的行为会是相似的。如果从人力资本投入的角度看，他们确实很相似；回报时间的缩短促使人们缩减投资。[11] 艾滋病病毒感染者的自杀率很高（甚至在他们的病情发展到被列为艾滋病患者之前），[12] 这同我们将在第6章中看到的老年人行为一样。从另外一些方面看，在与像老年人那样预期寿命缩短但尚无症状的年轻人中，并没有明显呈现本书所讨论的态度和行为特征，例如更多地利用晶体而非流体智力、"不替别人着想的"交流方式、吝啬、更愿意参加投票选举、创造力减弱以及"行动迟缓"。

我们需要一个能够公平对待衰老特有问题的更为复杂的模型，而不是将衰老仅看成是临近死亡或退休的问题。下面一节导入了某些关键的复杂因素。其他因素将在下一章讨论，在那章中将抛弃个人在其一生中不经历身体变化 58

---

〔10〕 一个最近被判处死刑的罪犯也一样。在判刑和处死之间要有10年时间。从感染艾滋病病毒到发病的平均时间也是10年，死亡通常会在这之后的两年内发生。一般的评述参见，Tomas J. Philipson and Richard A. Posner, *Private Choices and Public Health*：*The AIDS Epidemic in an Economic Perspective*（1993）.

〔11〕 参见，John G. Bartlett and Ann K. Finkbeiner, *The Guide to Living with HIV Infection* 17, 264（1991）.

〔12〕 Cesar A. Alfonso et al. , "Seropositivity as a Major Risk Factor for Suicide in the General Hospital," 35 *Psychomatics* 368（1994）；James R. Rundell et al. , "Risk Factors for Suicide Attempts in a Human Immuno-deficiency Virus Screening Program," 33 *Psychomatics* 24（1992）.

这一有用但不现实的简单假说（和关于衰老的人力资本文献一样，这一章中的剩余部分仍将沿用这一假说）。

## 死后效用和最后阶段问题

与我至今假定的相反，死亡并不一定中断了人力资本投资的回报。一般情况下，这些都是正确的，人力资本投资提高了工人的生产能力，从而产生了相关资金收入，这种收入能够让人们以适当的利息，来收获投资；而老年工人死亡的话，他的生产能力就骤降为零。但是，一些投资可以不受死亡的影响。假设一个老年人写了一本希望在自己去世后出版的书。他从许多其他活动中抽出来的、花在写作此书上的时间——这或许需要他对一个新领域进行研究，假如要写一部自传，他就要剪接笔记和日记，就是一种投资，这种投资可能在他去世很久之后才能收回。而且，即使他无法享用将版权卖断给出版商而获得的一次性版税收入——如果他就要死去，这种收入对他又有多大用处？但从他的角度看，在写作上的投入可能还是有利的。如果他对自己的家人是无私的，他会从家人在他死后收到版税的期望效用增加之中体会到这种写作的现世效用。或者如果死后的预期名誉对他来说是一种现世效用，这种预期就可以补偿他的投资。而且（这一点综合了死后效用的利他和自利两个维度），这本书的目的可能是加强或恢复作者诚实或具有其他德行的声名，也就是他的"好名声"。预期他的名声可以得到强化本身对作者就是一种直接的现世效用，这对他也是一种间接的利他效用，因为名声既是家庭财富，也是个人的财富。

尽管我是从人力资本投资的角度讨论死后效用，但这对分析人生最后阶段其他高花费的活动也适用。一个人可能出于对家庭和同志的利他角度的考虑、为了自己名誉的自私考虑或者也可能为了死后的名誉或荣耀而献出自己的生命。

死亡的迫近对激励机制的影响这一一般性的问题，是经济学在"最后阶段"问题名下讨论的例子之一。经济学家假定，人们遵守诺言、服从法律、避免退缩、做其他一些好事的动机是，人们从中得到的期望好处要大于预期损失。但是如果他们因为要死而在相关的奖励和惩罚方面没有什么预期，或者更现实地说，他们的期望因临近死亡和其他一些现象（如退休、变换工作、移居他国，等等）而缩减，情况又会是如何？市场反应之一可能是延迟补偿（backloading of compensation）。如果一个雇员因被发现渎职而失去得到一笔可观退休金的机会，哪怕他已经接近离职、不太可能因渎职遭刑事追究，他也会注意自己的行为。[13] 如果他得到的收入比他现在的边际产出高，如果被解雇他就不可能再找到收入相当的工作，那他也会注意自己的行为。[14] 公司支付他很高的工资也许仅仅因为公司在他的特殊人力资本上的投资很大，而这种资本是他更换工作时无法带走的。因为他拥有那么多的人力资本，所以他的边际产出很高，同时他的老板因此愿意支付高工资，而且也有防止他辞职而付高工资的动机，因为他的辞职会使公司遭受对他进行人力资本投资的损失。

一个人关心自己目前的行为给自己死后带来的影响，无论这种关心是利他的还是自利的，都是解决最后阶段问题的另一种方法。这种关心可能会如此强烈，以至于根本就没有什么最后阶段。一些认定有来世、善有善报、恶有恶报的人就是这样的例子。一些无神论者临终皈依的现象因此很容易理解：来世的收益与成本现在看起来是那样的紧迫，无论这些收益与成本因未来性或不确定性要打多大的折扣，它们还极有可能战胜现世的收益与成本，现世的收益与成本已经因死亡的来临而大为减少了。（这一点与帕斯卡的有名的打赌有关。）相信有来世的人牺牲现在的消费以增加对来世的期望，实际上是在

60

---

〔13〕　Gary S. Becker and George J. Stigler, "Law Enforcement, Malfeasance, and Compensation of Enforcers," 3 *Journal of Legal Studies* 1, 6–13 (1974). 退休金是以工人们接受较低水平工资的方式筹集的。实际上，这是他定下的一个契约，条件是他接受较低的工资，如果他行为不正或被解雇就要丧失这笔钱。

〔14〕　收入的降低是对他渎职的惩罚。Edward P. Lazear, "Why Is There Mandatory Retirement?" 87 *Journal of Political Economy* 1261 (1979); Lazear, "Agency, Earnings Profiles, Productivity, and Hours Restrictions," 71 *American Economic Review* 606 (1981). 支持 Becker–Stigler 和 Lazear "契约工资模型"的实证例子参见，Laurence J. Kotlikoff, "The Relationship of Productivity to Age," in *Issues in Contemporary Retirement* 100 (Rita Ricardo–Campbell and Edward P. Lazear, eds., 1988).

将现世的消费转移到了死后的未来。古埃及法老们的金字塔就证明人们希望做出这种大规模的消费转移。

这一现象不仅仅限于宗教信徒。一个人不一定非要相信有来世才考虑自己死后的名声或名誉、死后家人的福利、或者将自己在世间有价值的痕迹留给后人。[15] 实际上非信徒可能比信徒更关心这些，因为信徒可能把尘世的成功，包括名誉、金钱方面的成功，甚至是尘世的幸福看成是微不足道的。

这种分析指明了为什么很多人都是在生命最后时刻才立遗嘱的一个经济上的原因（感情原因是众所周知的）：在此之前，遗产指定受益者的期望利益，在打算献出财产的人的效用函数上所占的份额可能十分小。这也帮助我们认识到以不是遗产受益者自己挣来的为由，主张征收高额遗产税是肤浅的。一个人在花光他所有钱财之前突然死亡的现象除外，只要一个人打算留有遗产，这种税（就他所能预见的程度上）就既是针对继承人的，也是针对他本人的，因为这种税减少了他死后的消费或其他消费，从而减少了他的现世效用。

最后阶段问题以及人们建议的解决方法，对退休时间的安排以及平衡退休的消费和积蓄有两种意义：第一，一个人越利他，就会越晚退休，因为工作时间越长，他就可以积累更多的财富，将这些财富在他在世或死后通过遗产形式转移给家人。[16] 第二，一个人退休后，如果他储存的退休金越多、花费越少，他就越是一个利他的人。因为利他主义多数是局限在家庭之内的，因此我们可以想见，两个在其他方面类似的退休者中，有更多子女的人会更多地储存他的退休收入。检验这个假设的努力取得了一些成果，但尚不足以在经济学家中形成一种共识。[17]

61　　人们死亡之时会留下可遗留给后人的财富，而不是将他们的全部财富局

---

〔15〕 一个有趣的讨论参见，Ryan J. Hulbert and Willy Lens, "Time and Self-Identity in Later life," 27 *International Journal of Aging and Human Development* 293 (1988).

〔16〕 财产是生前赠与还是立遗嘱死后赠与取决于赠与者或受赠者是否是更有效的储蓄者，这极可能受到交税的影响。

〔17〕 Michael D. Hurd, "Research on the Elderly: Economic Status, Retirement, and Consumption and Saving," 28 *Journal of Economic Literature* 565, 617-629 (1990).

限在年金收入上，这个事实看起来似乎为老人的遗产动机之存在及其重要性提供了决定性的证据，并因此也为老人的利他精神提供了决定性的证据。但是人们有纯自私的理由，希望拥有流动的财富，例如用来支付临时需求或应付通货膨胀。尽管原则上年金随通货膨胀浮动、可以在急需时借用，但这需要一些复杂的契约，一个计划退休的人可能难以全面弄懂或相信这些契约。更为复杂的是，退休者财富中年金化的部分与本人希望留下遗产的愿望之间，并不像看起来那样不相容。由于遗产提供者什么时间去世是不确定的，这给他子女一生的消费分配带来麻烦。这种不确定感可以通过以下方法消除：立遗嘱者给自己买一份年金，其额度可以按照自己的生活希望自定、去世时不会有剩余，这样就可以把他其他财富留给子女。[18]

如果一个人工作到生命最后一刻，像许多美国法官一样，那么最后阶段问题就显得特别尖锐。然而，正如我们将在第 8 章中看到的，具有矛盾意味的是，当我们确实到最后阶段时，最后阶段问题却消失得无影无踪了。

## 关系人力资本

人力资本的概念不仅仅限于对具有非人格特性之技术的投资（如熟练使用铲车和分析收支平衡表），甚至也不仅限于对市场活动中的技术的投资。这对本书的主题来说是幸运的，因为老年人的主要活动不是市场活动。包括来自婚姻、与子女和其他亲属、与朋友之间的人际关系需要时间投资和各种努力，以确保得到最大的回报。求婚、友谊的早期阶段就是个人花费了时间和其他费用而建立的特有的关系人力资本的例子，尽管人们通常会从中立刻得到好处。[19] 这看起来似乎意味着：因为老年人的投资回报期缩短，所以比起

〔18〕 Laurence J. Kotlikoff, John B. Shoven, and Avia Spivak, "Annuity Markets, Savings, and the Capital Stock," in *Issues in Pension Economics* 211 (Zvi Bodie, John B. Shoven, and David A. Wise, eds. , 1987).

〔19〕 主要的成本中常常包括失去的其他关系：向一个人求婚的时间花费越多，向其他人求婚的时间就越少。许多长时间交往的结局是婚姻，对此最好的解释是双方已没有了在"婚姻市场"上探索其他机会所需的时间和交往。

62    年轻人，老年人结婚和建立友谊的比例要低，即使老年人和年轻人之间没有
什么其他相关的不同之处。由于当配偶和朋友去世后，这种关系更难被替代，
因此老年人比年轻人更易孤独。但是这种说法忽视了老年人在时间上的机会
成本更低，至少当他们退休后是如此（而老年人多已退休）。退休带来的是从
全职工作到无工作的急速变化，因此老年人的时间机会成本的下降会是一种
直线变化，从一种水平代价分布骤变为另外一种。[20] 这种变化，与和年龄相
关的、从新友谊中获得的期望回报的降低结合在一起，促使人们在快退休时
减少新交朋友的人数，退休后马上增加新交朋友的人数，接下来的是直到去
世之前新交朋友人数的又一次减少。

图 3.2 显示了这种趋势。这里假定退休年龄为 70 岁。在退休前，新交一
个朋友的收益（$b$）和代价（$c$）（两者均以效用单位 $U$ 来计算），作为年龄
（$a$）的函数，在 60 岁时相交。60 岁至退休之前没有结交新朋友，但退休后
至 75 岁人们不断地结交朋友。这时结交新朋友带来的益处持续地减少（因为
人们从友谊中获益的年数在减少），它与代价曲线（因退休而降低）的相交点
在 75 岁。当新友谊是与一个同代人建立起来的时候，友谊带来的益处可能急
剧减少，因为其中任何一方的去世会终止这种友谊。在美国，老年人的大多
数朋友来自同代人，其他年龄组也一样。[21] 一个动态的社会更是如此，因为

---

[20]  一项研究发现，"一生中大部分时间因子女、丈夫或工作与当地社区紧密相连的"妇女当年
老、从以前担负的责任解脱出来有更多时间时，她们会扩大自己的朋友网络。Rebecca G. Admas, "Pat-
terns of Network Change: A Longitudinal Study of Friendships of Elderly Women," 27 *Gerontologist* 222, 226
(1987). 又参见，Sarah H. Matthews, "Friendships in Old Age: Biography and Circumstance," in *Later Life*:
*The Social Psychology of Aging* 233, 251 (Victor W. Marshall, ed., 1986).

[21]  Lois M. Tamir, *Communication and the Aging Process: Interaction throughout the Life Cycle* 128-129
(1979); Arlie Russell Hochschild, *The Unexpected Community* 27-30 (1973); Beth Hess, "Friendship," in
*Aging and Society*, vol. 3: *A Sociology of Age Stratification* 357 (Matilda White Riley, ed., 1972); Vivian
Wood and Joan F. Robertson, "Friendship and Kinship Interaction: Differential Effect on the Morale of the Eld-
erly," 40 *Journal of Marriage and the Family* 367, 372 (1978). （这是第 9 章要讨论的"年龄等级"的一
个例子）。当然样本中老人的年龄越大，朋友的平均年龄就会越小（参见，Rebecca Gay Adams,
"Friendship and Its Role in the Lives of Elderly Women" 39, 45（芝加哥大学社会学系 1983 年博士论文）。
这是因为年龄分布的顶端因死亡而非常小：如果一个百岁老人有朋友，这些朋友也是百岁老人的可能
性不大，因为百岁老人组非常小。

同一年龄组的成员比来自不同年龄组的成员有更多相同的价值和经历。

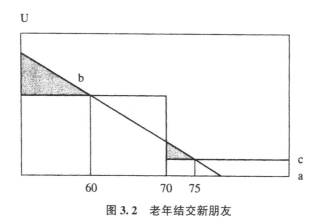

**图3.2　老年结交新朋友**

可以想见，孤独感会在年龄极高时加剧。朋友加速地消失，与此同时，结交新朋友的净收益却在减少。这种减少会因新朋友可替代老朋友、人们对新朋友的需求因老朋友的去世而增加得到缓解，甚至消失。但是不利的一点是老年人的朋友多半会来自相同的年龄组，但同龄组中新朋友的来源却在减少。

对这些假说的实证检验，因活到老年的人并不是他们同龄组中的随机样本而复杂化了。他们比同龄人当中的一般人当然通常更健康、更有知识、受到更多教育、更为富有，因为健康、收入、教育和智商之间有正相关的关系。[22] 因此，80 岁和 70 岁老年人之间的差异可能要比他们的年龄所暗指的差异要小。例如，如果知识更多的人比知识较少的人交际更少，一般很老的老年人老来尽管朋友少，但可能比年轻的老年人孤独感更少，这可能仅仅是因为有知识的人（他们没有很多朋友）总的来说活得更长。[23]

早先我提到过，不同年龄组的人之间很少建立友谊。这可能让人感到吃惊。人们会认为老年人经历了生命周期的不同阶段，他们积累的知识和经验

〔22〕 例如，Isaac Ehrlich and Hiroyuki Chuma, "A Model of the Demand for Longevity and the Value of Life Extension," 98 *Journal of Political Economy* 761, 774–775 (1990).

〔23〕 参见，Ethel Shanas, "The Psychology of Health," in Ethel Shanas et al., *Old People in Three Industrial Societies* 49, 67 (1968).

对年轻人是一种有用信息的宝贵来源。老年人时间的机会成本低，因此有大量的时间与年轻人结交朋友。此外老年人很可能是一个没有利害冲突（不是无聊）的朋友——我们称此为"反向最后时期"（reverse last-period）现象。老年人不会因与年轻人分享他的智慧而失去什么；在交易方面已经不活跃的年龄，还把智慧只留给自己，对老人们没有什么益处。然而，人们很少在不同的年龄组结交朋友的现象说明，老年人的智慧对年轻人的作用可能不大。我相信这是真的，但是这不意味着老年人积累的生活经验不是真正的智慧，它只说明这些智慧是难以进行有效交流的。老一代的经验在一定程度上可以得到整理（codified），通过书本或其他非个人的方式传播给年轻人。在一定程度上这些经验又是无法整理的，无论友谊如何亲密，也完全无法将它传播给他人；它是建立在活生生的而不是书本经验之上的。我会在以后的几章中，特别是第7章，再次讨论这个重要的区别。

我在这里讨论的关系人力资本的概念和社会学家詹姆斯·科勒曼（James Coleman）发起的"社会（人力）资本"的概念相似。[24] 尽管科勒曼强调此种资本在教育中的作用，我讨论的是此种资本对一个人的朋友圈的作用，这种资本在工作场所也是重要的。推销员、律师、会计师、出版社的编辑、政治家、说客、投资顾问、旅行代理以及其他提供服务的机构在他们的工作中都需要建立个人联系网络。这些网络是信息、业务介绍、建议的来源；当网络中成员之间是一种信任关系时，生意就会长期稳定下来。因此，就像其他形式的人力资本，这些网络以及它们创造并意示的"好声誉"都可以增加个人收入。如果一个人在与他人的交易中留下了坏名声，他很难建立或保持一个网络。[25] 人们似乎认为与其他种类的人力资本不同，这种"网络"资本不随年龄增加而贬值，或者仅贬一点值。人们可能期望这种资本像经验一样自

---

[24] James S. Coleman, "Social Capital in the Creation of Human Capital," 94 *American Journal of Sociology* S95 (1988). 相似的观点可参见经济学关于交易成本的文献。例如，Yoram Ben-Porath, "The F-Connection: Families, Friends, and Firms and Organization of Exchange," 6 *Population and Development Review* 1, 4-12 (1980).

[25] 有关的说明参见，Curtis 1000, Inc. v. Suess, 24 F. 3d 941, 947 (7th Cir. 1994).

动、持续、无变化，更重要的是无花费地增加，同时又不像经验那样因回报递减（从某种意义上说边干边学就是重复）而制造出无聊或者退化成不动脑子的习惯。实际上，当一个人的网络中的成员开始退休，网络资本贬值的速度会很快。甚至在退休前，正常工作的变动也会导致一个人网络成员的减少，找到替代者可能需要旅行或做出其他努力，这些代价会随年龄的增加而增加。哪怕关系网中的成员没退休，临近退休时重建个人关系网的益处也会减少，因为如同其他的人力资本投资一样，从关系网中获益的时期缩短了。尽管如此，我们应当看到，人们因年龄之故而在人力资本网发挥重要作用的各类活动中的最佳表现开始逐步下降的速度，要比在人力资本网不那么重要的活动中的下降速度要慢。

　　总的来说，尽管有关人们一生行为的最简单的人力资本模型具有很强的解释和预测能力——这个模型对那些危言耸听者的有关持续增长的寿命会带来严重后果的说法也是一针解毒剂——但还需要对之作出一些补充，以对老年人的行为作出最佳的解释。死亡虽在逼近却仍然努力完成一本书，临终皈依，遗产行为，至死亡临近之际才立遗嘱，以及在老年阶段仍结交新朋友等现象，无法用简单的人力资本模型来解释。但是如果将死后可能带来的效用和反效用、人生最后时期和"反向最后时期"的概念以及关系人力资本的概念引入这个模型，这些现象就可以用经济学的词语来解释。我也强调了（在全书中我还会不断地强调）选择偏见或者保留偏见对我们真正理解衰老的阻碍作用。而且，老年人并不是他们那一年龄组的随机样本。

# 第四章
# 一个假定有变化的衰老经济学模型

现在我要讨论在研究衰老和老年时，经济学家使用的标准生命周期模型
必须作出修正的最为重要的一些原因。至此，我只谈了很少一点有关衰老是
一个过程、人在这个过程中变化的问题。在标准模型中，如同我强调的那样，
衰老不过是一种朝向一个固定界限的移动。这是衰老的一个重要方面，但它
没有考虑人们在向这个界限移动的过程中是变化的；人们在时间线上的位置
在变化，但在变化的又不仅仅是这种位置。人力资本在贬值，若想使它不降
低就必须加以补充，这种观点听起来似乎类似于机器以及其他形式的有形资
本的损耗。如果真是这样，它意味着标准模型假设了个体工人会随着年龄而
发生相关变化，这与我对标准模型的解释有矛盾。但是如同我在第 3 章中粗
略谈到的，说物品在贬值不一定意味着贬值的东西在变化。这就像一种产品
的消失很可能仅仅因为消费者品味的变化或代用品价位的变化，而从事一项
工作的工人的技术和技能之所以会过时，可能仅仅是因工人使用的设备或者
其他装备发生了变动而已，与工人能力的任何变化根本就没有关系。例如，
随着旧制定法被废除，新制定法被制定施行，旧判例被新判例推翻或超越，
法律会不断地变化，因此任何年龄段的法学教授都必须在他的领域中投入一
些时间重新学习，以维持作为老师所需的工作能力。[1]

如果真有人类的损耗（通常是有的）——例如对一些难得使用但重要的

---

[1] 有关司法知识资本贬值的问题参见，William M. Landes and Richard A. Posner, "Legal Precedent: A Theoretical and Empirical Analysis," 19 *Journal of Law and Economics* 249 (1976).

程序（例如在紧急事故中）的健忘或"迟钝"——这就需要像飞行员那样定期再培训，这种"迟钝"现象并不一定与年龄有关。如果要求一个25岁和60岁的人每6个月上一些同样的温习课程，以保持一些重要的、但平时不太用的工作技术，这时他们的人力资本投资与年龄无关，就好像每6个月要换一次油来维持一部汽车运转与汽车的衰老无关一样。升高着的工资可能会使人力资本投资的花费随年龄增加而增加，但临近退休会缩短这类投资的偿还期限，所以会减少为长期提高或保持生产能力（不是我所举的有关6个月温习一次的例子）而进行投资的动力。这些问题也与和年龄相关的衰退无关。然而，我们在第1章中谈到，随着衰老，人们要经历无情的、渐增的躯体和非躯体上的重大变化，这并不是什么神话。这些变化非常重要，在雇用和退休的经济学模型中必须占有一席之地。

## 知识的变化、贴现率、年龄–下降曲线

**两种思想以及它们与衰老的关系**　在与年龄相关的非躯体变化中，作为应对生命中的职业挑战和其他挑战的知识源泉[2]的记忆和想像之间、经验和分析之间、回溯与前瞻之间、回顾与展望之间的平衡状况，会随着年龄增长而发生偏向于每一组中前者的变化。在这种变化到底是会提高还是降低个人表现乃取决于个人从事的活动的性质这一意义上，这种变化是中性的。如果经验与想像的关系纯粹是一种附加的关系，那么经验随年龄的自然增长只可能会加强个人表现，除非年龄会带来想像力的衰退（这点我还没有考虑）。和亚里士多德一样，我假设这种关系是一种取代关系，也就是经验会代替想像。它暗指想像力实际上会随年龄的增加而减少，尽管亚里士多德本人没有注意到我们会在下一章中解释的这种意蕴。

在躯体变化（包括与年龄相关的躯体变化所导致的体质和精神变化的总

---

〔2〕　我所考虑的"知识"主要是指了解如何去做事情，而不是指抽象的知识。但是相关的实际知识包括了了解如何做抽象的事情，例如求解复杂的方程。

和）这一项下，我们可以将任何导致个人在一定程度上参与生产（不一定是市场）活动的能力降低的变化归在"衰退"这一标题之下。随着知识的变化，在一些活动中，躯体的一些变化可能会强化而不是减弱能力，例如身体变化降低年轻人被荷尔蒙驱动的情绪强度，而这种情绪是会影响履行某些任务的。

躯体变化与知识转移之间发生的一种重要的相互作用，则涉及流体智力和晶体智力之间的区别问题。在序中我们提到过前者与解决问题的能力有关，后者是个人基本的、固有的知识基础——例如个人在语言技巧（包括读写）、认人、自传史、行动准则（"判断力"）以及空间定位方面的能力。[3] 一方面流体智力和想像力相似，另一方面晶体智力与经验相似。我不是从"创造力"的角度说"想像力"的，它更具有世俗的含义——用可通过理论方法解决的某种模型或抽象方式将问题表达出来。可以这样来解释最简单的算术形式的想像力，为要算出某一时点上影院内的观众数，可以通过从早上开门后进入影院的观众中减去离开影院的观众数来获得，而不是到电影院内清点观众数。一个年轻人做一项工作时，与一个相对年长的人相比，他极可能更多依赖他的模型归纳能力，而不是依赖从经验中得到的教训，例如从很多方法中挑选一个他以前在相似情况下使用的方法；[4] 比起年长的人，他没有太多可依靠的经验。如果像心理学家基于很多证据认定的随年龄增加流体智力下降速度远远快于晶体智力下降速度，其结果就是强调了我所说的知识转移。比起年轻人，老年人更多依靠的是经验而不是想像，这不仅因

〔3〕例如参见，D. B. Bromley, *Behavioural Gerontology: Central Issues in the Psychology of Ageing* 194–195 (1990); Eugene A. Lovelace, "Cognitive Aging: A Summary Overview," *in Aging and Cognition: Mental Processes, Self-Awareness and Interventions* 407 (Eugene A. Lovelace, ed., 1990); Donald H. Kausler, "Automaticity of Encoding and Episodic Memory Processes," in id. at 29; Anderson D. Smith et al., "Age Differences in Memory for Concrete and Abstract Pictures," 45 *Journal of Gerontology* P205 (1990); Paul B. Baltes, Jacqui Smith, and Ursula M. Staudinger, "Wisdom and Successful Aging," 39 *Nebraska Symposium on Motivation* 123, 128–131 (1992).

〔4〕有关知识积累的可取代（显然不会全部）信息处理速度的证据参见，Timothy A. Salthouse, "Speed and Knowledge as Determinants of Adult Age Differences in Verbal Tasks," 48 *Journal of Gerontology* P29 (1993); Neil Charness and Elizabeth A. Bosman, "Expertise and Aging: Life in the Lab," in *Aging and Cognition: Knowledge Organization and Utilization* 343 (Thomas M. Hess, ed., 1990).

为他们有更多的经验，也因为他们在以我所称的想像力来解决问题方面不在行。

如果老年人积累的知识可以低价转移给年轻人，知识转移和流体智力（哪怕是十分渐进的）下降的综合结果会明显有利于年轻人。假定一个老年人经过多年发明一些算法，这些方法可以在几个小时内掌握。那么年轻人就能够以可忽略的费用得到老年人知识中的一个重要部分，这样两者之间的差异就是年轻人可以更快地利用那些算法解决新问题。因此对于老年人来说，与其拥有可以以低价（因为可记录在书中）转让给年轻人的知识，不如拥有一些难以言喻、具体化的活生生的经验。然而，无论哪种情况老年人都无法从将自己的知识"出售"给年轻人中受益。

年轻人比老年人学得快，部分原因是他们记忆力好；这就是流体智力的年龄概观的一个方面。在学习语言问题上特别能体现学习速度方面的差异。我们可以想见（在其他条件一样的情况下，然而通常并不如此）迁移到与自己母语不同国家的移民的平均年龄要比迁往语言相同国家的移民的平均年龄小。[5] 我们之所以认为移民年纪轻是因为，如果他们预计在新国家里将得到比在本国更高的收入，尽早移民就能得到最大的收益。[6] 我想强调的是这一点与因衰老引发的下降（这里是流体智力的下降）无关。

年轻人比老年人更有弹性，老年人比年轻人更为呆板，上面的讨论有助于解释这一点。抽象推理比诡辩或其他基于经验的推理更为灵活，这是因为抽象的本质可适用于范围广泛的多种特定情况。因此，除了具有更好的近期记忆之外（尽管这也是年轻人的一个优势），在学习新知识方面年轻人的花费

---

〔5〕 移民在迁入国家的收入与其语言流利程度有很大的正相关关系。有关的文献参见，Robert J. LaLonde and Robert H. Topel, "Economic Impact of International Migration and the Economic Performance of Migrants" 75-82 (Working Paper No. 96, Center for the Study of the Economy and the State, University of Chicago, Aug. 1994).

〔6〕 Gary S. Becker, *Human Capital: A Theoretical and Empirical Analysis, with Special Reference to Education* 87 and n. 32 (3d ed. 1993). 和经济学中常见的一样，我在这里指的不是每一个个案而是一种中心趋势。老人常为了离子女近而移民；一些移民并不想学习迁入国的语言，只想在说本国语言的社区里生活。

比老年人要低。有这样一种更为亚里士多德式的观点，一个人可以无须利用演绎推理或其他抽象模型而利用类推来进行从具体到具体的推理。如果这个观点有理，它就意味着老年人和年轻人在思维上一样具有灵活性，只是使用的方法不同而已。但是这个观点可能是没有道理的，我们将在下章中讨论这个问题。

对进入某一行业的限制，例如许多行会或职业要求的强制性学徒年限，在某种程度上是为了减少代际之间的竞争。我们将看到为什么现在的一代人要对下一代人作出这样的限制。

**主观时间和贴现率** 身体上的一些变化（尽管是中性的）对人的行为会有一些重要影响。大多数人都报告说，随着年龄的增加，时间似乎流失得更快。[7] 年轻人向前看，而且由于他们一般是乐观的（见下章），所以他们是带有希望地向前看，因此他们没有耐心。我们都知道心急水难开。老年人是悲观的，因此他们不着急。相关的一点是，人的一生有这样的特点，随着年龄的增加，比起年轻时，人的生活会变得程序化、受习惯影响，更不受新奇事情的影响——这些都是知识转移的各个方面——因此人们更少去注意或更少被别的东西吸引，进而更少打断主观时间的流动。[8]

"时间飞速战车"的加速效应是，把将来更拉近至当前。这意味着贴现率（将来的价值或费用相当于现值的比率）在整个生命周期中是下降的。我们既

---

[7] 当人们老了后，"时间过得飞快，就像他（老人）下坡时加了速。从79岁到80岁的一年就像他小时候的一个星期。"引自，*The Art of Growing Older*：*Writers on Living and Aging* 50（Wayne booth, ed. , 1992）. 另参见，Simone de Beauvoir, *Old Age* 373-376（1972）；Leonard W. Doob, *Patterning of Time* 234-244（1971）. 实证研究的证据参见，David Licht et al. , "Mediators of Estimates of Brief Time Intervals in Elderly Domiciled Males," 21 *International Journal of Aging and Human Development* 211（1985）（这里发现，随着人们年龄的增加，他们会逐渐地低估时间间隔——这说明主观时间单位随年龄的增加而缩小）；Michael A. Wallach and Leonard R. Green, "On Age and the Subjective Speed of Time," in *Middle Age and Aging*：*A Reader in Social Psychology* 481（Bernice L. Neugarten, ed. , 1968）；研究结果引自，Johannes J. F. Schroots and James E. Birren, "Concepts of Time and Aging in Science," in *Handbook of the Psychology of Aging* 45, 49（James E. Birren and K. Warner Schaie, eds. , 3d ed. 1990）.

[8] 参见，Joseph E. McGrath and Janice R. Kelly, *Time and Human Interation*：*Toward a Social Pschology of Time* 75（1986）.

有证据说明这一点，又可对此进行进化论上的解释。[9] 从等式 1.1 中我们知道，随着人们年龄的增加、生育能力的降低，人们通过以自己现在的消费为代价，利用增加子女或更远晚辈将来的消费（包括生育潜力）等各种手段来增加自己的泛适应性（实际上，就是使自己的基因通过后代获得最大化）。当然，很少有人（没有动物）会有意识地努力增加自己的泛适应性。但在人类快速进化阶段，带有可以加强全面健康的基因的人在人群中的比例变得越来越大，他们把自己的基因留给了他们现代的后人。因此我们可以认为，随着人们年龄的增加以及他们生育潜力的降低，他们会更为未来着想。但这只会到达一定的程度，因为如同我在第 1 章中强调的那样，似乎并没有一个基因程序来规范年过中年的人的行为。

还有另外一个原因让我们可以认为，在一般情况下，老年人比年轻人的贴现率更低。贴现率低的人们会更多地为他们的长期健康投资，[10] 因此他们会在活至老年的人口中占据过高的比例。要注意，这种老年人更低贴现率的解释（与前面一种解释不同）假设任何人的贴现率与年龄的变化无关。这里假设贴现率在一生中是一个恒数，随着时间的长期发展，贴现率高的人会不断地消失，因此平均贴现率就会降低（选择偏见在解释老人行为方面的重要性是本书的一个一贯主题）。

在其他条件一样的情况下，贴现率越低，储蓄率越高。拥有高贴现率的人们希望现在消费，拥有低贴现率的人们会更多考虑保护他们将来的消费。我们可能会看到，贴现率在接近一个人生命的预期终点时急速上升，因为这时没有更多的未来，储蓄没有什么意义了。但这是一个虚假的生命最后阶段问题。当人们留遗产的动机越强，年龄很大的老人的贴现率就很少会升高。

**能力和衰退** 我们有必要进一步观察因衰老引起的衰退。我主要对正常

〔9〕 有关这两方面参见以下的文献和讨论，Alan R. Rogers, "Evolution of Time Preference by Natural Selectionl," 84 *American Economic Review* 460, 477 (1994).

〔10〕 有关的证据参见，Victor R. Fuchs, "Time Preference and Health: An Exploratory Study," in *Economic Aspects of Health* 93 (Victor R. Fuchs, ed., 1982); Isaac Ehrlich and Hiroyuki Chuma, "A Model of the Demand for Longevity and the Value of Life Extension," 98 *Journal of Political Economy*761, 774 (1990).

衰老的影响而非疾病的影响感兴趣。然而，疾病与年龄有正相关的关系。紧张、污浊或者危险的职业对工人的健康和体质（fitness）有很大的损害；与其他轻松、安全的工作相比，这些行业导致（或者迫使）工人更早退休。[11] 我们可以肯定地说有一些工作使工人"衰老"，但如果这样说就会更为确切——年龄和工作环境共同影响工人的健康，因此影响他们的职业寿命。一个人哪怕没有青光眼、白内障、黄斑变性（macular degeneration）以及其他常见疾病（这些疾病通常发生在老年人当中），其视力的减退也是年龄的正常相伴物。但我们可以把"老花眼"描绘成一种退化性眼疾的结果。一个健康的老年人在躯体、精神上的健康程度难以和一个健康的年轻人相比，作了这个说明后，我要说的是，我感兴趣的是健康老年人的工作能力衰退。

为了简单起见，我们假设一个工人的产出仅仅是他天生能力和努力的结果，不受后天得到的人力资本的影响（我希望能够忽略这方面的影响）。这种假设允许我们首先关注被认为与年龄有函数关系的能力问题。这种关系可以用一个倒 U 型图形表示。一个婴儿没有工作能力，一个因非常年老而残障的人也没有工作能力。为了解释的简单，我把年龄的上限定在 80 岁。能力在一定年数中得以提高，但是因为我没有考虑后天获取的人力资本、注重的只是身体的变化，所以能力达到巅峰的时间很早——在很多（或许大多数）类型的工作中这个巅峰可能在十几岁。为了简单起见，假定我们认定从事一项工作所要求的能力是一个常数，这实际上就意味着非常年轻和非常年老的人都没有工作能力。这样我们可以用图 4.1 来表示个人实际的能力和工作所要求的能力之间的关系。[12]

73

---

〔11〕 例如参见，Martin Neil Baily, "Aging and the Ability to Work: Policy Issues and Recent Trends," in *Work, Health, and Income among the Elderly* 59 (Gary Burtless, ed., 1987); Gary Burtless, "Occupational Effects on the Health and Work Capacity of Older Men," in id. at 103; Monroe Berkowitz, "Functioning Ability and Job Performance as Workers Age," in Berkowitz et al. *The Older Worker* 87 (1988).

〔12〕 参见，Joseph J. Spengler, "Introductory Comment: Work Requirements and Work Capacity," in Juanita M. Kreps, *Lifetime Allocation of Work and Income: Essays in the Economics of Aging* 3, 6-7 (1971).

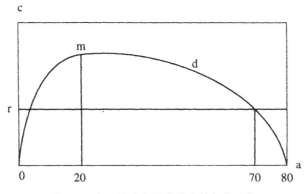

**图 4.1 实际能力和要求能力的年龄函数**

将纵轴上的能力（$c$）相对横轴上的年龄（$a$）的坐标点连成曲线，我们得到了一个倒 U 型图形，其中峰值（$m$）在 20 岁（这时 $c = m$），它在 80 岁降为 0。标有 $r$ 的水平线表示从事一项工作所要求的能力，它与实际能力的曲线在两个地方相交（尽管我们假设的这项工作所要求的能力是如此低，以至于连一个年幼的小孩都能够完成）。我们感兴趣的是曲线峰值右侧部分，我将这部分以 $d$（衰退）来表示，其可以公式表示为，

$$d = m-k\,(a) \tag{4.1}$$

其中 $k\,(a)$ 是能力相对于年龄的变化。当 $r > d$ 时，也就是 $r-m + k\,(a) > 0$ 时，能力低于工作的要求。这一点来得越早，工作的要求就越高，工人在他巅峰年龄的能力就越平庸，他的能力随年龄的增加降低得就越大。

这并不是说一旦工作的要求大于一个人的能力时，工人就会辞掉工作或被解雇，哪怕这时他的工资仅仅相当于他产出的边际价值——在第 3 章中我们说过也许在这个工人接近退休时他会得到更多的收入。产出是个人努力和能力的因变量。因此能力的下降在一定程度上可以由加大努力来弥补。但是这种加大的努力增加了工人非金钱的花费，这种花费随年龄的增加而加大，因为超过一定的限度，衰老会降低做出努力以及提高技能的能力。这一点意味着，在不考虑常规的人力资本因素的情况下，衰老的工人终会到达某一点，这时他的边际

产出为零，或者对他来说与退休的好处（主要指休闲和退休金）[13] 或换一个更为轻松工作的好处[14]相比，为现在的工作做出努力的花费超过了工作带来的工资以及其它收益。当我说"产出"时，我指的是每小时或其他时间单位的产出，也就是生产能力。工作速度更慢的老年工人可能要用两年的时间完成一件要求在一年内完成的工作任务，这可能说明他没有能力达到雇主的工作要求。

大家注意，尽管曲线中与年龄相关的衰退是渐进的（也许在到达某一点之前是这样但难以观察到，如果经验或关系人力资本对特定的工作十分重要的话），但是衰退与要求能力曲线的相交点制造了一种不连贯。在相交点左侧，衰退是不相干的；但在右侧，工人对公司已经没有价值。这种不连贯不能全面解释工作和年龄之间的关系，但它可以帮助我们理解为什么今天受雇全职、从明天起的每一天都不再被雇用的可能理由。

另外需要注意的是 $m$ 和 $r$，也就是巅峰能力和要求能力之间的差异。在第1章中我说过，人类是在一个具有挑战性的环境中进化的。对大多数美国人而言，今天工作环境的挑战性要小得多。商店柜台后的职员只需使用他躯体和精神的很小一部分才能就可以按老板的要求做好工作。[15] 所以尽管这些能力——

75　视力和听力的敏捷、熟练记忆、计算速度、腿脚灵便——有随工作时间的增加而衰退的倾向,[16] 哪怕经验或者成熟以及有价值的社会人力资本的自然增长都无法对之作出任何补偿，但是可能要经过很多年，职员能力才会下降到完全不

〔13〕 证据表明，在控制了教育、健康、退休金的权利以及其他可以影响参加工作的因素后，老年人的工作参与和年龄有很强的负相关关系。Giora Hanoch and Marjorie Honig, "Retirement, Wages, and labor Supply of the Elderly," 1 *Journal of Labor Economics* 131 (1983).

〔14〕 Thomas N. Chirikos and Gilbert Nestel, "Occupational Differences in the Ability of Men to Delay Retirement," 26 *Journal of Human Resources* 1, 23 (1991); Roger L. Ransom and Richard Sutch, "The Labor of Older Americans: Retirement of Men On and Off the Job, 1870-1937," 46 *Journal of Economic History* 1, 19 (1986).

〔15〕 有关记忆方面参见, Paul Verhaeghen, Alfons Marcoen, and Luc Goossens, "Facts and Fiction about Memory Aging: A Quantitative Integration of Research Findings," 48 *Journal of Gerontology* P157 (1993); 关于视力的资料参见, William Kosnik et al., "Visual Changes in Daily Life throughout Adulthood," 43 *Journal of Gerontology* P63 (1988). 这里并不否认有较好和较差的职员，只是说与年龄相关的快速能力衰退（例如视力的清晰）对职员完成他们的工作影响不大。

〔16〕 例如参见, Sara J. Czaja and Joseph Sharit, "Age Differences in the Performance of Computer-Based Work," 8 *Psychology and Aging* 59 (1993).

能做他工作的地步，或不花代价（对他而言）增加努力就无法做到的地步。到达这一点之前，只要少量增加努力，他就能弥补与职业相关的能力的衰退。

这些观察说明，衰老本身不一定会降低与职业相关的能力，这大约也是大多数研究没有发现生产能力因年龄增加而下降的原因所在。[17] 另外一种更为强调老年工人的"乐观"文献的解释是，老年工人比年轻工人更少辞职或磨洋工。这其中有很好的经济上的原因。与年轻工人不同，老年工人已经拥有许多公司特定的人力资本，他们目前的工资对这种人力资本作出了补偿，如果他们辞职，这些资本将失去作用。这使得他们更为脆弱，因而也更忠于公司；尽管从雇主的角度看，这也更容易使工人受工会的影响。因为老年工人因解雇（不论这种解雇是合理的还是随意的）而更易于受到损害，因此，与年轻工人相比，他们从工作稳定和呆板的资历制度中获益更多。[18]

〔17〕 例如参见，Bruce J. Avolio, David A. Waldman, and Michael A. McDaniel, "Age and Work Performance in Nonmanagerial Jobs: The Effects of Experience and Occupational Type," 33 *Academy of Management Journal* 407 (1990); Seymour Giniger, Angelo Dispenzieri, and Joseph Eisenberg, "Age, Experience, and Performance on Speed and Skill Jobs in an Applied Setting," 68 *Journal of Applied Psychology* 469 (1983); Jack Levin and William C. Levin, *Ageism: Prejudice and Discrimination against the Elderly* 80–81 (1980); William McNaught and Michael C. Barth, "Are Older Workers 'Good Buys'? –A Case Study of Days Inns of America," *Sloan Management Review*, Spring 1992, p. 53; 一般的论述参见，Robert Clark, Juanita Kreps, and Joseph Spengler, "Economics of Aging: A Survey," 16 *Journal of Economic Literature* 919, 927–929 (1978). 从下面的论述可以看出，所有的这些研究都没有考虑选择偏见。
一些研究发现生产能力因年龄增长而下降。两项研究财富 500 强企业的研究发现，所调查的所有阶层的工人（男女办公室职员、男女推销员、男性管理人员）的工作能力 40 岁以后都有明显下降。关于这些研究的综述参见，Laurence J. Kotlikoff, "The Relationship of Productivity to Age," in *Issues in Contemporary Retirement* 100 (Rita Ricardo-Campbell and Edward P. Lazear, eds., 1988). 更早的有关工厂和职员工人的研究综述参见，Mary Jablonski, Larry Rosenblum, and Kent Kunze, "Productivity, Age, and Labor Composition Changes in the U. S.," *Monthly Labor Review*, Sept. 1988, pp. 34–35; Mildred Doering, Susan R. Rhodes, and Michael Schuster, *The Aging Worker: Research and Recommendations* 37, 62–63, 86–88 (1983); Czaja and Sharit, 本章注〔16〕。优秀的文献综述参见，Berkowitz, 本章注〔11〕。
〔18〕 参见 Richard B. Freeman and James L. Medoff, *What Do Unions Do?* ch. 8 (1984); Barry T. Hirsch and John T. Addison, *The Economic Analysis of Unions: New Approaches and Evidence* 58, 178 (1986); A. van de Berg and W. Groot, "Union Membership in the Netherlands: A Cross-Sectional Analysis," 17 *Empirical Economics* 537, 552 (1992) (tab. 2). 在 1993 年，16~24 岁的美国工人中工会的代表率只有 6.8%，25~34 岁组中，其比例是 14.9%。在 45~54 岁和 55~64 岁组中，相关的比例分别是 25.7% 和 23%。（65 岁及以上的工人的比例降至 10%，但是这些工人中只有少部分人是在有工会的单位里工作。）Bureau of Labor Statistics, *Employment and Earnings*, Jan. 4, 1994, p. 248 (tab. 57). 在控制了其他因素后，年龄对支持工会代表的影响似乎不大且十分含糊，这可能因为工会主义似乎会使年龄工资概观扁平化。Hirsh and Addison, 见上面的第 58 页。

尽管衰老的工人不太可能自己辞职，但他更可能会退休或因为疾病而致残。他的脆弱以及因之而来的忠诚的部分原因可能是，因流体智力的减退，他很难掌握一项新工作——而如果雇主的工作要求在变，这也可能妨碍到他现在的工作，这就使得他更为脆弱。所以老年工人的忠诚并不仅仅是一种纯增益，也是一种补偿不足的努力。完全撇开这一点不谈，那些发现老年工人和年轻工人的工作能力相当的研究，由于两个相关的原因，对于评价与年龄相关的衰退的意义十分有限。第一个原因是选择偏见问题。雇主通常会辞退没有工作能力的老年工人。留下的人是有工作能力的，但是他们的工作能力夸大了同龄人的能力。第二，由于大多数老年工人已经退休，对与年龄相关的工作能力衰退的研究，实际上只是在比较中年雇员和年轻雇员，而不是在比较老年雇员和中年或年轻雇员；如果将这些研究结果推论到老年雇员，实际上根本就没有真正回答问题。

当一种工作越需要和年龄极度相关的躯体和精神上的能力，例如体格的强壮和灵巧或躯体和精神的敏捷，一般工人不能达到雇主工作要求的年龄就越早。因此（第9章将讨论）我们不可能指望老年人在一个类似我们的社会里会获得大量的威望和尊敬。尽管随着就业领域从制造业转向服务性行业，工作环境变得更为干净、危险性更小以及不那么紧张，但是大众教育将老人费心积累的大部分经验都以低廉的价格传给了年轻人。快速的社会和技术变化加速了人力资本的贬值，老年人可能缺少更换人力资本的动力，或者难以在流体智力下降的情况下，以合理的花费来更新其人力资本。尽管这一点无法解释，为什么在最近几十年里，相对年轻人来说，老年人在国家财富中的份额增加了，但是有关的答案可能要从老年人的特点和民主化进程的特点之间的相互影响中去寻找，这将在以后的一些章节中谈到。

当一个工人的巅峰能力与工作实际所需的更小能力（假定这个能力在所有年龄都一样）之间的距离越来越小时，这个工人不能胜任工作的年龄就越提前（假定与年龄相关的衰退率是恒定的）。一些需要从体力和精神质量优秀的人群中吸收成员、达到巅峰早的职业，从职业运动员到粒子物理，都可以说明这点。除去职业运动员和一些军事专业，许多强体力的职业虽然不从优秀人群中吸收成员，但它们需要的工作能力接近工人的巅峰能力，这也意味着这些职业退休要早一些。大多数研究发现，当代美国经济中多数工作所需要的基本能力在 60 岁（通常会更推后）才开始有可计量的衰退，这是事实，[19] 尽管生产能力可能在更年轻时已开始衰退。但是多数工作不代表所有工作。第 1 章中关于利用笔试（心理学的术语是"心理测量学"测试）测量不需要的能力的结果，从相反的角度说明，这些测试可能忽略了在应用能力、注意力、灵活度或者努力方面的尽管细微但却与职业直接有关系的衰退。

对这一点，亦即尽管年龄使人们的能力明显衰退，但所有或者说大多数工人都可以毫不费力地达到工作要求，持怀疑态度的另一个理由是，提升和降级可以并确实被用来缩小实际能力和需求能力之间的差距。雇主利用提升的办法会将有能力的工人放在要求更高的位置上——那些具有更为苛刻要求（$r$）因而更接近工人巅峰年龄能力（$m$）的工作。我们可能以为，当与年龄相关的衰退降低了工人的 $m$ 时，提升的进程可以倒过来，工人会被降级到要求渐低的职位上。其结果用图 4.1 来说明的话就是，在 $r$ 与表示工人一生中能力变化的曲线相交的两点之间，$r$ 应当呈一个倒 U 型（在第一个相交点 $r$ 从下往上与能力变化曲线相交，在第二点 $r$ 是从上往下与该曲线相交）。由于一些（至少）未被（经济学家）彻底理解的原因，以及在《就业年龄反歧视法案》或者最低工资立法之前就出现、而且似乎也独立于这样立法的原因，降级很少被用作一种根据能力降低情况进行调整的手段。人们很少用降级的方法来调节能力降低的问题；降级被认为是降低身份。结果是，让 $r$ 在工人超过巅峰之后继续保持不变，从而加速了工人的退休。工人宁愿提前退休并因之失去一些收入，也不愿承受来自降级的羞辱。

78

---

〔19〕 例如，K. Warner Schaie, "The Seattle Longitudinal Study: A 21-Year Exploration of Psychometric Intelligence in Adulthood," in *Longitudinal Studies of Adult Psychological Development* 64, 127-128 (K. Warner Schaie, ed., 1983).

## 决定退休

为了简单化，我们假设工人必须决定他在 65 岁还是 70 岁退休。经济学的分析认为，如果现在退休的预期效用（$U$）超过了继续工作以后（$t>1$）再退休的效用，工人就应现在退休（在时点 $t = 1$）。也就是，如果一个人的退休金收入（经适当贴现为当前价值）会超过现在工作的总收入、工作成本加上若晚退休就有权获得的退休收入的总和（对这些收入数字也要进行适当的折扣贴现），那么现在就退休。让我们考虑一个非常简单的模型。假定一个人考虑退休时已经确知他会活到80岁，他可以选择继续工作5年然后过10年的退休生活，或者现在就退休过15年的退休生活。如果他推迟退休，他可以从两条途径得到实惠效用。一是从 5 年工作中每年得到金钱的收入（工资 $I_p$）加上（同一时期内）来自工作的非金钱的年收入 $I_o$。若他（因工作的危险、疲乏、无聊、往来交通带来的疲累、休闲的减少以及讨厌的上司，等等）从工作中获得的只是净负效用，而不是从工作给他带来的地位、兴奋感、社交活动或其他方式的精神愉悦中获得净正效用的话，那么 $I_o$ 就会是一个负值。另一种利益是从退休中获得的，这种利益开始于第六年，包括年退休金收入（工作收入的一部分，$1/\alpha$）以及来自以休闲取代工作（$I_l$）的非金钱收入。如果这个人现在就退休，他必须以一定的利息率（$i$）将这两种利益贴现为当前价值，并将之与若现在退休他能获得的退休金收入和闲暇收入的当前价值进行比较。一般情况下，早退休的工人的年退休金一般要比晚退休的少。因此，若早一些退休，表示退休金收入占工作收入的比值的分母 $\beta$，会大于 $\alpha$；也就是 $I_p/\beta < I_p/\alpha$。

将这些因素放在一起并用总和标记 $\Sigma$（因为我们要把年费用和收益加在一起）来表示，我们得到下列公式：如果现在退休的当前价值大于晚退休的当前价值，现在就退休，用符号代表如下，

$$\sum_{t=1}^{t=15} U \frac{(I_p/\beta+I_l)}{(1+i)^t} \geqslant \sum_{t=1}^{t=5} U \frac{(I_p+I_o)}{(1+i)^t} + \sum_{t=6}^{t=15} U \frac{(I_p+I_l)}{(1+i)^t}. \qquad (4.2)$$

这个模型中影响是否早退休的纯金融因素，例如退休金权利的结构以及退休金对工作收入的比例，是大量文献的主题，[20] 也会在下面的一些章节中讨论。然而，还有其他一些问题需要考虑：

1. 工人的贴现率越高，就越有可能抓住最早的退休机会退休。即使如我的模型所假设的，再工作一年可以得到更高的退休金，这一年中会有混乱、疲惫、不得不放弃的休闲的代价以及其他工作花费，而（更高退休金这一）收益可能会分散在更为遥远的未来，个人甚至其配偶的余生都将悬于退休金契约的条款之上。个人的贴现率越高，未来收益的当前价值就越小。因此比起工资高的工人，工资低的工人更可能会早退休，就是因为低工资与高贴现率有正相关的关系；贴现率高的人在人力资本方面投资少（投资的回报会被推迟），因而收入更低。

2. 当人们从工作中能够获得净非金钱效用（不等式 4.2 中的 $I_o$）而不是负效用时，他们就倾向于晚退休。[21] 取消对教授的强制性退休（见第 13 章）而引发的忧虑是，教授因工作而获得的补偿的一大部分是非金钱的，其中的部分补偿会因退休而丧失，而作为一个教授（哪怕到很大年龄），他的工作花

〔20〕 一个很好的相关介绍参见，Joseph F. Quinn, Richard V. Burkhauser, and Daniel A. Myers, *Passing the Torch: The Influence of Economic Incentives on Work and Retirement* 85-87, 199 (1990). 关于一般的退休经济学参见下面的有用综述，Edward P. Lazear, "Retirement from the Labor Froce," in *Handbook of Labor Economics*, vol. 1, p. 305 (Orley Ashenfelter and Richard Layard, eds., 1986).

〔21〕 有关证据参见，Randall K. Filer and Peter A. Petri, "A Job-Characteristics Theory of Retirement," 70 *Review of Economics and Statistics* 123 (1988); Chirikos and Nestel, 本章注〔14〕; Chirikos and Nestel, "Occupation, Impaired Health, and the Functional Capacity of Men and Continue Working," 11 *Research on Aging* 174, 192, 197-198 (1989); 引自，Herbert S. Parnes and David G. Summers, "Shunning Retirement: Work Experience of Men in Their Seventies and Earlly Eighties," 49 *Journal of Gerontology* S 117, S123 (1994); Martin D. Hanlon, "Age and Commitment to Work," 8 *Research on Aging* 289 (1986). F. Thomas Juster, "Perferences for Work and Leisure," in *Time, Goods, and Well-Being* 333 (F. Thomas Juster and Frank P. Stafford, eds., 1985), 这里展示了很多工作可以带来本质上很令人满足的令人信服的证据。又参见，Nan L. Maxwell, "The Retirement Experience: Psychological and Financial Linkages to the Labor Market," 66 *Social Science Quarterly* 22, 30-31 (1985).

费也很低。这些影响结合在一起使得 $I_o$ 成为一个很高的正值。在另一个极端上，我们可以预计在其他条件相当的情况下（通常是不会相当的），从事污浊、危险、有害、紧张或压力大的工作的人会早退休。由于参与这类工作的黑人比例很高，所以可以预计他们通常（在调整了其他不同因素之后）比白人退休得更早，退休生活比白人更快乐。[22] 然而使问题复杂化的一个因素是，工作的满意度和退休的满意度是正相关的。这是因为，在管理和专门职业层的人们更可能拥有社会技能、兴趣以及收入，可以从退休带来的更多的休闲中得到最大益处。[23]

过剩能力的概念与工作的负效用这一问题有关。让我们考虑一个简单的例子，图 4.1 中 r 和 d 的相交点，在它左侧的所有年龄中，来自工作的非金钱效用（社交活动）和负效用（压力、努力，等等）正好相等，因此 $I_o = 0$。让我们再考虑当一个人的年龄超越这点时会发生什么。为保证自己的能力不低于工作的最低要求，一个人可能要加大努力，这样他工作的花费就会增加。$I_o$ 就会变成负值，这时退休就是一个更吸引人的选择。总的说来，当衰老使工作能力降低的幅度比休闲能力降低的幅度大时（这是可能的），衰老会给人们带来退休的压力。

有关工作花费的经济学分析忽视了两个问题：无聊和"精疲力尽"，尽管这两个问题和被忽视的躯体衰老这一因素有区别，但它们是不一样的。精疲力尽是对压力的反应。有证据说明比起老年工人，年轻工人中精疲力尽的现

---

[22] 有关黑人有比白人更早退休的趋势的证据，至少包括了因残障而早退休的证据参见，Rose C. Gibson, "Reconceptualizing Retirement for Black Americans," 27 *Gerontologist* 691（1990）; E. Percil Stanford et al. , "Early Retirement and Functional Impairment from a Multi-Ethnic Perspective," 13 *Research on Aging* 5, 18（1991）. 有关黑人更喜欢退休的证据参见，Rose C. Gibson, "Aging in Black America: The Effects of an Aging Society," in *Aging in Cross-Cultural Perspective: Africa and the Americas* 105, 119, 121（Enid Gort, ed. , 1988）. 我的模型没有考虑的另外一点是，由于工作更长带来的退休金总量的影响，当工人期望活得更长时，他就会越晚退休，这样他得到更高退休待遇的机会就越大。黑人的平均期望寿命明显比白人低，所以退休给他们带来的年退休金收入减少的影响不大。

[23] 参见，C. T. Whelam and B. J. Whelman, "The Transition to Retirement"（Economic and Social Research Institute of Ireland, Paper no. 138, July 1988）.

象更常见。[24] 但这里面选择偏见可能在起作用。对压力特别敏感的人可能早就离开压力大的工作；留下来的人最终可能也会因压力的累积而体验到精疲力尽。[25] 从与我的分析相关的角度看，无聊也要与因做"无聊"工作引发的、也是年轻人（聪明的人）中更常见的烦躁区分开来。[26] 我关心的是职业无聊，那种人们年复一年做同样工作而无变化时，经常感到的无聊。这种无聊类似于（尽管并不等同于）多年来压力积累带来的精疲力尽。

只要一个工人在不断地获取经验或在一个没有压力的工作中增加他的人力资本，那他就在做着不同的事情，哪怕他多年做着"同样"的工作或者一直在同一工作线上，那么，无聊或者精疲力尽的现象也不会出现在他身上。但是当这个工人达到了他事业巅峰且工作也变得重复，无聊就可能来到他身上。如果他做的是类似警察或在一个粗俗地区的公立学校当老师这样有压力的工作，那么精疲力尽也会出现。无聊和精疲力尽是工作的非金钱的代价，这与时间而不是年龄相关，当然，一个人工作时间的长度与年龄是正相关的。当我们考虑年龄很大的法官的生产能力或者提高平均退休年龄的可能性时（这会在以后的章节中讨论），区分与时间相关和与年龄相关的影响将非常重要。由于在英美司法制度下的法官一般是在上年纪后被任命并在其岗位上工作至很老的年龄，因此这些法官代表了这样一类工人：时间和年龄对他们工作的影响是可以被区别开来的。在其他条件相同的情况下，无聊意味着在各种职业内，早加入的人更可能在更年轻的年龄上退休，或者说，若工人在某个职业内的时间越长，则其在某一年龄上退休的可能性就越大。

无聊指的是一种取决于时间的花费，其中时间与这种花费正相关；习惯指的是取决于时间的花费和收益，这其中花费与时间负相关，收益却与时间正

〔24〕 Cynthia L. Cordes and Thomas M. Dougherty, "A Review and an Integration of Research on Job Burnout," 18 *Academy of Management Review* 621, 633 (1993).

〔25〕 有关证据参见，George J. Schunk and Harold T. Osterud, "Duration of Pediatric and Internal Medicine Practice in Oregon," 83 *Pediatrics* 428 (1989).

〔26〕 参见，Amos Drory, "Individual Differences in Boredom Proneness and Task Effectiveness at Work," 35 *Personnel Psychology* 141, 146 (1982).

相关。[27] 一旦形成刷牙的习惯，刷牙本身不但变得便宜，而且停止刷牙（也许因有令人信服的证据说明刷牙实际上可能对人的牙齿有害）会使一个人不舒服。丢掉一种习惯，就像戒瘾一样（习惯的一种极端情况），会让人有戒断症状，尽管如果仅仅是一种习惯，这种症状会非常轻微。工作能够形成习惯。但是年龄大了以后，这种"习惯"会非常昂贵，既要有更大的努力，又会有（假定年龄和工作时间的长短十分相关）无聊。形成习惯是"边干边学"发挥作用的一个途径；一旦习惯形成，完成工作的速度可以加快、所做的努力则相对变小。但事物的另外一面是，习惯性的活动会让人感到无聊。边干边学可能很快就会遇到回报迅速递减的问题（学习曲线可能很快就达到了顶峰）；当习惯性工作变成单调乏味的工作时，回报就可能变成负值。

对老年经济学来说，习惯的另一意义是，哪怕没有流体智力随年龄增长而下降的问题，老年工人也难以改变已经习惯的工作程序、方法和实践。因此，习惯就成了老年工人比起年轻工人灵活性更差、适应变换环境的能力更差、更不愿去学习"新花招"的另外一个理由。

3. 到了一定年龄后人们会发现自己要退休，这与婴儿不工作一样平常。很年轻和很老的人的工作边际产出是负值，边际产出和收入一般是正相关的，一个人来自工作的收入越低，他就越可能选择休闲或者休闲就越可能选择他。更为有趣的一个问题是，为什么那么多人选择了一夜之间从全职工作转向退休，而不是逐渐地减少工作时间。当然不是所有的人都如此。半退休的现象也很常见。[28] 以后章节中要讨论的一个例子是，以有吸引力的条件（"高级法官资格"）让联邦法官逐步退休。挪威和瑞典有不同的政府项目，临近退休的工人（瑞典）和刚过正常退休年龄的工人（挪威）可以以工作更少的小

〔27〕 Gary S. Becker, "Habits, Addictions, and Traditions," 45 *Kyklos* 327, 336（1992）; Marcel Boyer, "Rational Demand and Expenditures Patterns under Habit Formation," 31 *Journal of Economic Theory* 7（1983）.

〔28〕 Christopher J. Ruhm, "Bridge Jobs and Partial Retirement," 8 *Journal of Labor Economics* 482, 490–493（1990）.

时来领取部分退休金。[29] 当然"突然"退休也十分常见。但是，如果休闲有
规模经济效应，[30] 能够抵消逐步递减的边际休闲效用，如果附加福利和雇主
的其他劳工成本降低的速度没有雇员从全职转向半职过程中的产出降低速度
快，这种突然的转折就是可以理解的。想像一下，如果每个半职员工都要求
有自己的办公室，那么两个半职员工就需要雇主为其准备两间办公室；雇用
一个可以做两个半职工作的全职员工只需要一间办公室。转成半职员工要少
拿工资，用来补偿雇主为每个工人准备办公室的更高费用，这样一来雇员工
作收入（以小时工资和工作小时来计算）的减少会比工作时间减少的幅度还
大。[31] 同时，如果退休，他来自休闲方面的非金钱收入会迅猛增加。退休可
以增加休闲时数以及（由于休闲的规模经济效应之故）每个休闲小时的效用。

4. 人们可能认为，如果大多数工作带来的非金钱收入无法与休闲的非金
钱收入相比，那么金钱收入的长期增加就一定意味着因收入的边际效益递减
带来的平均退休年龄的降低。事实并不一定如此。正如我在第 2 章中指出的，
更高的工资[32]会增加休闲的机会成本，同时减少金钱收入的边际效用。第一
种影响（即替代影响）指向较晚退休；第二种影响（即收入影响）则指向更
早退休。最近几十年来退休年龄的降低说明，尽管有其他因素在起作用，收
入的影响占了主导地位，关于这点是有独立证据的，[33] 下面的章节会进一步
讨论。

---

〔29〕 Helen Ginsburg, "Flexible and Partial Retirement for Norwegian and Swedish Workers," *Monthly Labor Review*, Oct. 1985, p. 33.

〔30〕 参见下面的论争，John D. Owen, *The Price of Leisure: An Economic Analysis of the Demand for Leisure Time* 72（1969）.

〔31〕 Robert L. Clark, Stephan F. Gohmann, and Daniel A. Sumner, "Wages and Hours of Work of Elderly Men," *Atlantic Economic Journal*, December 1984, p. 31; 他们发现，老年工人工作小时每增加 10%，其平均小时工资增加的比例只有 6%。

〔32〕 与流行观念相反，自 20 世纪 60 年代开始小时工资在不断地提高。计算小时工资的标准方法使这一提高的趋势模糊不清，例如用周工资除以 40 来计算小时工资。F. Thomas Juster and Frank P. Stafford, "The Allocation of Time: Empirical Findings, Behavioral Models, and Problems of Measurement," 29 *Journal of Economic Literature* 471, 493–494（1991）.

〔33〕 Owen, 本章注〔30〕, 第 121 页。另参见第 2 章注〔36〕。

# 单一自我，还是多重自我？

84 **对多重自我概念的解释** 当将个人与年龄相关的变化（这与一个不变化的个人在出生和死亡之间这一统一连续体里的位置变换不同）带入衰老经济学分析中时，常规经济学分析中最基本的假设就成了问题。这个假设就是，一个人在他的一生中是一个单一的经济决定者。[34] 但它一直很深奥，并被大多数经济学的分析所抛弃。例如，那些以残障状态下财富的效用可能降低为由，反对对致人严重伤残的人身伤害所带来的非金钱损失予以侵权赔偿的经济学家（这种财富的效用降低体现在这样一个事实上，人们很少对此种损失投保），是隐含地、不加批判地站在[35]受伤前的自我的立场上，亦即那个作出保险决定的自我。受伤的自我可能希望花大价钱尽可能地降低伤残带来的影响，尽管他知道无法再回到他受伤之前的"前任"自我的状况。[36]

85 在受伤状况下，财富的边际效益会更低——这是反对这种损害赔偿的经济学批评的核心所在——这个事实与帕累托分析是没有相关性的，因为当两

---

〔34〕 来自不同领域对这个问题的讨论参见，Thomas C. Schelling, "Self-Command in Practice, in Policy, and in a Theory of Rational Choice," 74 *American Economic Review*, 1, 6-10 (May 1984 Paper and Proceedings issue); Derek Parfit, *Reasons and Persons* (1984), esp. 305-306; Allen E. Buchanan and Dan W. Brock, *Deciding for Others: The Ethics of Surrogate Decision Making*, ch. 3 (1989); Elizabeth S. Scott, "Rational Decisionmaking about Marriage and Divorce," 76 *Virginia Law Review* 9, 59-62 (1990); George Ainslie, *Picoeconomics: The Strategic Interaction of Successive Motivational States within the Person* 29 (1992). 创新的经济学文章见，R. H. Strotz, "Myopia and Inconsistency in Dynamic Utility Maximization," 23 *Review of Economic Studies* 165, 173 (1955-1956). 从分析的角度看，相继的自我之间的矛盾与代际之间关于储蓄的矛盾相似（储蓄利息越高，当前的一代更有可能以当前的利益为代价来考虑未来几代人的利益），这在经济学中有很多的文献。例如参见，E. S. Phelps and R. A. Pollak, "On Second-Best National Saving and Game-Equilibrium Growth," 35 *Review of Economic Studies* 185 (1968). Debraj Ray, "Nonpaternalistic Intergenerational Altruism," 41 *Journal of Economic Theory* 112 (1987).

〔35〕 例如参见，David Friedman, "What is 'Fair Compensation' for Death or Injury?" 2 *International Review of Law and Economics* 81 (1982); Paul H. Rubin and John E. Calfee, "Consequences of Damage Awards for Hedonic and Other Nonpecuniary Losses," 5 *Journal of Forensic Economics* 249, 251 (1992).

〔36〕 相似但独立阐述的论点参见，Steven P. Croley and Jon D. Hanson, "The Nonpecuniary Costs of Accidents: Pain-and-Suffering Damages in Tort Law" 42-44 (unpublished, Michigan Law School and Harvard Law School, Oct. 28, 1994).

种状况下的同一个人被看成是两个人而不是一个人时，则情况就是，一个人的较好状况是以另外一个人为代价的。[37] 但是，这种观点不仅不具有相关性，而且是错误的。对于受伤的自我来说，财富的边际效用更低仅仅是与受伤前的自我相比得出的。现在的自我所计算的是未来的自我相对于现在的自我的边际效用。这就像是说，教育对于孩子的价值，就是其父母愿意为孩子的教育支付的数额一样。除非现在的自我对未来的自我毫无私心，将未来的自我的消费看得和现在一样重，否则现在的自我就会比未来的自我对未来自我的效用价值评价得低一些。如果改变民事侵权行为体系，降低对一个被严重致残的人的赔偿费，那么哪怕此种赔偿责任的降低不会给致残事故发生的数量带来任何变化，总效用也可能因此被降低。上责任保险的比例会降低（这极可能是那个有能力的自我更愿意看到的），但这是以伤残状况下的效用为代价的，因而伤害了因偶然事故致残的自我。

乔恩·埃尔斯特（Jon Elster）把这个基本观点阐述得十分明了："现在的自我具有绝对优先性，就像我相对于其他所有人有绝对优先性一样：我就是我——其他人都"与我无关"。[38] 大家都知道，你越提早邀请一位学者参加一个会议，他越有可能接受邀请；但当会期将至，他会十分懊悔接受了这个邀请。他这样做是否非理性？我认为不是。接受邀请带来的是当即利益，也就是为他人做一件那人期望的事情（这个人可能处在一个要对此作出报答的位置上），或者说不让他失望。答应的代价由将来的自我来承担。提出邀请的时间越早，将来需要承担代价的自我与现在的自我的联系就越淡薄。当然，这不会是"懊悔接受邀请"的惟一一种可能的解释。其他的解释可以是，很早提出邀请可以说明人们多么希望被邀请者参加会议，使他更难用令人信服的理由（有其他事情要做，等等）推掉邀请。但是一个人具有多重自我是影响他决定是否接受一个他自己很清楚将来会后悔的邀请的因素之一。

---

[37]　如果侵犯行为的受害者因侵权行为死亡或永久性丧失意识，那么这种批评是正确的。

[38]　Jon Elster, *Ulysses and the Sirens: Studies in Rationality and Irrationality* 71 (1979).

多重自我分析方法主要用于下列各种现象的研究：上瘾、意志软弱、懊悔、自我欺骗以及我们将在第 10 章里讨论的非老年人的自愿安乐死，但是没有被运用于老年问题研究。[39] 这种忽略令人吃惊。[衰老给个人带来的变化如此之大，以至于很可能出现这样一个时间点：在这个点上，把一个人看作是由两个或更多的人分时（time-sharing）享有的一个肉身，而不是仅把他当作一个改变偏好的人，更能说明问题（更不用说，把他看作是整个生命周期中偏好都没有发生变化的一个人了）。] 如果我们把现在的自我看作是不同于我们未来的或偶在的（contingent）自我，从而自然而然倾向于更看重自身的而不是其他自我的利益的话[40]（尽管这些自我与现在的自我之间由于肉身同一之故而存在着强烈的利他主义纽带），那么，心理学家和某些经济学家注意到的这种趋向，即人们在作出跨时间的选择时，似乎不合常理地有过分注重当前苦乐的趋向，[41] 就是完全合理的。当问老年人如果可以重活，他们会做什么不同的事情时，他们作出的最坚决的回答是，他们要受更多的教育。[42] 教育的成本（主要指放弃来自工作的收入）集中在一个人年轻时的年月里；其收益则是在以后的许多年里。因此，从老年自我的角度来说，这正是年轻的自我会考虑少花费一些的一个方面。

**对多重自我概念规范使用的批评与辩护** 在老年的规范分析（"福利经济学"）或实证分析研究中，都有人反对使用多重自我的概念。这里我从规范分析来开始我的讨论。人们可以这样争论，如果年轻和年老是不同的自我，那么 20 岁的自我和 40 岁的自我也是不同的，同样 20 岁和 21 岁、65 岁和

---

〔39〕 我只找到两篇可能应用于衰老研究的文章，两篇都十分简短。Daniel Wikler，"Ought the Young Make Health Care Decisions for Their Aged Selves?" 13 *Journal of Medicine and Philosophy* 57，62–63（1988）；Michael Lockwood，"Identity Matters，" in *Medicine and Moral Reasoning* 60，64–65（K. W. M. Fulford, Grant R. Gillett, and Janet Martin Soskice, eds.，1994）.

〔40〕 例如参见，*Choice over Time* 中的论文（George Loewenstein and Jon Elster, eds.，1992）.

〔41〕 Ian Steedman and Ulrich Krause，"Goeth's *Faust*, Arrow's Possibility Theorem and the Individual Decision-Taker，" in *The Multiple Self* 197，204–207（Jon Elster, ed.，1986）.

〔42〕 Mary Kay DeGenova，"If You Had Your Life to Live Over Again：What Would You Do Differently?" 34 *International Journal of Aging and Human Development* 135（1992）.

66 岁的自我也是不同的。这样一来我们会有和年龄——或者所活月数甚至小时数一样多的自我。个人的概念，特别是有责任的个人概念，就会消失。这样，我们在反对国家为了无数未来自我的利益而对我们进行监护时，就会丧失全部牢固的立足点，因为无法信任我们会为未来的自我做适当的安排。

这种归谬法指出了使用多重自我概念来界定个人与国家之间关系的真正 问题所在。但是，前后相邻的自我之间的差异程度，与中间隔了许多自我的年轻自我与年老自我之间的差异程度是大不相同的，这正如一个人的儿童时代与其成年时代之间存在程度很大的差异一样（这一点被无数法律和社会实践所承认）。在我母亲还是一个 65 岁左右精力充沛的女人时，看见一位坐在轮椅上非常虚弱的老年妇女，她对我太太说，"如果有一天我变成这样，就杀了我"。20 年过后她变成了那样，但她没有表示想死的任何愿望；那时她已有中度痴呆，但仍未到达他人无法搞清楚她是想活还是死的地步。我不认为她观点的变化仅仅是因为她用内在知识代替了外在知识。当年她年轻的自我，如果从云端旁观，可能会发现我母亲脑力下降、被囚在轮椅上，这比她年轻的自我预期的命运更差。[43] 衰老如此多地改变了我的母亲，她的观点完全变了，对她年轻的自我来说年老的她就像一个陌生人。

我们还可以从另外一个角度看这个问题。假定你相信老人是幸福的，像孩子一样，或者说年龄非常大但不痴呆的老人喜欢喋喋不休、精打细算、具有其他上年纪人的负面特点（这些特点我们将在下一章讨论）。实际上，尽管年轻人和中年人可能会感到惊奇，老年人经常比非老年人更快乐（这点我们也将会讨论）。知道这点会让你更渴望还是更不渴望活到老年呢？我想这会让你更不渴望进入老年，因为它加深了你现在的自我和你将来可能出现的年老自我之间的价值和偏好的鸿沟。

并不是因为缺少信息使得年轻和年老的自我之间出现不协调。如果真是这样，那么从高龄老人、养老院、老年病专家等数量的增加（这些已经在增

---

[43] 我将在第 11 章中讲完我母亲的故事。

加)，年轻人会发现变老并不那么可怕。他们能更好地理解大多数老年人真正希望活下去，他们真的是在享受生命而不仅仅是在恐惧死亡。此种观点的变化没有出现在年轻人身上。

88　　　　支持这种分析的某种例证是，认为可以允许患有不可医治疾病的病人死去的美国人的比例，随年龄的增加而直线降低（见图 4.2）。[44] 年轻人更可能认为这是合适的，因为他们给未来、可能得病的自我的效用打了折扣。

　　　　我母亲年轻时的自我所持有的不要活到虚弱老年的想法，比起她年老的自我的相反的想法是否更为真实？作为一个实际的问题，掌握自己的身体、更年轻一些的自我当然可以将自己的观点强加给年老的自我，而更年老的自我却无法控制年轻的自我。但是我未能找到任何经济学理论说明这种实际的控制是否应该上升到法律和道德权利的高度，以让我们（例如）在年轻时有权决定活到 85 岁时就去死，而不是被要求为退休而储蓄。如果我母亲被告知她在未来某天会变得老态龙钟，她可能会因之沮丧不堪；正如我会因之沮丧不堪一样，我难以有效地掌握这种未来（见第 10 章）。我并不是说给了一个人未来的自我掌握现在的自我的"权利"就可以使整个效用最大化。我要说的是福利经济学没有为这个问题，即未来的自我是否应当作为社会的成员，
89　　社会的法律和道德规则是否应当在考虑当前的自我的效用的同时考虑未来的自我的效用，提供什么答案。

　　　　这是福利经济学的一个典型缺点。即使我们认为福利经济学为政府提供了一个规范指导，让政府试图使社会总效用或社会总财富最大化，但是它无法回答社会的界限是什么这样一个问题。胎儿是否应算在其中？未出生的又该怎么算？一个人的未来的自我该怎么办？我所知的其他思想体系也没有为这个问题给出一个令人满意的答案。人们十分自然地将社会看作是一个包括未来以及现在活在世上的人们的集合体——例如假定现在活着的美国人有某种义务给我们的子孙提供一个可居住的星球——尽管只有少部分认定要使整

---

　　〔44〕 图 4.2 中的数据来自芝加哥大学国家观念研究中心 1988 年～1993 年的一般社会调查（GSS）。以上这些资料和本书中其他 GSS 数据是通过 Tom Smith 的帮助由该中心提供的。

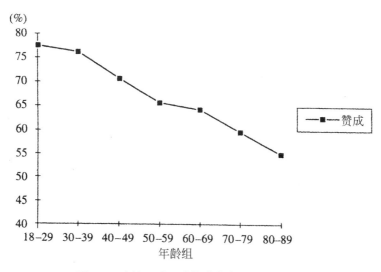

**图 4.2  允许无法医治的病人去死是否合适？**

个而非平均效用最大化的功利主义者认为我们必须像考虑活人的利益一样地考虑潜在未来人的利益。然而，这里人们谈论的是未来的个人——他们中的大部分人对我们来说都是陌生人，而不是延续我们未来的自我——我们可以被认为是他们的适合的受托人——但也许不是，如果老年人和非老年人之间确实存在不同的价值，像我母亲的例子所显示的那样。如果把未出生者的利益看得和活人的利益一样重（连反对人工流产的人也没有这样做）人们可能会感到奇怪；[45] 如果我们在为教育或者环境保护做公共预算时不考虑未来人的利益，人们也会感到奇怪。如果真是这样，那么，这可能意味着我们对未来的自我以及与我们完全不同的未来的个人承担了某种责任；而且，我们对未来的自我承担了某种责任，这一点更清楚明确一些。但这种责任到底是什么？这种两难处境是，如果社会的边界包括了所有与当前自我不一样的后续自我，这个界限太宽；如果只包括现在的自我，而不管其他的自我，这个圈子又太窄。

反对多重自我概念的人会认为，一个正常的人应该是一个按照理性计划

〔45〕  Richard A. Posner, *Sex and Reason* 280–281（1992）.

生活的人，[46] 这就意味着一个人的自我是连续的而不是断裂的。[47] 将都有
权受到尊敬和考虑的一个人的连续自我整合起来，对于愿意躬身自省的人来
说，看起来就像为一个单一的自我拟定生活计划并遵循这一计划生活一样，
具有挑战性和价值。我承认由谁来整合的问题是一个困难的问题。这个问题
本身说明存在某个主自我（master self），甚至（更模糊一些地）意示各个自
我正带着某种傲慢相互讨价还价。然而，无视自我的多重性，不过是将这些
困难掩盖起来了而已。理性生活计划的内容受计划制定时的年龄的影响。一个
对整个生命都公正的计划实际上应该是一个整合了我们的各个连续自我的计划。

　　利用多重自我概念时需要十分注意，不应该用此而认定，由于年老自我
与年轻自我是不同的，所以老年人不应该因他年轻时犯的罪受罚。反对这种
做法的一个现实理由是，这样一种政策会降低刑罚对犯罪的威慑作用。多重
自我概念的一个价值就是它使关于家长式统治的意识形态的争论转向了对后
果的实用考虑。同样，我们也不应允许人们解除他们在年轻时立下的长期契
约，否则大多数抵押贷款就难以执行，年轻人会因之受损。但是，如果年老
的自我有责任，也许他们也应有得到国家保护的权利，例如社会保障。

　　与社会保障例子相反的是，不是所有的多重自我分析都意味着国家要对
经济进行统制（dirigiste）。例如，正如我们已经在第3章中提到的，这里的分
析凸显了对遗产征重税的专断性。遗产把现在自我的消费重新分配给了未来
自我的代理人，也就是当他去世时他的子孙，因而在原则上与为自己老年进
行储蓄是一样的，是一个人年轻自我留给年老自我的一笔"遗产"。有人对自
己子孙比对自己的未来自我更无私，为何他们要被惩以更重的税呢？

　　**实证分析中多重自我概念的效用**　多重自我的概念具有扩大理性选择分
析适用领域的方法论优势。这是非常重要的，因为相比非理性行为，理性行

---

　　〔46〕　哲学方面的看法参见，John Rawls, *A Theory of Justice* 407-416（1971）. 经济学方面的观点参
见，Steven M. Goldman, "Consistent Plans," 47 *Review of Economic Studies* 533（1980），以及其中引述的
文献。

　　〔47〕　"理性意味着公平考虑我们生命的全部。" Rawls, 本章注〔46〕，第293页。"对于个人，纯
时间偏好是非理性的：它说明这个人没有将所有的时刻平等地看作是一生的部分。"同上，第295页。

为较易模型化，对之亦较易作出可实证测试的预测。但与这点不一致的是，拒绝使用多重自我概念进行实证分析的最强有力理由之一正是因为它没有给常规的经济学分析带来任何有用的新东西。在评价这个反对意见时我发现，我们拿公司这一概念来进行类比颇有裨益。在经济学领域中出于许多（直到最近，还是大多数）目的之故，公司很正常地被看成像是一个单一的个人（一个单一的"自我"），而不是由不同的个人组成的一个集合体。假如我们希望预测增加香烟执照税对香烟价格和产量的影响，将公司看成一个单一的个人就是正确的。但如果我们想预测改变香烟制造公司董事会成员的组成或者限制管理人员工资的法律影响，这就不正确了。然而当我们抛弃简单但不现实的假想、将分析复杂化时，需要有正当的理由——例如，要证明用更为复杂的分析方法可得到更丰富、更可实际测定的东西，或者更为复杂的分析方法可以有更强大的解释力。像公司这一例子所示，为了一些目的，需要更为复杂的模型。让我们考虑一下老年人是否可以是这方面的另外一个例子。

　　还是回到我母亲的例子，我们可能会说，她那一引人注意的话语的全部含义是，她理性地预测到老年生活的净效用非常低，但她不一定认为会是零或者负值。这可能并不意味着她希望订立一个法律上、可实施的自杀契约，而可能只说明她希望减少自己对长寿的投资。也许她还希望减少为老年生活的储蓄水平，原因是（假定没有很强烈的遗产动机）她很老时所得到的收入的效用会非常低。[48] 然而以上的分析还不完全。当我母亲看到坐在轮椅上虚弱的老年妇女表示沮丧时，她并没有去猜测那位妇女（一位十足的陌生人）的心理，实际上那位妇女没有任何不幸福的表情。我母亲是站在她当时自我的立场上衡量那位妇女的状况。

　　很多现象都可以用连续、自私的自我为中心的个人模型来解释：要求一个不情愿的人履行一个在未来如果出现契约上说明的某类特殊情况（例如变得衰老，见第10章）时就死的死亡契约；年轻人和中年人的贴现率远远高出

---

〔48〕 这段讨论揭示的一个重要的综合观点是，寿命增加不一定会导致储蓄增加，相反可能会使贴现率更高，如果由于老人身体虚弱和残障、人们预期老人消费支出带来的效益水平很低的话。

了需要考虑死亡危险因素的水平，与此十分相关的是，大多数人为自己将来和其他后续自我所作的储备十分贫乏；我在本章早些时候提到的与年龄相关的贴现率的降低；老年人和年轻人在对待让患有无法医治疾病的人去死的问题上的不同观点（见图 4.2）；《侵权法》为什么愿意向被剥夺未来的老年生命的人提供大量赔偿金（见第 12 章）；甚至老人为什么有精打细算的倾向（第 6 章）。先看第一个例子，也就是拒绝执行死亡契约的例子，它看起来可能有些模棱两可，因为人们的想法哪怕是在签订契约后的几个小时或几天之内发生了变化，人们仍会拒绝执行该契约。但这说明在一些情况下，我们会被阻止杀害我们紧邻的未来自我。

再让我说一下贴现率（或利息）的问题。[49] 即使贴现率只有 2%，40 年后现在的 1 元钱也只值 4 角 5 分。然而一个 30 岁的人有大于 45% 的可能活到 70 岁——实际上有近 75% 的可能性。[50] 如果贴现率是 4%，40 年后现在的 1 元钱只值 2 角 1 分。市场上"真正的"（也就是不考虑通货膨胀的问题）无风险（除了死亡的风险外）利率大约会在 2%~4% 之间。[51] 这意味着比起关注未来的消费来说，人们更注意现在的消费（考虑了死亡因素后）：若从一些有意义的角度看，现在自我和未来自我是分离的个人的话，人们看到的情况正会如此。

同样与理性假设一致的对这种现象的另一种解释是，对未来世界想像的成本妨碍了人们对未来的乐趣（和痛苦）有一种精确和生动的把握。有能力对"想像力资本"投资来减少这些花费的理性的人们会（为了使他们的效用

---

〔49〕 贴现率和利息率是一回事，亦即将当前和未来的成本或收益相互折算的比率。当一个人从将来的收入和支出角度看现在的价值时，他就在考虑贴现率；如果一个人希望知道现在的投资或证券在未来的价值时他会考虑利息率的问题。

〔50〕 根据 1993 年 9 月 28 日的 *Monthly Vital Statistics Report* 计算而得（第 16 页，表 6）。

〔51〕 例如参见，L. T. Evans, S. P. Keef and J. Okunev, "Modelling Real Interest Rates," 18 *Journal of Banking and Finance* 153, 157 (1994)；Tong-sheng Sun, "Real and Nominal Interest Rates: A Discrete-Time Model and Its Continuous-Time Limit," 5 *Review of Financial Studies* 581, 605 (1992)；T. Michael Kashner, "Present-Future Gratification Tradeoffs: Does Economics Validate Psychometric Studies?" 11 *Journal of Economic Psychology* 247, 263 (1990).

最大化）注入更多的资金以增加未来的快乐而不是痛苦的出现。[52] 可用这种
方法解释的一个代表例子是（作者没有讨论这个问题），实际上人们不希望知
道自己的死亡日期，尽管若是知道，将可以帮助他们作出诸如对个人人力资
本投资多少的各种决定。知道死亡日期会使得死亡更生灵活现，更易想像，
因而对现今产生不利影响。正如多重自我模型一样，想像力资本模型"过分"
看轻不愉快的未来（比如死亡和黯淡的晚年）是与理性一致的，甚至是理性
所预示的。

现在无法说在对老年的实证分析中哪种方法更为有用［这也不是贝克尔-
米利根（Becker-Mulligan）文章的重点］。但是至少多重自我的概念有益地提
醒人们以预期效用最大化作为一种规范方法的局限性。这种方法对本书第三
编中分析从老人的自愿安乐死到这些人的死亡带来的侵权损害赔偿的问题有
一定的作用。这种概念的规范使用也有其实证的一面，我已经说过这点。它
可以帮助解释为什么社会拒绝执行人们做出的每一个不可撤销的允诺，为什
么努力劝阻某些可能会严重伤害未来自我的行为（如药物上瘾）。

这里是我的最后一个限定条件：我不是在说一个人较年轻和较年老的自
我实际上是不同的个人。没有事实证明这点，[53] 就像没有事实说明公司到底
是一个个体还是多个个体的合成体一样。多重自我的概念提醒人们注意那些
赋予"个人"偏好决定性分量的分析方法的一个问题——例如，它证明，哪
怕是经济学这一经常被人嘲笑为对人的行为采取了一种过于"个人化"（at-
omistic）的学科，有时却还不够个人化。就某些目的而言，例如在评价是否
允许人们在未来发生某种状况时自杀的建议时，把现在自我和未来自我看成
是两个人可能更为合适。但就另外一些目的而言，例如在评价是否允许老年
人反悔他们年轻时做出的承诺的建议时，把现在和未来的自我看成是一个人

〔52〕 Gary S. Becker and Casey B. Mulligan, "On the Endogenous Determination of Time Preference"
(unpublished, University of Chicago Dept. of Economics, July 20, 1994).

〔53〕 或者我认为是这样的。有关"个人"是（接近是）一种自然的物种，而不单是社会产物的
强有力（但没有考虑衰老问题）的观点参见，David Wiggins, *Sameness and Substance* 37 and ch. 6（1980）。

又更为合适。这种自我的两重性在我们的语言中也有反映。大多数情况下我们将自我看作是从出生到死亡的一个整体，但我们又时常脱离这种单一的模式，说"我不是以前的我""在这个问题上我有两种想法""某某是具有善恶两重性格的人"，或者"我干那件事时不是我自己"。[54] 当我们这样说话时，我们所处的境况又并非如此了。我要说明的是，我说这些"不过"是在隐喻而已。

这一章涉及了许多问题，也许该有一个简短的小结。本章重点讨论了生命周期的人力资本模型现实地、不可避免地假定人们变老时会发生变化的意义。成人的最早变化始于他自然积累的经验和流体智力开始下降时，这时流体智力（进行抽象推理和获取新技术的工具和能力）和晶体智力（根据一个人已有的知识进行推理）之间的平衡开始发生变化。一个小小的例子是，在其他条件相当时，这种变化应该使移居非母语国家的移民的平均年龄更小。

此后，这种个人的与职业相关的能力会经历更为普遍的下降（而且，正如我们会在随后章节中看到的，能力下降的年龄因活动领域的不同而非常不同），同时还会有一些中性但明显的变化，例如感到时间过得快。这种变化，加上无处不在的选择偏见，可能能解释这一实证证据：贴现率随着年龄增长而降低。选择偏见也是解释——实际上是驳斥——那些发现工人的工作能力并不随年龄增加而下降的研究之关键。由于年龄因素不能再按雇主期望地那样解雇工作的工人，因此这些研究中没有考虑到这类工人。

与年龄相关的衰退对退休年龄以及其他与工作有关的行为的重要程度，关键要看年龄能力和老板要求能力之间的距离以及从巅峰衰退的速度。由于人类通过自然选择适应环境这一过程中的"工作"要求与今天在非常不同环境下的工作要求之间有差异，巅峰能力通常超过了职业要求的能力。由于这种"剩余能力"之故，工人可能在超出自己的巅峰很长一段时间里仍能达到雇主的要求；当然，雇主可能会利用提升（较少情况下利用降级）来更大地

---

〔54〕 "难道哈姆雷特会做对不起雷欧提斯的事吗？哈姆雷特决不会做这种事。要是哈姆雷特在丧失自己心神的时候，做了对不起雷欧提斯的事，那样的事就不是哈姆雷特做的。" *Hamlet*, act V, sc. ii. ll. 229-232. （这段中文译文引自《莎士比亚全集》第 9 集，人民文学出版社 1978 年版，第 138 页。——译者注）

利用工人的能力曲线。所谓精英职业就是那些老板对能力的要求接近工人巅峰能力的职业；我们可以看到，这些职业比其他职业的退休年龄更早，无论是实际的还是法定的。

尽管在达到某一点之前，工人可以通过更加努力地工作来弥补与年龄有关的衰退，这种增加的努力就是一种成本；随着工作成本的增加，退休开始更为吸引人。非金钱的效用和工作的负效用影响着退休年龄——从事污浊或危险职业的人一般退休更早——正如退休本身带来非金钱的效用和负效用、工人的贴现率、收入以及工资提高幅度的替代影响也影响退休年龄一样。工作的一个被忽略的、与年龄有关的非金钱负效用是累积的无聊，或者与此相关但却并不相同的是因累积的压力而导致的精疲力竭。就像主观时间的流逝速度不断加快一样，作为时间的函数（functions of time）的无聊和精疲力竭说明，个人身上发生的、非衰退性的变化同样会对老年人的行为产生深刻的影响。最后一点是，休闲的规模经济以及雇主在劳动力上的固定花费，可以解释为什么退休不是慢慢地、而是突然到来的。

一个人年轻和年老之间的变化是如此明显，这让人们有理由将一个人年轻自我和年老自我想像成两个不同的人，只不过是以"分时"方式共享着一个躯体罢了。多重自我的概念可以用来解释很多现象。例如，为什么在考虑了死亡风险时贴现率一般比实际需要的还要高许多，这暗示现在的自我比未来的自我更看重自己的效用；（相关的一点是）为什么很多人为自己的老年准备得很少；为什么社会拒绝执行每一个不可撤销的个人可能希望作出的允诺。这个概念也可以用来证明——但需十分小心——不顾当前自我的自私性，而以非家长主义的方式将某些权利赋予给未来自我的合理性。

第二编

# 经济学理论详细阐述与应用

# 第五章
# 老龄的经济心理学

经济学家经常认为价值、偏好和态度是理所当然的，把它们当作假定的事实，只考虑一个年轻或年老的理性主体如何通过选择住在哪里、加入哪种行业、与谁结婚等来使自己的利益最大化。我在这里换一个角度，考虑将老年人的心理作为理性选择的后果而不是基础的模型在多大程度上是有益的。我不是说老年人总是或者经常作出有意识的选择，例如是否比年轻时说得更多、听得更少。我只是说一旦理解了老龄的基本特性，从效用最大化的角度看，一些有意识或无意识的选择看起来就是理性的。当然许多老年人有严重的精神问题，阻碍他们做出理性选择，我的讨论中没有包括这部分老年人。我也不相信老年心理学的各个方面都可以给出一个令人满意的经济学解释。例如，在我试图解释这种心理学时，遗传学将起到一定的作用。

老年心理学一直受到文学想像的（但总体上来说是非常不同情的）关注,[1] 尽管有明显的例外，其中我个人特别喜爱的是约翰·高尔斯华绥（John Galsworthy）的《福尔塞世家》一书第 1 卷中对 80 多岁约利昂·福尔塞的描述以及《追忆似水年华》一书中对叙述者祖母的描述。关于无情的描述问题，我们可以回想起《皆大欢喜》一书中描写的人的"第二次稚气，老健

---

〔1〕 有关老年的人类学和文献回顾著作参见，*The Oxford Book of Aging*：*Reflections on the Journey of Life*（Thomas R. Cole and Mary G. Winkler, eds., 1994）；*The Art of Growing Older*：*Writers on Living and Aging*（Wayne Booth, ed., 1992）；Simone de Beauvoir, *Old Age*, ch. 3（1972）；David H. Fowler, Lois Josephs Fowler and Lois Lamdin, "Themes of Old Age in Preindustrial Western Literature," in *Old Age in Preindustrial Society* 19（Peter D. Stearns, ed., 1982）.

忘，没有牙、没有眼、没有味觉，什么也没有"；《无事生非》一书中的俏皮话"年龄一来，才智就走"；《哈姆雷特》一书中以波洛尼厄斯的名义对老年的大肆嘲弄。我们可以回想一下开始衰老的李尔——一个庞大的废物，但毕竟是个废物；离开莎士比亚再看《格列佛游记》中的斯特勒尔布勒格（Struld-bruggs）；济慈的"最后的几根可怜的毛发在颤抖着"；艾略特为老人准备的礼物目录，例如"过期知觉的冰冷摩擦""划破法规的痛苦/这些都是你做过的、曾经是这样的"；叶芝对老人的怒吼（"这个荒诞……这幅漫画/衰老的年龄紧紧地跟着我/像一条狗尾巴"）。

艾略特的话来自《四首四重奏》最后一首的"小吉丁"。《四首四重奏》这一组诗将衰老看作是短暂世界的代表，艾略特把这个短暂的世界和永恒的世界进行比较，并置老年人于不利之境地。《四首四重奏》中的另外一首诗"东科克"中这样说，"不要让我听到/老人的智慧，有些愚蠢的智慧/他们对疯狂和恐惧的恐惧，他们对占有的恐惧/从属于另外一个人，其他人，或者是上帝。"前面引述的叶芝的话来自他的"塔"这首诗，里面对老年是这样描述的，"鞋跟旁的一把破壶"，"躯体的残骸/血液缓慢地腐败/暴躁的神智昏迷/或是沉闷的衰老/或是更差的邪恶的来临/朋友的死亡，或者死亡/每一只绝妙的眼睛/使呼吸突然中止。"1928 年叶芝写"塔"时 63 岁。[2] 在这一时期，也是叶芝在 60 多岁时写的另外一首诗里，"在学童中间"，他称自己是一个"舒服活着的老草人"，嘴里说道"一个年轻的母亲，膝上紧抱生殖之蜜所泄露的一个形体……当她瞥见，六十多个冬天来到那个形体的头上，她会不会觉得儿子已报答了她生他时的痛苦，或未卜的前途对他的祝福？"*

即使是丁尼生老了的尤利西斯（Ulysses）挑战性喊叫——[3]

---

〔2〕 但是艾略特早期关于老年的诗"老年"是他在 30 多岁时写的，说明有深度地写老年并不一定要到老年以后。

* 参见裘小龙对此诗的翻译，《丽达与天鹅》，漓江出版社 1987 年版，第 187 页。——译者注

〔3〕 与西塞罗的 De Senectute（ch. X，§ 32）有一点相似。西塞罗是在 84 岁时写的这部著作。De Senectute（书的全名是 Cato Maior de Senectute）是关于老年的乐观古典作品。我们可以从当代古典主义者简洁概要的一段话中看到与西塞罗作品的不同："我追寻了但没有发现老年拥有可弥补老年病态的方面。"Kenneth Dover, Marginal Comment: A Memoir 243（1994）.

老人仍有荣誉和任务；

死亡将结束一切：

但在生命到达尽头之前，

庄严的人生要继续，

此非不识时务者抗争神明。

……

虽人生大半已去，

我等尚欲坚持；

虽昔日移天动地之力不再，

这就是我们；我们是，

同一英雄气概，

随岁月、命运变得平和，

但坚强意志仍在，

奋斗、探索、寻求、决不投降。

——也带有一些消沉和凄惨的语气，难以安慰我们这些很难说是在"与神明对抗"的人们。作为"尤利西斯"的姊妹篇，丁尼生写了"提托诺斯"（Tithonus）——诗中描写的是一个像库米城的女预言家西比尔（Cumaean Sibyl）[艾略特和沃夫（Waugh）的"一把尘土"]一样的人，他不幸地得到了不朽，却没有同时得到永恒的青春。在艾略特伟大诗歌"荒原"的引言部分，西比尔被问到她想要什么，她的回答是，"我想死"。

## 亚里士多德论老龄

在本书序中我引用过的《修辞学》里，亚里士多德对"老人——那些过了黄金年代的人——的性格"做了一个绝妙的描述。[4] 在两千多年前"政治

---

〔4〕 Aristotle, *Rhetoric* bk. 2, ch. 12 in *The Complete Works of Aristotle*, vol. 2, pp. 2213-2215 (Jona-

正确"一词还未出现在词典上时，他直言不讳。他的讨论直截了当；与作为
一篇有关修辞的论文相适应的是（这样一篇论文必须向读者指明其论述对象
的典型特征，亦即演说者的听众能够识别的特征），亚里士多德的侧重是一般
的倾向，而不是个体的差异。其关于老年的观点并不是完全真实的，但我认
为其表达了真实中的重要部分，就像是对老年人的典型的或（若你愿意用这
个字眼）模式化的文学描写一样。如果是现在，这些观点可能会受到压制，
因为我们生活在一个对任何如下这样的暗示都极端敏感的时代：以某个无法
改变的特征（如种族、性别或年龄）定义的任何群体，可能都比其他某个群
体要劣等一些——哪怕只是在得到幸福的能力方面差一些。

　　尽管亚里士多德有威望、现在对他亦兴趣浓厚，但在我研究老年心理学
时，将他而不是现代心理学家看作权威，这似乎有些奇怪。在这章里我将引
用一些现代心理学的文献，但是，与有关年龄对推理能力和其他纯认知能力
影响的研究相比，有关年龄对个性、特性和感情[5]影响方面的研究相对缺
乏，这一现实让我着实吃惊。具有显著意味的是，一些对年龄是否影响个性
的现代心理学研究发现，年龄对个性没有显著影响。[6]这些研究不是很有说
服力。它们使用了诸如"情绪稳定性""对信息的寻求"（最广义上的）以及
"友好度"这样一些范畴，而这些范畴与那些可能发生的、与年龄相关的变化

（接上页）than Barnes, ed., 1984）（W. Rhys Roberts, trans.）（在希腊文书中的相关页码是 1389 和
1390a）。希腊人对老年的看法并不一致，亚里士多德不能说是具有权威性的论述者。有关的各种观点
可参见，Bessie Ellen Richardson, *Old Age among the Ancient Greeks: The Greek Portrayal of Old Age in Litera-
ture, Art and Inscriptions* (1933).

　　〔5〕关于文献回顾参见，Nathan Kogan, "Personality and Aging," in *Handbook of the Psychology of
Aging* 330 (James E. Birren and K. Warner Schaie, eds., 3d ed., 1990).

　　〔6〕Dorothy Field, "Continuity and Change in Personality in Old Age—Evidence from Five Longitudinal
Studies: Introduction to a Special Issue," 46 *Journal of Gerontology*, p. 271 (1991). 关于这些研究的解释
参见，Paul T. Costa, Jr., Robert R. McCrae, and David Arenbert, "Recent Longitudinal Research on Person-
ality and Aging," in Nathan W. Shock et al., *Normal Human Aging: The Baltimore Longitudinal Study of Aging*
171 (1984); Leonard M. Giambra, Cameron J. Camp, and Alicia Grodsky, "Curiosity and Stimulation Seeking
across the Adult Life Span: Cross-Sectional and 6- and 8-Year Longitudinal Findings," 7 *Psychology and Ag-
ing* 150 (1992). 关于相反的观点参见，Kogan, 本章注〔5〕，第 336 页。

的领域，比如对新观念的开放、谨慎和悲观，等等，并不具有对应关系。[7]更有甚者，大多数的这些研究是以参与者的自述为基础的，[8] 因此研究的精确度依赖于参与者是否有很高的自我意识水平。亚里士多德的衰老心理学还没有被取代。

亚里士多德告诉我们，因为老年人活了很长时间，"他们经常被欺骗，经常犯错误；总的来说生活不是一个好事情。"因此，"他们对任何事情都不确定……他们'思考'但永远'不知'"。经验使他们"愤世嫉俗；也就是说，他们对任何事情总作出更坏的解释"，而且不信任什么东西。他们也"小气，因为生活让他们谦卑：他们的愿望只是活着，而不兴奋或什么与众不同"。老人们这种注重活着的观点，以及挣钱的艰辛和钱极易失去的痛苦经历使他们吝啬、胆小，"总担心危险来临"。他们也以自我为中心，生活中太注重什么对自己有用而非什么是"崇高"——也就是"什么是绝对的差"。换句话说，"他们更多地以理性而不是性格来引导自己的生活；理性和效用相连，性格则和卓越相连。""他们不害羞，但无耻"，无视"人们如何看待他们"。"他们对未来没有信心；部分原因是其经历——大多数事情都没有对过，或比个人期望的更糟，部分原因是胆小。"他们过于健谈，"反复讲述着过去，因为他们愿意回忆过去"。"他们的愤怒来得快，但无力。"如果认为他们"有自我控制的性格"，那就错了。事实是，"他们的激情减弱了，他们是热爱获得的奴隶。"当他们感到可怜，"是因为他们软弱、想像着发生在其他人身上的任何事情可能很容易发生在自己身上……因此他们爱发牢骚，不爱开玩笑或开

[103 — side marginal note]

---

〔7〕 本章注〔6〕中的 Costa、McCrae 和 Arenberg 讨论了相关的类别——"男子气概"，他们发现这种气概的减少与年龄有显著的关系（第 191~192 页）。不足的是他们没有给这个词做出定义，只假定它含有典型的或者是已成陈规的男性特点，例如胆量。（这项研究只限于男子）。关于认真控制了个性特点后发现个性随年龄而变化的其他证据参见，Joel Shanan，"Who and How：Some Unanswered Questions in Adult Development，" 46 *Journal of Gerontology*，p. 309，pp. 313-314 (1991).

〔8〕 一个没有依赖自述的研究是，Dorothy Field and Roger E. Millsap，"Personality in Advanced Old Age：Continuity or Change?" 46 *Journal of Gerontology*，p. 299 (1991). 这项研究没有基于个人自述，而是基于 14 年之久、由不同访谈者对一个老人样本进行的个人访谈，访谈者报告了对老人的印象。尽管不可避免，但使用不同的访谈者减弱了研究的可靠度。

怀大笑。"〔9〕

然而，说这些恐怖之语的目的并不是要让我们同年轻人站在一起。年轻有很多可取的特点（年龄似乎没有），但它自己的弱点亦很多。年轻人易怒，易变，缺少自我控制，专注于名誉和胜利，天真地乐观。"他们看的是好的一面，而不是坏的一面，还没有看到很多邪恶。他们很容易相信他人，因为他们还未经常被欺骗。"他们乐观……（因为）他们还未遭受很多挫折。他们的乐观气质使他们容易受骗，加上他们易怒的性格，这使他们勇往直前："易怒防止恐惧，那种满怀希望的脾性使他们信心满怀。""他们有令人兴奋的见解"，"认为自己什么都懂，对此总是坚信不移。"〔10〕

我们可以看到这将使我们进入这样一种境地：一种典型的亚里士多德式的对中庸之辈、亦即处在生命黄金时代的人的赞颂：

> 他们既无太大的胆量（那就等于鲁莽），亦无过度的恐惧，而是恰到好处地兼具二者；他们不是对任何人都相信，也不是什么人都不相信，而毋宁是根据真实情况来做判断。他们的生活既不是为了高尚的事物，也不是为了有利的事物，而是兼顾二者。他们既不吝啬也不挥霍，而是两相得宜……他们的节制之中有勇敢，勇敢之中又有节制。〔11〕

亚里士多德的结论是，"人的躯体在 30~35 岁、精神在约 49 岁时达到黄金时代。"〔12〕亚里士多德认为年轻人和老年人的根本区别首先在于年轻人乐

---

〔9〕 亚里士多德，本章注〔4〕，第 2214~2215 页（在希腊文版本中 1389b-1390a）。
〔10〕 同上，第 2213~2214 页（1389a-1389b）。
〔11〕 同上，第 2215 页（1390a-1390b）。本段的翻译参考了颜一译，"修辞术"（苗力田主编），《亚里士多德全集》第 9 卷，中国人民大学出版社 1994 年版，第 450 页。——译者注
〔12〕 同上，第 2215 页（1390b）。不知道亚里士多德什么时间写的《修辞学》，但是人们推测他是在公元前 340 年~公元前 335 年间写的（George A. Kennedy, "The Composition of the Rhetoric," in Aristotle, *On Rhetoric*: *A Theory of Civic Discourse* 299, 301［George A Kennedy, trans., 1990］）——公元前335 年时他 49 岁。

观，老年人悲观。[13]　知识的转化（也就是在作为智力源泉的想像力和记忆力之间的平衡变化）不仅仅包括认知力的变化，而且也包括情绪的变化。其次，老年人比年轻人更以自我为中心。[14]　他们胆小，安全高于一切；比年轻人更贪婪、"无耻"——他们不在乎人们是否对他们有什么好的看法。

用什么可以解释这种差异呢？（如果没有，我们就要怀疑其描述是否准确，或者亚里士多德是否过分执迷于要从令人不快的两个极端之间找到中庸之辈了。）[15]　例如，在作出判断时年轻人更多依靠想像力或期望，老年人更多依靠经验或回顾，为什么这样一个事实使得年轻人乐观、老年人悲观？

关于这点的回答可能要说人们天生乐观。查尔斯·山德斯·皮尔士说过，　105

> 我们似乎是被这样铸造的，当我们的生命如白纸一样一清二白时，我们是快乐而自足的；因此经验在不断地缩小我们的希望和抱负。然而这种矫正过程的终生运作通常并不会使我们丧失乐观的个性。当希望不受任何经验约束时，我们的乐观就可能占上风。在实际问题上的逻辑性……是动物能够具有的最为有用的特性，因此可能是自然选择的结果；但是除此之外，让动物的脑海里充满令其快乐向上的景象（不论这种景象是否真实），可能对动物更为有益；因

---

〔13〕　有关的证实参见，Carol D. Ryff, "Possible Selves in Adulthood and Old Age: A Tale of Shifting Horizons," 6 *Psychology and Aging* 286, 293-294 (1991).

〔14〕　有关一组高智商律师（Terman 天资研究的被调查者）词汇量的纵贯研究表明，他们在 70 岁以后出现了词汇方面的变化，"从工作和家庭两种活动的词汇转向稍微更注重躯体和自我的词汇——他自己是一个正在衰老的个体"。Edwin Shneidman, "The Indian Summer of Life: A Preliminary Study of Septuagenarians," 44 *American Psychologist* 684, 692 (1989).

〔15〕　但是通过回顾老年蒙田对老年的分析，我们至少可以对亚里士多德缺少同情心或诚挚之心方面给予理解（当他写《修辞学》时，他还没有步入老年），蒙田从内心写道，"我们并没有放弃我们的恶习，常是在改变它们，在我来看这更糟。除去愚蠢和动摇的自尊心、沉闷的喋喋不休、易怒和孤僻的性格、迷信、荒谬地注重那些对我们用处不大的钱，我发现到了老年后嫉妒、不公正和怨恨在增加。这在我们脑子里烙下的皱纹比在脸上的要多；一个人发现随着年龄的增加自己的灵魂没有酸霉味的几率是很少的，或说非常罕见的。""On Repentance," in Michel de Montaigne, *Essays* 235, 250 (J. M. Cohen, trans., 1958). 另参见，Beauvoir, 本章注〔1〕, pt. 2 (1972). 与此相对照的观点参见，Erik H. Erikson, Joan M. Erikson, and Helen Q. Kivnick, *Vital Involvement in Old Age*, pt. 2 (1986).

此，对于非实际方面而言，自然选择可能会带来一种谬误的思想倾向。[16]

如果皮尔士是对的——亦即一种有限度的透过玫瑰色的眼镜来看世界的倾向具有生存特性，并因此可能是我们的天然基因的一部分的话——那么我们就可以预计，这种能力会因经验而削弱，因为经验会证明我们年轻的乐观确实有些过头。经验和年龄是正相关的，经验具有尽管消磨自然但却过度乐观的效果，会使老年人比年轻人更为悲观。这种倾向会因期望的获得值和期望的损失值之间的平衡随年龄变化而加剧；人越老，未来这二者之间的平衡状况就越不可能是正向的。[17] 悲观反过来预示着人们不愿意在金钱或其他方面冒险，因为老年人知道自认为"幸运"是非常愚蠢的。这暗示着在乐观者的错误给社会带来的成本比悲观者带来的成本更大一些的领域中，人们更应该将责任赋予老年人而不是年轻人。

相关的一点是，我们可以预计老年人比年轻人更为"现实"一些，[18] 更懂得人的局限性和偶在性，因而从智慧和才华（brilliance）相比的角度看，就更"明智"一些。[19] 亚里士多德在其他地方提出了（他赞同的）广为流传的一个信念，"世界上没有有实践智慧的年轻男子。理由是这种智慧不仅仅

〔16〕 Charles S. Peirce, *Essays in the Philosophy of Science* 7-8 (Vincent Tomas, ed., 1957). 有关相似的影响参见, Lionel Tiger, *Optimism: The Biology of Hope* (1979), esp. p. 168; Martin E. P. Seligman, *Learned Optimism* 108 (1991)；引自, Lauren B. Alloy and Lyn Y. Abramson, "Depressive Realism: Four Theoretical Perspectives," in *Cognitive Processes in Depression* 233, 256-257 (Lauren B. Alloy, ed., 1988). Seligman 指出, 压抑的流行说明悲观的观点也有一种生存特性："有明显的证据证明, 不压抑的人们从利己的角度扭曲现实, 而压抑的人们一般看现实更为准确。" Seligman, 参见上面, 第 111~115 页。另参见上面的 Alloy, Abramson; Mark D. Evans and Steven D. Hollon, "Patterns of Personal and Causal Inference: Implications for the Cognitive Theory of Depression," in *Cognitive Processes in Depression*, 参见上面, 第 344, 353~356 页。当然, 更多的人是不压抑的乐观主义者而不是压抑的悲观主义者。例如, "80% 的美国男子认为, 他们在社会技能方面属于好的 50%。" Seligman, 参见上面的第 109 页。

〔17〕 Paul B. Baltes, Jacqui Smith, and Ursula M. Staudinger, "Wisdom and Successful Aging," 39 *Nebraska Symposium on Motivation* 123, 145-147 (1992).

〔18〕 参见, Ryff, 本章注〔13〕, 第 292~293 页。

〔19〕 Baltes, Smith and Staudinger, 本章注〔17〕, 第 134~139 页；引自, Maria A. Taranto, "Facets of Wisdom: A Theoretical Synthesis," 29 *International Journal of Aging and Human Development* 1 (1989).

关于普遍知识，也包括从经验中得出的具体知识，年轻的男子没有经验，因为经验是时间的长度赋予的。"[20] 抽象推理与具体推理或严格推理与实际推理（后者在并不完全理论化的活动领域中是必要的）之间的平衡随年龄而变化，逐步偏向每一对的后者。智慧和经验不是同义词；一个人可以有经验但不必有智慧。但或许一个人没有经验就不会有智慧。经验的作用不仅在于它充实着实际推理需要的有关具体知识的积累，也会带走年轻人没有经验的愚蠢乐观。年龄和智慧因此就联系在了一起。

如果智慧随年龄的增加而增加，那么什么东西随年龄增长而降低？换句话说，有智慧者是否可以做有才华的青年能做的任何事情，而且还远不止于此呢？对这个问题的回答要看亚里士多德没有说清楚的一些事情——在不同于抽象推理的实践推理中使用的认知工具到底是什么。有这么一种传统，它建立在亚里士多德对类比推理的简洁讨论上，[21] 而这一传统在法律中尤为强大。[22] 这一传统观念是：实际推理（特别是用类比推理）可以使推理人不必使用演绎推理或其他抽象推理的方法从具体直接迈向具体。如果真是这样，也许流体智力的弱化就不会降低老年人将自己已有的知识应用到新领域的能力。但我认为这是错误的，求助于类比通常就是求助于类比具体体现的一个一般法则，而类比不可以用来证明这一一般法则的合理性。例如，如果问一位财产律师该如何合法管理天然气，他回答这应与管理兔子的方法一样，因为两种资源都可以"自己"流动，那么他就是建议将一种一般规则应用到所有类似的资源上，而他必须为这种一般规则的合理性进行辩护，这是使用类比方法无法做到的。[23] 所以我认为，利用类比进行推理是不可以忽略流体智力的，老年人亦不可能像年轻人一样自如地、富有想像力地进行推理（我会

107

---

〔20〕 Aristotle, *Nicomachean Ethics*, bk. 6, ch. 8, in *The Complete Works of Aristotle*, 本章注〔4〕，第2卷，第1803页（1142a）。但是亚里士多德认为处在黄金年龄段的男子具有年轻人没有的实践智慧。

〔21〕 参见 Aristotle, *Prior Analytics*, bk. 2. 24, in *The Complete Works of Aristotle*, 本章注〔4〕，第1卷，第110页（68b-69a）。

〔22〕 有关的参考文献和评论参见，Richard A. Posner, *The Problems of Jurisprudence* 86-92 (1990).

〔23〕 参见上注第89页；另参见 Richard A. Posner, *Overcoming Law*, ch. 24 (1995).

在第 7 章中为这一点提供一些证据)。

我想回到老年人的悲观上来。因为老年人曾经年轻过，他们的悲观带有醒悟的成分，包括对人类改善计划的醒悟，因为这类计划通常建立在希望而不是经验之上。年轻人可能读到过关于这些计划失败的信息，但是老年人却亲身经历了失败；在人类行为的许多领域中，书本知识难以充分地取代生活经验（见第 7 章）。由于变得悲观、已经醒悟且玩世不恭，"聪明"的老年人就会只专注于他们自己的生存和幸福，对他们来说只有这些才是某种善的切实所在。这种沉溺可能导致贪婪和无耻。

亚里士多德观点中有一个复杂难懂的问题，这就是，为什么悲观随人们年龄的增加而越来越重，而不是停留在当他们处于黄金年龄时达到的现实主义平台上。经济学至少可能解释老年人悲观态度的一个方面，这一方面也就是这样一种信念：一切都变得越来越差——它们在过去的年代里曾经更好——国家"正在越来越糟"。在几十年中，社会环境的某些方面变得更差，其他方面则变得更好。老年人对变坏而不是变好的事情更为敏感，年轻人正相反，这些是合理的。很多（尽管并不是所有的）改善都带有创新性，这种创新与成本或性能的逐步改善是不同的。老年人由于与年龄相关的流体智力下降而难以——要付出很高的成本——利用创新的益处。因此年轻人比老年人更容易接受艺术、时装或生活方式方面的创新；[24] 老年人甚至会认为"创新"是在倒退。同时，对前进过程中丢失的东西，年轻人比老年人感觉更为迟钝。老年人实际经历了不复存在的好时光。年轻人只能读到这些——也许根本就懒得读，有其他事情要做。总之，在获得有关进步的代价的信息成本上，老年人比年轻人低，但在把握进步带来的收益的信息成本上，老年人比年轻人高。当然我要承认有一个特例，年轻人把老年人敏锐觉察到的改进，例如空调和小儿麻痹症疫苗，看作是理所当然。

----

[24] "作为消费者，年龄更大的成人属于在最后接受产品、服务或观念革新的人群之列。" Mary C. Gilly and Valarie A. Zeithaml, "The Elderly Consumer and Adoption of Technologies," 12 *Journal of Consumer Research* 353 (1985).

　　在这个分析中，年轻人和老年人在极端乐观和极端悲观之间的连续轴上的距离确实随年龄的增加而增加。但这是有其经济学理由的，尽管这些理由是由衰老的生理过程塑造的，而这个过程影响着当前与未来的经验相对于过去经验的成本和收益。

　　我们也可以对老年人比年轻人更以自我为中心这一观念进行一种经济分析，尽管我们以后必须对这一观念予以限定。关键所在就是本书第 3 章里讨论的最后阶段的概念。社会美德，包括公平交易、可信赖、当一个好听众、慷慨、忍耐以及自我控制，是面向交易的行为，与此紧密相关，是为了获得有助于在未来进行更有价值交易的新的人力资本的行为。当一个"好听众"同时说明了两点。一个好听众首先待人礼貌，这样可以减少其他人与他交易的费用，同时认真听他人的话可以增加对自己有用的信息量。另外，好听众的少说话可以减少因他"暴露"自己可能带来的失去潜在交易伙伴的危险。[25] 当一个人离交易的终线越近，因坚持会增加交易的预期价值的德行所带来的利益就越小。考虑到老年人会有更多的后悔行为，我们可以预计，老年人比起年轻人更少后悔。后悔的效用在于，它可以降低后来发现是错误的行为再次出现的可能性。老年人有更多的经验，但是他们从牢记经验教训的行为中的得益也更少。

## 恐惧死亡

　　在关于老年人比年轻人更以自我为中心的观点中，最让人疑惑的是，亚里士多德认为老年人过分恐惧死亡。他说，"他们热爱生活，在生命后期更是如此。"[26] 这怎么可能？老年人因走向死亡失去的年数比年轻人因死亡而失去的年数要少得多，而且在这些剩余的年岁里，可能会因健康差，老年人最

---

〔25〕　有关从个人秘密的角度看隐私的工具价值的论述，参见 *Overcoming Law*，本章注〔23〕，ch. 25。

〔26〕　Aristotle，本章注〔4〕，第 2214 页（1389b）。

多只能得到有限的效用。而且，未来几年的低效用是事先预期的，而不仅仅是根据过去的经验得出的，因此会影响老年人的行为；请记住，老年人是悲观的。

老年人的贴现率更低（见第 4 章）只可能是答案的一小部分；同样年轻人更易兴奋也是如此。对于老年人，死亡是更紧迫的事情，这种可能性在一定时期里更大。人们会发现，老年人和年轻人面对相同死亡概率时，老年人的恐惧可能和年轻人一样大，尽管他们因现在死亡所失去的比年轻人失去的要少得多。

进化生物学可以提供部分解释。所有具有基本智力能力的人都恐惧死亡。这种宗教、政治、军界领导们想方设法超越的恐惧是本能的、先天的。它对包容适应性（inclusive fitness，一个人的基因在未来世代的存留）的贡献是明显的。一个怀有这种恐惧的、理性的人比缺少这种心理的人可能活得更长，使自己的生育潜力最大化。非常老的人对包容适应性的贡献可能很少，确实如此，因为他们的生育潜力很小（老年妇女则没有这种潜力）。与家族中更年轻的成员竞争稀缺食物和其他资源实际上会降低这些老年人的包容适应性。但如果像我们在序中看到的那样，选择的压力没有为老年人创造一种独特的遗传设置，那么就没有理由以没有了生存价值为由而认为老年人会失去对死亡的本能恐惧。（如果这种恐惧有一种负面的生存价值，那么增强一个人子孙的生育能力的遗传倾向就可能影响、改变老年人的观点，这将在第 9 章中讨论。）因此，我们就能体会克劳迪奥（Claudio）的这句带有生物学气息的话，"最令人厌倦的、最令人憎恶的尘世生活/是年龄、疼痛、赤贫和监禁/所能加诸于自然之上的一个天堂/为此我们对死亡满怀恐惧。"[27]

老年人为什么应该和年轻人一样地恐惧死亡，或者为什么他们的行为正好与他们恐惧死亡这一假设相一致？关于这个问题，不仅有生物学的理由，还有经济学的理由。非正常死亡案件损害赔偿金的经济学文献指出，对于一个从活着中获取正效用、没有很强遗产动机的人，金钱无法补偿当即结束他的

---

[27] *Measure for Measure*, act III, sc. i, II. 132–136.

生命的行为。[28] 因为他从金钱中只获得一点效用，或者没有任何效用。同样，不考虑生命的负效用或强烈的遗产动机，若有必要，一个人就会愿意花费所有的资源，以避免马上到来的死亡。如果这个人马上死亡，所有资源的价值对他来说都是零，这些资源没有机会成本。面对死亡之临近，一个任何年龄的人都会表现出他的生命价值好像是"无限大"，尽管实际情况不过是，他用于避免死亡的资源的成本是零而已。实际上更多的老年人而不是年轻人会有这种行为，因为老年人突然死亡的风险更大。

如果对死亡的恐惧有其生存价值，那么幸福也应该有其生存价值，因为如果人们更喜爱生活，他们就会下更大功夫来防止死亡。如果有"幸福倾向"的人们由于很少自杀、会更好地照顾自己，从而一般会比那些痛苦的人们活得更长，那么这类人在老年人当中的比例可能会较高。这种选择现象可能会抵消这些存活者随年龄增长而幸福度的降低，使他们十分不情愿去死。如图5.1所示，抽样统计的结果说明，80多岁的老年人中感到"非常幸福"的比例比30多岁、40多岁人的比例更高。[29] 这再次说明了，在解释老年人的态度和行为方面，选择偏见因素无所不在。

为什么老年人和年轻人同样地、甚至更多地回避死亡，这里还有一个原因——一位老年人牺牲给其他人带来的预期收益要比年轻人牺牲给其他人带来的预期收益低。在战场上牺牲自己的战士，通过导致他死亡的冒险行为，为他的国家、同志、家庭以及生活方式的存续做出了贡献，而通过这种贡献，他还获得了一种利他的利益。一个太老以致无法有效作战的人冒生命危险的行为，要产生这种补偿性收益的概率就要小一些。老年人牺牲带来的社会损失似乎也很小；活下来的士兵可以在其他战斗中再次作战。但是，除作为战士之外，老年人还有其他社会价值——例如担任顾问、牧师或者法官——这样他们的生命对社会来说就不是可以任意抛弃的免费物品。

---

〔28〕 例如参见，William M. Landes and Richard A. Posner, *The Economic Structure of Tort Law* 187-188（1987）；Marvin Frankel and Charles M. Linke, "The Value of Life and Hedonic Damages: Some Unresolved Issues," 5 *Journal of Forensic Economics* 233, 236（1992）.

〔29〕 图5.1的资料来源于1988年~1993年的一般社会调查。见第4章注〔44〕。

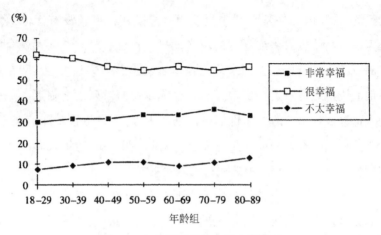

**图 5.1 与年龄相关的自报幸福状况**

当两个人（一个老年人和一个年轻人）如果面对一个在同样年龄条件下危险程度相当的境况（可能两者距一个溺水的孩子的距离相等），老年人因体力虚弱而死亡或严重受伤的几率就比年轻人大得多。[30] 这使得老年人在危险活动中受伤的风险高于年轻人，哪怕老年人并不比年轻人更恐惧死亡。

生命与某种死亡或某种严重受伤之间的对立，就更不用说了。胆小是指一个人在荣誉要求其冒生命危险的情况下却不愿这样做。这种行为（至少在我们的文化中）不同于不愿自杀。如果年轻人在危险选择的后果方面比老年人更为乐观，那么客观上来说相同的死亡危险，对老年人来说就要大于年轻人。

更进一步的一点是，当生命接近尽头，除去继续活着之外，其他效用来源都在萎缩。随着其他物品，比如性、旅行、丰富的食品和饮料以及高强度的锻炼的边际价值都在降低，理性的老年人会重新分配其资源，将之用于延

─────────────

[30] Lloyd Cohen, "Toward an Economic Theory of the Measurement of Damages in a Wrongful Death Action," 34 *Emory Law Journal* 295, 332（1985）；另参见，Erin Ann O'Hara, "Hedonic Damages for Wrongful Death: Are Tortfeasors Getting Away with Murder?" 78 *Georgetown Law Journal* 1687, 1717–1718（1990）. 有证据说明，汽车事故造成的遇难行人年龄分布中老年人的比例很大。Robert Arking, *Biology of Aging: Observations and Principles* 35（1991）（fig. 2-12）. 另参见，下一章中有关驾车的讨论。

长生命的医疗保健和安全的投资中。[31] 他比年轻人会更为小心，因为他通过谨慎行事而放弃的其他消费的价值，对他而言要小得多。同样，他从冒险中能得到的也比年轻人要少。

"我们的生活类似《西卜林书》*：残留越少，就越珍贵。"歌德如是说。这可以有两种解释：第一，越是接近死亡，人们就越能感悟到死亡的作用。当死亡尚遥远之时，我们可能认为生命是当然的，不会尽情地体悟生命给我们带来的欢乐和奖赏。我们认为是当然者，其价值往往被我们看轻。第二，像对其他活动的投入一样，剩余的生命可能有稀缺价值。在生命即将结束之时，剩下来的几个月甚至几星期会有很大的价值，它们使当事人得以处理自己的事情，与大家告别，而且，通过回想自己的一生，获得一种美学上和心理上的完美和圆满的感觉；这就是尼采的关于人的一生是一件艺术品的观点（或者至少可以说这是一个被认为是尼采的观点）。

最后的一点是，假定死亡所带来的惟一损失只是未来的生命，这是武断的。构成一个人的复杂的记忆也因死亡而丧失。在老迈摧毁了许多这样的记忆之前，老年人比年轻人存有更多的记忆，作为一种效用来源，记忆在某种意义上可以抵消年轻人更长的预期寿命。[32] 亚里士多德知识转化的概念中就隐含着这一点。相反，更丰富的记忆可能会使老年人更感到自己对生活尽了力，至少当他有时间（我前面的观点）把自己的记忆理成一个令人愉快的形式时是如此。

---

〔31〕 Isaac Ehrlich and Hiroyuki Chuma, "A Model of the Demand for Longevity and the Value of Life Extension," 98 *Journal of Political Economy* 761, 776-777, 780-781 (1990)；另参见，Cohen，本章注〔30〕，第332页。这种重新分配当然极有可能发生，特别是当延长生命的选择得到补贴，并没有其他的选择时。人们不会惊奇地发现，大约有28%的医疗保健费用花在治疗只有最后几年生命的人们身上。Dennis W. Jahnigen and Robert H. Binstock, "Economic and Clinical Realities: Health Care for Elderly People," in *Too Old for Health Care? Controversies in Medicine, Law, Economics, and Ethics*13, 29-30 (1991). 这个数字是1978年的；我没有找到最近几年的数字。

\* 古罗马的一部神谕集。——译者注

〔32〕 有关通过回忆令人愉快或兴奋的经验带来的效用参见，Jon Elster and George Loewenstein, "Utility from Memory and Anticipation," in *Choice over Time* 213, 229-231 (George Loewenstein and Jon Elster, eds., 1992).

综合起来看，以上各点说明，比起年轻人，老年人冒生命危险所获得的利益可能要少，代价要大，若剩余生命的预期效用并不是老年人恐惧死亡的主要原因的话。[33] 我们不可走得太远，不应该忘记老年人的自杀率比年轻人的高（见下一章），或者忽视老年人比年轻人更看重的来世的观念。然而，这种观念对面对危险时的行为的影响，取决于一个人的宗教信仰。如果一个人认为自己可能要到地狱去，这就会增加他对死亡的恐惧。但是如果他认为若自己不勇敢，来世就可能因胆小而受惩罚，那就会减少他对死亡的恐惧，带来勇敢的行为。如果他坚信自己会被超度，他就可能会认为死不会给他带来什么损失。

尽管从不愿面对身体危险这一特定角度看，胆小是老年人（当然不是所有的老年人）的一个特点。但老年人具有一种年轻人所没有的勇气，这种勇气淡化了胆小，那就是老年人敢于直面年老，这是亚里士多德没有指出的一点。在我想到写关于老年的书的很久之前，我就曾说过，霍姆斯法官"直面老年的惨淡……可谓勇气非凡，因此，他最后的岁月，与他年轻时代的光荣的军旅生涯，构成了一个圆满的光环。"[34] 霍姆斯在这方面和其他方面比多数人都幸运，他有机会在人类努力的两个领域证明他是有勇气的。对我们大多数人来说，老年是我们惟一可以展示的机会。

当人们问克列孟梭（Clemenceau），他老来会做什么时，他回答说"在死之前我要活着"。[35] 类似的是，霍姆斯在庆祝他90岁生日的广播讲话中，用意译的一位不知名的中世纪拉丁诗人的诗来结尾："死亡拽着我的耳朵说，生命——我来了。"[36] 我提到过叶芝在60岁出头时写过关于老年的低沉的诗。

---

〔33〕 关于并不是这样的证据参见，Edmund C. Payne et al.，"To Die Young, To Die Old: Management of Terminal Illness at Age 20 and at Age 85: Case Report," 8 *Journal of Geriatric Psychiatry* 107（1975）.

〔34〕 *The Essential Holmes: Selections from the Letters, Speeches, Judicial Opinions, and Other Writings of Oliver Wendell Holmes, Jr.* xv（Richard A. Posner, ed.，1992）（编者前言）. 编著中的第1章（"衰老与死亡"）记有上述话.

〔35〕 引自，*The Art of Growing Older: Writers on Living and Aging*，本章注〔1〕，第177页.

〔36〕 *The Essential Holmes*，本章注〔34〕，第21页. 另参见 Holmes 和 Frederick Pollock 之间的信件来往（1931年5月4日、15日），*Holmes-Pollock Letters: The Correspondence of Mr. Justice Holmes and Sir Frederick Pollock 1874-1932*，vol. 2，pp. 285-286（Mark DeWolfe Howe, ed.，1941）.

直到他 73 岁去世之前，老年一直是叶芝诗的主题，但诗的调子逐渐带上了挑
战性甚至胜利的意味。这不是从丁尼生笔下的仍希望排除万难完成某种壮举
的尤利西斯意义上来说的，更不是从叶芝已经达到了一种平和心态或某种智
慧的意义上来说的。老年叶芝的大多数诗中，他把老年人的智慧描绘成纯粹
苦涩的幻灭——而且实际上是作为其中一首诗标题的一个问题的答案所在，
这个标题是"老年人为何会发疯？"叶芝晚期的诗文受到了尼采的观点"人在
创造着自己的现实"的影响。这个观点让人想起斯多葛学派的自给自足的哲
学，尼采以及叶芝都受到这种哲学的影响。[37] 或者如哈姆雷特所言的（我们
知道莎士比亚也受斯多葛学派的影响），"不存在什么好的东西和坏的东西，
是思考制造了好坏。"[38] 就连老年也是我们想出来的。在"对老年的一个祷
告"中，叶芝祷告说，"虽然我正在年老死去，/我会显得是一个愚蠢、激情
的人。"* 在"鼓舞"一诗中叶芝冷漠地说，"你认为渴望和狂热是可怕的/舞
蹈应该注意到年老的我/……我年轻时它们并不是这样的瘟疫；/有什么再可
以［现在］鼓励我歌唱？"

我们不全是霍姆斯、克列孟梭或叶芝，我们不可能全都期望我们晚年时
成为执拗的或者带着必胜信念的斯多葛学派式的人物。特别是我们当中的男
人。亚里士多德提到的老年人"胆小"的问题，也许和通常观察到的现象有
关——随着年龄的增加，男子有女性化、女子有男性化的倾向。[39] 男子变得
更具有养育心而少了侵略性，女子则少了养育之心，更为自我主张。这种性
别趋同的变化不应纯从衰老的角度来考虑。在第 9 章中我们会看到这种趋同

---

〔37〕 关于尼采对叶芝的影响参见以下参考文献，Richard A. Posner, *Law and Literature：A Misunderstood Relation* 150，n. 29（1988）. 关于禁欲主义对尼采的影响参见，Martha C. Nussbaum, *The Therapy of Desire：Theory and Practice in Hellenistic Ethics* 4-5（1994）.

〔38〕 *Hamlet*，act II, sc. ii, ll. 251-252. 叶芝后期的诗"死亡"是这样结束的："人制造了死亡"；
另外一首后期的诗"自我和灵魂的对话"如此结尾："当我驱散悔恨时/很多的快乐涌入我胸中/我们
要笑，我们要唱/什么都在保佑着我们/我们所看的任何事情都受到祝福。"

＊ 参见《丽达与天鹅》，叶芝著，裘小龙译，漓江出版社 1987 年版，第 264 页。——译者注

〔39〕 例如参见，David Gutmann, *Reclaimed Powers：Toward a New Psychology of Men and Women in Later Life*（1987）；另参见，Costa, McCrae, and Arenberg, 本章注〔6〕，第 191~192 页。

性使得老年人能为自己找到新的社会位置。

尽管我不想贬低那么多人面对老年的惨淡和死亡的临近所展示出的勇气，但我也感到有责任指出，当生命临近终点之时，死后的声名在一个理性人的效用函数中所占的分量比以前要大。不仅仅来世渐近，而且为死后创造名誉的其他投资方式已越来越不可行了。一个人面对死亡时的举止是大多数人死后名誉的重要部分；他们勇敢的词语、淡泊的行为可能会被人们长久铭记。尽管这些事情是受尊敬的，但是我们要看到，这其中的利益—代价比随着死亡的临近而升高；而且，我们可以说它们是一种"自私"的行为。

## 作为老龄心理因素的身体和精神上的衰退

在亚里士多德对老年心理的描述中，才能的减退、活力的丧失并不是主要内容，至少表面上不是如此。他几乎将老年人所有的明显特点都归于我称之的知识转移，而他又不认为这种知识转移是老年在精神能力方面衰退的结果。他的这种进路解释了为什么他选择 50 岁作为老年的起点，同时这种选择也有助于解释他的这种进路。到了 50 岁时，一个人的人生阅历已经足够丰富，丧失了年轻时的乐观。很难想像一个公元前 4 世纪典型的 50 岁雅典人在精神和体力上是衰老的。但是如同我在前面说过的，若老年人不发生什么与年龄有关的衰退的话，那么说老年人的知识转移既让老年人有所得又让老年人有所失，就显得有些奇怪。老年人可能更悲观，但是也更现实。他们可能既有想像力也有知识，而年轻人只有想像力。亚里士多德似乎认定经验取代了而不是补充了想像力，这是一种正确的观念，因为流体智力随年龄的增加而降低（尽管他没有谈到这一点）。

当老年的标准被提高到一个比亚里士多德的标准更为实际的水平时，在解释老年心理特点时，就不可避免地要考虑与年龄有关的衰退的重要性。这不仅有助于解释老年人的"胆小"，也有助于解释老年人的踌躇和犹疑不定。弥补体力或精力能力下降的方法之一就是花更多的时间来完成工作。因此老年人走路更慢，驾车更慢，需要更多的时间作出决定。这并不是说老年人走不快，等等，尽管确实有这方面的因素，至少在老年人为获得速度要付出更高的（有的时候是无法达到的）成本（不仅仅是预期事故成本）这个意义上说是如此。在很多行为方面"行为减速"是（动物和人）有机体衰老的特点，这种减速并不都是有机体对变化了的成本和收益环境做出的有意识的反应。[40] 我想说的是，花费更多的时间也是适应能力衰退的一种理性选择。一位老年人摔倒在地的危险比年轻人要大得多。他的平衡能力和视力更差，反应更慢，因为身体脆弱，摔倒后更容易受伤。投入更多的时间对他的益处更大，因此他有意以比他的实际能力更为缓慢一些的方式行走和开车。老年人的时间成本也比年轻人的要低，这也会增加老年人的这种缓慢倾向——通过投入更多的时间来替代对其他活动的投入。

与年龄相关的衰退也有助于解释为什么专业和学术界里的老年人，不像年轻人那样努力地跟踪自己所属领域的文献。老年人吸收新信息的代价比年轻人的高，因为他们的流体智力已被损害；他们吸收新信息的所得比年轻人的少，因为他们从任何新人力资本上获得利益回报的时间变短了。从更为广泛意义上说，因为这种成本和收益平衡的变化，老年人比年轻人更不愿接纳新观点。这就是"你不能教一条老狗新把戏"这个存心让人难过的格言的（年龄歧视的一个"确凿证据"）合理核心所在。老狗不想花时间学新把戏有它的道理，比起年轻的狗，老狗在这方面的成本高、收益低。另外的一个成本是要放弃习惯性的行为和已定型的观念。人越老，就越顽固，改变行为、观念和反应的成本就越高；就像一个人越沉溺于某种活动（例如吸烟或听古典音乐），停止这项活动的反应就越大，哪怕这种沉溺纯是心理上的（音乐的例子）。

这种有关创新对老年人的成本和收益的分析，进一步说明了老年人为什

---

〔40〕 James E. Birren, Anita M. Woods, and M. Virtrue Williams, "Behavioral Slowing with Age: Causes, Organization, and Consequences," in *Aging in the 1980s*: *Psychological Issues* 293, 302 – 303（Leonard W. Poon, ed., 1980）.

么不喜欢冒险活动。当某种行为仅仅因为需要行为人做点什么新东西之故，而致使老年人在做这种行为时很可能失败时，那么这种行为往往就是危险的。当这种行动仅仅是重复旧有行为时，就容易预计其成功的可能性，因为已经有了经验。这样就可以大大降低失败的危险。因此，如果由于流体智力衰退或打破旧习惯的成本之故，老年人在吸收新观念上有困难，那么，要他们对有危险性的选择作出评估也是困难的。

不冒风险或者不做新的事情使得一个人的行为获得一种保守、机械的风格。我们可以预计，这种方式在老年人当中比在年轻人当中更为普遍。在控制了其他一些因素后对军队领导人的一项研究发现，年长一些的将军比更年轻的将军更倾向于采用防御战略而不是进攻战略。[41] 要再次指出的是，老年人并不是没有能力面对危险、接受新事物等（尽管有时是这样），情况往往是，由于从事此类行为时，老年人要付出比年轻人更高的代价，因此，老年人从事此类行为就显得得不偿失，从而使得他们避开此类行为的做法是理性的。

当我们考虑到以下这一点时，亦即就金融投资的平均投资回报变化不定这一意义而言，大家都熟知的是，老年人不愿冒金融风险，其他一些因素就会介入进来。一个人年龄越大，他财富中金融资本而不是人力资本的比重就越大；实际上，一旦退休，劳动力市场人力资本就会消失。因此，与年轻人相比，老年人金融财产上的收入变化会给他总收入带来更大的影响。更通俗地说，因为比起年轻人，老年人没有工资收入来弥补投资风险带来的损失，因而承受风险的能力就要小。老年人的最佳投资战略就是更为保守。[42] 这一点在一个经验法则中也得到了体现，这个经验法则是，一个人的投资组合中的债券和普通股票的比例应与一个人的年龄相当——一个 20 岁的人的投资组合中债券的比例在 20%，80 岁的人的比例应在 80%。

---

〔41〕 Dean Keith Simonton, "Land Battles, Generals, and Armies: Individual and Situational Determinants of Victory and Casualties," 38 *Journal of Personality and Social Psychology* 110, 115 (1980).

〔42〕 Burton G. Malkiel, *A Random Walk Down Wall Street*, *Including a Life-Cycle Guide to Personal Investing*, ch. 13 (5th ed. 1990); David P. Brown, "Multiperiod Financial Planning," 33 *Management Science* 848, 859-860 (1987).

# 宗教、选举偏好、交谈

我们发现，老年人一般[43]比年轻人更有宗教信仰（在信仰上而不是在实践上，因为老年人会因失去能力难以去教堂）[44]，对此我们不应感到奇怪。如同我在第 3 章中指出的那样，对于更为接近来世的老年人，来世对他们的思想和决定有更大的影响。一个更为微妙的预测是，在老年人当中，笃信宗教和健康状况有负相关的关系，因为不健康老年人的预期寿命更短。[45]

我们可以预计，老年人一般是自私的、单一问题的（single-issue）选民。就像任期短的政治家一样，老年人的眼界窄，所以无法理性地有长远眼光。这个观点只在表面上与笃信宗教的观点有冲突，笃信宗教使很多老年人的生命线"延长"了，但只影响到他们对自我利益的认识，这不一定会使他们成为利他的选民。更为严重的一个问题是，由于一个理性的人知道自己的投票不会影响选举，那他为什么不按自己的信念去选举呢？[46] 这样做的成本是什么？答案可能是，大多数人认为对他们自己好的就是好的，就是这样。这是一种理性的信念，因为若他们让自己在原则和自我利益之间左右为难的话，

118

---

〔43〕 我始终在强调这个限定条件，但可能强调得还不够频繁。在第 13 章中我们会看到，年龄歧视的根本就是拒绝承认中年人和老年人在态度、行为等方面的多样性。和大多数著作一样（尤其是大多数经济学著作），我主要考虑分布的平均值，而不是整个分布。

〔44〕 例如参见，Cary S. Kart, *The Realities of Aging: An Introduction* 344-349（3d ed. 1990）；David O. Moberg, "Religiosity in Old Age," in *Middle Age and Aging: A Reader in Social Psychology* 497, 508（Bernice L. Neugarten, ed., 1968）；Dan Blazer and Erdman Palmore, "Religion and Aging in a Longitudinal Panel," 16 *Gerontologist* 82（1976）；John M. Finney and Gary R. Lee, "Age Differences on Five Dimensions of Religious Involvement," 18 *Review of Religious Research*（1976）；Rodney Stark, "Age and Faith: A Changing Outlook or an Old Process?" 29 *Sociological Analysis* 1（1968）. 来自 1988~1993 年的一般社会调查（见本章注〔29〕）的数据多半支持这些研究。老年人的回答一般显示比年轻人有更强的宗教归属、更强烈的"接近上帝"的感觉，但并没有更强的来世信念。这可能因为来世是恐惧也是希望的来源——或者说对恐惧和希望这类东西的信仰实际上并不受主观思想主导或强烈影响。

〔45〕 有关证据参见，Bradley C. Courtenay et al., "Religiosity and Adaptation in the Oldest-Old," 34 *International Journal of Aging and Human Development* 47, 54（1992）.

〔46〕 就此而言，他又为什么要参与选举？这是经济学和政治学中的一个深刻的问题。我将在下一章再讨论这个问题。

他们得不到任何收益。他们以很小的代价来避免认知上不和谐的痛苦。

家族利他主义也不是答案。老年人若支持，而不是反对，将财富从年轻人那里转向自己的政策，他们将会从中受益，因为他们总是可以将那部分财富返还给自己的子女或孙子女。这就可以解释（我们将会在第 11 章中讨论）为什么规定在很远的将来减少社会保障退休津贴的法律有可能得到广泛的政治支持。老年人不会因这些只影响到他们去世后利益的法律而遭受任何损失，而他们可能有一种减轻家中更年轻成员的纳税负担的利他愿望。

反对那种认为老年人都是自私选民的说法的最强有力的理由是，这种说法无视无私利的问题。在一定程度上，老年人处在一个脱离世界的过程当中，利益重新分配的政策对老年人的影响比对年轻人的影响要小。从这个角度上看，老年人类似于法官（很多法官是老年人）。我们认为法官比其他决策者更为公正，因为司法伦理原则要求他们自己审理的案件中没有家庭或经济上的利益。

这个观点要求我们对亚里士多德的老年人比年轻人更以自我为中心的观点进行修正。哪怕老年人确实是这样的，他们的"自我"也还是可能比年轻人更少受到各种决策和政策的影响。尽管在无私行事的成本是一样的条件下，年轻人可能不如老年人那样自私，对年轻人而言，以无私方式进行投票的成本可能要高一些，因为他们从接受投票的政府政策中得到的利益或损失会更大，因为这些政策带来的利益和代价会伴随他们更长的时间。

从内斯特（Nestor）到波洛尼厄斯（Polonius）、蒙田（Montaigne），等等，大家经常注意到的老年人的一个特点是健谈。[47] 我在本书的序中曾提到，这可能是因为老年人的隐私、各种考虑以及新信息的价值比年轻人的低。

---

〔47〕 例如参见本章注〔3〕，Cicero, ch. XVI, § 55。有关实证的证据参见，Dolores Gold et al., "Measurement and Correlates of Verbosity in Elderly People," 43 *Journal of Gerontology* P27 (1988). 我在这里不考虑因一种特殊的大脑功能丧失引发的折磨部分老年人的病态的"漫无边际的啰唆"。Tannis Y. Arbuckle and Dolores Pushkar Gold, "Aging, Inhibition and Verbosity," 48 *Journal of Gerontology*, p. 225 (1993). 我也不考虑闲谈问题——但这可能是一个可靠的推断，也就是老年人的时间机会成本小，因而比年轻人更爱闲谈。

另外一个因素是交流人与人之间的生活经验很困难。如果来自经验的知识可以十分容易地通过书本或谈话进行交流（有些是容易这样交流的），老年人就不会有"经验"或"判断力"这样对社会有用的、与年龄相关的特性了。年轻人可以通过阅读得到这些。正因为在某种程度上这些经验无法完美交流（当然，从根本上来说，经验是无法交流的），老年人才求助于详尽、冗长的谈话，努力克服沟通上的障碍。

　　并不是所有老年人都健谈，有些老年人实际上比他们年轻时更为沉默寡言。这可能反映出老年人心理的另外一面：他们不愿意担风险。进一步说，很多谈话是互惠对等的：我告诉你什么，是希望你能告诉我一些有用的东西。这种交谈与交易相关，因而对老年人的价值更小一些。因此我们可以预计，老年人平均来说并不比年轻人更为健谈，但在健谈和沉默寡言这一连续轴上，老年人之间的差异比年轻人更大。

120

　　正如以上这个例子所揭示的，老年人的心理不是简单的；但是在进化生物学和本章中散见的文学范例的帮助下，经济学可以使其心理更容易被理解。我要说的是，例如如果（极有可能）更多的人天生就乐观，那么本书前几章中强调的知识转移——随着人们年龄的增加，他们有从依据想像力的推理转向依据经验推理的倾向——就意味着人们随着年龄的增加而越来越悲观。具有独立的意义、但同时对上面的观点构成支持的一点是，随年龄增加而衰退的流体智力以及习惯的作用，使得老年人难以接受、充分利用所有因"进步"带来的改善，同时他们又比年轻人更为注意这些改善带来的损失，因为他们会体验到而不仅仅是读到这些损失。进步意味着新的服务、产品、活动代替了旧有的一切，等等，其中也包含了损失和利益，尽管利益占了主流（这为"进步"这个概念所暗示）——但是在老年人眼中却可能不是主流。反对新鲜事物使老年人有保守的特点，但这是一种基于吸收新鲜事物的成本发生了变化这一事实的理性保守主义，而不是单纯的没有头脑的墨守成规。这个保守观念在金融领域更明显，因为当一个人停止工作，他的金融财富回报的变化会更大地影响他整个收入的变化，因为这时此种回报在他的整个收入中所占的比例更大了。

　　不确定、犹豫是老年人的特点，这也是他们理性地适应因年龄相关的衰退带来的风险更高的产物。以自我为中心（许多老年人都有的特点）以及老年人谈话的特点（不替他人考虑的谈话者），是交易对老年人的益处降低这一因素所导致的两个相互关联的后果。从另外一个角度说，老年人可能比年轻人更为无私，因为由于他们的生命线变短了，自私行为给他们带来的益处就更小。关于老年人"恐惧死亡"这一难题，可以用没有老年基因程序这一点来解释，自然选择过程没有筛选掉能够加强年轻人而不是老年人的包容适应性的对死亡的本能恐惧。当然，这种恐惧也可以用大量严格的经济学因素来进行解释。这包括老年人的脆弱性、除了延长生命以外老年人的资源没有什么其他用处，以及与此相关但不同的一个事实——用于防止临近死亡的资源的机会成本可能是零，因为如果没有遗产动机，资源对拥有者死后是毫无用处的。

121

# 第六章
# 与年龄关联的行为变化

  我想考虑一下如何从经济学的角度理解老年人的与居住、开车、犯罪、122
自杀、性、工作和退休、选举和陪审团工作有关的典型行为。其中一些话题
也在其他章节中讨论过，在这一章中我不准备讨论一个特殊的问题——广义
上的生产能力，包括创造力、领导能力和成就的其他表现形式，我将在下两
章中讨论这些问题。这一章的目的是要说明，在解释年轻人和老年人极大行
为差异的问题上经济学理论的作用，这样做是为后面章节的政策分析打下更
多的基础。

## 驾　车

  一般说来，老年人比年轻人驾车要少很多，但他们的事故率比起最年轻
的车手外的所有人都高。[1]　人们可能认为利用最简单的生命周期模型（在这
个模型中衰老的惟一意义就在于它让一个人接近生命的最终点）就可以解释
这种高事故率，只要指出老年人的岁月减少就足够了，老年人因此失去的更　123

---

  〔1〕 Leonard Evans, "Older Driver Involvement in Fatal and Severe Traffic Crashes," 43 *Journal of Gerontology* S186（1988）; Donald W. Kline et al. , "Vision, Aging and Driving: The Problems of Older Drivers," 47 *Journal of Gerontology*, p. 27, p. 33（1992）; Richard A. Marottoli et al. , "Driving Cessation and Changes in Mileage Driven among Elderly Individuals," 48 *Journal of Gerontology* S255, S258（1993）; Joan E. Rigdon, "Older Drivers Pose Growing Risk on Roads as Their Numbers Rise," *Wall Street Journal*（midwest ed.）, Oct. 29, 1993, pp. A1, A6. 本章文中除特殊注明外，资料限于美国的内容。

少。但是这与以前章节中讨论的衰老心理学不一致，也与老年人更少犯罪不一致（马上就会对此详谈）。这也无法解释老年人开车减少的现象，尽管退休的人不用再上下班，但这些人参与的很多休闲活动都需要开很多车。

我认为，老年人的开车行为受到了与年龄相关的衰退的决定性影响。与年龄相关的视力精确度、反应能力以及集中能力的减退对安全驾驶的能力有明显影响。[2] 但是如果认为老年人的事故发生率与相关的体力和精神方面能力的下降成比例地上升，那将是错误的。

与年龄相关的驾驶技能的退化会增加驾驶的预期成本——这包括在一个事故中受伤（或遭受财产损失）的预期成本以及伤害他人带来的责任（或者给对方带来的财产损失）的预期成本。这两种成本对事故发生概率性有正的作用，也就是，当其他条件不变时，驾驶员的年龄越大，事故发生的概率越大。受伤的预期成本也随年龄的增加而加大，因为老年人更为脆弱，如果发生事故，他们更可能受到伤害。

我们可以预计，老年驾驶员对更高的预期事故成本会有两种反应：行为反应和保护反应。[3] 减少预期事故成本的一个方法就是少开车——预期事故成本升高时减少不合算、可有可无的旅行——如果其成本过高，超过开车的好处，干脆就不开车。工作上的一个相似现象也许可以解释为什么年龄和工伤事故有负相关的关系——较年老的工人有离开那些因年龄相关的感觉和运动能力下降可使工人更容易发生工伤的工作的倾向。[4]

当开车的预期事故成本升高，老年人可能会开车更慢，更为小心。这会使他有更多的时间使眼睛聚焦、集中注意力处理危险情况。由于老年人时间的机会成本较低，开慢车并不花费什么，因此人们会发现老年人因（自己）

124

---

〔2〕 例如参见，Rudolf W. H. M. Ponds, Wiebo H. Brouwer, and Peter C. van Wolffelaar, "Age Differences in Divided Attention in a Simulated Driving Task", 43 *Journal of Gerontology*, p. 151（1988）.

〔3〕 侵权行为的经济学分析中的一个基本区分。参见 William M. Landes and Richard A. Posner, *The Economic Structure of Tort Law*（1987）；Steven Shavell, *Economic Analysis of Accident Law*（1987）.

〔4〕 Mildred Doering, Susan R. Rhodes, and Michael Schuster, *The Aging Worker: Research and Recommendations* 79（1983）. 关于老年人的决定是否、在多大程度上强烈受预期成本的影响（如我的分析所预见）参见，Mrottoli et al, 本章注〔1〕，特别是 S258-S259。

飙车而引发的事故比更年轻的人要少，这毫不值得奇怪。[5] 我因此预测，老年人的事故发生率上升的幅度要比他们驾车技能下降的速度要慢。如果时间成本比开车技能下降得更快，那么，老年人的事故率实际上可能会下降。但是这未必可能，原因有三个。第一，时间不是开车技能的完美替代物，否则一个盲人就可以安全地开车。第二，车辆速度不同，并且高速开车是导致事故的一个危险因素，这就是为什么要在高速公路上标出最低和最高限速的原因所在。第三，开慢车会增加一个人在汽车旅行中需要的时间，如果汽车旅行比不这样旅行的另外一种活动更可能发生事故，那么，开慢车减少事故发生危险的效果就会被部分抵消。[6]

更慢地开车并不是老年人面对更大事故风险的惟一保护性反应。他们可能更少酒后开车。[7] 读者还记得上一章讨论的问题，与不断增加的虚弱非常无关的是，老年人比年轻人更可能拿出资源来保护其生命，因为对于老年人来说，延长生命的措施的机会成本比年轻人的要低。一个相关的例子是，老年人减少酒精消费量的成本也要更低一些，因为他们的身体更难忍受酒精。

因为谨慎开车和减少开车不是反应能力和遭受年龄的负面影响的其他驾车技能的完美替代品，所以老年人的事故率比年轻人的高；又因为非常年轻的车手也有反常的高事故率，所以驾车安全和年龄的关系是一个我们熟悉的倒 U 型。对此似乎可信的解释是，安全随经验增加而增加，但是以一种递减速度在增加，年龄相关的衰退速度最终会超过这个速度。

如果以老年人的高事故率为由以更为严格的获得驾驶执照条件来限制他们的驾驶行为，那将是错误的。这忽略了低边际驾驶对他们的价值——尽管危险但他们仍然继续驾驶——以及保险公司的作用，只要允许保险公司根据年龄调整保险费（正如他们所做的那样），老年驾驶员引发的危险就可以自行

〔5〕 Kline et al. , 本章注〔1〕，第 33 页。
〔6〕 参见，Landes and Posner, 本章注〔3〕，第 238 页的注〔17〕。
〔7〕 Isaace Ehrlich and Hiroyuki Chuma, "A Model of the Demand for Longevity and the Value of Life Extension," 98 *Journal of Political Economy* 761, 781（1990）（tab. 5）.

解决而无须政府进行除侵权行为法体系规定之外的干预。此外，高事故率并不一定意味着会给其他公路使用者带来很大威胁。事故率实际是每驾驶一英里的事故率。老年人每年驾驶的总英里数要比更年轻组少得多,[8] 这是因为老年人的人数少，也因为（从活动的角度）平均来说他们比更年轻的人更少开车。因此与他们的事故率所预示的不同的是，对于其他人，老年人并不是很大的汽车事故源。这么说是有道理的。由于老年人是脆弱的，因而在汽车事故中比年轻人更容易死亡；他们也更有可能成为被汽车撞死的行人。[9] 但是他们比年轻人更少会成为死亡事故的加害者。例如 65 岁的男性驾车人制造的行人死亡事故占 40 岁男性驾车人的 32.8%，占 20 岁男性驾车人的 11.8%。[10] 以有驾驶执照的男性驾驶员人数计算，汽车撞坏的总比例随年龄的增加而下降，只在 85 岁及以上的年龄组中稍有上升。就是在这个年龄组中，其发生比例也只是男性青少年的 1/4，25~29 岁男性的 1/2。[11]

老年人与大量事故没有关系的事实，也不能证明让他们驾驶是一个成本上说得过去的政策。老年驾车者对高速公路的安全可能不是一个主要的威胁；但是如果行车英里数是代表驾驶之收益的一个好指标的话，那么，老年人给其他公路使用者造成的总的事故成本很低的事实，就被老年人从开车中获得的总收益很低这一事实抵消了。但是我怀疑这些收益是否真的那么低。由于

126

---

〔8〕 例如，1990 年 75~79 岁的车手驾驶了 2630 万英里，50~54 岁组驾驶了 1 亿 4160 万英里。Ezio C. Cerrelli, "Crash Data and Rates for Age-Sex Groups of Drivers, 1990" 10 (U. S. Dept. of Transportation, National Highway Traffic Safety Administration Research Note, May 1992) (tab. C). 关于在安全方面老年人的理性行为与他们的更高受伤率是一致的证据，参见下一个注。

〔9〕 出处同上注，第 6 页。U. S. Dept. of Transportation, National Highway Traffic Safety Administration, "Traffic Safety Facts 1992: Older Population" 3 (n. d.). 另参见 Dawn L. Massie and Kenneth L. Campbell, "Accident Involvement Rates by Age and Gender," *UMTRI Research Review*, March-April 1993, p. 1. 1992 年，在整个汽车拥有者的死亡中，占美国人口不到 9% 的 70 岁及以上的人群占到了 11.8%，在所有行人死亡中，他们的比例占到 17.9%。"Traffic Safety Facts 1992: Older Population," 出处同上，第 1、3 页。老年行人在面对更大受伤和死亡危险时，会比年轻人以及更不脆弱的人以更小心的方法来理性对待，有关的实证证据参见，W. Andrew Harrell, "Precautionary Street Crossing by Elderly Pedestrians," 32 *International Journal of Aging and Human Development*, 65 (1991).

〔10〕 Evans, 本章注〔1〕，S192（表 1）。

〔11〕 Cerrelli, 本章注〔8〕，第 7 页（图表 1）。

为了他们自己也为了减少事故责任保险的花费，老年人有减少驾驶的动机，所以开车很可能给他们带来很大的好处。实际上，若作出相反的结论的话，那么我们就必须怀疑改变老年人的活动水平是否是有社会价值的一种防止事故的方法。假定铁路历来比水运危险大，（反映了事故风险和其他所有成本的）运输服务的定价使得大部分运输都转向了水运。逻辑上顺理成章的是，余下的铁路运输，亦即那些即使考虑事故成本水运也无法代替的部分，就一定会给发货人带来很大的收益，否则发货人会转向水运。类似的推理可以用来说明老年驾车的问题。这是证明选择偏见在解释老年人行为（这里是使我们能够对老年人的行为进行适当的社会评价）方面具有重要意义的又一个例证。对那些继续驾驶的老年人，他们的驾驶行为实际上具有很高的价值。

如果这个分析是正确的，那么要求老年车手展示与年轻车手一样的技能才能保留驾驶执照、否则就禁止其驾驶的政策就会是一个坏政策。驾驶技能稍差的老年人通过开慢车就可以达到和年轻人一样的谨慎程度。而且，老年人从驾驶中得到的好处，足以抵消他的驾驶给他人带来的高事故危险。当然，诸如延长交通信号灯、允许行人穿越马路有时间这样的建议措施，以此来增强老年开车者或行人的安全，而不考虑这些措施对其他道路使用者的成本，这样的建议同样也是不对的。[12]

## 作为被害者或加害者的老年人犯罪问题

**老年犯罪受害者**　尽管老年人过多地出现在交通死亡统计数据中，但在犯罪受害者的统计数据中他们的比例却很低。1992 年谋杀的受害者中，65 岁及以上的人只占 5%，在全部犯罪的受害者中，他们的比例只占 2%，尽管他

---

〔12〕 参见 Russell E. Hoxie and Laurence Z. Rubenstein, "Are Older Pedestrians Allowed Enough Time to Cross Intersections Safely?" 42 *Journal of the American Geriatric Society*, 241（1994）.

们在整个人口中的比重是 12%。[13] 由于老年人比年轻人更虚弱，犯罪行为给他们带来的预期成本就更高一些，[14] 所以我们可以预计，他们会更加警惕。恰当地说，此种警惕的成本就是犯罪的成本。因此，有关受害人的统计数据就未能充分体现这种成本。然而这对任何人来说都是如此，尽管老年人更为虚弱，因而在犯罪行为面前显得更为脆弱，这并未明确地说明，他们在防止成为犯罪受害者方面的成本更高（当然非金钱和金钱的代价同时包括在内）。老年人的警惕成本比年轻人低。老年人原本就活动少，不好动，所以他们可以成本更小地避免晚间外出，不在危险地区生活和工作（他们不工作，大多数是这样的）。老年人的交通死亡和犯罪死亡率之间的悬殊，足以令人信服地说明，老年人避免汽车旅行或穿越马路的成本比他们躲开犯罪分子出没之地的成本更大。避开不同活动的成本的差异，毫无疑问可以解释，为什么老年人的致命交通事故与致命非交通事故的比值比中年人的要低很多。[15] 老年人用以避免会致其摔倒和烧伤（这是老年人非交通事故中最为常见的事故）[16] 危险活动的成本，要比避免汽车事故和犯罪伤害的成本更高。即使一个足不出户的人也会有摔倒、烫伤或在火灾中受伤的危险。

128　　对老年人的低犯罪受害率的另外一种解释是，他们对犯罪有非理性的恐

---

〔13〕 U. S. Dept. of Justice, Bureau of Justice Statistics, "Elderly Crime Victims: National Crime Victimization Survey" (NCJ-147002, March 1994). 毋庸置疑的是对家庭内部针对老年人（大多数是来自配偶）的暴力的统计会不充分。Kark Pillemer and David Finkelhor, "The Prevalence of Elder Abuse: A Random Sample Survey," 28 *Gerontologist*, 51 (1988). 但是似乎没人知道这种统计不充分是否比家庭内部针对更年轻成员，特别是儿童的统计更不充分。最近的一个研究表明，对老年人身体虐待的情况大大夸张了。Beletshachew Shiferaw et al., "The Investigation and Outcome of Reported Cases of Elder Abuse: The Forsyth County Aging Study," 34 *Gerontologist*, 123 (1994).

〔14〕 这可以解释为什么一些州确认对受害者是老年人的攻击、殴打行为为更严重的犯罪行为，"Criminal Assault or Battery Statutes Making Attack on Elderly Person a Special or Aggravated Offense," 73 A. L. R. 4th, 1123 (1989).

〔15〕 William Wilbanks, "Trends in Violent Death among the Elderly," 14 *International Journal of Aging and Human Development* 167, 170 (1981-1982) (tab. 2).

〔16〕 例如参见 Harmeet Sjogren and Ulf Björnstig, "Unintentional Injuries among Elderly People: Incidence, Causes, Severity and Costs," 21 *Accident Analysis and Prevention*, 233 (1989); Jeanne Ann Grisso et al., "Injuries in an Elderly Inner-City Population," 38 *Journal of the American Geriatric Society*, 1326 (1990).

惧，因而会采取过分的防范措施，例如隐居。尽管这种观点比较流行，但它有些夸大其词。[17] 然而抽样调查的数据显示，老年人比年轻人更害怕晚上在四邻行走。[18]

值得指出的是，在暴力犯罪率基本未变的 1973 年~1992 年间，针对 65 岁及以上老年人的暴力犯罪率降低了 50%，但针对这个年龄组的偷窃率却比整个个人偷窃率下降得慢。[19] 这些趋势可能和老年人在这段时间内收入快速增长有关，这会影响到他们对居所和活动的选择，此种选择使得遭受暴力的危险最小化，但也使他们成为贪婪犯罪的有吸引力的目标。

**老年加害者** 老年人的低犯罪受害率和他们明显的低犯罪率是相称的，而且实际上后者比前者更低。1992 年美国所有被捕者中只有 0.7% 是 60~64 岁的人；65 岁及以上的人的被捕比例也是一样。[20] 两组人的比例相加只有 1.4%，而他们在美国 15 岁及以上人口中的比重却占 20% 多。人们可能会认为，65 岁及以上的人群中因最严重的暴力犯罪——谋杀、暴力强奸、抢劫以及严重殴打——而被捕的比例要比严重财产犯罪——例如盗窃、偷盗、偷汽车、放火——的比例低。但是它们之间的差异很小——0.6% 对 0.8%。当把年龄放低到 60~64 岁，两者之间根本就没有差异。老年人和准老年人在暴力和非暴力犯罪率上差异很小的事实让人吃惊，尤其是当人们认为暴力罪犯很有可能在他们达到老年之前就被杀死时，更为如此。

我们要看到逮捕统计可能低估了老年人犯罪活动的数量。当然，老年人

〔17〕 Randy L. laGrange and Kenneth F. Ferraro, "The Elderly's Fear of Crime: A Critical Examination of the Research," 9 *Research on Aging* 372 (1987).

〔18〕 根据一般社会调查（见第 4 章注〔44〕）的数据，60% 的 80 多岁的人有恐惧感，在 40 多岁的人群中只有 36.7% 有这种感觉。

〔19〕 U. S. Dept. of Justice, Bureau of Justice Statistics, *Criminal Victimization in the United States*: 1973-92 *Trends* 1, 13 (NCJ-147006, July 1994).

〔20〕 这段中的统计数字来自：U. S. Dept. of Justice, Federal Bureau of Investigation, *Uniform Crime Reports*: *Crime in the United States* 1992, 228 (1993)（表 38）. 逮捕的统计不是犯罪的完好代表指标，但是我没有发现有关犯了罪但没有被捕的人的年龄数据。关于老年人犯罪的优秀文献回顾参见：Kyle Kercher, "Causes and Correlates of Crime Committed by the Elderly: A Review of the Literature," in *Critical Issues in Aging Policy*: *Linking Research and Values* 254 (Edgar F. Borgatta and Rhonda J. V. Montgomery, eds. , 1987).

犯罪活动的数量肯定是很少的。

在我所发现的仅有的经济学相关研究中，就老年人犯罪行为是对合法就业机会、对影响消磨时间的方法的成本收益的诸多因素的一种反应而言，老年人的犯罪行为是"理性的"。[21] 然而这项研究没有试图解释老年人和年轻人在犯罪率上存在的明显差异。

老年人在暴力和非暴力犯罪率上的极小差异说明，衰弱并不是老年人极其守法的主要原因。之所以这样说的另外一个原因是，55~59 岁年龄组的人的犯罪率已经非常低了，被捕的人只占这组人的 1.1%。[22] 衰弱当然会起一些作用，对此有争议的一个例子是，老年性犯罪分子的犯罪对象常常是儿童而不是成年人。[23] 老年妇女的人数多于男性老人，但老年妇女的犯罪行为要比男性老人少得多。但是，虚弱和性别比的下降只能部分解释犯罪行为随年龄升高而下降的现象。

这种下降对有关动机和行为的简单生命周期模型提出了挑战，在我们这样一个以监禁为惩罚犯罪主要手段的社会里尤其如此。长时间的监禁处罚不太可能对那些犯了罪但只可能活着服小部分所判徒刑的罪犯起到威慑作用，而且我们有释放非常年老的罪犯而不是让他们死在监狱里的传统。老年人容易被人认为是"无害的"，在判老年罪犯徒刑时不太怎么考虑惯犯的问题——这是对他们施加处罚的有效威慑作用太小的另外一个原因。[24] 引入多重自我

〔21〕 Donald J. Bachand and George A. Chressanthis, "Property Crime and the Elderly Offender: A Theoretical and Empirical Analysis, 1964-1984," in *Older Offenders: Perspectives in Criminology and Criminal Justice* 76 (Belinda McCarthy and Robert Langworthy, eds., 1988).

〔22〕 U. S. Dept. of Justice, note 20 above, at 228 (tab. 38).

〔23〕 E. A. Fattah and V. F. Sacco, *Crime and Victimization of the Elderly* 39-48 (1989); 引自 William Wilbanks, "Are Elderly Felons Treated More Leniently by the Criminal Justice System?" 26 *International Journal of Aging and Human Development* 275, 282 (1988) (表3). 关于"机会主义"恋童癖——将儿童作为性犯罪对象是因为犯罪者太虚弱难以强奸一个成人——的证据非常少，参见 A. Nicholas Groth, *Men Who Rape: The Psychology of the Offender* 144-145 (1979); Marc Hillbrand, Hilliard Foster, Jr., and Michael Hirt, "Rapists and Child Molesters: Psychometric Comparisons," 19 *Archives of Sexual Behavior* 65, 69 (1990).

〔24〕 有关老年罪犯实际上被判轻刑的证据参见 Fattah and Sacco, 本章注〔23〕, 第 72~75 页; Dean J. Champion, "The Severity of Sentencing: Do Federal Judges Really Go Easier on Elderly Felons in Plea-Bargaining Negotiations Compared with Their Younger Counterparts?" in *Older Offenders: Perspectives in Criminology and Criminal Justice*, 本章注〔21〕, 第 143 页; John H. Lindquist, O. Z. White and Carl D. Chambers,

的概念后，这个难题就更加复杂了。在某种程度上年轻的自我可以被认为是
与年老自我不同的人，长期监禁的刑罚会由罪犯年老时承担，这相当于在惩
罚一个尽管关系紧密但却不同的人。

　　从这些观点出发，我们又该如何解释老年人的低犯罪率？对此可以有几
种解释。对于经济学家来说，犯罪是一种工作，任何工作的生产率都与人力
资本投资有关系（至少是有部分关系）。因此，我们可以预计，老年人不会在
获得犯罪技能方面进行过多投资；没有这些技能，犯罪被抓获和定罪的概率
就会大大增加。由于处罚的预期成本大约等于现在处罚的负效用乘以受到处
罚的概率，前者的下降能够由后者的上升所抵消。

　　如果犯罪技能与受雇于合法工作的技能大不相同，这种抵消效果就特别
可能发生。流体智力的下降增加了学习新技能的成本。为获取犯罪技能而进
行投资的收益，不仅因老年人缩短的预期寿命而减少，而且这样投资的代价
也比年轻人的高。因此这种技能很难在生命后期获得，没有这些技能，被抓
获和定罪的概率以及成为罪犯的成本就会猛增。如果由于这些原因，即使刑
罚的严厉度很低，老年人对犯罪活动的需求也很小，那么刑事司法体系宽大
处理老年罪犯也许是最佳的。

　　此外，老年罪犯所遭受的刑罚的严厉程度，可能比缩短的刑期所显示的
更高。原因是两方面的，在以前的章节中也谈到过。第一，一个人的时间价
值可能随年龄增加而增加（从效用角度而不是收入角度看）。尽管在某个时间
点上自由和监禁之间的差异是十分空洞的——在养老院并不比在监狱有更多
自由，养老院和监狱老年人区的区别可能十分小——虚弱的老年人很少是有
犯罪能力的。

　　第二，并不是每个人的未来都局囿在今世的生命上。如果老年人比年轻
人更相信来世，在那里善有善报恶有恶报，那么他们就更少可能认为自己因犯

131

---

（接上页）"Elderly Felons: Dispositions of Arrests," in *The Elderly: Victims and Deviants* 161 (Carl D. Chambers et al., eds., 1987). 然而 Wilbanks（本章注〔23〕）证明，在控制了包括年龄在内的其他因素后，加州刑事司法体系并没有对老年重犯更宽大。有关对老年罪犯在判刑时宽大处理的联邦量刑指南将在第 12 章中讨论。

罪而受的处罚会因肉体死亡而结束。如果他们希望留个好名声，也是一样。虽然我们很少有人还会相信上代作的孽会影响这代人甚至以后的很多代人，但是家族的名声，无论好坏，都会在某些方面影响家族成员获得有利交易。"给家人脸上抹黑"的说法不完全是陈腐的。如果一个老年人很为比自己活得长的家人着想，那么他犯了罪，就会给更年轻的家族成员带来名誉损失。随着其他效用源的消逝，人活得越老，他的遗产动机（包括"名誉遗产"动机）和其他形式的死后效用，在他的效用函数中所占的分量就越大。

　　我的分析预测，在其他因素相等的情况下，对某些特别类型的犯罪惩罚越是严厉（这是因为如果刑期越长，就更可能因死亡临近而导致惩罚大为缩短），犯罪需要的新技能越少，老年人的犯罪率就会越高。例如，我们会看到，与伪造货币罪的情况相反的是，因酒后驾车被捕的老年人比年轻人更多，因为驾驶对老年人不是一种新技能。然而同时我们也会看到，老年人因此被捕的人数比年轻人要少，因为老年人酒后驾车的预期事故成本比年轻人高。我的这种年龄对不同犯罪有不同影响的预测，得到了有关被捕老年人数量统计的证实。大家记得 65 岁及以上的老年人被捕人数只占整个被捕人数的 0.7%。因酒后驾车被捕的却达到了 1.3%（与老年人在总人口中的比重相比，仍然很低），因伪造被捕的只有 0.3%。[25]

　　我一直在讨论老年人犯罪的成本问题。老年人低犯罪率的另一个原因是（尽管这个原因只适用于一部分犯罪），就那些在很长时间内都能让犯罪者获益的犯罪（或许杀死仇敌就属于此类犯罪?）而言，犯罪者越年轻，收益就越大。这类犯罪实际上是一种投资，而老年人的投资回报会因其预期寿命的缩短而降低。

　　**职业罪犯**　至此，我讨论的都是那些直到老年都一直守法的人。职业罪犯的情况又会怎样？为什么上年纪后，人们更少犯罪?[26] 犯罪的人多是这样

---

　　〔25〕　根据美国司法部的资料计算而得，本章注〔20〕，第 228 页（表 38）。
　　〔26〕　当然不全是这样；正如人力资本理论预计的那样，在犯罪技能上投资的"专业"罪犯比业余罪犯犯罪时间更长。Evelyn S. Newman et al., *Elderly Criminals*, 8-11 (1984).

的人：具有犯罪活动需要的特殊技能，已经败坏了家庭名誉，与守法的人相比他们更不可能有宗教信仰。[27] 由于流体智力随年龄增加而减少，也许到了老年，退出犯罪和开始犯罪一样的困难。很多犯罪职业紧张又危险，有损个人健康，这促使这个行当的人会比更轻松、更安全行业的人提早退休。我们可以回想一下第 4 章中讨论的压力和精疲力尽之间的关系。另外一个不很显著的例子是，被捕和被起诉有一种筛选效应。技能更差的一些罪犯反复被捕，他们从中认识到自己的能力有限，他们有最终退出的倾向，这样就减少了老年罪犯的人数。技能更好的罪犯可以防止被反复抓获和定罪，以被捕人数为基础的老年罪犯统计中常体现不出他们来。老年人并不像被捕统计数据显示的那样遵纪守法。

　　罪犯年纪轻轻就"退休"的最重要因素是：他每被捕、定罪一次，就加大了他下次犯罪时被捕和定罪的机会。现在他有了犯罪记录，警察更容易怀疑他；如果罪犯为自己作证，他以前的劣迹就可用来降低他证词的可信度。有过前科的罪犯一般不愿意作证，但这样又会增加他们被定罪的机会（尽管大概说来这种机会比自己作证的情况下要小），因为陪审员还是经常会因被告不作证而认定其有罪。惯犯不仅更容易被抓到和定罪（至少在我们忽视了下面要讨论的惯犯比初犯可能更有经验的情况下），作为惯犯，他更可能被判更重的刑。从这两方面看，有前科罪犯的预期刑罚成本要比初犯高，这种成本随被定罪次数的增加而加大。最终，预期刑罚成本会如此之高，以致即使在因预期寿命缩短致使刑罚威慑力降低的情况下，职业罪犯亦会受到威慑，并"退休"，除非他有逃避抓捕的特殊技能。但无论如何，我们可以认定，年龄与已知的犯罪活动有负相关的关系，即使职业罪犯亦不例外。

　　我们甚至还可以推测，处罚惯犯比处罚初犯更严厉的一个原因是，刑事司法体系要在刑罚的威慑力发生与年龄相关的降低（因为寿命缩短效应）的情况下保持稳定的威慑力。这与第 3 章讨论的问题类似：要迟延补偿以缓解

133

---

[27] Lee Ellis, "Religiosity and Criminality: Evidence and Explanations Surrounding Complex Relationships," 28 *Sociological Perspective*, 501 (1985).

临终阶段的问题。监禁的预期成本，就像被解雇一样，因一个人接近生命终点或退休而降低。这种成本的降低，在某种程度上（这是一个重要的限定条件，在第 12 章中我们会再讨论）可以通过延长对惯犯判处的刑期来抵消，惯犯的"职业性"使得他们很可能一直犯罪到老年。对惯犯处以更重处罚的另外一个理由是有必要防止边干边学，也就是罪犯获得更多经验后被捕概率的降低，从而降低了刑罚的预期成本。

以上关于职业罪犯的讨论，有助于理解为什么有犯罪记录的老年人犯罪率是那样得低。这里面年龄效应和选择效应都在起作用。对那些初次开始犯罪活动的人，年老后介入犯罪活动的收益成本比是负的。对于那些从最开始就以犯罪为业的人，除非他们技术高超从未被捕和定罪，其中很少有人能到老年仍在犯罪。无论是哪种情况，他们都不会出现在老年人犯罪的统计数字里。

# 自　杀

尽管犯罪率随年龄增长而降低，男性自杀率却在成年早期阶段的那次下降后，随年龄增长而直线上升。[28] 如果犯罪和自杀仅仅被认为是暴力倾向的不同表现形式，那么其中的差异令人费解。但是如果从经济学的角度看，这种差异就不那么费解。活着的效用，扣除病痛，失去亲人和其他损失的负效用之后，随着年龄的增长而逐步降低。继续活着的当前价值的不断下降，与不断上升的痛苦曲线最终发生交叉。加里·贝克尔和吕贝卡·科尔本（Rebecca

---

〔28〕　U. S. Senate Special Committee on Aging et al. , *Aging America*： *Trends and Projections* 115 （1991 ed. ）. 例如在 1990 年，65~74 岁的男性白人自杀率是 0. 342‰，75~84 岁的比例是 0. 602‰，85 岁及以上的则是 0. 703‰，而 35~44 岁的自杀比例只有 0. 253‰。Bureau of the Census, *Statistical Abstract of the United States* 1993，99 （113th ed. ）（ser. 137）. 大多数其他国家也有这种趋势，但在西方国家里自杀率最高的芬兰，自杀率的顶峰年龄在 55~64 岁；在丹麦和德国，自杀率在 55~64 岁和 65~74 岁之间有一个小小的下降，但其顶峰如同美国一样发生在 75 岁以后的人群里。参见：World Health Organization, *World Health Statistics Annual*, various years. 有关美国和外国老年人自杀统计的优秀讨论参见：John Mc-Intosh, "Epidemiology of Suicide in the Elderly," in *Suicide and the Older Adult*, 15 （Antoon A. Leenaars et al. , eds. , 1992）.

Kilburn）还强调了另外两点。[29] 第一，对幸福的理解是相对的，哪怕一个人"客观上"是富裕的，衰老也会大幅度降低他的效用，这是因为人们会拿现在的状况和他以前比较，而不是横向地与他人比较。第二，对于年轻人而言，预期效用的一个方面——亦即继续活下去的"选择"价值，这种价值是因一个人的生活会在未来某个时间得到大幅改善的可能性创造的——在年老之时大幅降低。衰老既减少了生活改善的客观可能性，而且由于衰老带走了年轻人的乐观之故，也减少了生活改善的主观可能性。就算有所改善，可以享用的时间也会很少。因此，衰老减少了继续生活的选择价值。

哪怕一个人继续活着的纯预期效用为负值，家族利他主义、对死亡的恐惧以及自杀的其他成本（第 10 章中会再次讨论）也会阻止老年人结束自己的生命。也许不会。自杀带来的污点比犯罪要小，在一些范围内根本就没有这种污点，特别是当自杀老年人的健康状况很差的时候。因此自杀对家族"好名声"带来的影响可能不会很大。一些情况下，加速继承老年人的财产，家族利他主义实际上会增加而不是减少自杀的纯预期收益。拥有可继承财产的老年人通过结束自己的生命把消费降低到零点，从而使他的后代有更多的消费，除非比起他的后代，他是一个更有效的储蓄者。

由于效用受收入的正面影响，由于最近几十年老年人收入的明显增加，所以，我们对过去 50 年里老年男性白人的自杀率在下降的事实不该感到惊奇。[30] 然而，对数据的这种解释有些太牵强，因为尽管美国老年人一直在不断变富，在 20 世纪 80 年代，65 岁及以上人的自杀率却在继续上升。[31] 这

〔29〕　Gary S. Becker and M. Rebecca Kilburn，"The Economics of Misery"（未发表的文章，芝加哥大学经济学系，1993 年 12 月 19 日）。

〔30〕　Patricia L. McCall，"Adolescent and Elderly White Male Suicide Trends：Evidence of Changing Well-Being？" 46 *Journal of Gerontology*，S43，S44（1991）（fig. 1）；Dan Blazer，"Suicide Risk Factors in the Elderly：An Epidemiological Study，" 24 *Journal of Geriatric Psychiatry*，175，177（1991）；James R. Marshall，"Changes in Aged White Male Suicide：1948-1972，" 33 *Journal of Gerontology*，763（1978）。

〔31〕　Nancy J. Osgood，*Suicide in Later Life*：*Recognizing the Warning Signs* 10 - 13（1992）；Mark S. Kaplan，Margaret E. Adamek，and Scott Johnson，"Trends in Firearm Suicide among Older American Males：1979-1988，" 34 *Gerontologist*，59（1994）。

种上升不仅仅是因高龄人数的增加，这部分人的生命效用可能特别贫乏；65～69 岁男性白人的自杀率在 1981 年～1989 年间也是上升的。[32]

对高自杀率的另外一种非经济学的解释是，忧郁会增加自杀的危险，而忧郁在老年人中更为普遍。[33] 但是我们不清楚在这些人当中忧郁是否真的普遍，[34] 除非我们给"忧郁"下一个循环定义，让它成为一种促使人们自杀的神秘东西。很难实际地将忧郁与对生命质量和前景下降的理性、是非分明的评价区别开来，也就是与"忧郁的现实主义"区别开来（见第 5 章）。一项给老年人自杀扣上忧郁原因的研究，还提出给老年人一些宠物的"治疗"建议。[35] 作为最无可救药的猫狂热爱好者，我是世界上最后一个质疑"宠物疗法"的人。但是，如果这种方法不被那么夸张地描述成一种增加幸福感、进而减少自我毁坏动机的方法，不是一种对"临床忧郁"的"治疗"方法的话，它会更为精确。

考虑到选择偏见这一因素，老年人的高自杀率就更为惊人——选择偏见是试图以比较老年人和年轻人的方法来解读年龄影响人类行为的所有努力中一个无所不在的因素。最有自杀倾向的人会在相对年轻时就自杀，因此老年人群体本应当是一个不偏好自杀的群体。这可能可以解释图 6.1 和图 6.2 显示的这个令人迷惑的事实，老年人比年轻人和中年人更有可能认为，一个人因为疾病不可医治或对生命厌倦而自杀的行为是错误的。[36]

136

---

〔32〕 根据普查局的数据计算，Vital Statistics of the United States, 1965-1989.

〔33〕 例如参见，Kalle Achté, "Suicidal Tendencies in the Elderly," 18 *Suicide and Life-Threatening Behavior*, 55, 57 (1988).

〔34〕 参见，James C. Anthony and Ahmed Aborary, "The Epidemiology of Selected Mental Disorders in Later Life," in *Handbook of Mental Health and Aging*, 27, 42, 46 ( James E. Birren et al., eds., 2d ed. 1992); Blazer, 本章注〔30〕，第 182～183 页; Gerda E. Gomez and Efrain A. Gomez, "Depression in the Elderly," *Journal of Psychosocial Nursing*, no. 5, p. 28 (1993). 除了在文中讨论的困难，许多忧郁的症状——例如冷漠、无食欲、失眠——也是老年生理失常的症状。

〔35〕 Nancy J. Osgood, Barbara A. Brant, and Aaron Lipman, *Suicide among the Elderly in Long-Term Care Facilities*, 115, 140 (1991). 关于难以用常规的精神病学的忧郁标准来衡量老年人"忧郁"的文章参见: Dan G. Blazer, "Affective Disorders in Late Life," in *Geriatric Psychiatry*, 369, 370-371 ( Ewald W. Busse and Dan G. Blazer, eds., 1989).

〔36〕 图 6.1 和 6.2 中的数据来自一般社会调查。参见本章注〔18〕。当然也不能排除同龄人的影响在起作用的可能性。

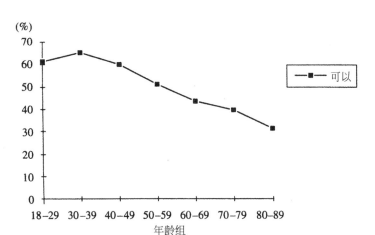

图 6.1　如果患有不可医治的疾病是否可以自杀？

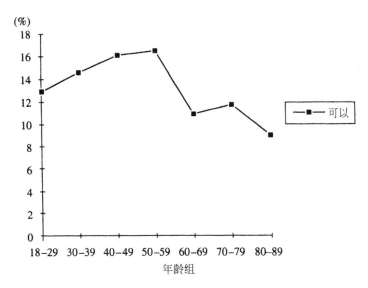

图 6.2　如果厌倦生命是否可以自杀？

选择偏见对解释老年人自杀趋势还有更进一步的意义。它意示着，老年人的自杀企图比年轻人更可能经过深思熟虑、冲动因素更少、更可能成功，因为那些有自杀冲动倾向的人在到达老年以前就可能已经自杀（有关的证据见第 10 章）。与此相关的一点是，老年人自杀更少可能是临床忧郁所致（除非这种忧郁在老年人中比在年轻人中更为常见。尽管我对此早有疑问），因为会有超高比例的患有忧郁的人在到达老年之前就已经自杀。

自杀率随年龄增长而直线上升，这只限于男子。女性的自杀率不仅要低得多，而且，其比例不随年龄增长而增加很多。65 岁及以上的男人对女人的自杀比为 6.10，全部人口中男人对女人的自杀比仅有 3.81。[37] 在自杀倾向上，男女之间的差异在老年时要大于年轻时。关于男女之间自杀率的差异或者这种差异随年龄增加而扩大的现象，没有一个大家都接受的解释。

# 吝 啬

幸运的是，危险开车、犯罪、自杀不是老年人的主要活动，他们的主要的活动是工作、娱乐、家务劳动，包括照顾自己。[38] 一种较次要但让人极为费解的老年人行为是他们的小气——从他们拿优惠券买东西、四处寻找便宜货的行为就可以看出来。年轻人难以理解老年人为什么为了便宜几块钱而跑很远。但是这种行为是理性的。退休后人的时间成本非常低，像细心购买这类行为体现的吝啬，是一种时间密集型的行为。此外，退休后人们的收入一般低于工作时的收入，这意示着（根据收入的边际效用递减的假定）人们退休后会比上班时更看中"额外美元"（the extra dollar）的价值。由于吝啬对老年人来说成本更低、收益却更高，所以我们应会看到他们比年轻人有更多这类行为。另外一个原因是吝啬是一种游戏（我能省多少钱），对那些因年龄而失去其他一些娱乐活动的人来说，这种行为带来的娱乐价值是很大的。这也为他们提供了展示自己脑力依旧敏锐的机会。

有人可能会提出异议，一个认为老年时从 1 美元中得到的收益比年轻时更多的有理性的人，会通过储蓄把自己年轻时的金钱转移给年老的自我，直到各

---

〔37〕 Robert Travis, "Suicide in Cross-Cultural Perspective," 31 *International Journal of Comparative Sociology*, 237, 241, 244 (1990) (tabs. 1, 2). 数字是 1986 年美国的数字。
〔38〕 我在第 4 章中讨论了老年人的消费和储蓄行为。

个年龄上的边际美元效用得到平衡，这就会使他一生的资金效用最大化。但这假定年轻的自我，即那个控制分配一生收入的自我（年老的自我无法做任何事情来减少年轻自我的收入和消费），会像对年轻自我一样地平等对待年老自我的利益；我们无法确定他是否会这样，理由在第 4 章讨论多重自我概念时解释过。

## 性

金西报告（the Kinsey reports）发现，男性的性活动大约从 30 岁、女性则大约从 40 岁开始下降。[39] 更为晚近的调查结果显示下降开始的年龄（至少用过去一年中性不活跃人数的百分比来衡量）男性为 50 多岁，女性只有 20 多岁。尽管在 50 多岁以前，女性性不活跃的比例保持在 20% 以下，但 50 多岁的后期却超过 40%，男性同期则不到 16%。很多男性老年人和老年妇女到非常年高时都保持性活跃。在 65~69 岁年龄组中，近 80% 的男性、40% 的女性保持性活跃；在 80~84 岁组中 40% 多的男性、小于 10% 的女性保持性活跃。[40] 作为正常衰老的一部分，男女的性欲望是在下降的，但很难完全没有这种欲望。[41] 达到性欲高潮的能力也在下降，但是男性比女性下降的幅度要大。那么，为什么男性老人比老年妇女更可能保持性活跃？这可能有两个原

139

〔39〕 Alfred C. Kinsey, Wardell B. Pomeroy, and Clyde E. Martin, *Sexual Behavior in the Human Male*, 220-221（1948）（tab. 44, fig. 34）；Kinsey et al. , *Sexual Behavior in the Human Female*, 548（1953）（tab. 153）. 然而 Kinsey 样本中的男性老人，特别是老年妇女特别少。

〔40〕 Edward O. Laumann et al. , *The Social Organization of Sexuality*: *Sexual Practices in the United States*, 88, 90, 92-93（1994）（tab. 3. 4, fig. 3. 1）. 60 岁以上的资料来源于一般社会调查（The Social Organization of Sexuality），参见本章注〔18〕。更年轻的人群的资料出自芝加哥大学进行的国家健康社会生活调查。遗憾的是这个调查——迄今为止关于美国人性行为的最全面的代表性调查——仅限于 18~59 岁的人。

其他关于老年人性行为水平的估计参见：Ananias C. Diokno, Morton B. Brown, and A. Regula Herzog, "Sexual Function in the Elderly," 150 *Archives of Internal Medicine*, 197（1990）；Judy G. Bretschneider and Norma L. McCoy, "Sexual Interest and Behavior in Healthy 80- to 102-Years-Olds," 17 *Archives of Sexual Behavior*, 109（1988）；Edward M. Brecher et al. , *Love*, *Sex*, *and Aging*: *A Consumers Union Report*（1984）；John W. Lorton and Eveleen L. Lorton, *Human Development Through the Lifespan*, 497-499（1984）.

〔41〕 有关的精彩讨论参见：Arshag D. Mooradian and Vicki Greiff, "Sexuality in Older Women," 150 *Archives of Internal Medicine*, 1033（1990）；David L. Rowland et al. , "Aging and Sexual Function in Men," 22 *Archives of Sexual Behavior*, 545（1993）.

因。由于女性比男性更早失去生育能力，从遗传学的角度人们会发现，老年妇女对所有年龄段男子的吸引力一般（重要的限定条件）都比男性老人对所有年龄段妇女的吸引力要小。[42] 由于现代社会中女性的预期寿命要高得多，社会上的老年妇女也比男性老人多。

这两个因素（相对吸引力和人数）决定了"有效性别比"，亦即有性能力和欲望的男性与有性能力和欲望的女性的比值。在老年人当中这个比例非常低。在年轻人当中，低有效性别比是与男性的乱交、低水平的强奸和儿童性虐待（因为不缺乏有性意愿的成年女性）、女性的低结婚率，以及婚外高生育率联系在一起的。[43] 老年人当中的低有效性别比有着不同的意义，这不仅仅因为衰老对性欲、性表现和生育力的影响之故，而且也因为老年人的性机会与他们年轻时的选择有部分关系之故。由于老年时建立新关系的、相对收益而言的成本之故（见第3章），我们可以预计（并发现）老年人的性行为是与婚姻紧密相连的，特别是妇女。[44] 这种关系对老年妇女不利，因为丧偶或离婚的老年妇女比男子多得多。在1989年，65～74岁年龄组中78.4%的男子在婚、与配偶同住，而同一年龄组的妇女的比例只有51.4%。在85岁及以上年龄组中这个差异更大——男子为48.2%，女子9.1%。[45] 有些老年学学者严肃地提出，允许老年人一夫多妻是缓解男子缺乏的一个途径。[46] 有一些证据说明，老年妇女可能会因缺少男性而转向同性恋（"机会主义同性恋"），更多的证据是她们会转向自慰。[47] 尽管有这些选择，在老年人中男性对女性

[42] 例如参见，Mary B. Harris, "Growing Old Gracefully: Age Concealment and Gender," 49 *Journal of Gerontology*, p. 149, p. 156（1994）. 当然会有例外。参见，Lois W. Banner, *In Full Flower: Aging Women, Power, and Sexuality: A History*（1992）. 我这里仅仅提供了一个统计概观。

[43] Richard A. Posner, *Sex and Reason*, 136–141（1992）.

[44] Stephen J. Weiler, "Aging and Sexuality and the Myth of Decline," in *Aging: Stability and Change in the Family*, 317（Robert W. Fogel et al., eds., 1981）; Bretschneider and McCoy, 本章注〔40〕, 第126～127页。

[45] U. S. Senate Special Committee on Aging et al., 本章注〔28〕, 第184页（表6-1）. 有关更详细的统计见 Jacob S. Siegel, *A Generation of Change: A Profile of America's Older Population*, 300–311（1993）.

[46] Diana K. Harris and William E. Cole, *Sociology of Aging*, 234–235（1980）.

[47] 参见 Brecher et al., 本章注〔40〕, 第215页; Catherine G. Adams and Barbara F. Turner, "Reported Change in Sexuality from Young Adulthood to Old Age," 21 *Journal of Sex Research*, 126, 133–134, 139（1985）.

的性活跃比例要比年轻人高。[48]

如果我们从老年男性异性恋转向同性恋问题，情况就有所变化。传统观点认为，由于同性恋亚文化中有一种对年轻人的崇拜之风，所以老年男性同性恋者的处境是可怜的。[49] 更近的一些学术研究对这种观点提出了质疑。[50]然而令人信服的证据说明，像异性恋男子一样，同性恋男子（他们只在性取向方面有所不同）比女性更为看重年轻人。[51] 结果是，老年同性恋男子比老年异性恋男子的不付费的性机会更少。[52] 另外，与老年异性恋男子相比，老年同性恋男子独居的比例更高。[53]

老年时建立新关系的成本问题，对性行为有其他的意义。这也许是我较　141

---

〔48〕 Lorton and Lorton，本章注〔40〕，第 499 页；Maj-Briht Bergström-Walan and Helle H. Nielsen，"Sexual Expression among 60-80 Year Old Men and Women：A Sample from Sweden," 27 *Journal of Sex Research*，289，291（1990）；另参见 Adams and Turner，本章注〔47〕。这在最老年组中尤为如此；我们可以回想一下 80~84 岁组中老年男子和女子的性活跃的相对比例。

〔49〕 例如参见，John H. Gagnon and William Simon，*Sexual Conduct：The Social Sources of Human Sexuality*，149-151（1973）.

〔50〕 例如参见，Mary Riege Laner，"Growing Older Male：Heterosexual and Homosexual," 18 *Gerontologist*，496（1978）；Heather Gray and Paula Dressel，"Alternative Interpretations of Aging among Gay Males," 25 *Gerontologist*，83（1985）.

〔51〕 例如参见，Gray and Dressel，本章注〔50〕，第 84~85 页；John Alan Lee，"What Can Homosexual Aging Studies Contribute to Theories of Aging?" 13 *Journal of Homosexuality*，43，62（1987）.

〔52〕 引自，Brecher et al.，本章注〔40〕，第 225 页；Douglas C. Kimmel，"Life-History Interviews of Aging Gay Men," 10 *International Journal of Aging and Human Development*，239，245（1979）. Berger 确认老年同性恋男子（40 岁以上）与更年轻男子的社会接触少（Raymond M. Berger，*Gay and Gray：The Older Homosexual Man*，159-160，164，185〔1982〕）.

〔53〕 Jean K. Quam and Gary S. Whitford，"Adaptation and Age-Related Expectations of Older Gay and Lesbian Adults," 32 *Gerontologist*，367，370（1992）——这项研究发现，在一个 50~73 岁的男女同性恋的样本中，63% 的男同性恋者独居。Kimmell，本章注〔52〕，第 242 页——这项研究发现在 14 个 55~81 岁的男同性恋者中有 10 个人独居。可以将上面两个研究与文中的数字进行比较：78.4% 的 65~74 岁男性在婚、与配偶同住，这说明这个年龄组中的大约 21.6% 的老年人（假定大多数是异性恋）独居。（也参见，A. J. Lucco，"Planned Retirement Housing Preferences of Older Homosexuals," 14 *Journal of Homosexuality*，35，50〔1987〕.）不可否认的是实际的数字要低于 21.6%，因为其中一些男子一定在与非配偶关系的人同居。然而比较 65~74 岁年龄组中独居的同性恋女子（41%）和没有结婚、与其配偶同住的妇女（48.6%），前者只比后者的百分比小一点。大多数人不喜欢独居，这与其他一些证据相吻合——女同性恋者要比男同性恋者幸福一些（例如，Posner，本章注〔43〕，第 306~307 页）。但是另外一项研究老年女同性恋的研究发现，只有 18%（50 例中的 9 例）在当时处于一种"承担责任的关系"。Monika Kehoe，"Lesbians over 65：A Triply Invisible Minority," *Journal of Homosexuality*，May 1986，p. 139.

早提到的那种倾向的一个因素——老年男性有对儿童进行性骚扰而不是进行其他类型的性犯罪、以自慰代替性交的倾向。[54] 更为广泛的一个问题是，我们会发现由于建立新关系的高昂代价，没有结婚的老年人有在性"市场"上以"临时"（spot）交易代替"关系式"（relational）交易的倾向。

## 工作与休闲

第 4 章中有关影响退休时间因素的讨论并不详尽。还有其他一些重要因素，包括退休收入的结构。例如，70 岁以前，领取社会保障退休金的条件都是当事人没有其他来自工作的可观收入。这样一来，实际效果就如同对那些有资格获得社会保障退休金的人，在他们到达 70 岁以前，一直对其工资课以重税。即使不考虑个人所得税制度采取了更有利于社会保障金而不是"劳动"收入的规定，不对社会保障金征税，一个工作收入为 3 万美元的人，若他可以退休且退休后可得到 2 万美元的社会保障金的话，他实际上也是就自己的工作收入交了高达 2/3 税率的税。合法领取社会保障金的年龄越低、社会保障金越高，人们就越有早退休的动机。一个 65 岁退休的人不太可能在 5 年后（这时他被允许工作而不影响领取社会保障金）再次进入劳动力市场，[55] 因为他们的工作技能已经退化。

但是，社会保障计划对老年人参与劳动力市场的影响，或许已受到私人养老金计划的冲击，这些计划一般使人们有强烈动机不晚于 65 岁退休，而且经常是更早退休。[56] 与社会保障退休金不同的是，私人养老金计划（在这个问题上，除了社会保障外，大多数公共养老金也如此——例如为军人、公立

142

---

〔54〕 Simone de Beauvoir, *Old Age*, 322–323 (1972)；Lorton and Lorton, 本章注〔40〕，第 498~499 页。

〔55〕 一般的论述参见，William J. Wiatrowski, "Factors Affecting Retirement Income," *Monthly Labor Review*, March 1993, p. 25.

〔56〕 Laurence J. Kotlikoff and David A. Wise, *The Wage Carrot and the Pension Stick: Retirement Benefits and Labor Force Participation* (1989). 我会在第 13 章中进一步讨论提早退休的动机问题。

学校教师、警官、法官以及其他一些文职人员提供的养老金）不以老年人放弃所有工作为条件，这点是真实的。这些计划的前提仅仅是，不再为自己的雇主全职工作；他们正是通过以前为雇主工作而赢得这种私人养老金的。这样，我们就会发现，一些退休人员会去寻找第二职业。在可以合法得到社会保障退休金之前就已经退休的人更可能这样做。不过，他们找的第二份工作大多数是"无前途"的工作。[57] 原因已经在前几章中谈过。流体智力随年龄增长而下降，这使得老年人获取新技能的成本增高，他从中得到的收益也变少，因为他在人力资本上的任何新投资所得到的回报期限都在变短。（"无前途"的隐喻特别恰当。）由于"无前途"的工作工资很低，因此，大部分老年人都不愿工作而宁愿享受闲暇，即使当他们的退休金收益对他们从那种工作中获得的工资实际上并不需要被征税时（社会保障金就有征税的要求），亦是如此。

上面的讨论与老年工人工作保障的问题有关。在一定程度上，老年工人的工资反映了他在现在雇主的人力资本上的特定投资，如果他被解雇，他可能很难再拿到比这更多的工资，因为他极不可能在另外一个公司里再做类似的投资。这种差异对中年工人来说可能更大，这个年龄的工人的工资可能还在增加，因为他的经验使得他仍在积累人力资本，[58] 但是他的经验可能很难用于其他雇主，因为他积累或更新的人力资本是公司特定的人力资本。在这种人力资本贬值的速度超过更替的速度之前，这个工人对公司的价值是不断上升的，这就是他为什么可以要求其他新工作所不能提供的更高的工资。另外一个原因是随着他年龄的增加，他获取另外一个公司需要的特殊人力资本的能力和动机开始减少，这使他更难辞去工作，一旦辞职他就会丢失现在的雇主对他进行的全部投资。但是超过某一点后，这个工人年龄越大，他对现在公司的价值就越小，同时他在其他地方受雇的可能性也越来越小，虽然他

143

---

〔57〕　Robert L. Kaufman and Seymour Spilerman, "The Age Structures of Occupations and Jobs," 87 *American Journal of Sociology*, 827, 839 (1982).

〔58〕　Donald P. Schwab and Herbert G. Heneman III, "Effects of Age and Experience on Productivity," 4 *Industrial Gerontology*, 113 (1977).

可能还要几年才退休。老年工人位置的不稳定性让人们更容易理解为什么工会对老年工人而不是年轻工人更有吸引力（见第 3 章），也可帮助解释雇用年龄歧视法出台的原因，这点我将在第 13 章中细谈。

不同行业的平均退休年龄不一样，平均退休年龄是造成不同行业年龄概况差异的一个因素。[59] 工作越紧张或危险，对这份工作的人力资本的最佳投资越小，退休年龄就会越早。军人这个职业可以说明这两点。级别低的士兵的退休年龄一般比级别高的军官早。级别低的士兵多参与压力大和危险的工作，由于不值得为这些可能会被杀害或遭伤残的"工人"进行很多人力资本的投资，所以他们的价值在相对短的时间内就不再会随经验的增加而增加。级别高的军官的工作压力和危险要小，所以年龄衰退曲线下降就不那么迅速，他们做的工作需要更多的复杂技能，要求更大的人力资本投入才能达到工作高峰。随着军队职业越来越像现代文职职业，"电钮战争"这个术语恰当地（若说带有夸张成分的话）把握了这一趋势，传统的退休制度（服役 20 年后付半薪）[60] 正不断受到质疑。[61]

社会保障局用来决定申请社会保障残障金申请人是否真正残障的办法假定，一个受教育有限的老年工人如果有严重损伤就算是完全残障，如果他更年轻，那就必须提供更多的残障证据或者有更为严重的损伤。这是可以理解的。拥有有限的一般人力资本（体现在缺乏正式教育上）的老年工人的就业前景特别惨淡。他仅有的人力资本——特殊人力资本——近乎不可转移，他为新雇主增加自身新资本的可能性已经很小。

个体（self-employed）职业者（这里更指出租车司机和裁缝，而不是律师和医生）有比受雇于他人者退休更晚的趋势。[62] 一种表面上的解释是，没

---

[59] 一个带有数据的有趣讨论参见 Kaufman and Spilerman，本章注〔57〕。

[60] 参见，Headquarters, Department of the Army, "Handbook on Retirement and Services for Army Personnel and Their Families" 5-1 (Pamphlet No. 600-5, Aug. 1, 1982).

[61] 例如参见，"Military Retirement: The Administration's Plan and Related Proposals" (American Enterprise Institute Legislative Analysis, 1980).

[62] Kaufman and Spilerman，本章注〔57〕，第 837~838 页。

有"强迫"个体职业者作出是全职工作还是退休的选择，他们可以逐渐减少工作时间，因而也就延长了（完全）退休的时间。但是除了在一定年龄强制退休这一令人有疑问的例外（见第 13 章）之外，人们退休是因为他们认为不工作会更好，而不是因为他们硬被拽出了工作场所。他们的退休决定并不直接受他们是自我雇用的还是受雇于他人因素的影响。

另外一种对个体职业者晚退休的不令人信服的解释是，个体职业一般吸引一些喜欢冒风险的人，这些人不喜欢常规形式的退休金——亦即那种限制了收益的计划，根据这种计划，所有的投资风险都由雇主承担（见第 12 章）。但是，希望自己的金融资产承担的风险高于限定收益的计划所蕴含的风险的雇员，通常都可以通过更多的借贷或将其储蓄投资在更有风险的方面，来达到他期望的风险水平。

对个体职业者晚退休现象最具说服力的解释是，如果工人使用的空间不贵、不用昂贵的设备或者喜欢精确的工作小时以外的附加收益，那么减少工作时间对他们（或者雇主）的成本就会更小。这些成本越低，他减少工作小时导致的他每小时工作成本上升就越少。如果一个工人每小时的工资是 10 美元，每周工作 40 小时，工作使用的设备每周要花费雇主 200 美元，那雇用这个工人的每小时成本就是 15 美元（＄10＋＄200/40）。如果他每周只工作 20 小时，小时工资不变，且不可能有其他人在另外的 20 小时里使用这个设备，那么雇用他的每小时成本就会增加到 20 美元（＄10＋＄200/20）。

个体专业人员，例如医生和律师，通常拥有昂贵的设备，这些设备花费与他们工作多少小时没有关系。减少工作时间就会不成比例地减少他们的纯收入。回到前面的例子，如果个体专业人员的净收入为每小时 15 美元（其中 5 美元代表设备费用的分摊额），如果他减少一半的工作时间，那么他的收入就会降到每小时 7.5 美元，结果是他的纯收入降低了 75%（从 10 美元降到 2.5 美元），原因是他的设备的成本不受影响（第 4 章提到过，工作小时与小时工资有正相关的关系）。尽管专业人员的设备在购买时很贵，如果他们的设备再转手的价值不大，而且买设备的成本已经全部收回，那么减少工作时间的成本就不会太大。但是在今天，大多数医生、律师必须在书本和设备上继续大量支出，才能保持有效开业者的身份。

这个分析有可能解释为什么尽管个体专业人员的工作压力较小，但他们比个体裁缝、理发师、出租汽车司机退休早，这三种人可以减少他们的工作时间但小时工资又不受很大的影响。另外一个原因可能是个体专业人员有更高的收入。法官这个专业团体在美国是最老年的职业，我们将在第 8 章中解释这个问题。

## 居　住

以前没有退休金时，大多数退休的人都没有收入，所以他们不得不与自己的子女和其他家人居住在一起。这种"同住"形式已有了很大的变化。如今大多数退休人员自己住或者住在养老院里，尽管在这两种形式之间的中间机构（带有养老年院设备的退休公寓）正越来越普遍。从同住到单住的变化常被人悲叹为让老年生活苦涩和孤独，阻止了年轻人从老年人那里得到智慧。但是有必要区分单住和在机构里居住。单住的趋势更是子女和父母共同自愿决定的结果，而不是子女遗弃父母的结果。由于某些原因，在一起居住的成本在升高。随着老年人寿命的延长，子女为老年人提供住房、食品、陪伴以及其他物质和服务的时间也在加长。当家庭规模缩小，照顾老年父母的子女人数变少；固定（并且在增加）的负担由更少人分摊。随着妇女工作机会的扩大，家务的机会成本在上升，照顾年老亲属这一花费时间的活动亦不例外。[63] 同时，对家中年轻人和老年人来说，同住的利益在减少。大众教育和社会、技术的快速变化，降低了老年亲属的智慧对年轻人的价值。

因为老年人的收入在快速增加，如果他们希望和子女住，他们可以支付

---

[63] 参见，Kiyosi Hirosima, "The Living Arrangements and Familial Contacts of the Elderly in Japan," in *The Elderly Population in Developed and Developing World*, 68, 75 (P. Krishnan and K. Mahadevan, eds., 1992).

自己所有的花费。他们一定不那么想与子女住，从而不想支付这一会让子女对同住还是别居无所谓的代价。如上面刚刚提到的，在我们这个快速变化的社会里，由于缺少共同的经历，不同年龄组的人们之间的交往益处已经减少。另外有大量证据说明隐私是一种更高的善品。[64] 随着老年人收入的增加，他们希望有更多的隐私，因而同住的价值更小。[65] 最终许多老年人因为身体虚弱而住进养老院，在那里他们几乎无隐私可言。体弱带来的无法活动迫使老年人在与他人共住和隐私之间作出选择。尽管老年人看重隐私，但是第 5 章的分析说明对此他们比年轻人看得轻一些，因为隐私对于一个人（除了隐士）的价值，与个人的交易活动有正相关的关系。

　　"作为房主和租赁者的老年人拒绝搬家"，这样一来他们居住的房屋与他们的需求相比经常"过大"，或者居住在不安全的街区。[66] 但是这种居住方式从经济学角度看完全说得通。搬家需要老年人适应新环境，而老年人为此付出的成本要比年轻人高。一个不那么显著的问题是，老年人从搬家得到的收益要小一些。他们只能在一个较短的时间里享受此种收益，所以，即使搬家的成本对老年人来说不比对年轻人更高，对老年人而言，这种成本也无法得到充分的分摊。更何况正如我所指出的，老年人搬家的成本确实高一些。

　　我提到过在养老院会失去隐私。住在养老机构里的另外一种成本是"感情气氛"上的。即使人们努力让大部分已经老态龙钟的老年人分开来（实际上正是这样做的），许多老年人（其中很多人已经老态龙钟了）集中居住在一

---

　　[64]　参见我的书，*Overcoming Law*, ch. 25 (1995).

　　[65]　有关的经验证据参见：Robert T. Michael, Victor R. Fuchs, and Sharon R. Scott, "Changes in the Propensity to Live Alone：1950-1976," 17 *Demography* 39 (1980); Saul Schwartz, Sheldon Danziger, and Eugene Smolensky, "The Choice of Living Arrangements by the Elderly," in *Retirement and Economic Behavior*, 229, 243 (Henry J. Aaron and Gary Burtless, eds. , 1984); Jeffrey A. Burr and Jan E. Mutchler, "Nativity, Acculturation, and Economic Status：Explanations of Asian American Living Arrangements in Later Life," 48 *Journal of Gerontology*, S55 (1993); 也请参见：Fred C. Pampel, "Changes in the Propensity to Live Alone：Evidence from Consecutive Cross-Sectional Surveys, 1960-1976," 20 *Demography*, 433 (1983)，特别是第445 页。同住减少的另外一个原因将在第 9 章中讨论。

　　[66]　Siegel, 本章注 [45]，第 574 页。强调老年人居住安排惯性特点的文章参见：Axel H. Börsch-Supan, "A Dynamic Analysis of Household Dissolution and Living Arrangement Transitions by Elderly Americans," in *Issues in the Economics of Aging*, 89 (David A. Wise, ed. , 1990).

起，这种氛围是压抑的。我们不会惊奇地发现，收入与成为养老院住户的概率成反比，也就是说人们认为住在养老院不如单独居住。[67] 同一研究还发现，在控制了其他因素后，住进养老院的概率（当然）与年龄正相关，但与收入、子女数以及是否在婚负相关，同时，尽管所有这些因素都起作用，住进养老院的概率却一直在增大。随着寿命增加、家庭规模和结婚率缩小和下降，而且考虑到刚刚提到的那种与这些因素无关的更多老年人居住在养老院的时代趋势——这种趋势可能反映了家人越来越不愿意照顾老年家人[68]——我们可以预计，居住在养老院的老年人比例会继续上升，除非退休金也在继续真正地亦即在排除了通货膨胀因素的情况下增加。因为养老院的生活并不受欢迎，我们可以预计，人们会为老年增加储蓄，以减少住进养老院的机会——但也有可能不会，如果有些人对未来年老和体弱的自我并不十分无私的话（这将在第 11 章讨论）。

在讨论养老院的成本时我似乎忽视了最重要的一项成本——大量工作人员的成本。然而，将这一成本考虑进来，就隐含地意味着，必须比较一下照顾能够自理的健康老年人的成本和照顾身体虚弱必须住到养老院里的老年人的成本。如果身体和精神因素不变，那么在专门机构中居住的成本将比在个人住宅居住的成本便宜得多，因为在专门机构中居住有规模效益。实际上，若不是这样，除非特别年老，没有人会住到养老院里，因为在那里人们不仅会失去隐私，还要承担"气氛"成本。这一点是重要的，这是第 11 章要讨论的问题的基础：人口老龄化最为严重的长期问题——居家照料的成本，由于没有规模效益，这种成本将比由专门机构照料老年人的成本大得多。

## 选举和陪审团工作

投票参加政治选举是老年人的一项重要的活动。我会解释为什么（表 6.1

---

〔67〕 Börsch-Supan，本章注〔66〕，第 102 页。
〔68〕 出于同样的原因，同住的现象在减少。

至 6.4）老年人比年轻人更愿意参加选举。[69]

#### 表 6.1　各年龄组参加总统选举的百分比，1964-1992

| 年龄 | 1964 | 1968 | 1972 | 1976 | 1980 | 1984 | 1988 | 1992 |
|------|------|------|------|------|------|------|------|------|
| 18-24 | 50.9 | 50.4 | 49.6 | 42.2 | 39.9 | 40.8 | 36.2 | 42.8 |
| 25-44 | 69.0 | 66.6 | 62.7 | 58.7 | 58.7 | 58.4 | 54.0 | 58.3 |
| 45-64 | 75.9 | 74.9 | 70.8 | 68.7 | 69.3 | 69.8 | 67.9 | 70.0 |
| 65+ | 66.3 | 65.8 | 63.5 | 62.2 | 65.1 | 67.7 | 68.8 | 70.1 |

#### 表 6.2　各年龄组参加非大选年国会选举的百分比，1966-1990

| 年龄 | 1966 | 1970 | 1974 | 1978 | 1982 | 1986 | 1990 |
|------|------|------|------|------|------|------|------|
| 18-24 | 44.1 | 40.9 | 41.3 | 40.5 | 42.4 | 42.0 | 39.9 |
| 25-44 | 67.6 | 65.0 | 59.9 | 60.2 | 61.5 | 61.1 | 58.4 |
| 45-64 | 78.9 | 77.5 | 73.6 | 74.3 | 75.6 | 74.8 | 71.4 |
| 65+ | 73.5 | 73.7 | 70.2 | 72.8 | 75.2 | 76.9 | 76.5 |

前两个表说明自 1986 年以来，虽然有身体虚弱和住进专门老年机构的问题，但与其他年龄组相比，老年人参加选举的比例更高。自 20 世纪 70 年代以来这个比例一直在增加，而其他年龄组的选举比例一直在下降（虽然下降不太大）。不同年龄组在选举倾向上的差异，在非大选年的国会选举中更为明显（表 6.2）。在 1990 年，老年人参加选举的比例为 76.5%，最年轻、够合法选举的年龄组的比例只有 39.9%。在控制了其他人口变量后，老年人更强的参加选举的倾向依然存在。一项细致的多元分析的研究结果是："衰老本身促

---

[69]　表 6.1 至 6.4 的资料来源是两篇文章：Jerry T. Jennings，"Voting and Registration in the Election of November 1992"（Current Population Reports，Population Characteristics，Series P20-466，1993）（tab. A, p. v, and app. A, pp. A1-A7）；"Voting and Registration in the Election of November 1990"（Current Population Reports，Population Characteristics，Series P20-453，1991）（tab. B, p. 2 and app. A, pp. 77-82）.

进了更多而不是更少的选举参与。参加选举比例的增加速度大约在 55 岁时开始放缓，但直到 70 多岁仍在持续缓慢上升。"[70]

如何对此进行解释？由于主要选举受一票支配的可能性几乎接近零，所以这种选举投票行为就不能现实地视为一种工具性活动，一种投资。这显然是一种消费行为，[71] 我在其他地方拿它与鼓掌比较，人们通过对一个表演或竞赛发表看法，可以获取效用。[72] 但这不是一项无成本的消费行为，我认为这里面包含了解释老年人有更强投票倾向的线索。[73] 参加投票选举的主要成本——投票所花的时间，获取关于候选人基本信息所花的时间（就像观看一场你最终会鼓掌的一次演出所花费的时间一样）——是不大的。但切不可忽视这种成本，特别是当候选人是无名人士时（低职位的候选人经常是这样的）。这就是为什么人们在较低职位的选举中投票率非常低的原因，尽管一张选票在地区选举中的工具价值要比在国家选举中大。

在时间是选举的主要成本的前提下，我们可以针对以下问题作出一个经济学的解释：为什么老年人比年轻人更可能参加投票选举，为什么这种差异在国会选举中比在总统选举中更大，为什么这种差异在扩大。老年人的时间机会成本更低一些。尽管老年人的身体活动可能受到限制，除去单位时间的机会成本外，老年人进行选举的其他一些成本可能比年轻人要高，[74] 但是政

---

〔70〕 Raymond E. Wolfinger and Steven J. Rosenstone, *Who Votes*? 47 (1980)（斜体为原文所加）; G. Bingham Powell, Jr., "American Voter Turnout in Comparative Perspective," in *Controversies in Voting Behavior*, 56, 67–73 (Richard G. Niemi and Herbert F. Weisberg, eds., 1993).

〔71〕 例如参见, Anthony J. Nownes, "Primaries, General Elections, and Voter Turnout: A Multinomial Logit Model of the Decision to Vote," 20 *American Politics Quarterly*, 205 (1992).

〔72〕 *Overcoming Law*, 本章注〔64〕, 第 3 章。有关选民表现的详尽文献参见: Steven J. Rosenstone and John Mark Hansen, *Mobilization, Participation, and Democracy in America* (1993); *Controversies in Voting Behavior*, 本章注〔70〕, 第一部分; Jan E. Leighley and Jonathan Nagler, "Individual and Systemic Influences on Turnout: Who Votes? 1984," 54 *Journal of Politics*, 718 (1992); *Political Participation and American Democracy* (William Crotty, ed., 1991); 其他参考文献参见本章下面的注〔75〕。

〔73〕 Wolfinger and Rosenstone, 本章注〔70〕, 第 60 页。他们提出了对老年人有更大选举倾向的另外一种解释，"总的说是对生活的接触、特别的说是对政治的接触"的事实增加了人们对选举的兴趣。

〔74〕 其他一些成本中包括时间成本。尽管老年人的单位时间的机会成本比年轻人小，但是如果老年人由于身体虚弱需要花费更多的时间到达投票站，那么他的时间成本就可能比年轻人大。

治团体为了得到老年人的支持通常提供免费的交通工具带他们去投票场所，投票站开始越来越多地建立在养老院和退休公寓里。

老年人参加投票的机会成本与年轻人之间的差异越大，那么选举引起的公众注意力就越小，选举的无名度就越大，因为这种选举要求人们进行更多的投资来认识候选人。这可能解释了为什么老年人在国会选举中的参与度比在总统选举中更大。[75]

选举对老年人来说不仅仅比年轻人更廉价，也更有价值。这并不是因为老年人可以从政治程序中得到更多；也许他们可以，但这不是一个老年个人参加选举的理由。他的一票不会决定选举，原因是可供老年人选择的活动是有限的。老年人一般不仅仅不可以参加工作，也无法参加压力较大的娱乐活动。这不仅仅是他们每 1 至 2 年花几个小时很低的机会成本的另外一种说法。这里的论点更是，其他选择越少，从一项活动中得到的益处就越大。如同小气一样，对那些可供选择十分无生气的娱乐活动的人来说，选举更令人刺激。

老年人对投票选举更感兴趣，他们的时间机会成本很低，以及他们视野狭窄会使他们不会关注与他们的特别关注没有什么密切关系的问题（尽管正如我们在第 3 章中所看到的，利他精神会扩大他们的视野），这些因素加在一起，使得老年人成了一个不寻常的、关注问题相对少的选举集团。这会强化他们对政治家的影响，如果政治家不答应保护他们的利益、并保证实现自己的承诺，他们就很难赢得老年人的支持。尽管老年人口的比例不总是老年人经济福利的一个好的预测指标，但在美国政治系统中，它确实是一个好指标。[76]

所有这些并没有解释为什么老年人的选举倾向对年轻人的选举倾向的比

151

---

〔75〕　关于公开程度很大的选举的选举成本更小的支持证据是，人们更多参加这类选举。John H. Aldrich, "Rational Choice and Turnout," 37 *American Journal of Political Science*, 246, 266-268 (1993)；Gary W. Cox and Michael C. Munger, "Closeness, Expenditures, and Turnout in the 1982 U. S. House Elections," 83 *American Political Science Review*, 217 (1989).

〔76〕　John B. Williamson and Fred C. Pampel, *Old-Age Security In Comparative Perspective*, 116, 196, 220 (1993).

值一直在增高。一种可能是，老年人的时间机会成本因为老年人退休的比例更高而在下降。

由于 65 岁及以上的人口比例在增加，同时这个年龄组的参加选举的比例也在增加，所以老年人参加选举投票的比例比上述两个比例增加得更迅速，这在下面两个表中得到了体现。1992 年时，65 岁及以上的美国人占其总人口的 12.6%，他们在总统选举中参加投票的比例比他们在全部人口中所占的比例高 50%（在 1990 年的国会选举中，高出 2/3）。当拿他们参加投票的比例与他们在全部达到投票年龄人口中的比例进行比较时（这两个表格就是这样做的），这种差异就变小一些。然而，这一调整却模糊了这样一个事实：未成年人的父母或多或少是他们孩子的利益的适当代表人，而有未成年孩子的老年人却非常之少。我会在第 11 章中再谈这个问题。

**表 6.3　65 岁及以上老年人的投票占全部投票的比例，总统选举，1964–1992（括号中为选举年龄人口的百分比）**

| 1964 | 1968 | 1972 | 1976 | 1980 | 1984 | 1988 | 1992 |
|---|---|---|---|---|---|---|---|
| 14.9 | 15.4 | 14.9 | 15.8 | 16.8 | 17.7 | 19.4 | 19.0 |
| (14.8) | (14.8) | (15.0) | (15.3) | (15.7) | (16.1) | (16.6) | (17.0) |

**表 6.4　65 岁及以上老年人的投票占全部投票的比例，国会选举，1966–1990（括号中为选举年龄人口的百分比）**

| 1966 | 1970 | 1974 | 1978 | 1982 | 1986 | 1990 |
|---|---|---|---|---|---|---|
| 16.0 | 16.6 | 17.0 | 18.5 | 19.1 | 21.1 | 22.0 |
| (14.8) | (14.9) | (15.1) | (15.5) | (15.9) | (16.4) | (16.9) |

由于可能存在"队列效应"（cohort effects），在比较解释老年人与年轻人的选举行为时要特别小心。当比较 1992 年 18 岁和 65 岁年龄组时，人们不仅比较的是年龄不同的、从同一个人口样本中随机抽样出来的群体。他们是不同的一批人——1974 年出生的一批人（18 岁的人）和 1927 年出生的一批人——

因此有不同的经历。这增加了评估老年投票者比年轻投票者更"保守"这样 152
的流行观点的难度，我会在下面的章节中再谈这个问题。

即使在控制了其他因素后，利用更低的时间成本和缺少其他"娱乐"活
动来解释老年人的高选举参与水平的理论，似乎与失业人群的低选举参与水
平的事实不一致。[77] 看起来失业者可能有很多时间，相对缺少其他娱乐活
动，但这不是真实的。"失业者"一词在相关的研究中一般指正在寻找工作的
人们，而不是从劳动力市场退出的人们。这些寻找工作的人忙于找工作；他
们很可能专注于找工作，对离他们相对遥远的政治领域没有兴趣。[78]

陪审团工作是另外一种个人参与政治程序的形式。由于这种工作需要时
间，老年人的时间成本比年轻人低，我们可能会认为，他们会在陪审团里占
有更多的位置。人们多认为陪审团里退休人员占多数，但实际上退休人员的
名额不足。尽管 70 岁以上的人口占整个人口的 12%，但是一项关于 8 个城市
的联邦和州陪审团的研究发现，这部分人口只占陪审团人员的 4%。[79] 陪审
团工作比选举需要更多的移动性和更高的精神和身体的一般健康，所以当我
们发现，比起选举，更小比例的老年人做陪审团工作不应感到惊奇。另外一
个原因是，大多数雇主在雇员做陪审团工作期间继续付给正常工资，这样就
降低了年轻人（比老年人更可能有工作）做陪审团工作的机会成本。

这项研究发现，60 岁及以上的人占陪审团人员的 17.8%，比起 70 岁及以
上的陪审团人员的比例，这个比例更接近他们占成年人口的比例（23%），但
仍低于其占成年人口的比例。这就是我在本书中始终强调的——身体和（或
者）精神能力是随年龄增加而显著下降的另外一个证据。

上一章和这一章主要（尽管不是全部）试图解释有关老年人的一些难以 153

---

〔77〕　Rosenstone and Hansen，本章注〔72〕，第 273 页（表 D-1），第 282 页（表 D-5）；
Wolfinger and Rosenstone，本章注〔70〕，第 29 页。也参见：Wilma Smeenk，"Non-Voting in the Nether-
lands and the United States，" 10（unpublished，Nijmegen University〔Netherlands〕，Dept. of Sociology，
n. d.）. 这篇文章指出，在控制了其他因素后，失业不能减少一个人选举的可能性。

〔78〕　参见，Rosenstone and Hansen，本章注〔72〕，第 81~82、135 页。

〔79〕　据华盛顿项目办公室的资料计算，"The Relationship of Juror Fees and Terms of Service to Jury
System Performance，" D-1（National Center for State Courts，March 1991）.

理解的问题，包括从沉默到健谈的问题。上一章主要关注老年人在态度、倾向、精神状态方面的各种矛盾之处，例如对死亡的恐惧和预期效用之间的负相关关系。这一章转向了行为方面的差异，这方面的矛盾之处不胜枚举。其中有：老年人的高汽车事故率（受伤和他伤）和高自杀率（暴力行为的一种，此时受伤和加害者是同一个人）与低犯罪率和低受害率同时存在；随着年龄的增加，男性的性行为相对于女性增加了，尽管男性的性能力随年龄衰退得比女性更快；老年人更高的收入使他们更不愿意而不是更愿意住在子女家。老年人的高投票率与他们的低陪审团工作参与率共存。

视力、听力、反应以及其他神经运动能力随年龄增加而衰退的现象，是理解老年人高汽车事故发生率的关键。我的观点是，老年人开车安全性下降的程度比他们实际能力的下降要慢得多，因为在某种程度上，老年人通过更加小心和减少开车次数可以以合理成本的方式来弥补能力的下降（这意味着老年人开车的价值可能很高———一种选择效应———尽管这种行为是危险的）。要想将"步行"减少到相同程度的成本可能更高，这可能也是为什么行人死亡率随年龄增长而增高的幅度比汽车拥有者死亡率增高的幅度要高得多的原因。[80] 避免使自己成为犯罪受害者的成本比避免成为交通事故受害者的成本要小一些，这就可以解释老年人的犯罪受害率为什么非常低。我认为，老年人的低犯罪率（由于年纪降低了长期监禁的预期效用之故，这乍看起来似乎是一种矛盾现象）不是因为老年人虚弱，而主要是因为老年人进入犯罪的几率很低、停止犯罪的几率很高。老年人不愿从合法活动转向犯罪"工作市场"的原因，和他们不愿换职业的原因是一样的，是与年龄有关的、获得新人力资本的成本；而且，由于对惯犯的严惩，因年龄停止犯罪的几率非常大。选择偏见在这里起着作用。最有经验的犯罪分子可能会巧妙躲过被捕，而不同年龄组的犯罪率主要是根据被捕统计数字估算出来的。

154　　当我们认识到年轻人中冲动型自杀更常见、老年人中深思熟虑的自杀更常见时，我们就会明白，老年人在交通事故和犯罪方面表现出的厌恶危险的行

---

〔80〕 见本章注〔9〕。

为与老年男子的高自杀率并不是不一致的，[81] 在年轻人当中，自杀是各种危险行为的一种。而在老年人当中，当“忧郁”这一循环概念不被用来解释老年人的高自杀率时，自杀或多或少就是一种对负预期效用的率直反应。

理解老年男性和女性的性行为频率差异的关键是有效性别比——有性能力和欲望的男性与同龄的女性之比。这一比值随年龄增加而降低，因为男性的死亡率比女性高，也因为男性对女性的性吸引力随年龄下降的幅度比女性低。我还指出，由于老年人交新朋友的成本升高（在第 3 章中），所以一些没有结婚的老年人会以“临时”性交易代替“关系型”性交易。

人们可能会认为，由于老年人相对年轻人收入的实际增加，更多而不是更少的老年人会“同住”（几代人住在同一屋檐下）；老年人能够支付自己的孩子或其他年轻亲属为他们提供住处和照顾而支出的费用。他们能够支付这些费用，但是他们不想这么做。隐私是最好的东西，所以随着老年人收入的增加，同住的需求减少。近几十年来同住的成本更因下列原因在升高——女性照顾老年人的机会成本因女性的市场工作机会增加而上升了。我也用经济学原因解释了很多老年人要留在“对他们而言太大”的房子里是有道理的。

老年人参与选举的比例与他们在成年人口中的比例不相称，但在（与流行的想法相反）陪审团工作中他们的比例相对小，这是因为老年人参与这两种公民活动的成本不同。陪审团工作需要比选举更多的移动，需要精神和体力更健康，雇主通常会支付参加陪审团的员工的工资，而参加陪审团的退休人员没有类似的优待，因而老年人更不情愿参加这类工作。[82] 老年人投票率增加的事实可能反映了长期以来老年人参加工作的比例在下降。这种下降降低了花费在投票本身以及寻找关于候选人的相关信息为投票做准备的时间的

---

　〔81〕 有关证据参见，Kalle Achté, "Suicidal Tendencies in the Elderly," 18 *Suicide and Life-Threatening Behavior*, 55 (1988).

　〔82〕 尽管陪审团工作是强制性的，但人们可以通过下列方法躲开这项工作：不应答陪审员传票（在大多数管辖范围内偶尔会要求人们一定要参与陪审团工作），通过回答陪审团问卷上的问题或由法官或律师在审判之前进行的陪审员预先考察使自己达不到陪审员的条件。

机会成本。[83]

我还讨论了关于退休年龄的其他一些因素，这在以前章节（特别是第 4 章）中也讨论过。这使得我能够对不同种类的个体职业者退休年龄不同以及军队的特殊退休制度作出经济学解释，并探讨社会保障和私人养老金对退休年龄的影响。

---

[83] 这个分析暗指老年人参加陪审团工作的比例在上升，但是我没有找到任何有时间序列的不同年龄组做陪审团工作的资料。

# 第七章
# 年龄、创造力、产出

退休是与年龄相关的最大的工作变化，但这仅仅是量的问题。这一章中
我要考虑两个与年龄相关的工作变化。第一个是从一种工作换到另外一种工作的变化，而不是像退休那样从工作一下子转换到休闲的变化。第二个是在工作生涯中一个人工作的量或质的变化。这种变化与退休有关，因为这会影响到雇员对雇主的价值，进而影响退休日期。因为这种变化可以在退休前很长时间就已发生，而且它可以是积极的也可以是消极的，因而它有自己的独特特点。我会将这两点——工作种类的变化和在同一种工作内工作的量与质的变化一起讨论。所以，我会更多谈到不同领域内达到生产能力巅峰的年龄的不同。

## 生产能力与年龄：创造力与领导能力

我以与年龄相关的工作变化为例开始讨论。在研究型大学里，当学者年龄大了以后，他们常常会把更多的工作时间从做学问挪向辅助学校的行政工作。我们称这种变化为与年龄相关的"领导能力"活动对"创造性"活动的替代。相反的类型——也就是一个学者的事业始于大量投入行政事务，以后又把时间从行政转到学术上——几乎从未见过。因此与年龄相关的领导活动取代创造性活动的现象不太可能是一个筛选的问题。如果情况是，当一个学
者开始他的事业时，没有人知道他到底是更擅长于学术还是行政，亦即若情

况是需要观察几年才能断定他到底擅长哪一项,那么,开始时做行政后来又转向学术的情况,会和相反的例子一样多。

　　要理解与年龄相关的工作变化,关键是不同的工作有不同的生产能力的年龄概况。有人认为,从学术转向行政工作反映的是创造性产出的下降、在生命周期里人力资本投资减少的结果。[1] 但这不可能是全部的解释。简单的生命周期模型没有解释为什么对领导能力的人力资本投资与对创造力的人力资本投资不同。有关创造力的巅峰年龄的大量社会学和心理学的文献发现,在诸如数学和理论物理这样的领域,平均巅峰年龄太低——30 多岁或者甚至20 多岁——根本难以以人们接近死亡从而减少人力资本投资来解释。[2] 如果我们不考虑与年龄相关的衰退,正如简单生命周期模型所做的那样,一个 35 岁的粒子物理学家对其人力资本的任何新投资的预期回报时间大约有 40 年。就算他已是 45 岁,他也仍有 30 年的预期回报时间。[3] 按照通常贴现率计

158

---

　　〔1〕 Arthur M. Diamond, Jr. "The Life-Cycle Research Productivity of Mathematicians and Scientists," 41 *Journal of Gerontology* 520 (1986); Sharon G. Levin and Paula E. Stephan, "Research Productivity over the Life Cycle: Evidence for Academic Scientists," 81 *American Economic Review* 114 (1991); Daniel L. Rubenson and Mark A. Runco, "The Psychoeconomic Approach to Creativity," 10 *New Ideas In Psychology* 131 (1992). 另参见, John M. McDowell, "Obsolescence of Knowledge and Career Publication Profiles: Some Evidence of Differences among Fields in Costs of Interrupted Careers," 72 *American Economic Review* 752 (1982).

　　〔2〕 关于创造性年龄概观的主要研究参见, Harvey C. Lehman, *Age and Achievement* (1953). 有关文献中最重要的当代贡献属 Dean Keith Simonton. 在他众多的著作中特别参见, *Genius, Creativity, and Leadership: Historiometric Inquiries*, ch. 6 (1984) ("Age and Achievement"); "Age and Outstanding Achievement: What Do We Know after a Century of Research?" 104 *Psychological Bulletin* 251 (1988); *Scientific Genius: A Psychology of Science* 66–68 (1988); and "Age and Creative Productivity: Nonlinear Estimation of an Information-Processing Model," 29 *International Journal of Aging and Human Development* 23 (1989). 另参见, Jock Abra, "Changes in Creativity with Age: Data, Explanations, and Further Predictions," 28 *International Journal of Aging and Human Development* 105 (1989); Michael D. Mumford, Kimberly A. Olsen, and Lawrence R. James, "Age-Related Changes in the Likelihood of Major Contributions," 29 *International Journal of Aging and Human Development* 171 (1989); Simone de Beauvoir, *Old Age* 384–444 (1972); Wayne Dennis, "Creative Productivity between the Ages of 20 and 80 Years," 21 *Journal of Gerontology* 1 (1966); Evelyn Raskin, "Comparison of Scientific and Literary Ability: A Biographical Study of Eminent Scientists and Men of Letters of the Nineteenth Century," 31 *Journal of Abnormal and Social Psychology* 20 (1936). 作为这类文献的说明例子, 一项关于金融学教授学术成果(以在专家评审的杂志上发表的文章篇数来体现)的研究发现, 巅峰年龄在 30 多岁的后期, 到 50 岁时能力下降近 50%. Robert M. Soldofsky, "Age and Productivity of University Faculties: A Case Study," 3 *Economics of Education Review* 289 (1984).

　　〔3〕 年龄与剩余预期寿命之和随年龄增加而增加, 因为每活一年就将存活的可能性转成一个定数。

算，30 年的年金和 40 年的年金（如果我们考虑一个 25 岁和 35 岁的物理学家投资的动机，那就是 40 年和 50 年的年金）之间的现值相差很小，两者都给领取年金者同样的年收入。如果贴现率是 10%，30 年年金的现值将是 40 年年金现值的 96.4%。如果贴现率是 5%，30 年年金的现值将是 40 年年金现值的 89.6%。[4]

确实，与衰老对智力技能的发展或者维持的影响很不相关的是，投资人力资本的机会成本会随小时收入的增加而升高，因此（到一定程度上）也随年龄增长而升高，因为对人力资本的多数投资都是时间密集型的投资。尽管一个 35 岁的人对投资人力资本的机会成本比一个 20 岁的人要大，但很早就达到巅峰的现象说明，在相关活动中对人力资本的最佳投资可能是适中的。因此，用继续投资的积极性降低，就难以解释巅峰之后的表现下降，无论这种表现的下降是机会成本增加还是回报时间缩短导致的结果。有专攻的内科医生很少在 30 岁之前完成训练，结果导致他们收入巅峰年龄大大推迟。巅峰年龄到来早的行业不像医学，是那些需要相对少训练的职业，这不包括类似音乐表演、花样滑冰、网球等例外职业，这些职业的训练开始于儿童。一种特定活动需要的人力资本（而不是天生的能力）越少，获取必需的人力资本的成本因此就越低，从而，其投资对死亡的来临就越不敏感。80 多岁的人可能会投资打牌或宾戈（bingo）所需的知识，尽管这种投资的回报期会因他的年龄而缩短。

如果我们要在一般意义上解释生产能力巅峰年龄的不同，或者特别是解释领导能力和创造性工作之间的巅峰年龄差异，我们就必须像其他章节那样，超越最简单的经济学生命周期模型。首先要注意的是，工作能力巅峰年龄的概念本身有误导性，它假定所有职业都有一个明显的巅峰。有的职业的巅峰到得早，有的晚，但也有的职业一旦到达巅峰就会一直变化不大地持续到死亡之时。让我们称这些为"持续巅峰职业"，与"早期巅峰职业"和"晚期

159

---

[4]　似乎有可能贴现率更高，因为人力资本的投资是有风险的。第 4 章中使用的低贴现率是无风险的利率。

巅峰职业"区分开来。持续巅峰职业又可以分为"早期巅峰持续"型和"晚期巅峰持续"型,这样就出现了四种类型:早期但不持续型;早期且持续型;晚期但不持续型;晚期且持续型。第一类(早期但不持续型)的例子包括职业体育运动的大多数领域、[5] 数学、理论物理[6]、国际象棋、[7] 强体力劳动以及——第6章分析所指明的——大多数犯罪"行业"。在需要体力的活动中,受伤的风险起一定的作用;打橄榄球比跳舞更难保持巅峰水平。

第二类(早期且持续型)的例子有文学、经济学(严重数学化的经济学不包括在内)、音乐创作(包括舞蹈设计)、绘画和雕塑 [想一想米开朗基罗(Michelangelo),提香(Titian),毕加索(Picasso),奥基夫(O'Keefe)这些人],以及音乐表演。第三类(晚期巅峰但不持续型)的例子有大公司的高级管理工作,在这里巅峰年龄常常出现在50岁后期,接着就是在60岁出头退休;[8] 大多数领导职位可能属于这个类型。第四类(晚期巅峰且持续型)的例子有法官,这将在下一章讨论。历史、神学、文学批评以及哲学似乎介于第二类(早期巅峰且持续型)和第四类(晚期巅峰且持续型)之间。表7.1展示了这四种类型,并附上了几个例子。

---

〔5〕 例如参见, Neil Charness and Elizabeth A. Bosman, "Expertise and Aging: Life in the Lab," in *Aging and Cognition: Knowledge Organization and Utilization* 343, 369–374 (Thomas M. Hess, ed., 1990). 一项关于职业棒球运动员的细致研究发现, 他们的巅峰年龄是27岁。到30岁, 他们的表现差了22%~24%, 到36岁时差了84%, 到40岁差了99.5%。Bill James, *The Bill James Baseball Abstract* 1982 196 (1982).

〔6〕 自然科学一般是早期巅峰领域。一项有力的统计说明, 诺贝尔奖获得者完成使他们获奖的工作的平均年龄是37.5岁。只有5.6%的诺贝尔奖获得者在完成他们获奖工作时的年龄超过了50岁。Paula E. Stephan and Sharon G. Levin, *Striking the Mother Lode in Science: The Importance of Age, Place, and Time* 55 (1992) (tab. 4-2). 关于数学, 著名的数学家G. H. Hardy曾说过, "比起任何其他技术或科学, 数学更是年轻人的职业。一个简单的例证是被选入皇家学会的平均年龄最低的领域是数学。" Hardy, *A Mathmatician's Apology* 70–71 (1940).

〔7〕 Charness and Bosman, 本章注〔5〕, 第352~360页。

〔8〕 一个美国大公司总经理的平均年龄在56~58岁, 他们计划退休的年龄是64岁。Sunita Wadekar Bhargava, "Portrait of a CEO: What's the Typical Boss Like? Here Are the Vital Statistics," *Business Week*, Oct. 11, 1993, p. 64; Michael J. McCarthy, "A CEO's Life: Money, Security and Meetings," *Wall Street Journal* (midwest ed.) July 7, 1987, p. 27.

表 7.1 不同年龄概况的职业

|  | 早期巅峰 | 晚期巅峰 |
| --- | --- | --- |
| 非持续性 | 数学，篮球 | 公司管理 |
| 持续性 | 绘画，作曲 | 审判 |

更为复杂的分析不仅要区别不同的领域，还要区别同一领域中的不同活动。例如在职业运动领域，运动员的能力有早期巅峰型的特点，教练却不一样。在学术界也有类似的现象：研究比教学出成果早，但研究从巅峰下降的速度比教学的快。还可以做更为精细的区分：例如教授更高级别课程和基本课程的区别。由于一个领域的核心部分变化速度比前沿要慢，为教授核心内容获取新人力资本所做的投资要少一些，因此年老教师更可能教授基础而不是高级课程。在一些领域常见的是老年和年轻学者的合作，年轻学者将数学和其他技能带进合作中，老年学者则贡献经验的视角。这种合作结合了流体和晶体智力。

要更为精确地解释早期巅峰，我们有必要回想一下图 4.1。在这个图中完成一项任务需要的脑力和体力能力与年龄有关系，在巅峰年龄的右边区域是负相关关系（图中的 $m$），这个区域也就是向下倾斜的曲线（$d$）部分。通常意义上的人力资本（亦即将天生的能力排除在外）只是影响曲线的位置和形状的一个因素而已。当我们考虑例如专业棒球这类早期巅峰的活动时，这一点十分明显。在这类活动中巅峰年龄很低，这在某种程度上部分是因为达到巅峰能力所需要的人力资本的投资（包括经验，这是人力资本的一个重要来源）小或者集中在一个人非常年轻的阶段，部分是因为这种活动需要的能力会因生物原因而快速老化，部分是因为这种活动的最低能力十分接近巅峰能力。再让我们考虑一下国际象棋。严肃的棋手一般在 10 岁之前就开始练习。尽管他们下棋的速度（这对锦标赛很重要，每下一步都有时间限制）在 20 多岁后开始下降，但开始时经验的增加可以补偿这种下降，他们多在 30 岁早期到达巅峰年龄，但之后仍能对付这种下降，到达 60 岁之前棋手在比赛中仍能减缓纯下降速度，这时大多数选手已停止参加锦标赛。[9]

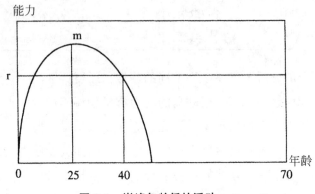

**图 7.1　巅峰年龄低的活动**

　　图 7.1 描述了早期巅峰的现象。图中 $r$（所需最低才能）与 $m$（巅峰能力）的接近表示的是一种假设的精英活动。精英活动更具有挑战性；这些活动比一般活动需要一个人有更多的能力。如果一种精英活动不需要很多人力资本的投资，如果这种活动所依赖的生物能力达到巅峰的年龄早，那么参加者的能力下降会很快，许多体育项目正是如此。如果学术领域受这种影响，我们就会看到人们在学术生涯早期就转入行政工作——当然，前提是行政工作对年龄的要求不一样。实际却不是这样。例如，哈维·利曼（Harvey Lehman）发现，在被他界定为领导职位的活动中（包括政治和司法职位），巅峰年龄出现得很晚。[10] 应当注意的是，如果年龄衰退曲线非常陡峭的话，即使 $r$ 与 $m$ 相隔很远，非精英活动的巅峰年龄也可能会非常早（重体力劳动就是一个例子，这类工人的能力很快就会被耗尽）。

　　为什么领导能力比创造能力达到巅峰年龄的时间晚？这里有 5 个相互一致的可能性。

　　1. 在创造性工作中，流体智力对晶体智力的比例要高，我们知道流体智

〔9〕　Charness and Bosman，本章注〔5〕，第 354~360 页。
〔10〕　Lehman，本章注〔2〕，第 286 页（表 50）。

力比晶体智力老化得更快。虽然领导通常需要有一些解决问题的能力，但更 162
多［特别是马克斯·韦伯（Max Weber）所称的魅力型领导能力，而不是更为
一般的管理能力］需要的是对他人的评估、搭配和鼓动。这些是人际之间的
能力，与解决问题的能力没有太多关系。在某些情况下，更可能是一种负相
关的关系。如果领导者和被领导者之间的智力差异太大，以致相互难以沟通，
那么优越的智力只会妨碍有效的领导。[11]

2. 有效的领导能力更多需要有一个广泛的熟人圈子——一些自己信任的
助手或盟友。作为在第 3 章中讨论的关系人力资本的一种重要形式的这种人
际圈子，一般会随着年龄增加而扩大，直到临近退休也不会贬值太多。

3. 经验是大多数领导能力的重要资本。与阅读或学习不同，经验通过生
活和工作得到知识而增长，它是随年龄增加的，当然在一些活动中这种增长
有限：在生活或工作达到某一点后，一个人系鞋带或在流水线上拧紧螺丝的
才能不会变得更好。如果经验对领导才能比对创造性活动更为有用，人们更
易明白为什么领导的巅峰年龄比科学家或诗人要晚。

4. 大多数人随年龄增长而成熟，尽管这当然也有一个限度。我说的是一
个不同于经验积累的过程；它既是认知上的，又是情绪上的；这个过程大多在
中年后完成。到老年后，即使人们没有老态龙钟，这个过程也有可能倒退回来
（"第二次童年"）——很多没有衰老的老年人易变、以自我为中心、过于顽
固、有些头脑简单。我说的成熟过程更包括摆脱孩子的特性，例如自私、顽
固、不考虑常俗、"问一些成年人已经不再问的问题"。[12] 尽管这些特点对大

---

〔11〕 Dean Keith Simonton, "Land Battles, Generals, and Armies: Individual and Situational Determinants of Victory and Casualties," 38 *Journal of Personality and Social Psychology* 110, 112 (1980); Ralph M. Stogdill, *Handbook of Leadership: A Survey of Theory and Research* 43–45 (1974). 这就是费利克斯·弗兰克福特（Felix Frankfurter）能像期望地那样在最高法院有效领导的一个原因。

〔12〕 Howard Gardner, "The Creators' Patterns," in *Changing the World: A Framework for the Study of Creativity* 69, 76 (David Henry Feldman, Mihaly Csikszentmihalyi, and Howard Gardner, eds., 1994)；另参见，Gardner, *Creating Minds: An Anatomy of Creativity Seen through the Lives of Freud, Einstein, Picasso, Stravinsky, Eliot, Graham, and Gandhi* 365–366 (1993).

163　多数形式的领导能力不利，但却可能在艺术和科学领域催发创造性活动。[13]

5. 领导能力意味着责任。一位大学教师可能因教书或研究无能而被解雇（除非被终身聘任），这带来的危害很小。即使这位教师被终身聘任，无法解雇，他的不称职带来的危害相对也很小。但是如果一位领导无能，就可能给其他很多人带来严重危害；一个坏领导会破坏一个成功的机构。因此自然需要一个人事先证明他在低一级的行政阶梯上是成功的，这样，需要一级级地往上走的现实，使得高级领导一般都到了成熟年龄。换句话说，领导能力失败要比创造能力失败的代价更大，因此选拔领导就要比挑选有创造力的工人更为认真。认真的一个方面是使错误决定带来的危害结果最小化，在挑选高职位人选时，不是根据候选人最基层的业绩来定，而是要让候选人不断地做一些更负责任的工作。因此对领导人认真筛选的过程需要很多年。

上面对领导失败的成本与创造性工作失败的成本的比较可能有些过头。一个没有创造能力的研究人员可能会阻止有前途的年轻人进入这个领域、刻意阻碍提升有能力的人或者占着位置使有能力的人无法进来。只要能干同事的数量远远超过没有创造力的研究者及其他类似人员的数量，前两种后果的影响就十分有限。那些因没有位置无法进来的、有创造能力的研究人员会找到其他不同职位，在那里做出一样或基本一样伟大的贡献。一个失败的领导的危害则不仅仅是阻止了一个优秀领导崭露头角。

这其中仍有难以理解的问题。为什么有的事情要边干边学，而不是可以从花费更少时间的书本中学到？就（松散意义上的）"体力"工作而言，例如学骑自行车或结合体力和脑力的汽车驾驶，或者"纯"脑力工作上（例如学说外语），对这个问题的答案是，正确完成这些工作需要一定的应激反应速度，而这只能通过形成习惯的训练达到目的。这些领域的知识都是哲学家们所称的"难以言传"的知识——亦即在很大程度上无意识的、难以言喻的并

164　且难以交流的有关如何做事情（包括如何造句和如何理解句子）的知识，与

---

〔13〕　如同在上一个注引用的 Gardner 的著作中所主张的。

此相对的是有关规则、算法和其他命题的知识。对这些方面进行指导可以有一些帮助，但是不能只给受训练的人一套指导，他就可以用来完成工作了，尽管人们可以根据如何装配书橱的指导来装配书橱。

大多数领导岗位确实需要快速作出决定。下不了决心，也就是作出决定慢，是领导失败的通常致因。快速作出决定的能力一般仅来自经验。但这并没有完全解释这个难题。达到巅峰期早的物理学家不是因为他们有坚固的知识基础，而是因为他们能够通过相对综合的读、练、教的课程吸收基础知识的基本内容。[14] 为什么社会科学家们不能通过仔细研究政治和管理理论家、心理学家、政治家、商界领袖的著作，设计一个阅读课程，给学生灌输所有有效领导的原则，这样上完一门综合课后学生就可以知道饱经风霜的政治家和管理人员所知的一切？各个机构在细节方面差异甚大，这仅是部分答案。[15] 这只说明，除了让学生们参加一门有关领导原则的一般性课程学习之外，而需要辅以一本讲述如何将这些原则应用到学生们希望开始其领导生涯的具体机构（比如大学、商业公司和国家，等等）中去的手册。一旦记住了这本手册，这些初出茅庐的领导就能够快速作出自信的决定。

为什么说这是一个不切实际的空想？根本上说来，一个人的经验是难以"传授"给另外一个人的；"一个人的经验"这种说法本身就说明经验乃是发生在人们自己身上的经验。尽管一生的经验可以浓缩成能够阅读或讲述的形式，但是，对一个在自己生命周期早期阶段的不同的人来说这提供不了太多有用的指导。为什么在传授过程中会失去这么多的东西——为什么有些知识是基于当事人自己的经验，而不是基于了解前人的经验之上——这个问题是一个很深的谜，尽管人工智能研究最终可能会解开（或克服）它。仅仅说领

---

〔14〕 引自，Harriet Zuckerman and Robert K. Merton, "Age, Aging, and Age Structure in Science," in *Aging and Society*, vol. 3: *A Sociology of Age Stratification* 292, 302–306 (Matilda White Riley, ed., 1972)，注意各类科学的不同在于他们"整理"的程度不同——"整理意味将实验知识合并成简洁、相互关联的理论公式"——"在整理程度低的领域经验的作用更大。"同上，第303页。我们将在下一章看到法律属于这种整理程度低——理论不完整——的领域。

〔15〕 这是亚里士多德的观点，实践的智慧需要细节的知识。参见第5章。

导艺术是我们所知不多的从而无法制定活动规则的那些活动中的一种，因此我们只好循着自己过去的经验，以类推方式尽力摸索，这是不够的。为什么无法将所有潜在的类推，至少是最重要的那些，清楚地展现在书本里，这样年轻的领导遇到新问题时可以参考？

我提供几点建议，尽管这些建议可能看起来在一定程度上解释了中心之谜，但又带来了其他一些谜。

1. 由于我们尚一知半解，人们很难从书本上学会如何有效地与人交往，而领导能力的基本点就是有效地与人交往。

2. 对一个特殊群体（国家，公司，大学，等等）的有效领导能力通常意味着领导与很多特殊人物有深的交往，这需要时间。这又是一个与关系人力资本有关的因素（见第3章），但这里我要强调的是，这种能力的本性决定了它无法买卖或者以其他方式传播。然而，我不想过多强调这一点，因为领导经常是从别的单位选任来的，而不是从他们将领导的单位中选拔出来的。

3. 领导就像打仗，从博弈理论的角度看通常（尽管不总是）是一种战略性活动：每向前进一步就会招致与之对抗的一步，所以一个重复前任领导的领导，很容易因为人们可以预见某行为而失败。

4. （这一点已超越了领导能力，）从面前大批相似之物中选择恰当类比的能力，需要的可能是基于经验而不是对某种类比选择算法的掌握的"判断"。（但是，如同我们在第5章中所讨论的以及将在本章后面再次讨论的，人们有理由质疑这个观点。）

5. 这可能还有遗传上的原因，这些原因与人类发展进化阶段的最佳家庭结构、年龄等级（age-grading）有关（见第9章）：为什么更年轻的人"自然"地从年纪更大的人那里寻求领导。下面我举一个原因。

我不想过于夸大。并不是所有关于管理技巧的指导都没有用，而且并不是所有的领导都是年纪大的。亚历山大大大帝和拿破仑·波拿巴是明显的但是能够解释得通的反例。两个人都是军事领袖，当时对成功军事领导的要求是胆大、健康，两个人掌握权力时都处于正常的领导筛选过程无法实现之时。

亚历山大成为马其顿国王是因为他是国王的儿子，拿破仑成为将军时正常的 166
晋升程序被法国大革命打乱。两个人还都是魅力型的领导，尽管拿破仑有相
当的管理才能，而亚历山大似乎有点缺乏这方面的才能。成功的管理一般需
要耐心、自制、有阿Q精神，中年人而不是年轻人更具有这些特点，因为年
龄会洗刷强烈的情感，但这在老年人当中又不多见，因为这种特性需要控制
自我。

## 不同行业以及同一行业中巅峰年龄的不同

我们已经看到在创造性行业里（泛指，包括例如工程师以及科学家）生
产能力的年龄概况有很大的不同。其中有些差异可以用流体智力和晶体智力
随年龄增加而下降的速度不同来解释，或者用人力资本所需的投资水平不同
来解释。数学和物理（特别是理论物理）要求流体对晶体智力的比值很高，
但只要求低水平的人力资本投资。他们拥有的知识可以通过书本和传授经济
地获得，不需要很多的边干边学。如同陈词滥调所说，每一代科学家都看得
更远，因为他们站在巨人们的肩膀上。[16] 这些领域是早期巅峰但不持续的领
域，这丝毫不奇怪。同样不奇怪的是，实验科学家比理论科学家达到巅峰的
时间晚。这不仅仅因为对他们的流体智力需要不那么多，而且因为实验牵涉
团队工作，需要一些人际技巧，因此需要广义上的领导能力。大多数现代经
济学家拥有建立形式模型的技能，这需要大量流体智力。但是社会生活经验
也十分重要，这种经验随年龄而增加，所以缺乏前沿能力的经济学家仍可以
做前沿工作。一些现代经济学家，例如罗纳德·科斯（Ronald Coase）和汤姆
斯·谢林（Thomas Schelling），能够不用任何形式模型就对经济学做出重大贡
献。经济学似乎是一个早期巅峰且持续的领域。

在建筑学和工程学里，将物体在空间关系中形象化是一项重要的技能。

---

[16] Michael D. Mumford, "Age and Outstanding Achievement: Lehman Revisited," 25 *Journal of Vocational Behavior* 225, 231 (1984).

167　这是流体智力的一个方面，人们发现它特别随年龄的增加而衰退。[17] 因此毫不奇怪的是，建筑学和工程学是早期巅峰但不持续的行业，但比数学稍好一点。[18] 发明（与工程学相关）却似乎是一个晚期巅峰的领域。[19] 这应该减轻这样的忧虑——人口老龄化会减少发明活动的比例，从而减慢因发明带来的经济发展速度。无论如何这种减少会十分小，因为发明活动的比例与发明家的人数有关，与人口中达到"能够"从事发明"年龄"的人口比例没有关系，而发明家的人数会随人口总量的增加而增加。

　　在历史学和文学批评领域历来需要大量的人力资本投资。医生要掌握很多文献和其他资料，这些无法浓缩成少量的原则。比起科学和社会科学领域，在这些领域里（特别是解释的技能）晶体智力比流体智力起更大的作用。阐述的技能——不仅仅是狭义上的写作能力，也包括与写文章不同的著书需要的组织能力——需要长时间地随经验积累，然后达到巅峰而不下滑。

　　利曼（Lehman）发现写抒情诗是一个早期巅峰的领域。这好像有些奇怪。因为这也是写作的一个分支，尽管因为篇幅的关系，它需要的组织能力和经验比学术著作、叙事诗或者小说（长篇和短篇的）少。有人提出的一种解释是，写诗能力的早期巅峰与精神病病态有正相关关系，而这种病态常使诗人在很年轻时就失去能力。[20] 但是有那么多的抒情诗诗人并没有因年龄而减退创造力 [大家熟悉的例子有叶芝（Yeats）、斯蒂文斯（Stevens）、惠特曼（Whitman）以及弗罗斯特（Frost）]，这个领域也许可以归在早期巅峰且持

168　续一类。这样定性是与取得诗歌成就的中心因素乃在于写作技能以及写诗并

---

〔17〕　Timothy A. Salthouse, "Age and Experience Effects on the Interpretation of Orthographic Drawings of Three-Dimensional Objects," 6 *Psychology and Aging* 426 (1991).

〔18〕　Paul R. Sparrow and D. R. Davies, "Effects of Age, Tenure, Training, and Job Complexity on Technical Performance," 3 *Psychology and Aging* 307 (1988)；Dennis，本章注〔2〕，第2~4页。

〔19〕　出处同上，第3页（表2）。也参见，Naomi Stewart and William J. Sparks, "Patent Productivity of Research Chemists as Related to Age and Experience," *Personnel and Guidance Journal*, Sept. 1966, p. 28. 另外一项研究却发现，年轻成人在人口中的比例与专利获得数量有明显的正相关关系。Mumford, Olsen, and James，本章注〔2〕。

〔20〕　Dennis，本章注〔2〕；Raskin，本章注〔2〕，第29~30页。

不需要大量生活经验是一致的。写诗与写小说不同，写小说作出成就一般要晚，而且会持续下去。

作曲和音乐表演方面的音乐创作与写诗相似——早期巅峰且持续型。为什么音乐表演领域会是这样则不清楚。一个在音乐会上演奏的钢琴家或小提琴家所从事的是一种精英活动，这种活动需要的能力接近巅峰能力；这种能力有其体力的一面。人们可能会认为，即使所需的体力能力随年龄下降的幅度很小，年老的音乐会演奏家也会很快被同样有能力的年轻人所代替。然而，有无数的钢琴家、小提琴家、其他独奏家以及作曲家到老仍在杰出地、仍不失人们喜爱地继续从事他们的工作［例如霍洛维茨（Horowitz）、海菲茨（Heifetz）、卡萨尔茨（Casals）和托斯卡尼尼（Toscanini）］。也许经验可以多少弥补体力的下降。音乐是对情感的一种丰富表现，一个人的情感技能随年龄变化。

另外一点与著名老年演奏家继续受大家欢迎而不一定是演奏技巧相关的问题是，一旦当了名人，这个人就成了大家关注的对象，这种关注与其现在的能力是无关的。人们去看他而不是去听他的演奏。这一点顺带解释了机构或者个人的好名声经常能够在最初致使个人或机构获得好名声的品质消失很长一段时间之后继续存留的原因。一个个人或者机构一旦因其能力或者成就而得奖，人们记忆中的他就是得奖的他。直到温斯顿·丘吉尔老年糊涂后人们仍希望见他，人们至今还不断地访问拿破仑的墓地。

哲学研究的持续巅峰看起来是一个谜，因为在哲学家的活动中流体对晶体智力的比值（至少看起来）很高。如果哲学家的工作跨科学或数学（例如伯特兰·罗素），他们的巅峰到来的早但不持续。但是维特根斯坦在他20多岁（当时他研究逻辑学）和50多岁时两次达到了巅峰；很多哲学家，从柏拉图、康德到杜威、萨特，以及活着的人中的维拉德·奎因（Willard Quine）、唐纳德·戴维森（Donald Davidson）、约翰·罗尔斯（John Rawls）、希拉里·普特南（Hilary Putnam）、斯坦利·凯维尔（Stanley Cavell）、内尔森·古德曼（Nelson Goodman）、朱迪斯·贾维斯·汤姆森（Judith Jarvis Thomson）、柏纳德·威廉姆斯（Bernard Williams）、理查德·罗蒂（Richard Rorty），等等，一直到 60 多岁甚至更晚都保持了很高的创造力。让问题更复杂一些的是，一些著名哲学家的巅峰到来得晚，与早期巅峰且持续型不同，例如康德、罗尔斯以及古德曼。

关于为什么非数学或非逻辑的哲学家年龄似乎对他们不起太大负面影响，我提出两点解释。第一，文学技能对哲学比对数学更为重要。很多哲学家包括柏拉图、维特根斯坦、尼采、詹姆斯、奎因以及罗蒂，他们的哲学成就与这些技能有不小的关系。隐喻（"语言游戏""无知的面纱""现金价值""感觉经验的法庭"，等等），其他具有鲜明特色的短语（例如库恩的"常规科学""范式"等），旧词新用法（"战栗"），寓言（柏拉图的洞穴、诺伊拉特的船、"一直向下爬的海龟"）、对话（柏拉图）甚至诗句（卢克莱修、尼采），都在哲学中使用，具有突出的效果。

我对这一观点不满意。尽管隐喻通常被认为是一种词语技巧，但它和类比相似，[21] 而类比在科学发现中则发挥很大作用，[22] 因此它似乎——在不一样中发现类似的能力——是因流体智力之故才发生作用的。[23] 然而，科学推理，可假定包括科学家利用类推作为发现的工具，就是抽象推理的一个例子——在寻求普遍规律时从特殊中抽象出的推理——或者至少是认知的一种形式，与文学相距甚远，可是，隐喻却通常被认为是在说明，甚至象征，文学表达的具体性。[24] 所以隐喻和类比似乎一样又不一样。隐喻的使用和科学推理的使用与年龄有着不同的关联关系，对此的解释可能是，尽管两者都有

---

〔21〕 例如参见，D. A. Boswell, "Metaphoric Processing in the Mature Years," 22 *Human Development* 373, 382 (1979). 用有名的文学评论家的话说，"诗句的基本是隐喻，隐喻最终是类比而不是逻辑。" Cleanth Brooks, *The Well Wrought Urn: Studies in the Structure of Poetry* 248 (1947).

〔22〕 例如参见，John H. Holland et al., *Induction: Processes of Inference, Learning, and Discovery* 289-295 (1986); Mark T. Keane, *Analogical Problem Solving* 11-18 (1988); Brenda E. F. Beck, "Metaphors, Cognition, and Artificial Intelligence," in *Cognition and Symbolic Structures: The Psychology of Metaphoric Transformation* 9, 15 (Robert E. Haskell, ed., 1987). Beck 将类比看作是隐喻的一种形式。

〔23〕 有证据说明，类似推理的技能却是一种随年龄明显下降的智力能力。参见，Douglas H. Powell（与 Dean K. Whitla 合作），*Profiles in Cognitive Aging*, ch. 4 (1994).

〔24〕 例如参见，W. K. Wimsatt, Jr., *The Verbal Icon: Studies in the Meaning of Poetry* 79-80 (1954).

赖于流体智力，但隐喻同时也是一种词语现象，其还有赖于似乎不仅不随年龄下降、却可能随年龄而得到加强的技能。

哲学家而不是严重依赖数学的科学家，持续巅峰现象的第二个原因是，哲学比科学学科进步得慢。因为哲学家研究的问题以及用于解决问题的分析方法的变化速度比物理学和数学的要慢得多，所以哲学家的人力资本贬值速度比科学家们慢，因而需要较少的投资就可以维持。如果他们不必研究新的问题，只需继续旧问题的研究，那他们流体智力的下降也很少会牵制他们，因为研究人员研究的问题越新，需要的流体对晶体智力的比值就越高。

我们可以用模型来表达这些观点。使在年龄 $a$ 的产出为 $O_a$，巅峰年龄的产出为 $O_p$，产出从巅峰下降的速度为 $d$，[25] 自达到巅峰年龄后已过的年数为 $a-p$，就有 $O_a$ 与 $O_p$、$d$、$a-p$ 的函数的关系，

$$O_a = O_p \left[ (1-d)^{a-p} \right] \qquad (7.1)$$

例如，如果一个人的巅峰年龄在 25 岁，我们关心的是他在 30 岁的产出状况（$a-p = 5$），他的产出年下降2%（$1-d$ 为 0.98），那么他现在的产出就大约等于他在巅峰时期的90%。

如果 $a=p$，也就是我们评估他在巅峰年龄的产出时，等式 7.1 就简化成 $O_a = O_p$。如果 $p>a$，也就是这个人还未达到巅峰年龄，那么产出下降的速度就已是负值，这样等式就变成 $O_a = O_p \left[ (1+d)^{a-p} \right]$，或者相当于（现在 $a-p < 0$）$O_a/O_p = 1/(1+d)^{p-a}$。等式的右边大于0、小于1，这表示巅峰前的产出（就像巅峰后的产出一样）低于巅峰产出。

根据第 3 章相关的收入（或者产出）对时间的等式 $E(t) = a + b_1 t - b_2 t^2$（等式 3.1），我们还可以有另外一种公式。如果 $t^*$ 代表巅峰年龄，$y$ 代表超过巅峰年龄的年数，那么一个人在巅峰年龄时的产出大于他现年（$E$）产出的

---

〔25〕　为了简单化，将下降的速度定为一个常数。更为实际的假设是这个速度随年龄在增加。

量就大约是

$$E = y \left[ \ (2t^* + y) \ b_2 - b_1 \right] \tag{7.2}$$

大家可以回想一下 $b_2$ 是贬值额（这里是与年龄相关的下降），$b_1$ 是人力资本
投资（亦即这里的经验）。下降的速度越快，持续的经验就越不重要，巅峰年
龄的产出就会大大高于现在的产出。除非经验特别重要，一个人的年龄越大，
巅峰年龄的产出就越大于现在的产出。[26]

　　假定一个人的产出需要三项投入（这里我将忽视时间和努力）：解决问题
的能力、写作能力以及一些信息和技术的"储藏"。这样 $d$（等式 7.1 中的）
或者 $b_2$（等式 7.2 中的）就会是这些投入下降或者贬值的平均速度，这个速
度是根据这些投入在生产函数中的相对作用大小加权而得的。假定普通科学
家拥有一个固定的结合比例：一个单位的解决问题的能力、一个单位的知识
基础（带有可忽视的一定量的写作能力），两者都会以一个很高的速度贬值
（扣除任何新投资之后）——解决问题的能力贬值是因为它是流体智力的一个
方面，知识基础贬值是因为科学知识快速发展。与此相对照的是，假定普通
哲学家结合了一个单位的解决问题的能力（这种能力贬值的速度与科学家的
相同）、一个单位的写作能力（这种能力完全不贬值）以及一个单位的知识基
础（由于哲学家研究的问题没有变化，有意义的哲学文献的主体发展得慢，
所以知识基础贬值的速度非常缓慢），这样哲学家与年龄相关的产出的降低速
度会比科学家的慢得多。如果写作能力随年龄增加，如果经验占哲学人力资
本的一大部分，很可能就像在政治、道德哲学一类还未完整建立理论的领域
一样，产出的下降速度还可能为负。如果经验和写作能力对哲学家的产出很
重要，一个相关的后果就会是推迟创造力的巅峰年龄；当其他条件相当时，
这也会推迟现在对巅峰产出的比例下降到此人不再做出任何有意义的贡献的

---

　　[26]　有关等式 7.2 的一个公认的奇怪现象是，$E$ 越大，达到巅峰年龄（$t^*$）的年龄越大。原因
是这样的，在这个等式表达的模型里直到巅峰收入年到来之前，收入随每年经验的增加而增加的幅度
一样，所以达到巅峰需要的时间越长，相对现在收入的巅峰收入就会越高。

年龄。这个人会保持更长的多产时间。

当前产出对巅峰产出的比值下降，创造性活动者面对的机会会有变化。假定某个科学领域里最好的杂志不再登载反映一般医生巅峰能力的 90% 以下能力的文章。Y 医生是一般的医生，当他的能力低于他巅峰能力的 90% 时，他不能再在这类杂志上发表文章，他因此在一些低质量杂志上发表文章。[27] 由于在质量和数量之间可做一些交换——尽管我认为这种交换难以帮助 Y 医生继续在最好的杂志上发表文章，哪怕是以更慢的速度发表文章——所以 Y 医生也许可以在低质量杂志上发表比他以前在最好杂志上发表的更多文章。[28] 他也许可以从哲学家的书中借鉴点什么，决定继续在老问题而不是新问题上下功夫；也许他会决定当一个普及者，放弃当科学的创造者；也许他决定与一个更年轻的学者合作。无论他选择了什么，他都将更少使用流体智力。[29]

老年科学家选择保守研究内容的另外一个原因是，选择醒目的内容可能会威胁他早期的工作的正确性，而那些工作是他名誉的基础。[30] 年轻的科学家向已被接受的学问挑战会威胁其他科学家的名声，而不是他自己的名声，因为他还没有什么名声。对老年科学家则相反。但我怀疑这是影响老年科学家研究的一个重要因素。如果一个人早期的研究有谬误，这迟早会被发现，如果你自己揭露了自己的谬误，你会因勇气和聪明而得到称赞。应当将试图保护自己早期工作建立的声望，与因年龄增加流体智力下降以及不投资人力

---

〔27〕　我们可以认为他从主要职业"退休了"，开始了要求更低的第二职业工作。

〔28〕　A. M. Diamond, Jr., "An Economic Model of the Life-Cycle Research Productivity of Scientists," 6 *Scientometrics* 189, 194 (1984).

〔29〕　Arthur M. Diamond, Jr., "Age and the Acceptance of Cliometrics," 40 *Journal of Economic History* 838, 839 (1980). Diamond 讨论说，这些适应衰老的举动也许可以解释为什么老年科学家比年轻科学家接受新理论更慢，然而他自己的研究夸大了接受新科学理论与年龄的负相关关系。出处同上，第 839、841 页；Arthur M. Diamond Jr., "The Polywater Episode and the Appraisal of Theories," in *Scrutinizing Science* 181 (A. Donovan et al., eds., 1988); David L. Hull, Peter D. Tessner, and Arthur M. Diamond, "Planck's Principle: Do Young Scientists Accept New Scientific Ideas with Greater Alacrity than Older Scientists?" 202 *Science* 717 (1978). 我们会在本章最后一节中对这个惊人的发现作一个可能的解释。

〔30〕　例如参见，Rubenson and Runco, 本章注〔1〕，第 141 页。

资本之故而拒绝新观点的现象区别开来。

老年科学家专注于旧问题的动力和年轻科学家专注于新问题的动力是一样的。这不仅仅是因为年轻科学家在研究新问题（或者从新角度研究老问题）上有更优越的能力，因为他接受了最新的训练，而且他的流体智力也没有减少。也因为如果按照老年科学家铺的老路走——利用已有的技术研究一个熟悉的问题——他会处于一种劣势地位，因为他比老年科学家的经验少。所以他要研究那些老年科学家的经验不起作用的问题，或者使用一些经验不起作用的方法。所以尽管在相同的领域里，也会有劳动力的代际分工；这就是为什么代际之间的合作会有成果的原因。

我认为衰老的科学家可能会决定拿出一些研究和写作时间给行政工作。[31] 在这里我要加上一点，如果这个科学家已经具有经验，他能在行政职务上拿到更高薪水，那么这种转行的倾向就会加剧。转换一个工作（行政）可以提高他潜在的薪水，但经验会增加他仍做研究人员的机会成本。使机会成本增加的还有成功。人们会邀请（有时甚至是纠缠）成功的科学家和其他创造性工作的成功人士做有威信的讲座、接受荣誉学衔、加入各类委员会、咨询、提建议、撰写受欢迎的文章、作纪念演说、在电视上亮相、写建议信、等等，他们会在一定程度上应酬这些，如同他们中大多数人会那样做的一样（因为这类活动可以带来精神上的、有时是金钱上的收入），因而做研究的时间就减少了。对此能有部分抵消效果的是，一个成功和有名望的人可以得到其他有能力的人的批评，并从中受益（实际上他的成功、显赫可能使他成为批评的焦点），如果他不把这种批评看作是嫉妒的话。然而他却很可能将之看成是嫉妒。我预测，一辈子不出名的有创造能力的人比一辈子成功的人达到创造巅峰的时间晚（当然因果关系可以是两方面的——一些人一辈子无名是因为他们成功得很晚）。

基于同样的道理，人们可能会认为，应用经济学家比数理经济学家达到

---

〔31〕 有关证据参见，Soldofsky，本章注〔2〕，第 296 页；Zuckerman and Merton，本章注〔14〕，第 318~321 页。

巅峰的时间早。前者有更多随年龄增加而增加（在可以通过咨询"赚钱"之前，一个学者需要学术声望）的咨询机会。然而，与此对立的一个因素是，应用经济学家在他的工作中比数理经济学家使用更多的经验、更少的流体智力，因而巅峰时间更晚、下降的速度更慢。应用经济学家的下降速度可能更慢的另外一个原因是，他的知识基础贬值得更慢，而数学领域的进步则很快。与此相反的一个因素是，应用经济学家所得到的经验更可能转移到行政工作上。

174

　　最后一点是，人们可能有因各种原因而夸大老年人技术退化速度的倾向。一个原因是，对一些拥有可用新技术代替旧技术的人来说，获取新技术的代价可能超过其带来的利益，即使新技术是对旧技术的改进并且获取新技术的代价（哪怕对一个老年经济学家来说）并不大。假定数理经济学家发展了一个更为简洁、精致的将一些问题公式化的方法（这种现象时时发生），同时老方法依然有用。年轻的经济学家则会接受新方法的训练；老年经济学家则会认为不值得学习新方法，因为旧方法仍然可用，对他们来说获取新方法带来的增益很小。他们仍会坚持旧方法，这在年轻一代看来是过时的。但是如果旧方法确实有用，那么老年经济学家与年轻人竞争的能力不会因他拒绝学习新方法而受到负面影响。与年龄相关的下降是本书的一个重要主题，但是经济学的分析可以帮助我们发现一些这种下降不起作用的领域。

## 创造性工作的特点随年龄的变化

　　我们不应该仅仅考虑在创造性工作中与年龄相关的下降，也要考虑创造性工作的特点与年龄相关但与质量无关的变化。在像绘画、雕塑、音乐创作、法律这一类职业中——在这些领域里与年龄相关的质量下降一般很小，为零，甚至是负值——以及像叶芝这样优秀的诗人的职业（叶芝直到去世前创作仍不减少），变化仍然存在——有一种发展出所谓的老年风格（Altersstil）的趋势，鲁莽、明晰、率直而不灵巧。迪安·西蒙顿（Dean Simonton）在他的大范围抽样中发现，作曲家的晚期作品"简洁直率",[32] 马丁·林德尔（Martin Lindauer）发现了支持"有关生命后期风格的描述"的证据，这种风格是"注重通盘考虑，更为宽阔的视角，但不考虑细节,"[33] 16 世纪的一个中国人对早期中国艺术家（倪瓒）的观察是，"到了老年，他跟着自己的想法走，擦来蹭去，像一头年老的狮子，独自走着，没有一个同伴。"[34] 索福克勒斯（Sophocles）、叶芝、威尔第（Verdi）、斯特拉文斯基（Stravinsky）、理查德·斯特劳斯（Richard Strauss）、列奥纳多·达·芬奇（Leonardo da Vinci）、米开朗基罗、提香、贝尔尼尼（Bernini）、马蒂斯（Matisse）、小奥列弗·温德尔·霍姆斯[35]在各自领域内都体现出这种趋势。

有很多人对老年风格提出怀疑。[36] 但我认为确实有那么一些上述的倾向，这足以让我们要尽力地给出一个解释。经济学给出了两种可能性：第一，随着生命后期的到来，交易价值的降低减少了愤怒听众的期望代价。这点只是表面上与第 5 章中老年人有健谈倾向的观点不一致：生硬和健谈仅仅是与听众期望不符的讲话的不同例子而已。不替别人考虑的交往会比更为小心、通常更有保留的谈话更多暴露谈话者本人，年轻人常有后者的特点，他们要考虑使他们的交易最大化。由于生硬、直截了当的谈话或文章对社会可能是

---

〔32〕 Dean Keith Simonton, "The Swan-Song Phenomenon: Last-Works Effects for 172 Classical Composers," 4 *Psychology and Aging* 42, 45 (1989); Simonton, *Greatness: Who Makes History and Why* 208-209 (1994).

〔33〕 Martin S. Lindauer, "Creativity in Aging Artists: Contributions from the Humanities to the Psychology of Old Age," 5 *Creativity Research Journal* 211, 223 (1992)；另参见上面的注，第 216 页。

〔34〕 引自，Jerome Silbergeld, "Chinese Concepts of Old Age and Their Role in Chinese Painting, Theory, and Criticism," *Art Journal*, Summer 1987, pp. 103, 105. 关于老年风格的更多文献例子参见，Beauvoir, 本章注〔2〕，第 404~406 页；David Gutmann, "Age and Leadership: Cross-Cultural Observations," in *Aging and Political Leadership* 89, 93-94 (Angus McIntyre, ed. , 1988); *Symposium on "Old-Age Style,"* *Art Journal*, Summer 1987, p. 91.

〔35〕 另外一个例子来自汉德法官。他的传记作家指出，汉德在 86 岁撰写并发表的有关《权利法案》的演讲中，采取了"极端的、刻板的"立场——"比他早期立场更为极端"。Gerald Gunther, *Learned Hand: The Man and the Judge* 665 (1994). 有关汉德，参见下一章。

〔36〕 例如参见，Catherine M. Soussloff, "Old Age and Old-Age Style in the 'Lives' of Artists: Gianlorenzo Bernini," *Art Journal*, Summer 1987, pp. 115, 119; Julius S. Held, "Commentary," *Art Journal*, Summer 1987, pp. 127, 129; Avis Berman, "When Artists Grow Old: Secure in the Mystery of Their Craft, They Can't Stop 'Looking for a Breakthrough'," *Art News*, Dec. 1983, pp. 76, 81.

好的，这就说明"最后阶段"（见第 3 章）的问题可能有其正面的作用。我们会在下一章里举另外一个这样的例子。

第二，名声可能会带来特权（license）。如果一个人过去做出了有价值的工作，这就增加了他现在的工作也有价值的可能性，减少人们对它的怀疑。因此他不怕在人面前傲慢。[37] 这仅仅是亚里士多德讨论的老年人"无耻"的对应面。皮特·梅塞里（Peter Messeri）沿这条线论争到，"就承受公开倡导不受欢迎的观点而带来的不利后果方面而言，高级科学家处于比年轻科学家更为有利的位置"；这一点可以解释为什么老年科学家抵制新理论的趋势实际上并不强烈。[38] 还记得肯尼斯·多弗（Kenneth Dover）给老年下的消极定论吗（第 5章）？他提出了一个限制条件："没有任何一面［可让老年补偿老年的毛病］——也许对时尚的冷漠除外：因为不必再找工作或还寻求晋升的人们什么也不怕。"[39]

这一点表明，学术杂志的匿名评审是一项错误政策。这种政策会使学术杂志拒绝一些非常规的作品，而它们原本能对这种作品作出肯定的评价：如果它们知道作者不是一个新手或偏执狂的话。[40]

最后，当流体智力下降，复杂化的成本就升高了，[41] 这促使从事创造性

※ 176（页边）

---

〔37〕 参见，Beauvoir，本章注〔2〕，第 488~492 页。

〔38〕 Peter Messeri，"Age Differences in the Reception of New Scientific Theories：The Case of Plate Tectonics Theory，" 18 *Social Studies of Science* 91，96（1988）.

〔39〕 Kenneth Dover，*Marginal Comment：A Memoir* 243（1994）. 但它为什么又必须是自满的呢？

〔40〕 我没有注意到在匿名评审效果的文献中考虑过这个假想。在我所知的大多数有系统的研究中只发现了匿名（技术上是"双向匿名"——"单向匿名"只是说作者不被告知评审人是谁）评审的效果非常小。Rebecca M. Blank，"The Effects of Double‑Blind versus Single‑Blind Reviewing：Experimental Evidence from *The American Economic Review*，" 81 *American Economic Review* 1041（1991）.

〔41〕 "任务复杂化会增加在认知表现中年龄差别的程度。"已有很多这方面的文献。Timothy A. Salthouse，*Theoretical Perspectives on Cognitive Aging* 308（1991）；另参见，D. B. Bromley，"Aspects of Written Language Production over Adult Life，" 6 *Psychology and Aging* 296，306‑307（1991）；Leah L. Light，"Interactions between Memory and Language in Old Age，" in *Handbook of the Psychology of Aging* 275，285（James E. Birren and K. Warner Schaie，eds.，1990）；James E. Birren，Anita M. Woods，and M. Virtrue Williams，"Behvioral Slowing with Age：Causes，Organization，and Consequences，" in *Aging in the* 1980*s：Psychological Issues* 293，303（Leonard W. Poon，ed.，1980）；Patricia K. Alpaugh and James E. Birren，"Variables Affecting Creative Contributions Across the Adult Life Span，" 20 *Human Development* 240（1977）.

活动者转向复杂程度低的创造形式和表达形式。[42] 看起来似乎是如果简单的工作有价值，更年轻的从事创造性活动者也会做这些简单的工作，尽管他们有能力做更为复杂的工作。但是做高质量但简单工作可能很难，所以为了合算，他们就做复杂工作，直到他们失去这种能力为止。

177

叶芝的诗篇《和时间一起来的智慧》体现了我的基本观点，该诗的结尾是"在我的青春/那些悠忽的日子里，阳光下，我曾把我的花叶抖动/现在我也许能凋零了，归入真理。"* 叶芝后期的诗句是坦率、朴素、下流、刺耳、有暴力倾向的，有时还为实际的暴力欢呼。它直奔事物的主题（他所看到的，对的或者是错的），一点不考虑安慰那些可能会被老年人的"贪欲和狂怒"震惊的读者。[43] 叶芝的例子也附带地说明，坦率不应该等同于民众感染力。抛去机智和礼貌可能会让习惯了机智和礼貌的公众大吃一惊。

应该承认叶芝是抒情诗人中的一个特例。他在年轻时就是一个伟大的诗人，而且，根据大多数评论家的意见，他的诗直到他50多岁时仍在不断进步（1916年，他在51岁时写的"1916年复活节"超过了他以往写的任何一首诗），这时他达到了他的巅峰并保持到他去世。叶芝60岁后期和70多岁的诗的特点与他早期的不同，但质量并不差。在某种程度上他通过以老年为诗歌的题材，直到老年都保持了诗歌的质量；我们知道年轻人可以具有感情和洞察力地写老年，然而，这可以说是老年人具有比较优势的主题领域，这种比较优势在一定程度上可以抵消年龄增长所导致的能力下降。另外一个例子是索福克勒斯在90岁去世前不久写的关于老年的伟大剧作《伊底帕斯在科

---

〔42〕 "不令人尴尬的降低"的一个极端例子是 William de Kooning 老年后的绘画，一个批评家不带任何讽刺地称其为"老年顶点"风格。引自，David Rosand, "Editor's Statement: Style and the Aging Artist," *Art Journal*, Summer 1987, pp. 91, 92. 在马蒂斯的后期作品中，"他以一种简单的形式，去掉了所有多余部分，用剪裁的纸形制作了美妙的抽象派拼贴画，这时他有 70~80 岁，他的手难以握笔。" Hugo Munsterberg, "The Critic at Seventy-Five," *Art Journal*, Spring 1994, p. 64.

* 参见裘小龙翻译的《丽达与天鹅》，漓江出版社 1987 年版，第 83 页。——译者注

〔43〕 参见，*Yeats: Last Poems: A Casebook* (John Stallworthy, ed., 1968); Douglas Archibald, *Yeats* 233-235 (1983).

洛诺斯》。[44] 用年龄做主题来抵制年龄的蹂躏并不是在所有领域都能做到的。但是希孟顿举了一个 90 岁转向老年医学、在 102 岁发表最后一篇科学论文的化学家的例子![45]

我并不是要说，而且我也不相信"老年"或者"生命后期"风格有比艺术家或其他创造活动者的黄金时代的风格更优越的特点；这就提出了这样一个问题：为什么一些具有创造性的人会保持这种创造性、而其他人却退休了（例如福斯特）。当然，部分原因仅仅是人们衰老的速度不同。但在那些衰老缓慢的人群当中，人们可以设想在他的能力远远没有下降到临界点之前，他继续工作的成本升高会与继续工作带来的收益下降相交。具有创造能力的人一般是这样的人，他们从拥有或甚至从希望拥有来世好名声中得到了很大的精神收益。一个人已经做得越多，再增加一项或几项工作（这种能力很可能衰退，而且工作质量也不会比早期更好）对一个人名声的贡献就越小；这里面还有放弃休闲的成本以及年龄所导致的更高的产出成本（通常情况）。因此人们可能会看到，一个继续工作到老年、有创造力者会是这样一些人，他们的退休收入少，但可以从工作上获取精神上的（与名声无关的）收益，他们轻视休闲，衰老得非常慢，或是从很高的巅峰上开始衰老（所以他们的剩余能力也会很高）。

我觉得这些轻视休闲的人特别有意思，举两个例子。一个是霍姆斯大法官，他 90 岁生日时在广播讲演中说：

> 参加竞赛的赛马骑手在到达终点后不会马上停下，在完全停下之前有一小段的慢跑。有时会听到朋友对自己说："工作已经完成。"
> 但正如有人所说的那样，其回答是"比赛是完了，但当工作的

---

[44] 有一个未被很好证实的故事是，索福克勒斯的一个儿子试图让他父亲公开承认自己无能，索福克勒斯在法庭上用他刚写完的《伊底帕斯在科洛诺斯》来反驳对他的这种指控。Cicero, *De Senectutes*, ch. Ⅶ, §§ 22–23; F. J. H. Letters, *The Life and Work of Sophocles* 53–54 (1953).

[45] Dean Keith Simonton, "Creativity in the Later Years: Optimistic Prospects for Achievement," 30 *Gerontologist* 626, 627 (1990).

动力仍然存在时工作永远不会完结。"

　　带你最终停下来的慢跑不一定仅仅是带向休息。只要你还活着这是不可能的。因为活着就要活动。这就是生活的全部。[46]

这是加尔文派教徒的生活观（生活的全部就是尽义务），所以这当然不是霍姆斯所独有的。我引用的他的广播讲演的这一节几乎可算是丁尼生的《尤利西斯》中这一节的翻版："停下来、结束是多么地沉闷，／不擦亮就生锈，不如用着让它发亮！／好像呼吸就是活着。"

179　　　对这一章的基本结论可以做以下的概括。从诗歌到偷盗、从理论物理到军事领导能力，根据人们到达工作能力巅峰的年龄以及自巅峰下降的速度，可以将人类活动领域分为四类。它们是早期巅峰但不持续型、早期巅峰且持续型、晚期巅峰但不持续型、晚期巅峰且持续型。我用在前几章提出的经济学模型——特别是第 4 章，除了阐述我们熟悉的生命周期的经济学模型的特点之外，该章还强调了与年龄有关的衰退——将一些行业归在这四种分类中，也解释了在某些领域中存在的典型的职业转换（例如从学术研究到学术行政）以及在不同领域中巅峰不同的问题（无名对有名的医生、理论经济学家对应用经济学家）。在学者从创造性工作转向领导工作这个例子中，我特别强调了领导能力和创造能力在年龄概观上的差异，这种差异与生活经验的谜一般的无法传播有一定的关系。最后我指出，经济学模型不仅可以用来解释不同领域的衰老速度不同，也可用来解释——这种解释强调的是最后阶段的"不负责任"（好的意义上的）以及流体智力的下降——一些艺术家特有的"老年风格"。

---

[46]　Holmes, "Radio Address (1931)," in *The Essential Holmes: Selections from the Letters, Speeches, Judicial Opinions, and Other Writings of Oliver Wendell Holmes*, Jr. 20-21 (Richard A. Posner, ed., 1992).

# 第八章
# 审判工作与老年

司法职业是国家最主要的老年职业。但是这不能离开其他的法律职业单独考虑。该职业内的不同分支是相互依赖的。例如，正是因为法官的创造力或者成就比大多数学术领域更能持续到晚年，所以决定法学教授创造力巅峰年龄的一个主要因素，一方面是他的工作接近法官工作的程度，另一方面是他的工作与非法律学界工作的接近程度。特别在最近几十年里，并非仅仅在精英的法学院里，有一种明显的、学术研究从司法模式转向学术模式的倾向，这意味着法律学术职业的巅峰年龄提早了。从另外一个角度看，法律学术研究的司法模式更好地为行政工作而不是学术做了准备。很明显，有许多法学教授出身的大学校长和院长年纪轻轻时就离开了学问，因为需要他们发挥行政才能。也许法律学术创造力的巅峰年龄确实在下降，但是从巅峰下降的速度也在下降，原因是很少有法律学术职业生涯会因介入学术行政而缩短。

律师基本是一个"晚期巅峰且持续型"活动，尽管紧张的审判活动使得诉讼更是一个晚期巅峰但不持续的活动，但一些年轻律师在审判中很成功，因为陪审团成员喜欢年轻律师。由于法律作为一种活动有尚未完全理论化的特点，所以就从业律师而言，经验比抽象推理起更大作用。许多老年律师和法官都会接受下面的研究综述，认为这总体上是对自己有利的描述；这个综述发现抽象推理能力随年龄的增加明显衰减："老年人更抠字眼、更具体、更关心有实质的和即时的印象，更难让自己从一个具体的例子中超脱出来、更少能考虑一般类别和一般原则，更难忽视单个现象，从而难以以假设进行思考。"[1] 此外，就连成熟的公司客户也难以评估律师成就，这使得律师多年来建立的信誉成为一笔重要的财富。由于上诉审辩护更是理论的行为而不是审判的实践、协商或者咨询，所以我们可以预计（我也观察到了）上诉审辩护律师一般要比其他律师更年轻。

## 老年法官的实绩如何？

美国宪法的第三条似乎禁止对联邦法官规定强制性退休年龄。但这仅仅是解释为什么美国法官的平均年龄比其他职业高出许多的一个间接和不完整的理由。宪法制定者可以给出一个年龄上限；但国会如果愿意，它可以用丰厚的提早退休条件使法官退休（像私人雇主通常做的那样），即使有法律约束他们不得根据年龄被强制退休或受到其他"歧视"，这在第13章中再谈。每个雇主都可以付钱给雇员让其走人。各个州能够也确实对各州法官规定了退休年龄，但州的法官也不年轻。[2]

关于法官，值得注意的并不是他们直到高龄仍在其位，而是他们晚年的成就仍值得赞扬，有时成就非常杰出。这种现象现在被司法代笔——法律助手代理撰写司法意见——的流行掩饰了，使得少数老年法官以及数量可观的已过了黄金年龄但不到老年（仅仅是"开始衰老"）的法官继续在任。但是早在司法体系中法律助手成为显著因素之前，像霍姆斯、布兰代兹、休斯（Hughes）以及勒尼德·汉德这些法官直到80岁仍然杰出地工作着；就在一些法官开始严重依赖秘书时，另外一些法官也没有这样做，例如费利克斯·弗兰克福特（Felix Frankfurter）以及亨利·弗兰德利（Henry Friendly），他们在70岁后期（弗兰德利直到80岁出头）依然工作出色。有的律师到了60岁出头才被任命为联邦上诉法官，这些人以前没有司法经验［最突出的、最近

182

---

〔1〕　D. B. Bromley, *The Psychology of Human Ageing* 189（1974），引自 Timothy A. Salthouse, *Theoretical Perspectives on Cognitive Aging* 276（1991）.

〔2〕　有关公认的不寻常的一个例子参见，Roger M. Grace, "Court of Appeal Presiding Justice Lester Wm. Roth, 96, to Retire Oct. 15," *Metropolitan News−Enterprise*（Los Angeles）, Oct. 4, 1991, p. 1.

的例子是吉多·卡拉布雷西（Guido Calabresi）］，但人们可以预计，他们在新工作岗位上至少会做出 15 年受人称赞的工作，这种现象并不是不寻常的。这在法律助手和老年健康时代之前就已如此。霍姆斯和卡多佐都是 60 岁以后才进入最高法院，当然他们两人都已有了司法经验；卡多佐因为身体不好在最高法院只工作了几年，而霍姆斯出色地工作了近 30 年，尽管在最后阶段有些逊色。大多数更下级的法官（我们会谈到）也在大大超过正常退休年龄后继续做出成就。最后，尽管将责任委托给法律助手的做法问题很多，但这也是补偿法官因年龄大能力衰退的一个办法。西蒙顿指出，在包括绘画和科学的很多领域里，年老的有创造力的人可以"通过审慎地使用助手来适应衰老带来的影响（也就是与年龄相关的处理信息速度减慢的问题）"。[3] 为什么司法不可以这样呢？

　　司法能力对年龄不是非常敏感，这种印象只是基于少数例子得出的结论。我想更为系统化一些，用对法官司法意见的平均司法引用数量来代表司法质量。这是一个有许多缺点的粗略指标，但至少用它来比较同一时期、同一法院系统的法官时可以达到我在这里说明问题的目的。[4] 表 8.1 计算了联邦上诉法院公开判决的平均引用数量与不同时期由不同队列的联邦法院上诉法官所做的公开判决的案子的引用数量。更确切地说，表中计算的引用的案例都是由 1955 年~1984 年被任命、1993 年时仍在位的联邦上诉法院法官撰写的署名的、公开的多数意见。[5] 由于这一期间任命的平均年龄实际上没有变化（在 50~54 岁之间，但没有什么规律），所以不同的任命组（1955 年~1984 年间，每 5 年是一个任命组）与不同的队列是一致的。

183

---

　　〔3〕　Dean Keith Simonton，"Creativity in the Later Years：Optimistic Prospects for Achievement，" 30 *Gerontologist* 626，627（1990）.

　　〔4〕　关于利用引用数量作为司法评估方法有效性的证据和讨论参见，Richard A. Posner，*Cardozo：A Study in Reputation*，ch. 5（1990）.

　　〔5〕　在这期间任命的、1993 年仍然在位的所有联邦法院上诉法官都包括在这个样本里。这个样本由芝加哥大学法学院 William Landes 和 Lawrence Lessig 领导的研究小组为其他研究目的而不是为本书选定的。表 8.1 和表 8.2 中的数据来自这个样本。根据我从美国法院行政办公室统计部门得到的资料，1993 年联邦法院上诉法官的平均年龄在 58.9 岁，作为法院上诉法官的平均时间为 9.2 年。

表 8.1　不同队列的司法意见的平均引用数

| 被引用案例的时期 | 队　列 | | | | | |
|---|---|---|---|---|---|---|
| | 1955-59<br>(n = 6) | 1960-64<br>(n = 5) | 1965-69<br>(n = 19) | 1970-74<br>(n = 21) | 1975-79<br>(n = 29) | 1980-84<br>(n = 60) |
| 1960-64 | 2.693 | 3.005 | | | | |
| 1965-69 | 4.780 | 4.263 | 4.736 | | | |
| 1970-74 | 6.865 | 3.969 | 6.406 | 5.322 | | |
| 1975-79 | 7.446 | 5.284 | 7.825 | 7.187 | 7.835 | |
| 1980-84 | 6.212 | 3.681 | 7.172 | 7.044 | 7.811 | 6.922 |
| 1985-89 | 5.346 | 4.000 | 6.041 | 6.582 | 6.666 | 7.565 |

　　我只计算了每个阶段开始后的 8 年内发表的司法意见的引用状况。所以表中第 2 列中的 2.693 表明的是，1955 年~1959 年被任命的法官 1960 年~1964 年撰写的司法意见在 1960 年~1968 年间发表的司法意见中平均被引用了 2.693 次。因此，如果我们从左向右看，我们就得到了一个不同队列在同一时期的审判质量指数，它可以帮助我们断定衰老以及经验的影响，也可以帮助我们区分（如果我们既从左到右看也从上到下看的话）它们的影响。由于最年长也最有经验的法官在左边，最年轻的、经验最少的法官在右边，当我们从上向下看这个表格时，最有经验的法官年龄在增加。如果司法像其他工作，那么最初时经验的影响会大于年龄的影响，所以老年法官的司法意见要比年轻法官的司法意见被引用得多，但是最终年龄的影响会超过经验的影响，所以年纪非常大的法官和较年轻的法官一样没有中年法官的司法意见被引用得多。

　　然而，我们并没有一贯地观察到这种衰老效应和经验效应（隐含于"一贯地"一词中的限定条件的意义将在下文讨论）。例如，1955 年~1959 年被任命的法官在 1960 年~1964 年间会比在 1960 年~1964 年间任命的法官有更多的经验，但以司法标准看仍然相对年轻（50 岁后期或 60 岁出头），这些初出茅庐之人的司法意见被引用次数却比经验丰富的法官的司法意见被引用次数多（3.005 比 2.693）。在表格中的最后两行，现在已经十分年迈、最年长法官的当前司法意见被引用次数比更年轻一些但也十分有经验的 1960 年~1964 年那个年龄组人的要多。

我对衰老的影响特别感兴趣。直到最后两个时段之前，都没有显示出这种影响。到了 20 世纪 80 年代中期，样本中 1955 年~1964 年任命的 11 位法官（前两栏）已经 80 多岁了；他们在 1985 年至 1989 年间写的判决的被引用数确实比更年轻的法官在相同时间写的意见的被引用数要少。然而如果考虑整个表格，人们会惊奇地发现，至少当通过引用指标来看时，衰老对法官质量的影响非常小。

有两个限定条件是必要的。第一，如果每个司法意见随时间的增加而被引用次数增加——这或许是因为判决数量快速增加致使引用早期判决的"需求"增长之故，这就可能会掩盖衰老的影响。从左边向右边对角地看这个表格，比较不同的队列人在大约相同年龄的判决被引用的平均状况（例如，第一个年龄组在 10 年以后，第二个在 10 年以后，第三个在 10 年以后，等等）。这种比较确实揭示了一种上升趋势，[6] 这只是不对每一列中显示的时间趋势赋予太多意义的一个原因而已。如果对各行进行比较，也就是比较在相同时间上不同队列被引用次数的不同，这时引用的时间趋势就消失了。

更为重要的限定条件关涉的是衰老对数量，进而间接对质量（这要看"质量"这一定义的精确程度）的影响。表 8.2 显示了这种影响，它比较了不同时期不同队列平均每年撰写的司法意见数量。

在第一个阶段里，每个队列撰写的意见数都在人为地减少，因为部分法官是在这个阶段后期才被任命，所以没有机会撰写相应于 5 年里应撰写的司法意见数量。忽略第一个阶段，从上往下看各列的数字，我们可以发现司法意见的数量似乎确实随年龄的增加而减少。从左向右对角地看这个表格可以发现，这并不是因为每个法官的案例负担减少之故。对角地看数字可以比较大约相同年龄的不同队列的人的不同产出。例如，在第三个阶段第三个队列平均每年写 26.7 个司法意见，而第四个队列在其第三个阶段里写了 28.3 个、第五个队列则写了 32.9 个司法意见。这个趋势说明，每位联邦上诉法官的平

185

---

〔6〕 最后一行的下降是一种误导；引用的次数以 1993 年为准，因为 1985 年至 1989 年许多裁决还没有满 8 年。

均案件负担量在这个表格覆盖的整个年代里一直在增加。

　　观察第一和第二个队列，第一组从被任命后的第三阶段、第二组从任命后的第二阶段开始，撰写意见的数量明显下降了。在第三个队列里，直到第四个阶段才开始可以看到微弱的下降，这时，这些法官中的大多数已经 70 岁出头或 75、76 岁了。

表 8.2　不同队列的司法意见年均撰写数量

| 司法意见撰写时期 | 队　列 | | | | | |
|---|---|---|---|---|---|---|
| | 1955-59 (n = 6) | 1960-64 (n = 5) | 1965-69 (n = 19) | 1970-74 (n = 21) | 1975-79 (n = 29) | 1980-84 (n = 60) |
| 1955-59 | 28.6 | | | | | |
| 1960-64 | 34.1 | 16.6 | | | | |
| 1965-69 | 27.8 | 24.3 | 14.7 | | | |
| 1970-74 | 23.2 | 21.8 | 28.1 | 16.4 | | |
| 1975-79 | 17.1 | 17.5 | 26.7 | 29.3 | 11.9 | |
| 1980-84 | 15.3 | 17.6 | 24.3 | 28.3 | 33.6 | 20.2 |
| 1985-89 | 11.3 | 6.9 | 21.0 | 21.4 | 32.9 | 28.6 |

　　年龄对数量的影响与"高级法官身份"这一有趣的制度有关。如果联邦法官到了 65 岁，且他们服务的年数和年龄之和至少为 80，那么他们就可以拿全额工资退休，或者享受高级待遇（减少工作量，但仍拿全额工资）。因此一个 68 岁、只有 12 年联邦司法服务经历的联邦法官就可以选择退休或者享受高级待遇。然而，由于没有既定的享受退休的权利，所以除非身体有残障，否则不能提前退休。退了休的法官与接受高级待遇的法官相比，前者不受对联邦法官工作以外活动的任何限制。如果愿意，他可以做律师。当然他不能够继续利用联邦司法的任何职权，他不能像高级法官那样享受涨工资的任何待遇，尽管他可以享受"生活费用加薪"。

　　法官有很强的经济利益动机，想尽早地获取高级待遇。从社会保障的角度看，高级法官的工资被列为"非劳动收入"类，这样高级法官就不用为他的司法收入支付社会保障税［在这点上，因为能接受高级法官待遇的最低年龄是 65 岁（身体完全残障的除外），所以所有享受高级法官身份的法官都可以得到这种待遇］，而法官的"劳动收入"在法官 70 岁之前会影响法官获得社会保障金。尽管如此——在 65 岁转入高级待遇的所得可以轻松地达到 10 万美元——但在目前 371 名高级法官中只有 16% 的人是在最早可享受的年龄转入高级法官行列的。[7] 这是联邦司法工作有很多非金钱收益的一个有利证据。近年来法官转入高级法官身份的平均年龄在 67~69 岁。比美国平均退休年龄要高得多——但这不是退休。大多数联邦法官在他们 80 岁之前不完全退休，许多人一直工作到 80 岁中期或后期。

联邦地区法官（初审法官）的工作比联邦巡回法官（上诉审法官）的工作要繁重一些，因为出庭需要更多的时间。1991 年至 1993 年间 21 名在最早合法时间转入高级法官身份的联邦法官中，除一人外，其余都是地区法官，地区法官的平均工作年数（13.4 年）比寂寞的巡回法官的工作年数（17.0 年）短。大家不应对这一事实感到吃惊。显然巡回法官的"抽样"太小，不足以有代表性，但是如果我们考虑在这一期间取得高级法官身份的所有联邦法官——17 名巡回法官，82 名地区法官——这种工作年数上的差异就更大了。巡回法官的平均工作年数是 20.2 年，地区法官仅有 15 年。当然有的地区法官直到年龄非常大时仍十分活跃——例如纽约南区的爱德华·维因费尔德（Edward Weinfeld）法官一直工作到他 86 岁去世。

由于高级法官身份鼓励法官在上年纪后减少工作量，这就帮助解释了表 8.2 中显示的年龄影响数量的问题。尽管老年法官的产出数量少，但质量（至少若用每个司法意见的平均引用次数来代表的话）与其他行业相比要好得多。这样在我们的抽样里，那些因年龄而工作受影响的大多数法官在年龄影响非常明显之前就会被动员退休——一旦一个联邦法官取得高级法官身份，他继续在位就要得到法院的首席法官以及巡回法院的司法委员会许可。如我

　　[7]　这一段和下面的统计来自美国法院行政办公室统计部门。371 的数字包括了高级地区法官和高级巡回法官。

在第 4 章中指出的，没有考虑这种选择现象解释了（并且大大地削弱）一些研究中的如下结论：年龄对工人的质量没有影响。尽管如此，和其他行业里少数老年工人不同的是表格中的老年队列总体上代表了联邦上诉审系统中相当一部分人，而不仅仅是那些成功地公然对抗老化过程的少数人。抽样中的51 位法官中的大多数人在 1975 年以前上任，相当于现今联邦上诉法官的1/4，他们在 1985 年~1989 年间或之前就到了正常退休的年龄，但是他们没有退休，尽管他们中大多数人承担的工作量已大大地减少。

然而选择偏见的另外一种形式也在起作用。在 50 岁甚至更晚时受雇于新工作的人，就健康和精力而言，并不是从同龄人中随机选择出来的。他们更可能比同龄人中的一般人老化得少，所以更有可能比一般人在更老的年龄时有更多成就。如果霍姆斯在 61 岁时步履蹒跚，他就不会被任命到最高法院工作。我们可以做出这样的总结：那些开始受雇的时间越晚的人，他们相对同龄人就更可能"年轻"一些。这就不会使人们因老年法官工作出色而感到太吃惊，也不会根据法官的成就来对一般老年人的职业能力做出过于冒险的概括。

对法官受年龄影响很小这个结论的最严肃的反对意见，则建立在对"数量"和"质量"的区分上（这种区分是有问题的）。如果慢慢地干，一个老年汽车装配工人一天可以装配 2 辆汽车，而不是规定的 10 辆，然而，即使他装配的汽车可能与年轻工人的一样结实，为此而表扬他也是荒唐的。他的工作能力仅仅是年轻人的 20%。每年比年轻法官写出的司法意见少的老年法官也有类似的能力差的问题，除非他们的意见更好；但没有人说他们的意见更好。这些法官，尽管产出在下降（以质量加权计算的数量），却不被替换，这是因为他们受宪法第三条的保护，从而很难或不可能替换他们，也因为联邦法官不必在劳动力市场上竞争因而不受生产能力最大化的限制，还因为法官的人员调整会有社会成本（稍后再谈这点）。然而，老年人在许多方面无法和年轻人做得一样，哪怕给他们更多时间也是如此，所以我们必须要考虑一下，为什么（至少宽泛而言）审判没有这样的问题。但是这不影响我的结论，即衰老的影响是存在的。

表 8.3 给出了进一步的证据，说明在审判方面有与年龄相关的下降问题，并且这种下降可能会在不寻常的高龄才出现。这个表是对勒尼德·汉德法官 38 年联邦上诉法官工作进行的一次引用研究，他一直工作到 1961 年去世，当时 89 岁。[8] 1951 年他转入高级法官身份，当时 79 岁。该表以 5 年或 6 年的间隔，提供了有关汉德和他同事的司法意见被引用次数的数据。[9] 在每个时间段，我都以全部年份中（直到 1992 年为止）对每个法官在该 5 年中撰写的署名的、公开发表的、多数意见的总引用数而不是平均引用数为各个法官排序。[10] 实际上我以质量（每个意见被引用的次数）对数量（司法意见的数量）进行加权。但是我也给出了平均引用次数，并说明法官意见持久性的一个指标——最近 5 年间（1988 年~1992 年）被引用的总次数。

至少从引用分析的角度而言，汉德的能力是突出的，但是仍有明显的衰老影响。在转入高级法官身份之前，汉德在每个阶段都在引用总数、最近 5 年引用总数上（除了一个阶段）领先。在他正常工作年间，在平均引用数上汉德 3 次未能处在领先地位，但是两位领先法官撰写的意见太少，这使他们的胜利意义不大。出于前面提到的原因，与平均引用数相比，引用总数在任何情况下都是一个更有意义的指标，因为它是用数量对质量的加权。汉德在转入高级法官身份后的前半时期，虽然年纪已大，但仍持续突出地工作。他在平均引用数上领先，然而因他写的司法意见数量大幅度减少，他在引用总数和最近 5 年引用数量（也是一个总数而不是平均数）不再是第一位。在他事业的最后一个阶段，84~89 岁，他的年平均司法意见产出下降了一点，[11] 但平均引用数却显著下降了。结果是总引用数（以质量加权计算的数量）明显下降，图 8.1 用图形表示了这个结果。然而在汉德作为联邦法院上诉法官

---

〔8〕 表 8.3 的资料来源于我的一篇文章，"The Learned Hand Biography and the Question of Judicial Greatness," 104 *Yale Law Journal* 511, 536–539（1944）（表 1）。

〔9〕 其中两次以 6 年为单位的原因是避免汉德进入高级法官身份的时间与他正常工作时间重叠。

〔10〕 引用的范围和以前的表格一样，限定在联邦法院上诉的引用。

〔11〕 与前一个阶段的 82 个相比，在最后一个阶段他写了 84 个司法意见，当然最后阶段因他在高级法官身份的位置上待了 11 年且更长一些。

的整个事业中最有成就的时间是他转入高级法官身份之前的一段时间。他正常工作的最后一个阶段是 1945 年~1950 年，73~78 岁时。[12]

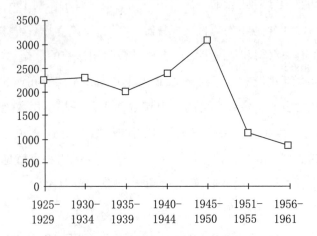

**图 8.1　勒尼德·汉德不同时期司法意见的引用总数**

190

**表 8.3　勒尼德·汉德和他同僚被引用的情况**

| | 1925-1929 | | | |
|---|---|---|---|---|
| 法官 | 司法意见 | 引用 | 每个司法意见引用次数 | 1988-1992 年间的引用次数 |
| **汉德** | **244** | **2269** | **9.3** | **46** |
| 曼顿 | 291 | 1560 | 5.4 | 11 |
| 斯万 | 121 | 790 | 6.5 | 7 |
| 休弗 | 141 | 680 | 4.8 | 8 |
| 罗杰斯 | 66 | 660 | 10.0 | 19 |
| A. 汉德 | 85 | 417 | 4.9 | 4 |
| 蔡斯 | 17 | 77 | 4.5 | 3 |

[12]　这是另外一个长时期，但如果用正常 5 年为单位来衡量，仍不会改变这是他最有成就的时期的结论。

续表

| 1930-1934 | | | | |
|---|---|---|---|---|
| 法官 | 司法意见 | 引用 | 每个司法意见引用次数 | 1988-1992 年间的引用次数 |
| **汉德** | **257** | **2300** | **8.9** | **72** |
| 斯万 | 245 | 1529 | 6.2 | 15 |
| 曼顿 | 306 | 1251 | 4.1 | 9 |
| A. 汉德 | 216 | 1071 | 5.0 | 14 |
| 蔡斯 | 223 | 916 | 4.1 | 4 |
| 1935-1939 | | | | |
| 法官 | 司法意见 | 引用 | 每个司法意见引用次数 | 1988-1992 年间的引用次数 |
| **汉德** | **244** | **2025** | **8.3** | **81** |
| 斯万 | 236 | 1250 | 5.3 | 18 |
| 曼顿 | 268 | 1213 | 4.5 | 21 |
| A. 汉德 | 216 | 1043 | 4.8 | 21 |
| 蔡斯 | 209 | 830 | 4.0 | 9 |
| 克拉克 | 21 | 192 | 9.1 | 4 |
| 帕特森 | 25 | 152 | 6.1 | 6 |
| 1940-1944 | | | | |
| 法官 | 司法意见 | 引用 | 每个司法意见引用次数 | 1988-1992 年间的引用次数 |
| **汉德** | **215** | **2436** | **11.3** | **39** |
| 克拉克 | 193 | 2287 | 11.8 | 49 |
| 弗兰克 | 140 | 1822 | 13.0 | 39 |
| 斯万 | 211 | 1430 | 6.8 | 27 |
| A. 汉德 | 191 | 1180 | 6.2 | 16 |
| 蔡斯 | 183 | 948 | 5.2 | 13 |
| 帕特森 | 33 | 178 | 5.4 | 3 |

| 1945-1950 | | | | |
|---|---|---|---|---|
| 法官 | 司法意见 | 引用 | 每个司法意见引用次数 | 1988-1992 年间的引用次数 |
| **汉德** | **224** | **3149** | **14.1** | **119** |
| 弗兰克 | 191 | 1624 | 8.5 | 52 |
| 克拉克 | 198 | 1595 | 8.1 | 23 |
| 斯万 | 202 | 1372 | 6.8 | 16 |
| 蔡斯 | 179 | 1164 | 6.5 | 22 |
| A. 汉德 | 144 | 808 | 5.6 | 12 |
| 1951-1955 | | | | |
| 法官 | 司法意见 | 引用 | 每个司法意见引用次数 | 1988-1992 年间的引用次数 |
| 弗兰克 | 147 | 1535 | 10.4 | 50 |
| 克拉克 | 167 | 1415 | 8.5 | 27 |
| 斯万 | 113 | 1188 | 10.5 | 20 |
| **汉德** | **82** | **1949** | **12.8** | **42** |
| A. 汉德 | 74 | 731 | 9.9 | 22 |
| 蔡斯 | 102 | 714 | 7.0 | 22 |
| 梅迪纳 | 54 | 500 | 9.3 | 27 |
| 哈兰 | 23 | 252 | 11.0 | 17 |
| 沃特曼 | 3 | 22 | 7.3 | 0 |
| 辛克斯 | 32 | 0 | 0.0 | 0 |
| 1956-1961 | | | | |
| 法官 | 司法意见 | 引用 | 每个司法意见引用次数 | 1988-1992 年间的引用次数 |
| 弗林德利 | 91 | 1825 | 20.1 | 107 |
| 沃特曼 | 155 | 1642 | 10.6 | 61 |
| 克拉克 | 169 | 1454 | 8.6 | 64 |

| 1956-1961 | | | | 1988-1992 年间的引用次数 |
|---|---|---|---|---|
| 法官 | 司法意见 | 引用 | 每个司法意见引用次数 | 1988-1992 年间的引用次数 |
| 梅迪纳 | 127 | 1283 | 10. 1 | 62 |
| **汉德** | **84** | **645** | **7. 7** | **41** |
| 斯万 | 70 | 562 | 8. 0 | 22 |
| 摩尔 | 68 | 399 | 5. 9 | 23 |
| 史密斯 | 28 | 356 | 12. 7 | 12 |
| 辛克斯 | 95 | 304 | 3. 2 | 7 |
| 弗兰克 | 35 | 265 | 7. 6 | 2 |

　　为了让引用更好地反映出法官的司法产出，通常会做两种调整：一是减 192去法官的自我引用；二是只计算其他巡回法院的引用，因为其他巡回法院按照先例，不必非要引用第二巡回法院之司法意见。（汉德是第二巡回法院法官，这一法院管辖纽约州、康涅狄格州和佛蒙特州。）在这样调整后，研究结果也没有多大变化。当抛除汉德的自我引用后重新计算，惟一的变化是在1940 年至 1944 年间，汉德的平均引用数从第三位上升到第二位。当排除第二巡回法院的引用后（这样一来计算在内的引用就只有那些不必遵循我抽样中的法官的司法意见，可自由选择引用自己认为的最佳意见），重新计算，汉德的表现更为出色。直到他进入高级法官身份，他在每个时期的总引用数和平均引用数上都占首位。当然衰老的影响并没有被抹去。

## 老年法官工作能力的致因

　　解释上一节的结果是一种挑战。利曼将审判归于领导工作一类，所以法官的平均年龄很高也就没什么可奇怪的。[13] 这似乎又不对。首席法官，特别

---

　　[13]　Harvey C. Lehman, *Age and Achievement* 286（1953）（tab. 50）.

是美国的首席大法官兼有一些领导作用，上诉审判中法官地位平等的事实在一定程度上要求人际交往技巧，但这些只对少数"伟大"法官的名誉起到了作用。如果司法工作人员继续增加（现在还很少），也许有一天领导能力会成为司法工作的一项重要内容——如果真是这样，这将有利于老年法官，一方面他们可以直接受益于更多工作人员带来的工作方面的帮助，另一方面可以间接地利用他们成熟的领导才能。但这是未来的事情。过去的法官享有很高名誉不是因为他们的领导才能，当然也有一些例外的大法官，例如约翰·马歇尔、威廉·霍华德·塔夫特（William Howard Taft）、查尔斯·伊万斯·休斯（Charles Evans Hughes）以及阿瑟·万德比尔特（Arthur Vanderbilt）（最后这位是新泽西州最高法院的大法官）。

特别是在普通法体系里，法官十分注重类比推理，通常这是实践推理的一个分支，所以比起严格的推理，它可能更少依靠流体智力。我们前面讨论过这个观点，并且发现了它的不足。类比推理需要流体智力，而这种智力是随年龄的增加而减少的。

大多数人会说法官到很大年龄都可以胜任，是因为好的法官需要有好的判断，而判断和年龄、经验有关系。法官是"智者"，智者一般是老年人，他们的智慧是生活经验的产物。这个说法很难让人明白点什么。在成熟的司法系统中，法官，特别是上诉审法官〔我提到的所有出色的老年法官中除了爱德华·维因费尔德（Edward Weinfeld）以外都是上诉审法官〕，不是调停员、劝慰者，他们是规则实施者，在某种程度上是规则制定者。为什么广博的生活经验，或者法律职业中某个或多个非司法领域的长期经验可以强化他们的工作质量，对此我们不是很清楚。但是我想这个流行观点有一些道理，尽管其背

193 后的思想并不如此。司法伦理的规则以及上诉审判的制度特点限制了信息向将要审理案件的法官渗透。特别是，由于各种原因，一个案件的事实在通向上诉法院的途中，有淡化或走样的倾向，律师很有可能会将案例以外的一些东西塞给法官。所以一个上诉审法官在工作中有案例之外的一些人类行为方面

的知识是十分重要的：简言之就是"经验"。[14] 这一点与法官任命的最佳年龄而不是与法官司法经验的多少更为相关。我还会再讨论这之间的区别。

法官的另外一个重要财富是无私利。法官在断案时很少会考虑他们未来事业机会最大化的问题，所以，他们越少考虑未来，他们断案就越公正。[15]我们希望担任法官是其最终的工作，而不是另外某种工作的跳板。这说明应该在年龄足够大时任命法官，这样他们就不太可能再换工作。这种策略的可行性又被联邦司法津贴系统的"悬崖"特点强化了。在最早的退休年龄（65岁）之前没有既定享受退休的权利，这意味着，当离这个退休年龄越近时，辞职带来的失去津贴权利的贴现成本会直线上升。当最终可以享受司法津贴时这种成本就会降低到零甚至变成负值，但是我在本书中始终强调的年龄下降曲线指明，很少有 65 岁的人会去寻找新职业。做律师对一个法官来说确实并非什么"新"职业，因为大多数法官在出任法官之前是律师；与高级法官身份的待遇相比，做律师生活紧张，有风险，这些特点会让那些为了津贴权利在 65 岁之前担任法官的人不敢到时退休另谋他职。[16] 法官被任命得越早，他在决定是否继续干法官时就越少考虑辞职带来的津贴损失问题。

经验和无私利是"智慧"的重要成分，不幸的是它们又一直是最为模糊的概念之一。[17] 安东尼·克隆曼（Anthony Kronman）称智慧是"律师—政治家"（这类人在他看来包括最好的法官）的必备特点。[18] 他的智慧概念是认

——————————

〔14〕 在一定程度上"从书本上学"可以代替生活经验，我们会发现从学界任命的法官似乎比从实际工作中任命的法官要年轻一些。

〔15〕 引自，David Gutmann, "Age and the Leadership: Cross-Cultural Observations," in *Aging and Political Leadership* 89, 95-96 (Angus McIntyre, ed., 1988).

〔16〕 在 1990 年至 1992 年间，113 位联邦法官转入高级法官待遇或退休，只有 7 人（当然全都是退休的）开始做私人律师。Emily Field Van Tassel, *Why Judges Resign: Influences on Federal Judicial Service*, 1789 to 1992 40 (Federal Judicial Center, 1993). 自 1950 年因健康或犯罪以外原因退休的 58 位联邦法官的平均年龄只有 52 岁。从前面所引用的文献中（第 126~127 页）计算而来。

〔17〕 引自，Douglas H. Powell（与 Dean K. Whitla 合作），*Profiles in Cognitive Aging*, ch. 9 (1994).

〔18〕 Anthony T. Kronman, *The Lost Lawyer: Failing Ideals of the Legal Profession* (1993). 在 Kronman 的书中处处可见才智的问题，所以我就不指出具体的页数。Kronman 没有将他认为的才智与任何特别的年龄联系在一起。他区别了新手和有经验的专业人士，但没有深究职业能力的实际年龄概况。

知和感情技巧的结合，这两方面不总是很容易区分的（例如什么是"移情作用"）。法官的智慧包括如下的特点：具有从其他人的计划或项目内部理解此类计划或项目的能力，通过想像来断定其他方法可能带来的后果和结果的能力，习惯法律职业的实践和习俗，有深思熟虑的能力，具有不为要求其裁定的问题和诉讼当事人打动感情的能力，能够将个人或事业的利益放在案件结果之外。总之，成熟的职业判断是有智慧的法官这一概念的中心部分，造就这样一种判断的知识和气质特性会随年龄直线改善到一定程度（一个"智慧的、有稚气的法官"是一种严重的矛盾修辞），之后一直延续到老年。传统上将年龄、智慧、判断联系在一起是有一定道理的。我并不是要诋毁法官的才华；但是像霍姆斯、汉德和卡多佐这样伟大法官的才华与伟大科学家的才华是不同的（我们会在以后讨论）。

在评价年龄对法官质量的影响时要考虑的另外一点是司法过程的向后看（backward-looking）特性。回忆一下亚里士多德的时间观念，根据他的观点，随着我们年老，我们的思维重点从对未来的想像转入对过去的回想。如果在审判中迫切需要的是与过去保持连续性——强化已有的认识、传统的权利以及像美国宪法那样的古老契约——那么司法人员最好是把认知定位在过去而不是未来。司法审判强调"向后看"的特点浓缩在遵循先例的原则中：法官必须遵循先例。我们会发现当司法系统更为强调遵循先例时，法官平均年龄就会越大。这也许是英美法系中的法官为什么比大陆法系法官的平均年龄大的一个原因（的确是这样，大陆法系的法官在法学院毕业后立刻开始司法工作）：遵循先例在英美法系中是一个更为重要的原则。但是我不认为这种解释十分令人信服。英美法系中法官的判决是先例这一事实要求法官要看到他的判决对未来案例的影响后果。他必须瞻前和顾后。此外，因果关系更可能是，法官的年龄决定了判决的特点，而不是判决的特点决定了法官的年龄。英美法的定位可能是向后看的，更注重遵循先例而不注重向前看的政策制定，部分原因是法律的实施者因为自己的年龄之故，更倾向对法律采取一种向后看的进路。

那些认为法官应有平衡作用——减少在公共政策上摆动幅度的作用——的人们会欢迎年老的法官。如同大众认为的那样，有一些证据说明，即使在控制了年龄组的影响后，老年人在政治上比年轻人也更保守一些。[19] 然而老年人的保守主义可能更为突出的另一面是，与年龄相关的吸收新观点的成本，这与本书强调的衰老特点是一致的，"老年人保留了他们年轻时形成的许多政治观点和态度。"[20] 基本上来说法官和选民也同样。如果社会偏向法官年轻时的左翼，法官会希望将社会带向右翼，如果社会偏向法官年轻时的右翼，他们会努力向左翼方面努力，结果是加强了政治的稳定性。当然，这就像比较固定汇率和浮动汇率的影响一样，我们必须考虑长期和短期的稳定问题，这两种稳定性可能会相互冲突。如果法官试图阻止社会变化的潮流，他们可能会被洪流冲走——这是对挑战新政的最高法院年长法官的一种解释。尽管厄尔·沃伦（Earl Warren）任首席大法官时期的法院冒险主义可能是一个明显的反例，但是可以论争的是，"沃伦法院"的自由主义法官是在强化他们年轻时习得的价值——其中许多都与新政吻合。德国法官不恰当地草率接受第三帝国价值的行为，可能反映了这些价值和法官年轻时的保守价值相一致。[21] 在沃伦法院和纳粹司法机构这两个例子里，法官增进了而不是缓和了社会变革。

196

在年龄很大法官的持续工作能力问题上，一个世俗但重要的考虑是忍耐无聊。这个国家的许多法官是在 50 多岁开始非常新的事业的。如果需要（猜测）在同一岗位上工作 30 年才使无聊对工作有明显影响，那么我们可以预

---

〔19〕　Anne Foner, "The Polity," in *Aging and Society*, vol. 3: *A Sociology of Age Stratification* 115, 132-136 (Matilda White Riley, ed. , 1972.

〔20〕　John B. Williamson, Linda Evans, and Lawrence A. Powell, *The Politics of Aging: Power and Policy* 106 (1982). 有关的证据参见，Duane F. Alwin, Ronald L. Cohen and Theodore M. Newcomb, *Political Attitudes over the Life Span: The Bennington Women after Fifty Years* 90-96 (1991), 也参见书中引用的其他研究; M. Kent Jennings, "Residues of a Movement: The Aging of the American Protest Generation," 81 *American Political Science Review* 367 (1987).

〔21〕　参见, Ingo Müller, *Hitler's Justice: The Courts of the Third Reich* (Deborah Lucas Schneider, trans. , 1990); Richard A. Posner, *Overcoming Law*, ch. 4 (1985).

计，无聊不会促使大多数法官在最早有机会时就退休，或者，在过了最早可退休年龄很久之后也不会大幅度地降低他们的工作质量。

我对年龄和审判之间和谐关系的讨论可能忽视了最后阶段的问题。在法官生命的最后阶段，是什么在支撑他们工作？然而，这个问题揭示了对最后阶段问题（可能是名字起错了）的一种误解。最后阶段问题之所以称其为一个问题，很大程度上是因为它并不真正是最后阶段，它只是个人有一些特殊动机的最后阶段。雇员磨洋工或偷窃是因为雇主惟一可惩罚他的手段就是解雇他，而他无论如何都要离开，这种人的行为不当的动机是他离开这个工作后仍会活着。如果工作是终身的，那他就不会有这种动机。所以在某种程度上司法职业接近于终身职业，这样就会限制法官有行为不当的动机。法官以特定方法断案不会有损失，也不会有任何收益。人们希望的是，在没有一般意义上[22]的自私自利行为动机的情况下，他们会作出名副其实的公道裁决。在其他条件相同的情况下，法官的年龄越大，这种希望成为现实的可能性就越大。但这仅仅是一种希望，因为在没有私利的情况下，古怪或专断的行为既不会被奖励也不会被惩罚。应该承认，这是一种夸张说法，因为法官可能会在乎他们死后的名誉。

我说过智慧以及司法能力都不随年龄下降。但这也是一种夸张，勒尼德·汉德法官的生涯就是一个例子，现在我要更认真地考虑一下这个问题。从直接参与法律运作的角度说，经验在法官被任命时就已停止增加，他已脱离了增加经验的世界。这意味着他的专业人力资本从那时起开始净贬值。但是司法经验会增加司法人力资本，这使法官增加他的以质量加权计算的判决产出数量，因而暂时可弥补精力和思维准确性上不可避免出现的与年龄相关的下降。审判属于边干边学的工作。阅读许多诉讼要点摘录，听取很多口头辩论的经验，都可以增加法官从摘要和律师辩护中抓住案件要点的速度。速度在

---

[22] 这是对一些法官的一个重要限定条件——那些从用司法工作提高政治哲学中得到满足的法官。但是在最高法院以下，这类人是少数。参见 Richard A. Posner, "What Do Judges and Justices Maximize? (The Same Thing Everybody Else Does)," 3 *Supreme Court Economic Review* 1 (1994)，重印在 *Overcoming Law* 一书中，本章注〔21〕，第 3 章。

司法工作中非常重要。如同其他一些类别的领导能力一样（见第 7 章），法官也必须在一定时间里作出许多决定，作出司法决定的速度和自信是与经验有关系的。

此外，通过准备审理一个案子以及此后撰写关于该案的司法意见书（如果他被指定为本组的意见撰写人），法官可以对这个领域或者法律的分支领域有所了解，下次他再遇到相同领域的案件，就能处理得更快。这点非常重要，因为大多数法官在被任命之前都从事更专门的工作。大多数美国法官是多面手，而多数律师和法学教授是精通家。所以法官必须在担任法官时获取其司法基础知识中的大量内容。

如果法官在审判中获取了新的人力资本，人们可能会认为，法官工作的数量和质量会随他在这个工作上的时间增加而增加，而不仅仅是不减少。但法官做司法工作之前的经验以及他的精力会下降，尽管他的司法经验在增加。他的流体智力也会下降。由于这种贬值随年龄增加而加剧，由于获取司法经验像获取其他新的人力资本一样，老年人的成本会比年轻人的高，我们可能会看到在更年轻时被任命的法官的以质量加权的产出会在任命后暂时增加，之后持平，最终下降；那些在年龄更大时被任命的法官的工作产出会保持不变，直到最后下降。但是表 8.1 和表 8.2 没有显示司法产出和司法经验之间有任何关联。对此的解释可能在于联邦司法职业的独特要求。人们期望一个 198 雇员的与经验相关的生产能力的增加会提高他的产出，这样他的雇主就可以以更高的工资鼓励他产出更多，或者因为他的产出较少而解雇他。对于联邦法官来说，这种胡萝卜加大棒的方法都不起作用，他们（同一级别）拿一样的工资，只有严重渎职时才会被解雇。人们无法阻止联邦法官将增加的经验带来的工作能力增加转入休闲之中。法官会用更少的时间做出同样的工作，这就允许他有更多的休闲时间。我在其他地方论证过，休闲是法官平均效用函数的一个重要因素，[23] 因此对这两个表格的此种解释与我过去的此种论证是一致的。如果法官从额外产出中得到了额外效用，那么这种解释就会无力。

---

[23] 同上注。

有些法官是这样，但很多不是。他们从"做自己的工作"中，而不是从做更多工作中得到效用。

法官能力下降非常缓慢的另外一个原因（第一个原因是司法资本的获取）——这是很大年龄的优秀法官保持高质量的一个决定性因素——可能是司法所特有的写作的重要性。大多数伟大（甚至那些称作"英明的"）法官的显著特点不是非凡的分析能力，而是他们具有非凡的修辞能力。[24] 案例的数量、种类以及随机性，司法裁判委员会的特点，司法基本是解释而不是创造的特点，法官的绝对年龄，这些都使得哪怕是最有能耐的法官也难在司法裁判中表现出高水平的智识创造性。司法意见中表达的大多数观点都来自外界，来自律师、立法者、法学教授、其他领域的教授（例如经济学、政治学和哲学），或者在如霍姆斯、布兰代兹或弗兰克福特这些学者型法官的情况下，其司法意见中的一些看法来自他们成为法官之前已经形成的一些观点。除了法官无法控制的历史偶然性外，司法意见非平庸之作的表现就在于法官叙述的生动性、简洁性以及难忘性。就连像勒尼德·汉德有关过失的公式[25]（法律的经济学分析的里程碑）这样的司法"创造力"的著名范例，也不过是用代数形式重新阐述了侵权法的传统过失标准而已。它是代数，像隐喻一样，而不是数学分析。

写作能力（对最好的法官来说可称为文学能力）是晶体智力的一个方面，也是衰老到来之前受年龄影响最小的一个方面。有创造力的作家经常会没的可写，结果是很多作家的创作生涯巅峰过早到来。[26] 但不是每个人都这样，我们在前一章中也分析过。对法官来说新观点似乎不会穷尽，因为每一个案

---

〔24〕 Posner，本章注〔4〕，第133~137页。

〔25〕 $B < PL$，其中 $B$ 是避免事故的负担（成本），$P$ 是事故发生的概率（除非采取预防措施 $B$），$L$ 是如果发生事故它带来的损失（成本）。这个公式出现在汉德为 United States v. Carroll Towing co. (159 F. 2d 169，173，2d Cir. 1947) 一案所写的司法意见中。

〔26〕 Dean Keith Simonton，"Age and Creative Productivity: Nonlinear Estimation of an Information-Processing Model," 29 *International Journal of Aging and Human Development* 23（1989）. 在这里 Simonton 提出了一个模型，其中表现了一个研究人员在开始他的事业时有一种固定的创造潜力并在他整个事业中支配着这种才能。另参见，*Simonton, Genius, Creativity, and Leadership: Historiometric Inquiries* 109-112（1984）.

例都给他们提供了新鲜话题，事实也如此，他们不需要依靠可能会干涸自己内心的观点。如果比较一个人不同年龄的写作风格（而不是智识创造力），人们通常会发现，直到年龄很大之前，这种风格都在稳健地进步，直到去世前很短一段时间之前都一直保持着晚期巅峰的水平。霍姆斯最有说服力的司法意见——他对阿伯拉姆斯案（Abrams）言论自由案的异议[27]——是他在 70 岁后期写的，勒尼德·汉德则是在 70 岁中期写下载有"汉德公式"司法意见书的。

并不是每个研究审判的人都会同意我对司法特征因素的分析。但是我不认为我的结论——在司法工作中有与年龄相关的下降，但是这种下降只会在年龄很大时才出现——对这种分析十分敏感。我曾提到的弗林德利法官曾列出"杰出［司法］质量"的四个要素："分析能力"、"司法知识"、"一般文化素养"以及"写作优美、有力的英文的能力。"[28] 这其中的第一点——但不仅限于第一点——很可能随年龄增加而下降。

## 寿命增加的影响

尽管有很多老年法官工作优秀的例子，也有解释这种现象的理由，但是如果联邦法官退休制度不变，不断增加的寿命有可能给联邦司法体系的工作带来一定的影响。哪怕法官与年龄相关的下降曲线很平缓，但最终他们的表现会下降，而且一些法官会比其他法官下降得更快。因此，如果寿命提高增加了年龄很大法官的比例，司法工作的质量就可能受影响，除非增加寿命对能力的影响可以由降低与年龄相关的下降速度而完全得到补偿，而这是极不可能的。如果我们的社会继续快速发展，促使司法部门要快速解决问题，那么寿命增加极有可能对法官工作有负面影响。这种变化会加快法官因年龄而致使工作质量下降的速度。当然解决这个问题的办法部分在于我提到过的司

200

---

〔27〕 Abrams v. United States, 250 U. S. 616, 624（1919）.

〔28〕 Henry J. Friendly, "Book Review（of Learned Hand's Court, by Marvin Schick），" 86 *Political Science Quarterly* 470, 471（1971）.

法工作人员的增加，这些人可以帮助老年法官生产以前不可能完成的以质量加权的产出。另外一点是，除非与任命的平均年龄上升的幅度持平，法官平均退休年龄的上升说明，如果强调司法稳定性的价值，减少司法人员变动，可能是一个好现象。

如果法官的平均退休年龄不因法官寿命增加而提高，寿命对司法工作的影响就可能很小。但是平均退休年龄可能会提高。司法工作带来大量精神上的收入，[29] 直到老年法官没有能力体面地完成最低限度的工作之前，这种收入不会被大量非金钱成本淹没。换句话说，在等式 4.2 中，大多数法官的 $I_o$ 是很大的正值——我们可以回想一下这会降低法官在最早可得的时机退休的概率，特别是当退休完全是一种自愿行为时更是如此，例如联邦法官。由于更好的健康状况以及司法工作人员的增加，最近几十年来努力促使法官工作到晚年的成本在减少。这两方面的发展可能有助于老年法官工作能力的增加。如果希望法官不比现在晚退休，我们可以把退休待遇制定得比现在更为诱人。私人市场对法律降低强制退休年龄的反应正是如此。

解决法官老龄化问题（如果这是一个问题的话）的另外一个途径是，用专门化的法庭代替我们现有的一般法庭。总的说来，分工越细，人们要完成本职工作所需增加的新人力资本就越少。对老年法官来说获取新人力资本的成本是很高的，这是因为流体智力随年龄增加而减少；当法律的新领域出现后，一般法官必须不断充实自己的人力资本。但是工作分工越细，无聊就可能更早出现。所以为应付可以预见的法官寿命增加，专门化的司法系统可能不是最好的办法。

从这里的讨论应该明白，取得司法成就的年龄概况以及决定这个概况的因素对司法系统的结构有一定影响。这些影响会在第 13 章中进一步讨论。这一章的主要观点首先是，通过引用分析来评价审判活动是否是巅峰晚且持续活动的例子。其次，如果是这样的，又该如何解释。引用分析肯定了上诉审判拥有此种特点。但是它也显示了衰老的影响：若以引用总数（以数量加权

---

[29] 参见 Posner，本章注〔22〕。

计算的质量）来代表司法产出，那么就像勒尼德·汉德这样杰出和长寿的法官最终也有工作产出明显下降的经历，关于法官年龄概况的因果关系问题，我们看到的主要致因似乎是司法推理的特点，它特别强调实践的推理，可将它定为晶体智力的一个方面。应该注意，我不仅用实践推理的概念来说明引用分析的结果，而且，我还争辩说，这种分析支持了实践推理（而不是数量多得令人吃惊的法官和法学教授认为的逻辑或者另外一些抽象推理方法）确实是司法推理生命线的观点。其他帮助解释司法专业年龄概观的因素包括英美司法体系信奉先例的政策，（相关的）期望法官在社会和政治生活中起稳定而不是创新的角色，老年和公正的正相关关系，以及在上年纪后才被任命为法官，最后这点既可以减少法官因无聊而退休的现象，也可以有助于选择同年龄段中更富有活力的人。

# 第九章

# 老年人的地位和机构老化

202　　我一直主要是从老年人自己、他们雇主的角度，而不是从社会整体甚至老年人家庭的角度来考虑老年人。然而社会上非老年的成员（包括亲属和非亲属）是如何看待和对待老年人的，对有关衰老问题的实证和规范分析有很大的意义。孩子的社会价值是一个具有启发意义的类比。由于儿童要依靠成人，儿童的地位——包括有多少子女以及对他们的人力资本做哪些方面的投资——反映了成年人口的利益。当抚养子女的费用提高、子女不为父母提供广泛的服务时，家庭规模就会变小；当养育子女的费用小，子女为父母提供大量服务时，家庭规模就会变大，例如传统的农业社会。[1] 从属的老年人也处在一个平行的位置上。他们的存在让占据主导地位的年龄组（包括他们自己的成年子女）受到了一定的损害。

　　我希望用理性选择的观点来思考那些可能影响老年人得到社会待遇的因素。这种观点，如果存在，更可能影响社会如何对待老年人而不是年轻人的问题。人们似乎受遗传程序的影响感到要保护儿童。为什么我们认为儿童、

203　幼小动物逗人喜爱甚至极为可爱？[2] 一般来说似乎没有遗传程序让我们感到要保护老年人。尽管大多数子女热爱自己的父母，哪怕父母很老，但是他们

---

　　〔1〕　有关家庭的经济学参见，Gary S. Becker, *A Treatise on the Family*（增订版，1991）.

　　〔2〕　这个观点与广泛存在的溺婴、流产以及忽视儿童的现象并不一定不一致。Richard A. Posner, *Sex and Reason* 143-144（1992）. 子女的最佳和最多数量是不一样的，太多的孩子会威胁到所有子女的生存。我在第 1 章中也说过，这个观点可以用来解释绝经现象。

这种爱的强度多半在递减。这种不对称的现象在生物学上是解释得通的。将大量资源用于上了年纪没有生育力、没有实际（例如儿童）或潜在生产能力的人，无助于促进包容适应性。后生育时期的个人可能对他们子女的生存、进一步生产有所帮助，因此一般意义上的尊重老年人以及个体尊重自己的父母或者祖父母可能是一种本能。但是这种感情与对年轻子女的感情相比要弱一些，因为老年人对包容适应性的贡献更小。因此我们可以看到，社会上的主导群体，他们在基因的强烈驱使下，对年纪非常大的老年人比对年纪很小的年轻人更为计较，哪怕这些年纪大的人是自己的父母和祖父母。实际上，我们可以预期，老年人自己在倾向家族中更年轻成员的利他基因影响下，在一定程度上（取决于不同环境，我们会讨论这点）会与那些促进年轻人利益（以牺牲自己为代价）的政策合作。

从老年人占据的职位、掌握的财富以及所受尊敬这几点来看，老年人的地位在不同社会里相差很大，[3] 在同一个社会里——（正如我们将看到的）包括我们自己的社会——在不同时间上也会有很大差异。一些古代和原始社会杀死老年人，[4] 有时人们给自己的这种行为一个合理化理由——自然死亡会给一个人来世的前程带来损害；[5] 有的社会怠慢老年人；有的社会敬畏老

204

[3]　有关的好的概述参见，John B. Williamson, Linda Evans, and Lawrence A. Powell, *The Politics of Aging*: *Power and Policy*, pt. 1 (1982). 代表性案例研究选集是，*Aging in Cross-Cultural Perspective*: *Africa and the Americas* (Enid Gort, ed., 1988). 十分生动但有些过时的有关老年的人类学文献概述参见，Simone de Beauvoir, *Old Age*, ch. 2 (1972)；另外一个优秀的概述参见，Jack Goody, "Aging in Nonindustrial Societies," in *Handbook of Aging and the Social Sciences* 117 (Robert H. Binstock and Ethel Shanas, eds., 1976)；有关初民社会中老年人地位的大量资料参见，Leo W. Simmons, *The Role of the Aged in Primitive Society* (1945).

[4]　根据"人类关系区域档案"的资料的两个研究发现，20%的初民社会有杀老行为。Jennie Keith, "Age in Social and Cultural Context: Anthropological Perspectives," in *Handbook of Aging and the Social Sciences* 91, 92 (Robert H. Binstock and Linda K. George, eds., 3d ed. 1990). 另参见，Steven M. Albert and Maria G. Cattell, *Old Age in Global Perspective*: *Cross-Cultural and Cross-National Views* 224-228 (1994). 一项研究发现，59%抽样的社会"遗弃"、"抛弃"或者"杀死"老年人。Anthony P. Glascock and Susan L. Feinman, "A Holocultural Analysis of Old Age," 3 *Comparative Social Research* 311, 323 (1980) (tab. 7). 我们应清楚地看到，老年人的安乐死与本能的孝顺不一致以及溺婴与对儿童本能的感情的不一致是一样的。本章注[2]。

[5]　例如参见，James George Frazer, *The Dying God* (*The Golden Bough* 的第三部分), 10-14 (1913).

年人。尽管对老年人的代言人以及一些激进的平等主义者（他们在任何方面都能找出不平等）来说，有所谓的"对老年人的歧视"，但是我们怀疑是否曾有一个社会的老年人会比当代美国社会的老年人作为一个整体在政治上更有影响力，物质上更富有、更幸福，尽管美国的老年人不被敬畏。暂不提他们的财富和人数、为他们的健康和长寿花费的大量医疗财富，老年人在政府、商业以及非营利单位也占据了很多重要位置，前面一章中提到的司法体系就是老年人的领域。我们知道，一般意义上的司法职业，特别是法庭工作，在美国比在其他任何国家都更有权威。如何解释不同社会里老年人地位悬殊的问题，这对本章是一个主要的挑战。我承认"地位"一词有些模糊，但是它尚可凑合使用，而且我会在以后澄清这个词的。

# 原始和农业社会

**决定老年人地位的因素**　由于我会多次提到"原始"社会，这个词可能会引起一些人不满，所以我要说明我的意思，让读者明白没有任何贬低或者侮辱的含义。19世纪的探险家、人种史学者、人类学家发现，大量散布在世界各地的文化是无文字的，用西方的标准看十分贫穷，他们的技术水平相当于石器时代，他们与工业化世界的接触非常少。人们深入研究了这些文化（现在则完全因与技术发达文化的交往而被"污染"了），收集了大量有关资料用来（尽管有很大困难）做一些在本章出现的实证比较研究。所以我们应该从技术的角度理解"原始"一词，就像我们描述摩西（Moses）的绘画风格时所做的那样。

没有文字的社会当然不会知道老年成员的精确年代年龄。（在第2章中提到，甚至在今天人们无法精确地知道年龄非常大的美国人的人数。）这对于老年人的地位而言，有何种影响呢？有两种影响：一种是，由于无法用年代年龄来代表完成某类工作的能力，所以不太可能实行"强制性退休"，也就是基于一个年龄组的人的一般能力来迫使最有能力的老年人退休的制度。如果没有统计，也就不可能有针对老年人的统计歧视（见第13章）。另外一种是由

205

于缺少年代年龄的精确知识，人们可能根据表面的特点，例如白发数量或皮肤皱纹，将人们归于"老年"，而这些因素与年代年龄或功能意义上年龄的关系不那么密切。同样，一些看起来年轻的人可能会被归于年轻人，而他们在功能和年代年龄上却是老年人。没有年龄的记录对他们很合适。这种记录的空白对一个社会中老年人地位的影响在理论意义上就是不确定的。

一个非常贫穷的社会用来维持老年人生活（如果他们不能照顾自己）的费用也许过于高昂。实际的而不是货币上的物品或服务的成本就是消费该种物品或服务时所要放弃的东西。我们在第 5 章中看到为什么老年人希望花许多钱来延长一点生命。他们要放弃什么取决于什么是稀有的。如果一个社会太穷，食物十分稀缺，养活一个老年人的成本可能是一个年轻人的饥饿，在这种情况下这个社会就很可能会让老年人饥饿，或直接杀死老他们。人类学的文献中有很多例子，说明原始社会里老年人默认他们的社会杀害老年人的习俗，甚至心甘情愿地去死。[6] 这是否是社会化过于强化的结果，使人们战胜了对死的本能恐惧？也许是，但另外一种假设是，在已过生育年龄的人和拥有生育潜能的他的后代之间需要作出生存选择时，基因会促使老年家庭成员为了更年轻的成员做出牺牲。

这种分析表明，当其他条件相等时，一个社会越穷，它就越可能杀死最老的成员或者让他们死去。当然其他条件可能不相等。一个重要的变量是不工作的老年人（以及其他不工作的人，例如儿童。为使我的分析简单化，我不考虑儿童的问题）对这个人口中工作的人的比值。这个比值越低，每个工人需要对老年人提供的支持就越小。同时对怠慢或者虐待老年人有抵消作用的是最后阶段的问题。如果一个人知道自己老了后必须死，这种知识会影响他年轻时的积极性。他更可能不努力工作、不帮助他人、不诚实，因为对他行为的惩罚与奖励会大打折扣。特别是当难以监视一个人的努力、诚实或者其他行为时，这个社会就会有一种保留老年人生命的理由，这个理由与（第 3 章中讨论的）"工资约束"理论的理由相似，即把报酬延后，以此来加大对工

〔6〕　例如参见，Simmons，本章注〔3〕，第 236~238 页；Lucy Mair, *African Societies* 197 (1974).

人工作中懒惰或不诚实的预期惩罚。

很久以来人们就认为尽管记忆随年龄下降，但老年人的记忆对一个无文字的社会来说具有潜在的巨大价值，这种社会的惟一"记录"就是其成员的回忆。[7] 评价这种信念时我们必须要区分静止社会（从技术和社会实践变化很慢的角度上看）和动态社会。如果是一个静止社会，像大多数原始社会那样，那么长期记忆可能只会有一点效用：老年人回忆、描述的是年轻人现在正经历的事情。然而如果一个社会是动态的（尽管仍然是一个原始社会——应当承认这两者不太可能会同时发生），老年人回忆的以前事情对应付现在的各种挑战也不会有太多的帮助。这一点帮助解释了为什么动态社会，例如我们自己的社会，不敬畏老年人。但这个解释不全面。社会快速变化这一事实有可能使人们看重老年人，因为他们是通向远去了的（也许具有怀旧意味的甚或英雄般的）过去（"那场战争""那个50年代"）的活着的链条。除去对年轻人来说老年人记忆的价值在递减之外，老年人在动态社会中处于不利地位还有另外一个原因。由于流体智力随年龄下降、人力资本的投资回报因年龄而缩短，结果是老年人不太可能会成功地转换到一个新工作上。如果需求快速变化，许多老年人会发现自己被搁置了。

207  有关长期记忆不太可能对社会有价值的论点，对一个动态的而不是静止的社会而言，可能更有说服力。静止社会里也会像任何其他社会那样发生让人震惊的并不频繁发生的事件，实际上这类震惊事件的数量可能更多、更严重。饥荒、入侵、日食和月食、瘟疫、洪灾、旱灾、具有神授能力人物的出现、多胎或怪胎以及其他一些令人惊恐或具有挑战性的事件发生的几率很小，这时只有社会中的老年人能够回忆起类似的事件。也许年轻人从未见过日食，老年人可以让年轻人知道日食不是一种新现象，以前也发生过，并且没有带

---

〔7〕 例如参见，Austin J. Shelton, "The Aged and Eldership among the Igbo," in *Aging and Modernization* 31, 45（Donald O. Cowgill and Lowell D. Holmes, eds., 1972）. 回忆一下在第2章中引用的非洲人的格言，一个老年男子的去世与烧掉一个图书馆一样。这一限制条件——即使记忆随年龄下降——可能并不重要。在初民社会里，能活到很大年纪的人很少，也很少有可能遭受严重的与年龄相关的认知损伤。

来什么不幸的后果。识字、更为广泛的教育大大降低了作为记录过去事件的老年人记忆的价值。[8]

记忆在静止社会具有进一步的作用。一个社会保持静止的直接原因是，它在应付其面临挑战时的战略是坚持现有的做法——即"传统"——而不是寻找新的解决方法。这可能是因为未能培育良好的普遍知识，缺乏解决问题的能力。我们可以观察一下自己在不了解一种活动原则时所采用的战略。在这种情况下，一旦人们形成一种有效方法，他们就不愿改变已有的方法。例如我不懂计算机原理，极不情愿改变我习惯的方法，哪怕我没有理由相信改变我的方法会导致计算机"死机"。如果原始社会取得"进步"的典型方法是试错法，人们严格跟随成功的先例，那么解决问题的技能就难有用武之地。年轻人智力特性的特点——有弹性、有想像力、有解决问题的能力、脑子转得快、接纳新生事物、有强大的短期记忆能力——只会带来很少的社会利益，所以不被高度重视。人们也许会认为他们很危险。

在原始社会里，老年人的知识价值很高的另外一个原因是（如第1章中所述），在这样的社会里人们的平均预期寿命短。大多数"老年人"以我们的标准看不过是中年人而已，因此他们只比年轻成人高一代，这些"老年人"可以给年轻人提供具体的做成人工作的建议，而不仅仅是老年人的一般化"智慧"。

我们可以想像，没有文字的社会比有文字的社会更多以年龄为基准（也称"年龄等级"）[9] 来分配工作和确定社会角色，尽管那种社会中没有书面的记录，难以断定准确的年龄。没有文字的社会面临很高的信息成本，[10] 包

208

〔8〕 例如参见，Maria G. Cattell, "Knowledge and Social Change in Samia, Western Kenya," in *The Elderly Population in Developed and Developing World* 121, 139 (P. Krishnan and K. Mahadevan eds., 1992); Charles Edward Fuller, "Aging among Southern African Bantu," in *Aging and Modernization*, 本章注〔7〕, 第51、60页。

〔9〕 例如参见，Keith, 本章注〔4〕, 第101~102页; Nancy Foner, *Ages in Conflict: A Cross-Cultural Perspective on inequality between Old and Young* 17-24 (1984); Bernardo Bernardi, *Age Class Systems: Social Institutions and Politics Based on Age* (1985).

〔10〕 如在我另外一本书中强调的那样，*The Economics of Justice*, ch. 6 (1981) ("A Theory of Primitive Society").

括使工人与工作相称的花费。在一个小范围的社会里虽然可能人人相互认识，但仍会很难评价他们做另外一项工作的边际产出，特别当一些工作（例如战争或者巫术）是间歇性的或难以估计时，更是如此。在这种情况下人们会很自然地利用一些粗指标，例如年龄和父母的职业来衡量一个人做某项特殊工作的能力。所以人们不该惊奇地发现这样一种习俗——指定所有年轻人为士兵，中年人为领导，国王的儿子为国王，老年人掌管司法、[11] 宗教仪式或进行咨询，在这些活动中智慧和经验（极有可能但仅仅是粗略地与年龄相关）主导着力量和脑力的快捷程度。在这样一个系统里，老年人不与年轻人竞争，所以他们在社会结构中有一个安全的合适位置。第5章中谈到的男性老人的"女性化"减少了老年人与年轻人为相同的社会职位竞争的机会，从而推动了这种角色的再分配；同时老年妇女的"男性化"锻炼了她们在大家庭中扮演领导角色的能力，这时年龄已使她们从养育自己子女的工作中解脱出来了。[12]

一个人口中的弱势群体（例如老年人）越少依赖司法和政治权利来保证自己的生存，他们就越会将资源用在培养有权者的友善态度上。所以我们可以看到，原始社会的父母们会拿出更多的时间给子女反复灌输孝敬或者更广义的尊敬老年人的思想，而在现代社会里父母们会懒得做这种工作。[13] 这

209

---

〔11〕 例如参见，Walter H. Sangree, "Age and Power: Life-Course Trajectories and Age Structuring of Power Relations in East and West Africa," in *Age Structuring in Comparative Perspective* 23, 28 (David I. Kertzer and K. Warner Schaie, eds. , 1989); Albert and Cattell, 本章注〔4〕，第70页。

〔12〕 强调在初民社会里"性别角色转换"对男性老人和老年妇女占据有价值位置重要性的论述参见，David Gutmann, *Reclaimed Powers: Toward a New Psychology of Men and Women in Later Life* (1987).

〔13〕 父母们"可能会希望在年老或有病时得到照顾，但是无法与子女们达成解决问题的契约。当然他们可能会试图影响子女偏好的形成，提高得到子女自愿帮助的机会。" Gary S. Becker, "Habits, Addictions, and Traditions," 45 *Kyklos* 327, 336 (1992). 另参见，Jeffrey B. Nugent, "The Old-Age Security Motive for Fertility," 11 *Population and Development Review* 75, 78-79 (1985). Nugent 指出，包办婚姻的文化通过减少了儿子将感情从自己父母转向妻子的可能性强化了孝顺。出处同上，第91页的注〔16〕。有一些证据说明反复灌输孝顺是"起作用"的，参见，Les Whitbeck, Danny R. Hoyt, and Shirley M. Huck, "Early Family Relationships, Intergenerational Solidarity, and Support Provided to Parents by Their Adult Children," 49 *Journal of Gerontology* S85 (1994).

种孝与"顺"[14]代替了司法强制，保证了含蓄的（有时是十分详尽的）代际之间的契约得以实施，这种契约保证父母在子女年轻时抚养子女，以换取子女对老来父母的照顾。[15]如果在一定程度上这种灌输孝顺的努力成功，那么这里的老年人就可能比在没有如此努力灌输这种观念的社会中更受尊重。

尽管看起来有些奇怪，当其他条件相等时，寿命的增加应增加父母向子女灌输孝顺观念的积极性，甚至增加目标子女数，因为这种情况下父母可能在更长时间中依靠自己的子女。[16]在许多社会（从古罗马到现代日本）常见的成人收养就是为没有子女的老年人得到替代（契约型而不是感情型）保障的办法。[17]在19世纪的美国，没有子女的老年人有时会允诺给予提供照顾者财产来换取照料和其他服务。[18]

一个社会到底更接近静止社会还是动态社会，对老年人的地位不完全是一个外在因素。人们可以想像这样一个社会——也许封建中国（mandarin Chi-

210

---

〔14〕这是孔子的理想。参见 Benjamin I. Schwartz, *The World of Thought in Ancient China*, 71, 100-101 (1985); "Editor's Preface," in *The Hxiao Ching* v (Paul K. T. Sih, ed., 1961); 引自 Kuy-Taik Sung, "Motivations for Parent Care: The Case of Filial Children in Korea," 34 *International Journal of Aging and Human Development* 109 (1992). 有关日本的孝顺的生动但不一定可靠的描述参见，Ruth Benedict, *The Chrysanthemum and the Sword: Patterns of Japanese Culture* 51-52, 101-102, 121 (1946).

〔15〕例如参见，Laura J. Zimmer, "'Who will Bury Me?': The Plight of Childless Elderly among the Gende," 2 *Journal of Cross-Cultural Gerontology* 61 (1987) esp. 76-77. 有关在贫穷社会里子女是支持他们父母的重要资源，参见以下认真的实证研究。Daniel C. Clay and Jane E. vander Haar, "Patterns of Intergenerational Support and Childbearing in the Third World," 47 *Population Studies* 67 (1993). 有关在父母希望得到子女对自己老年照顾的社会里子女确实受到父母更好照顾的证据参见，Margaret F. Brinig, "Finite Horizons: The American Family," 2 *International Journal of Children's Rights* 293 (1994). 在一定程度上家庭的利他主义是"双向"的，也就是子女对自己的父母是无私的（如我曾提到的生物学的可能性），父母对子女也是无私的；父母对他们的子女更可能慷慨，因为他们更可能在老年时得到回报。参见 Peter Rangazas, "Human Capital Investment in Wealth-Constrained Families with Two-Sided Altruism," 35 *Economics Letters* 137 (1991).

〔16〕Issac Ehrlich and Francis T. Lui, "Intergenerational Trade, Longevity, and Economic Growth," 99 *Journal of Political Economy* 1029, 1046 (1991). 这个问题的基本假设是，增加寿命不仅是更多儿童存活到成人的结果，也是增加了人们活到老年的机会或年数的结果。

〔17〕Richard A. Posner, *Sex and Reason* 405-406 (1992), 也参见书中的引用文献。

〔18〕例如参见，Slater v. Estate of Cook 67 N. W. 15 (Wis. 1896); Brady v. Smith, 28 N. Y. Supp. 776 (Super. Ct. 1894); Stockley v. Goodwin, 78 Ill. 127 (1875).

na）是这样的——其中的老年人拥有主导影响，因为社会中的政治主导团体希望社会保持静止。如同一个社会的强有力的司法系统采用向后看的方法进行司法推理，这个社会的变化就可能变慢一样，如果老年人占据了主要的政治和社会职位，这个社会的变化也会变慢。在罗马天主教和摩门教的老年人统治组织形式里，这无疑是个重要的因素。

我说过老年人对年轻人的低比值对老年人有利，因为这样可以减少照顾他们的人均花费。进一步说，一个社会中活到高龄的老年人比例越小，这个社会就越可能给那些老年人以惊人的权力。人们为了活到老年必须克服的困难越多，活到老年的人就越强壮，这种选择效应会强化年龄非常大的老年人有非凡力量的印象。但是我们要区分是内在还是外在的因素在影响老年人对年轻人的比值。这个比值可能会因为某种老年人十分敏感的疾病的流行[19]或者这个社会决定不再照顾老年人而降低。很明显，如果这个比值因第二种原因降低，就说明这个社会不尊重老年人——除非（也许）老年人为了年轻人自愿地牺牲自己：在一些原始社会中有这样的例子。

**农业的影响**　我们还可以预计，老年人的地位受社会经济特点的影响，具体地说，在农业社会的地位要比狩猎采集社会高。[20]除了饥荒年代（这时211 我们可以想像得出老年人境遇十分悲惨），农业社会里每个生产者很可能生产更多的粮食，这会减少抚养一个老年人的花费（以过去的消费为代表）。[21]如果经济足够丰饶，老年人有可能在年轻时从当时收入中储蓄足够的钱为自己年老后使用，这样就可以将加给其他人的成本缩小到零，至少在其他人不认为（依据最后阶段的问题）没收老年人储蓄是一项吸引人的政策的前提下是如此。

---

〔19〕　相反，我们在第 2 章中提到中世纪欧洲流行的黑死病因放过了老年人使得抚养比升高。

〔20〕　有关证据参见，Gordon E. Finley, "Modernization and Ageing," in *The Elderly Population in Developed and Developing World*，本章注〔8〕，第 87 页。老年人安乐死在狩猎采集经济的初民社会里比在农业经济的社会更常见。Albert and Cattell，本章注〔4〕，第 225 页。

〔21〕　然而如同马尔萨斯争论的，更多的剩余粮食可能要用来支撑更大数量的人口，而不是明显增加人均财富。

超过生产者生活所需的那部分农业社会的产出也可以用来支持一些专家的活动，例如解决争端、宗教、巫术等，这些都是老年人力所能及的事情。由于农业社会相对游牧社会生活更为固定，老年人给年轻人带来的流动成本也更少，人们不必把老年人从一个营地带到另外一个营地。同时老年人的劳动在这样的社会里也更有价值，因为比起狩猎采集社会，农业社会里有更多轻松的活（例如放羊），老年人可以做一些轻体力劳动。我们社会里有很多老年人喜欢做庭院活，园艺的工作广义上说与农活很相似。[22]

除了让老年人消费一些盈余、给他们提供一些工作机会外，农业经济对老年人的地位有进一步的影响。农业经济是围绕着耐用资产——也就是可耕地展开的，从政治稳定性和经济有效性的角度考虑，对这种资产的控制和转移会引发一些棘手的问题。李尔王的故事就有一定的启发意义。由于他上了年纪，李尔王希望辞掉对王国负有的责任（用他的话说是"没有负担地爬向死亡"），他提议将王国分给他的三个女儿，同时保留自己被照顾的权利。但是划分一个王国就意味着内战，这正是李尔王最终痛苦认识到的（我们在这里可以看到这样一个隐喻，把一份大家产分成一些小农场的行为是低效能的）。他保留的被照顾的权利变成了无法兑现的权利。

在一个契约难以强制实施的社会里，人们要在代际之间甚至一代人之中保持农业财产的完整性，就必须有一个简单的财产规则，例如最年长的男性拥有一切，以及机械的财产继承原则，例如一旦财产拥有者去世，他的财产将传给他最大的儿子（这显然与君主世袭制度是类似的）。这种原则通过将财产拥有权集中在老年人手里而对老年人有利。在一个土地的经济收益（economic rent）占人们收入大部分的社会里，财产拥有者不会因为年龄增加而收入减

---

〔22〕　就在今天，在农业经济里人们参与劳动的比例要高，因为比起其他大多数经济活动，农业给老年人带来更多的工作机会。Robert L. Clark and Richard Anker, "Cross-National Analysis of Labor Force Participation of Older Men and Women," 41 *Economic Development and Cultural Change* 489 (1993). 在美国不成比例的有工作的男性老年人是农民或者农业劳动力。Herbert S. Parnes and David G. Sommers, "Shunning Retirement: Work Experience of Men in Their Seventies and Early Eighties," 49 *Journal of Gerontology* S117, S122 (1994).

少，这与现代经济不一样。在现代经济里大多数人最有价值的资产是各种形式的随年龄贬值的人力资本。父权制原则是农业经济的一种自然尽管并非不可避免的结果，由于缺少商业上成熟的司法系统，农业经济中的交易成本很高，所以有关所有权及其转移的规则必须简单。

一个既是农业又无文字的社会（几乎可以肯定这两种社会都是静止的，且没有成熟的商业司法系统）为老年人创造了一个拥有很高社会地位的最佳条件。如果地位随年龄单调地上升，我们就会发现有祖先崇拜，亦即认为年龄和一个人死后的重要性有正相关关系。祖先不仅仅很老，他们也是先辈。社会越静止，先辈就越受崇拜。这些先辈的作用就越不可能过时。所以一个静止社会很可能直接将祖先看作是（非常年老的）老年人的样本而看重祖先，并间接地因将祖先当作是贡献尚未随时间而消散的先辈而看重祖先。

在我们做出以下结论之前，在我所描述的前现代社会里老年人的境遇最佳，我们必须提醒自己，在这类社会里以我们的标准看，不仅仅人人贫穷（年轻人和老年人都是如此），而且在老年人当中也可能存在着财富和地位分配极为不均的现象。如果土地拥有权是集中的，即使前现代社会里老年人总数已经很少，但父权制阶层相对还会更少一些，因此大多数老年人可能遭到诅咒，因而极度贫穷。父权制阶层确实可能会激发社会对老年人的普遍不满（这在允许一夫多妻的社会里更可能发生，这种社会对有钱的男性老人有利），而这种不满却可能会转向老年人中的最弱者。

我有必要为自己的、迄今为止我一直没有挑明的假设辩护，也就是对社
213 会有益的一些政策是通过某种机制而被社会采纳的。民主社会就有这种机制，尽管这些机制因利益集团的压力会变形。在这个问题上非民主社会也有一些机制，因为它们有一个政府。当谈到前政治社会时，这个问题就更为棘手了，因为这样的社会缺少正式的政府机构。老年人在有用知识代际之间的交易中有价值，这个事实如何转化成支持老年人的办法，而不是让他们在年龄太大无法工作时饿死？我对此没有答案。为了达到我这里的目的，说明前政治社会有许多像法律一样的对社会明显有利或有用的习俗就足矣。不论这类习俗

的起源和持久性是多么神秘，但这种社会对待老年人的习惯与其他的习俗相比，没有什么超乎寻常的。

**一项经验研究**　我们可以用 71 个原始社会的资料来更为系统地测试原始和早期社会里老年人地位的经济学模型，这些资料是里奥·西蒙斯（Leo Simmons）综合了人类学和民族志资料的人类关系区域档案（Human Relations Area Fils）中挑选出来的。[23] 西蒙斯的资料使用了 100 多个变量，包括几个衡量或代表男性老人地位的变量（他关于老年妇女地位的资料很少），以及很多人口、政治和经济的变量。下面的表格试图将这些变量归在一些有意义的类别下面，以说明它们之间的关系。

那些没有在这里发表的初步表格，一方面显示了作为生产方式的狩猎、采集和捕鱼之间有明显的正相关关系，另外一方面表明作为生产方式的农业和放牧业之间也有明显的正相关关系。这种相关关系可以让我们根据这两种不同的生产方式对不同的社会进行归类。表 9.1 说明老年人的地位与社会生产方式之间的关系，范围从"农业"（主要是农业或者放牧业，或者兼而有之）到"狩猎"（主要是狩猎、捕鱼，或者兼而有之），等等。中间一行以及中间一列代表的是中间类别。其中的百分比是某种特殊等级的社会（根据生产方式划分）占每一地位类别的比例。（括号内的数字是社会的个数；因为有的数据缺失，整个社会的个数相加不等于 71。）如我们预计的那样，在主要是农业或部分为农业的社会里（表中第 2 列和第 3 列）老年人的地位比其在以狩猎、捕鱼和（或）采集为主的社会要高。例如，只有 25% 的农业社会的老年人社会地位低，在狩猎社会里相同类别的比例则占 38%。但是这里的关联关系很弱。

214

表 9.1　男性老人的地位与生产制度的关系

|  | 农业 | 农业/狩猎混杂 | 狩猎 |
|---|---|---|---|
| 高 | 40% | 43% | 38% |
|  | (8) | (9) | (8) |
| 中 | 35% | 33% | 24% |
|  | (7) | (7) | (5) |
| 低 | 25% | 24% | 38% |
|  | (5) | (5) | (8) |

下面两个表格将老年人地位与社会制度形式联系在一起——这个社会到底是侧重个人还是社区（表9.2），占主导的资源分配方法是市场方法还是非市场方法（表9.3）。

表 9.2　男性老人的地位与社会制度的关系

|  | 个人 | 个人/社区混合 | 社区 |
|---|---|---|---|
| 高 | 38% | 35% | 50% |
|  | (6) | (11) | (8) |
| 中 | 25% | 39% | 25% |
|  | (4) | (12) | (4) |
| 低 | 38% | 26% | 25% |
|  | (6) | (8) | (4) |

表 9.3　男性老人的地位与经济制度的关系

|  | 市场 | 市场/非市场混合 | 非市场 |
|---|---|---|---|
| 高 | 25% | 50% | 41% |
|  | (5) | (8) | (9) |
| 中 | 25% | 44% | 32% |
|  | (5) | (7) | (7) |
| 低 | 50% | 6% | 27% |
|  | (10) | (1) | (6) |

毫不奇怪，人们会发现老年人在强调集体价值社会里的地位高，因为人

们知道在这样的社会里家庭是一种强有力的机构。然而人们又可能会吃惊地发现，在靠非市场而不是市场方式分配资源的社会里男性老人的社会地位高。强调依靠市场分配资源的社会可能会有一种更为安全的财产权利制度，这使得人们可以积累财富，留到老来使用。但是如果不能自由、方便地转移财产权利（能够这样做是市场经济的一个特点），那么父权制的土地所有权制度就可能是（如以前所述）有关农业社会里一种最为重要资源的惟一有效的产权制度。这些相互对立因素的分量如何，则是一个经验研究的问题。

所有这些关联关系的一个潜在问题是，如果自变量（生产方式、社会制度以及经济制度）之间是相关的，那么就会很难区分每一个变量对老年人地位的影响。例如，如果农业社会更注重集体价值，这就难以分清男性老人的地位与农业和集体特征占主导的社会正相关关系的致因是农业还是集体价值；也许后者出自前者，所以算不上是导致男性老人社会地位高的根本原因。实际上，表9.4和表9.5说明，在生产方式与社会和经济制度之间，有很强的关联关系。农业（放牧）生产方式与个人、市场价值的主导相关联，狩猎（采集和捕鱼）生产方式与集体、非市场价值的主导相关联。由于农业方式与集体、非市场价值之间负相关，但与男性老人的地位又正相关，所以我们可以推断这种正相关关系的致因与农业社会相关的价值无关，而是与这种社会拥有可以以低人均成本支持老年人的剩余产品相关；这种社会的生活方式更固定，所以用来移动老年人的成本也更少；且这种社会可以更多利用老年人等因素。

有人会认为老年人的地位在尚武社会比在和平社会高。当然老年人在实际战场上作用很小，但是战争有清除更虚弱的人的倾向，所以能活到老年的人多半是一些成功的武士。他们会是一些有威望的生存者，因自己的行为受到尊敬（奥塞罗）；他们对先前战争的记忆会为当前的军事挑战提供有价值的信息（内斯特）；他们的经验和成熟会使他们成为领导和顾问（内斯特）。表9.6提供了一些但不多的证据，支持更好战的社会更善待老年人的假说，其中战争的发生率与老年人的地位呈正相关。

**表9.4 生产方式与社会制度的关系**

| | 个人 | 个人/社会混合 | 社区 |
|---|---|---|---|
| 农业 | 50% | 33% | 19% |
| | (9) | (11) | (3) |
| 农业/狩猎混合 | 28% | 33% | 38% |
| | (5) | (11) | (6) |
| 狩猎 | 22% | 33% | 44% |
| | (4) | (11) | (7) |

**表9.5 生产方式与经济制度的关系**

| | 市场 | 市场/非市场混合 | 非市场 |
|---|---|---|---|
| 农业 | 58% | 30% | 14% |
| | (14) | (6) | (3) |
| 农业/狩猎混合 | 25% | 55% | 29% |
| | (6) | (11) | (6) |
| 狩猎 | 17% | 15% | 58% |
| | (4) | (3) | (12) |

**表9.6 老年人的地位与战争发生率的关系**

| | 高发生率 | 中发生率 | 低发生率 |
|---|---|---|---|
| 高地位 | 43% | 29% | 46% |
| | (13) | (5) | (6) |
| 中等地位 | 33% | 35% | 23% |
| | (10) | (6) | (3) |
| 低地位 | 23% | 35% | 31% |
| | (7) | (6) | (4) |

表9.6显示的关系不仅弱，而且还可能说明战争发生率与农业的出现有
一个正相关的关系（表9.7）。可以说这是因为在农业社会里能掠夺到更多的
东西，且那里有更多的剩余物品来支持士兵。我们已经看到老年人在农业社
会的地位比非农业社会要高。除了上面讨论的一些原因外，另外一个原因可
能是农业社会更可能发生战争，战争是老年人地位中的一个积极因素。

表 9.7　战争发生率与生产方式的关系

|  | 高发生率 | 中发生率 | 低发生率 |
|---|---|---|---|
| 有农业的社会 | 74% | 42% | 33% |
|  | （26） | （8） | （4） |
| 无农业的社会 | 26% | 58% | 66% |
|  | （9） | （11） | （8） |

　　最后一点，表 9.8 探讨了老年人的地位与一夫多妻制流行的关系。其中揭示的趋势是非线性的。男性老人的地位在一夫多妻制流行或不存在的社会里似乎高，在一夫多妻现象有一点但不多的社会里偏低。一夫多妻制有利于男性老人，因为这种制度可以让他们利用积累的资源与年轻男性竞争年轻女性。[24] 所以这种制度会招致年轻男性的不满。如果一夫多妻现象常见，怨恨就会加剧，然而这种现象是常见的这一事实说明，男性老人在这个社会中拥有统率地位，亦即拥有高地位。如果没有一夫多妻制，这种怨恨就不会存在；如果存在一些但不多的一夫多妻现象，这就说明男性老人没有能力使这种现象普遍化，然而这种现象的存在仍会冒犯年轻男性。所以在这样的社会里男性老人的地位可能实际上最低，表 9.8 所显示的正是如此。

218

　　由于样本量很小，大多数资料不那么可靠，分类有难度（例如如何确定一个社会里一夫多妻"频繁"还是仅仅是"有时"出现），本章展示的经验研究结果仅仅是示意性的。但是，它们提供了一些理由，证明人类行为的理性模型可能总体上对原始社会相当适用，特别对这些社会如何对待老年成员相当适用。[25]

---

〔24〕　这些年轻的女性又反过来在这些男子老年后照顾他们。Nugent，本章注〔13〕，第 80~81 页。

〔25〕　其他将理性选择模型应用于原始社会的例子参见，Gary S. Becker and Richard A. Posner，"Cross-Cultural Differences in Family and Sexual Life：An Economic Analysis," 5 *Rationality and Society* 421（1993），以及其中引用的参考文献；Bruce L. Benson，"Legal Evolution in Primitive Societies," 144 *Journal of Institutional and Theoretical Economics* 772（1988）；Vernon L. Smith，"The Primitive Hunter Culture，Pleistocene Extinction，and the Rise of Agriculture," 83 *Journal of Political Economy* 727（1975）. 有关在静止的农业社会里老年人的高地位参见对印度农村认真的实证分析，Mark K. Rosenzweig，"Risk，Implicit Contracts and the Family in Rural Areas of Low-Income Countries," 98 *Economic Journal* 1148，1168（1988）.

表 9.8　男性老人的地位与一夫多妻制流行的关系

|  | 常有一夫多妻 | 有些一夫多妻 | 无一夫多妻 |
|---|---|---|---|
| 高地位 | 46% | 18% | 50% |
|  | （12） | （3） | （9） |
| 中地位 | 38% | 35% | 22% |
|  | （10） | （6） | （4） |
| 低地位 | 15% | 47% | 28% |
|  | （4） | （8） | （5） |

## 现代性与象征性地位

　　社会向带有大众教育的现代混合经济转型，老年人的社会价值被降低。大众教育降低了老年人记忆的价值；工业劳动对工人有体力的要求，老年人无法达到这种要求；医学、营养、卫生的进步延长了生命，但也增加了抚养比；现代经济动态性更加剧了与年龄相关的流体智力的下降以及人力资本投资的下降对老年人生产能力的不利影响。没错，教育和识字能力让年轻人能学习老年人已知的知识，从而减少了代际间的相互不理解。但是，如果社会变化太快，理性的年轻人可能不会对老年人的知识有太大兴趣，那些知识的价值可能已经贬值得什么也不是。像我们这样的后工业经济社会里，带有工业化特点的需要体力、危险性大的工作正在变成轻体力的服务性工作，这增加了老年工人的工作机会。而且许多服务性工作将关系人力资本放在重要位置，而这种资本比其他形式的人力资本的贬值速度要慢得多。但是这些因素可能被与后工业经济相关的技术变化不断加速所抵消，这又加大了老年工人获取新人力资本的难度。

　　荒谬的是，现代社会里还有年龄等级，尽管这种等级更是在社会层面上，而不是职业层面上的。在父权制家庭里，哪怕是在 19 世纪以修正的形式（托马斯·曼的《布登布鲁克斯家族》或约翰·高尔斯华绥的《福尔塞世家》），始终有家庭内部代际之间的联系，而且通常是同住。这一点因现代性而改变，随着与现代性相关的文化和技术变化速度加快，不同代际的人们被分开，不同年龄组的人（特别是老年人）分住在不同的社区里。[26]

然而我上面关于现代化对老年人地位影响的说明很不全面。老年人在现代社会的不利地位首先（也是最重要的）因生产能力的巨大增加而被抵消了，这只有现代的社会和经济布局（包括大众教育和技术革新）才能保证。这种增加的生产能力极大增加了供不生产者消费的物质。例如，由于个人的消费水平是如此之高，使得个人可以毫无很大损失地将年轻时的消费挪到老年。

现代社会的政治格局似乎也偏向老年人。作为现代社会典型特征（若远不是普遍特征的话）的政治民主常被认为是一种展示力量的文明方法，经济学家可能会说这是一种廉价的方法。这种方法之所以文明和廉价，是因为有力量的人不必动用武力来说明他们确实有力量。这就是小奥列弗·温德尔·霍姆斯、詹姆斯·菲茨詹姆斯·斯蒂芬（James Fitzjames Stephen）[27] 以及其他一些人的观点。这种说法过于简单。所有成人都有的投票权以及秘密投票制度将政治、社会、经济权利赋予了弱势群体，只要他们接受了足够的教育促使他们去选举，对目标有足够的共识，就可构成一个有效的选举集团。这正是对今天欧洲和北美一些富有国家老年人的描述。这些国家中老年人人数众多，得到了充分的教育［尽管他们接受教育的原因在很大程度上（尽管不是完全）外在于他们的选举力量］，因此拥有足够的政治力量去获得范围广泛的政府支持和保护，[28] 尽管在自然状况下或在不同的政治制度里他们可能只有很少甚至没有权力。在老年人成为政治上的强势群体之前，在美国历史上的工业化阶段，家庭财富的增加保护了老年人免受贫穷。"与过去和现在观察家通

[26]　这是 Hochschild 对美国老年人的社会学实地调查的一个主题，Arlie Russell Hochschild, *The Unexpected Community*（1973），特别是其中的第 4 章。另参见，Howard P. Chudacoff, *How Old Are You? Age Consciousness in American Culture*（1989）.

[27]　Holmes, "The Gas-Stokers' Strike," 7 *American Law Review* 582（1873），*reprinted in The Essential Holmes: Selections from the Letters, Speeches, Judicial Opinions, and Other Writings of Oliver Wendell Holmes, Jr.* 120（Richard A. Posner, ed., 1992）; Stephen, *Liberty, Equality, Fraternity* 70（1967［1873］）.

[28]　在第 11 章中我们会从一些可以理解的角度考虑他们是否拥有"太多"的支持和保护。

常做出的假定相反的是，（在美国）绝大多数老年人从未穷困或孤独过。"[29]

我们必须再深入地探讨"地位"这一模糊的词语，要特别分清金钱收入、政治力量、健康和长寿与感情、尊敬和崇拜这两方面的地位。社会地位的这两方面——物质的和象征上的——就老年人这个例子而言，在现代社会里很可能呈负相关。[30] 原因与之前指出的孝顺观念的反复灌输有关。老年人通过自己的政治力量从对年轻人的依赖中解脱得越多，在抚养孩子的过程中灌输孝顺观念的益处就越少。他们的子女就越少感到要孝顺。同时当老年人的收入增加，人们就更难同情他们，尽管同时还存在一种抵消这种想法的因素，也就是老年人不太可能——人们也不愿意他们——成为子女的沉重经济负担。当年轻人的境况变好，老年人就更不想为子女做出牺牲，这样年轻人也就更不感激老年人。

221　　当老年人更少期望老来得到子女的照顾时，不仅培养子女孝顺的好处越少，而且生孩子的好处也越少。我们可以看到当对老年父母尽孝心减少时，家庭规模就会变小。[31] 这种家庭规模的缩小反过来又使每个子女照顾年老父母的成本在增加，因为更少的子女分摊着这种成本。如果国家的支持导致家庭规模缩小，这又会反过来增加家庭支持老年成员的花费，那么国家和家庭两方支持老年人的平衡就可能受到威胁。一个重要的因素是更多妇女参加了工作，这既是家庭变小的一个结果，又是一个原因。在大多数社会里，女儿和儿媳是老年人在家里的主要照料者，[32] 部分原因至少是她们的时间机会成

〔29〕 Carole Haber and Brian Gratton, *Old Age and the Search for Security: An American Social History* 172 (1994). Haber 和 Gratton 的书（特别是第 2 章）为上述结论提供了令人信服的资料，我将在第 11 章再讨论这个问题。

〔30〕 参见，Aarn Lipman, "Prestige of the Aged in Portugal: Realistic Appraisal and Ritualistic Deference," 1 *Aging and Human Development* 127 (1970).

〔31〕 有关的证据参见，Alice Munnings, "Intergenerational Interdependence: A Cross-Cultural Study of the Care of Elderly Parents," in *Heterogeneity in Cross-Cultural Psychology* 561, 572 (Daphne M. Keats, Donald Munro, and Leon Mann, eds. , 1988).

〔32〕 例如参见，Rhonda J. V. Montgomery and Yoshinoro Kama, "Parent Care by Sons and Daughters," in *Aging Parents and Aging Children* 213, 216 - 217 (Jay A. Mancini, ed. , 1989); Hal L. Kendig and Don T. Rowland, "Family Support of the Australian Aged: A Comparison with the United States," 23 *Gerontologist* 643, 647 (1983).

本因市场机会的限制要比男性的小。女性作为家庭照料者的机会成本由于市场对她们服务的需求的增加而上升。这种需求增加也提高了生孩子的机会成本，这又会强化家庭规模变小的趋势，我在前面已谈到这点，结果是每个子女照顾他或她年老父母的成本增加。[33]

人们一般认为大家庭比小家庭"温暖"、紧密，老年成员应该从中受益。但是大家庭更温暖也许是因为对每个孩子的要求更少——家庭责任也许更多，但由更多人分担了。大规模的家庭也许部分是所在环境特别强调家庭内部关系的产物。因此因果关系也许该是温暖导致了大家庭，而不是大家庭导致了温暖。

222

孝敬的责任不是保护老年人的可靠保证，这从大多数州法律中也可以看出，法律规定子女要支持（如果他们能够的话）他们的贫困的父母。[34] 这些法律始于 16 世纪的英国，当时必须要有支持穷人的系统，这很自然地就要求家庭尽最大可能地照顾自己的成员。在美国，因为有了社会保障和福利，这些法律失去了任何重要性。我们会在第 11 章中讨论允许家庭把照顾老年人的负担部分转移给纳税公众的公正性。如果我对孝顺的分析是正确的，若不是存在一个慷慨的社会保障体系的话，今天就会比 16 世纪更需要一部要求子女支持自己父母的法律。

除了老年人更少为一般人和他们自己年轻的亲属喜欢和尊敬外，我们社会的老年人（人数很多）再也不像从前那样具有魅力。[35] 80 多岁的人曾因罕见而被珍视，那些高寿的人好像得到了特别的恩惠。现在这样的人已不稀罕，所以也就失去了魅力。如同我以前提出的一样，这里也有选择偏见的问题。路途上障碍越大，克服了这些障碍的胜者就越坚强。这点与老年人稀有

〔33〕 有关这些因素减弱了人们孝顺责任的证据参见，Nancy J. Finley, M. Diane Roberts, and Benjamin F. Banahan, III, "Motivators and Inhibitors of Attitudes of Filial Obligation toward Aging Parents," 28 *Gerontologist* 73, 74, 77 (1988).

〔34〕 Marvin B. Sussman, "Law and Legal Systems," in *Family and Support Systems across the Life Span* 11, 26-28 (Suzanne K. Steinmetz, ed., 1988).

〔35〕 强调老年人稀有是他们拥有荣誉的一个因素的著作参见，David Hackett Fischer, *Growing Old in America* 29, 33 (1977).

一起可能解释黑人一般来说比白人更尊敬老年人的现象。[36] 因为总的来说，黑人比白人得到的医疗要差（也许还有其他的原因），比起白人，黑人当中只有很少一部分人活到老年。[37] 他们的老年人比白人的更少见，也许更坚强一些，[38] 因而也就给人印象更深刻。这与种族没有任何关系。埃德蒙·威尔逊（Edmund Wilson）曾经说过，国家赋予霍姆斯法官"受尊崇的权威角色"，部分原因是"这位老年人在如此高龄还才能依旧"。[39]

在一个像我们这样的动态社会里，淘汰工人的年龄越来越小，这是退休年龄提前的一个原因。老年人的政治力量——这是他们在我们社会里拥有很高物质地位的一个因素——是年轻人不满的一种来源。这种不满因为妇女的市场机会增加（我前面提到）而致使的她们照顾家庭中老年成员的机会成本提高而进一步加深。当衰老的速度因医学知识增加受人类有意识的控制时，老年人的虚弱就不是不可避免的而更应由人们自己负责。我们越来越认为，老年人衰老是因为他没有按医生和营养学家提倡的健康生活方式去做。老年人象征性或者有威望的地位的不断下降，是他们的物质地位不断升高的代价。

我有意没有强调现代经济中经济活动专门化的不断增长对这种下降的影

---

〔36〕 例如参见，Finley, Roberts, and Banahan, 本章注〔33〕，第 77 页；Elizabeth Mutran, "Intergenerational Family Support among Blacks and Whites: Response to Culture or to Socioeconomic Differences," 40 *Journal of Gerontology* 382, 388 (1985)；引自，Amasa B. Ford et al., "Race-Related Differences among Elderly Urban Residents: A Cohort Study, 1975-1984," 45 *Journal of Gerontology* S163, S169 (1990)；Colleen L. Johnson and Barbara M. Barer, "Families and Networks among Older Inner-City Blacks," 30 *Gerontologist* 726 (1990).

〔37〕 成年白人人口中（大于 18 岁），18.0%在 65 岁以上，1.8%在 85 岁以上；黑人同类的比例分别为 12.1%和 1.1%。U. S. Bureau of the Census, *Current Population Reports*, ser. P-25, p. 2 (1991) （表 1）。另参见，Jacquelyne Johnson Jackson, *Minorities and Aging* ch. 4 (1980).

〔38〕 Donald S. Shepard and Richard J. Zeckhauser, "The Choice of Health Policies with Heterogeneous Populations," in *Economic Aspects of Health* 255, 308 (Victor R. Fuchs, ed., 1982). 老年黑人的预期寿命实际上比老年白人的更长，可能更健康。Rose C. Gibson, "The Age-by-Race Gap in Health and Mortality in Older Population: A Social Science Research Agenda," 34 *Gerontologist* 454 (1994)；Bert Kestenbaum, "A Description of the Extreme Aged Population Based on Improved Medicare Enrollment Data," 29 *Demography* 565, 572 (1992)；Ford et al., 本章注〔36〕，S167-S168。这支持了"坚强"假说。

〔39〕 "Justice Oliver Wendell Holmes," in Edmund Wilson, *Patriotic Gore: Studies in the Literature of the American Civil War* 743, 795 (1962).

响。确实，当工作越来越专门化，老年人因供需情况的变化被从原来领域排斥出来后对新领域做出贡献的机会就越少。我在上一章中指出过，一个与此相反的因素是，专才工作比通才工作更容易使老年人有所成就。一个通才必须要熟练地适应变换的环境，专家则只需要继续他熟练的习惯——尽管他可能比通才更快地感到无聊。

现代性对收入或财富在老年人之间，而不是老年人与年轻人之间的分配有什么影响？正如我已经说过，人们可能会看到，在农业社会里，例如殖民地的美洲，一些男性老人，特别是地主会很富有、很有权，但大多数老年人不是这样。[40] 尽管自殖民时代以来老年人相对于中年和更年轻的人的平均收入提高了，但最为富有的老年人相对于最富有的中年人的地位却可能下降了。这种变化可能与财产征税有部分关系，这种征税使很多有钱人有动机在他们去世之前将大部分财产转移，另外的部分原因是土地——一种不随拥有者的年龄而贬值的财富——相对于人力资本的重要性下降了，人力资本是随拥有者年龄的增加而贬值的。当财富从土地和其他有形资本形式转向人力资本时，老年人利用威胁子女不给他们留遗产而得到他们照顾的能力也在下降，[41] 人力资本无法通过遗嘱转移。很偶然的是，每个社会在允许不同程度上威胁剥夺继承权的问题上是不一样的。例如在英国和美国，人们可以自由地终止继承人的继承权；在法国就不可以。我们可以预计，老年人在一个社会里的影响越大，这个社会就越不愿意限制取消继承权的行为，这是老年人从年轻人那里获得服务的一个筹码。

## 意识形态的意义

我强调了经济因素在影响老年人物质地位和象征地位中的作用，但其他

---

〔40〕　有关的证据参见，Fischer，本章注〔35〕，第1章，特别是第58~66页。

〔41〕　Paul H. Rubin, James B. Kau, and Edward F. Meeker, "Forms of Wealth and Parent – Offspring Conflict," 2 *Journal of Social and Biological Structures* 53（1979）. 一个人不仅可以威胁不给自己子女遗产，他还可以作出一个在法律上可强制执行的允诺把遗产留给另外一个人，以换取一个可强制执行的对他老年进行照顾的允诺。见本章注〔18〕以及文中的解释。

因素可能也非常重要。例如，古希腊和早期基督教关于老年观点的不同似乎反映的就是宗教而不是经济的影响，当然这种宗教不同的背后可能是武士和平民观点之间在实践上的尖锐不同，这种不同促使希腊人赋予体格很高的价值。总的来看，希腊人不像基督徒那样注重身心二元论或灵肉二元论。但他们确实相信躯体死后精神仍在。尽管如此，在荷马和其他悲剧作家的作品中，这种观念仍然是一种虚弱、可怜和不光彩的精神，只适合于冥府。基督教的灵魂观念（可以肯定受到希腊人——柏拉图很大的影响）赋予了灵魂更多的尊严。与这种差异一致的是希腊艺术赞美躯体美，基督教艺术（直到文艺复

225 兴为止）则因躯体表示歉意——把它描绘成在有意遮掩其形状的冗余外衣下的苍白躯体——例如食与性的功能，尽管他们有躯体复活的教义。人们越珍视人的躯体一面，老年带来的被轻视和遭人反感的可能性就会越大。同样，比起那些吃饭的作用就是维生的人，美食家们更可能因为粗劣饭食而痛苦。越不珍视躯体，就越可能尊敬老年人，老年被认为不过是这样一个过渡时期：在这个时期里，人们通过剥去人与动物共有的附属的甚至不体面的特性，为心灵面对上帝做好准备。

但是我们不应该夸大宗教对老年人地位变化的影响。尽管在中世纪的基督教中，人们给予一些退休的老年人荣誉——被接纳进修道院，但是大多数普通老年人，特别是那些住在城里或者没有子女（有许多这样的老年人，因为年轻人的死亡率很高）的老年人是不快乐的。社会没有足够的资源保证他们的生存。迹象之一就是喧闹的仿小夜曲（charivari）——一种年轻的单身汉骚扰再婚寡妇的、被广泛宽恕的行为，他们以此来反对有钱男性老人垄断适婚妇女的倾向。[42]

达尔文主义对老年人地位的影响可能比基督教要大。在达尔文之前，人们通常认为世界是在倒退而不是在进步。人们认为现世是遥远过去的盛世倒

---

〔42〕 例如参见，Natalie Zemon Davis, "The Reasons of Misrule: Youth Groups and Charivaris in Sixteenth-Century France," 50 *Past and Present* 41 (1971). 由于中世纪时因生育带来的妇女高死亡率，尽管反对离婚，部分男子得以实行一种连续的一夫多妻婚姻形式。

退的结果；非人类的灵长目被认为是人类退化的结果，而不是人类的祖先。这种观点实际上是一种典型的老年人的观点——世界在走向毁灭（见第 5章）。在一个社会中当这种观念更普遍时，其环境更适合老年人；而在像我们一样的社会里当大多数人都期望进步时，年轻人则更沾光，因为他们更向前看、更乐观。

戴维·费希尔（David Fischer）在他关于美国人对老年态度的变化的综合研究中指出，1770 年~1820 年是这种变化的关键时期。[43] 在这之前美国人是尊敬老年人的，美国男子甚至夸大自己的年龄，穿得使自己比实际更老相。在这之后年轻人受到赞美，人们试图让自己看上去比实际年龄要年轻，对法官（不是联邦法官）实行了强制性退休，一些形容老年人的词（例如"老头"）从敬语变成了轻蔑语。这个时期国家的变化与对对待老年人的态度的经济学解释是一致的。国家的农业变得更少、工业更多，老年人越来越多。但是费希尔又论争说，这种对待老年的相反观点来得太突然，难以用非常缓慢的经济和人口变化趋势作出解释。他将此归于美国独立战争和法国大革命中的自由意志论和平均主义的观念。[44] 他认为美国人变得不满传统，其中包括年龄的等级制度。与他的推测一致的是，有人认为儒家在中国极端强调孝敬的部分目的，是希望在家庭养成的这种尊敬依从的习惯，会渗透到人们的政治观念和行为当中。[45]

就在今天，即使只考虑富有国家，老年人的地位也因国家的不同而有差异，这一章的分析指出了一些可能的解释因素。是否有可能对不同国家老年人的相对地位或者他们的影响进行一种经验的检验？也许可能。我们大约可以预计，在其他条件相等的情况下，很少考虑老年自我偏好的"年轻自私"的社会比那些给予老年自我相同或更多考虑的社会的社会贴现率要高。后一类社会在某种程度上始终受公益概念影响，而不是被相互竞争的利益集团拖

226

〔43〕　Fischer，本章注〔35〕，第 2 章。他的观点始终没有受到挑战。有关的批评的综述参见，Haber and Gratton，本章注〔29〕，第 5~8 页。

〔44〕　Fischer，本章注〔35〕，第 108~112 页。

〔45〕　参见，Schwartz，本章注〔14〕，第 100~101 页。

着四处跑，这样的社会在评价有迟延效应的项目时，例如一些环境项目，可能就会使用较低的社会贴现率。一个潜在的重要限制条件是，"老年自私"社会的窄小视野会对一些直到当前的年轻人变老时才会"发生作用"的项目大打折扣，因为到那时，当前的老年人都已经归西。所以我们可能会看到"老年自私"社会的社会贴现率比"年轻自私"社会要低，但是当贴现计算的未来距今越遥远时，这两种社会之间的贴现率之差别就越会缩小（两条线还可能相交）。

## 机构的生命周期

227　　费希尔的分析把对待衰老的态度与机构年龄联系起来。概括地说，我们可以推测一个"年轻"的国家，也许任何"年轻"的机构都会将自己定位在年轻而不是年老的价值上，所以一个机构的年龄和它的领导的年龄应该是正相关的。这是一种可信的推测。例如革命的政治领导一般比其他的政治领导更年轻。[46] 我们大多数的"开国元勋"都是年轻男子，尽管这种称号说明了对成熟智慧的持久尊重。其他一些个人年龄与机构年龄相关的例子有，如计算机软件工业这样的年轻产业里年轻公司由年轻人领导，以及如像美国劳工组织这样的衰败机构由老年人领导。从正统犹太教到罗马天主教，这些已经确立的宗教派别一般都由老年人领导，而一些新兴教派则多由年轻人领导。

说一个新组织是个年轻的组织，这意味着有风险因素，因为年轻组织的死亡率高，[47] 这就像现代医学发展之前婴儿的死亡率一样。由于老年人比更年轻的人在寻找新工作时困难更多，所以由于一个人现在单位垮台而不得不

〔46〕 Dean Keith Simonton, *Genius, Creativity, and Leadership: Historiometric Inquiries* 102–103 (1984).

〔47〕 Boyan Jovanovic, "Selection and the Evolution of Industry," 50 *Econometrica* 649 (1982); Howard Aldrich and Ellen R. Auster, "Even Dwarfs Started Small: Liabilities of Age and Size and Their Strategic Implications," 8 *Research in Organizational Behavior* 165, 177 (1986) (tab. 1); Michael T. Hannan and John Freeman, "The Ecology of Organizational Mortality: American Labor Unions, 1836–1985," 94 *American Journal of Sociology* 25, 32–33, 42 (1988).

寻找新工作的风险会给老年人带来比年轻人更大的成本。因此我们可以看到新公司会吸引更多年轻而不是老年的工人。这其中有另外两个原因。一个新机构多半会要求有新技术和新思想，这似乎是年轻人拥有的特点。一个新机构如果成功就会发展[48]——因为这种机构在创建阶段不太可能达到成熟时的规模——一个发展中的机构的年龄结构就可能比一个静止或衰退机构的年龄结构要年轻。因为它要雇请新雇员，多半会雇年轻人；拥有公司特定人力资本的老年人由于更换新工作多半会被淘汰。所以如果年轻机构有处于成长阶段的倾向，那么老年机构一般处于静止阶段；这是因为老年机构已经形成规模，再发展就会遇到规模不经济的问题，而年轻机构里年轻雇员比例更高，这与年轻和老年工人的不同特性或态度没有关系。然而，因果关系可能会有两种走向：一个公司可能会因年轻的年龄结构而发展，或因为没有这种结构而静止。

228

　　不应过于强调个人和机构生命周期之间的类比。迈克尔·斯宾思（Michael Spence）和其他经济学家提出的公司生命周期理论预测，年轻的公司会寻求收益和能力最大化，以保证在费用或者需求上永远优于竞争者，同时阻止新竞争者的出现。[49] 在我看来这个理论用于衰老不会有太多成果。"边干边学"对个人和对集体有不同的含义，例如体育纪录方面的长期刷新并不意味着一个运动员会不断打破自己的纪录。[50] 尽管一个人出生、长大和最好时光这一过程可以用来比作机构，但是当我们考虑"老年"机构时，生命周期类比方法就失去了作用。原则上我们没有理由不相信机构实际上会永远存在，请想一下罗马天主教已经有近两千年的历史了。有可能当一个组织变

　　〔48〕 有关年轻公司比老公司发展快的证据参见，David S. Evans，"Tests of Alternative Theories of Firm Growth," 95 *Journal of Political Economy* 657 (1987). 另参见，Jovanovic，本章注〔47〕。

　　〔49〕 例如参见，Joseph H. Anthony and K. Ramesh，"Association between Accounting Performance Measures and Stock Prices：A Test of the Life Cycle Hypothesis," 15 *Journal of Accounting and Economics* 203 (1992)，也参见其中引用的其他研究。关于机构生命周期理论的一般论述，例如，参见 Douglas D. Baker and John B. Cullen，"Administrative Reorganization and Configurational Context：The Contingent Effects of Age，Size，and Change in Size," 36 *Academy of Management Journal* 1251 (1993)；Herbert Kaufman，*Time，Chance，and Organizations：Natural Selection in a Perilous Environment* (1985)，esp. ch. 4.

　　〔50〕 参见，William Fellner，"Specific Interpretations of Learning by Doing," 1 *Journal of Economic Theory* 119 (1969).

大以后对变化了的环境的适应能力变小，因为连接刺激和反应的沟通链变长了。[51] 然而这种规模、年龄的负效应可以因大机构的更强壮而被抵消，其中部分原因是这种机构与小机构相比有较强的多样化能力。总之我在这里的兴趣是年龄对机构生存的纯影响，而不是因年龄与规模有正相关的关系而带来的影响。与人的情况完全不同的是，这种纯影响似乎是积极影响。与老年人不同，老公司比起年轻公司更可能继续生存下去。[52] 这就是他们更能吸引老年工人的原因。

229

我们应该区别工人（到中层管理人员为止）和领导。尽管走下坡路的老公司（所以不再雇用任何新工人或只雇用少量新工人）很可能有老工人，但其领导有时却是年轻人。也许可以通过将公司完全转向一个新方向来扭转公司的衰败；如果一个公司需要"革命"，它就需要有革命的领导，这些人多半是年轻人，下面我们会讨论。另外，如果一个公司很可能要垮掉，坏领导的预期成本可能要比好领导的预期收益要少得多。在这种情况下换上一个老年领导可能并不是最好的策略，尽管所换的人是通过公司等级制度层层选拔并逐步增加其所负责任而筛选出来的。这种筛选方法的目的是剔除那些可能不能胜任高层领导职位的人，消除用人不当给一个成功稳定的公司带来的损害，而不是选出有大胆新鲜的思想、最有可能战胜巨大挑战的人。

如果个人衰老、机构也老化，那么整个学术领域或创造活动领域也会老化。库恩对科学革命和常规科学的区分是恰当的[53]——前者指一种范式的转变，后者指在一个范式内部的变化。将库恩的论点引入年龄问题，我们可能

〔51〕 Michael T. Hannan and John Freeman, "Structural Inertia and Organizational Change," 49 *American Sociological Journal* 149, 163 (1984); Aldrich and Auster, 本章注〔47〕, 第 169 页. 有关一般论述参见, Jitendra V. Singh and Charles J. Lumsden, "Theory and Research in Organizational Ecology," 16 *Annual Review of Sociology* 161, 168-169, 180-182 (1990).

〔52〕 Michael T. Hannan and John Freeman, *Organizational Ecology*, ch. 10 (1989); David S. Evans, "The Relationship between Firm Growth, Size, and Age: Estimates for 100 Manufacturing Industries," 35 *Journal of Industrial Economics* 567 (1987). 在大多数社会里婴儿的死亡率都很高，这是事实。但是这里所引用的研究不是婴儿对成人的比较，而是更年轻的公司对较老公司的比较。

〔53〕 参见, Thomas S. Kuhn, *The Structure of Scientific Revolutions* (2d ed. 1970).

会说一个新范式的出现说明这个领域是新的、年轻的、更新了或者是恢复了活力的领域（例如哥白尼、牛顿或者爱因斯坦的宇宙论）；当科学家在不受挑战的范式下做增值工作时这个领域就是中年的；当收集到足够多的目前范式不能解释的异例，乃至可以推翻当前的范式时，这个领域就是老年的。我们会看到处在革命阶段的一门科学吸引年轻人，因为年老的科学家发展和适应一个新范式的成本更高，常规科学对老年科学家有吸引力，他们积累的知识使他们有优势在范式内部研究问题。

应当承认，因果关系的走向是两方面的；一门正巧吸引年轻人的科学更可能经历范式变化，但并不是门门科学或其他努力的领域总是该更换范式。某个领域里现有的资源（资金、技术，等等）和该领域试图解释的自然或者社会现象之间的关系所带来的限制经常导致在特定领域、特定时间上难以改变其范式。我们会看到在这期间这些领域对年轻人（特别是那些喜欢冒险和有创造力的年轻人）的吸引力很小。这些领域如果想留住人就必须接受创造力更小的申请者。

我在这章里讲的重点是两种含义上的社会地位——物质和尊敬。我们看到就老年人来说，这两方面并不是一定一致。在原始社会里它们有一致的倾向，但老年人最终的地位可以是非常高或非常低的，或者介乎中间的。将对老年人的尊敬和初民社会联系在一起是错误的，许多原始社会杀害、虐待或者严重忽视老年人。我给出了一些证据，说明在前现代社会里给予老年人权力和尊敬的一个重要指标是社会的农业化程度，因为在农业社会里，由于各种原因老年人的价值比在相同发展程度的其他类别社会里要高。

在现代社会里，特别是在美国，老年人的物质地位和受尊敬地位往往有差异。美国老年人的物质地位是以往任何时期都无法相比的，从相对和绝对的角度看都很高。部分原因是民主政治有增强"自然"弱势群体的力量的倾向，但是美国老年人受尊敬程度却比美国建立之时要低，对此有许多可信的解释。一个是社会和技术变化速度的加快，老年人抵制新生事物的特点加大了几代人之间的鸿沟。另外一点是父母对子女反复灌输孝顺思想的积极性在

230

减少（因为父母老年有福利从而不必依靠他们的家庭），老年人在总人口中的比重在快速上升，合居减少，家庭规模在缩小。这种缩小与老年人人数增加和妇女市场机会增加一起提高了年轻家庭成员照顾老年人的成本，使人们越来越不愿意与老年家庭成员保持紧密关系。从另外的角度看，今天老年人有更多的财富，这使他们更少成为年轻人的负担，增加了留给年轻人遗产或者其他礼物的可能性。

231　　我简单地谈了一下机构老化问题。尽管在机构的生命周期里没有明显的类似老年这一时期，但相似的年轻现象是有的。人们有经济学的理由相信，机构的老化与它们的工作人员的年龄有正相关的关系，其因果关系可以是双向的。

# 第三编
# 规范问题

# 第十章
## 安乐死与老年人安乐死

前几章详尽阐述了老年作为社会现象的一种解释和预测理论，我认为这 种理论本身具有社会科学的价值，现在我要用这种理论来评价现有的老年人政策及提议采取的老年人政策。这一章和下一章主要分析一些道德和政治因素而不是法律因素占主导地位的政策，当然这种界限是模糊的。例如协助自杀在很多州是一种犯罪行为——医生协助自杀也不例外，这是本章的一个重点议题。

## 定　义

医生协助自杀是一更大问题、亦即安乐死的一个方面。谈到这一点人们会马上掉进术语堆里。安乐死可以是自愿的——更广义上讲是自杀的一种，也可是非自愿的——如纳粹的行为以及一些原始社会里的现象（上一章中看到的）。我对非自愿安乐死不感兴趣，但一个人处于植物状态或因其他原因不能作出同意自己死亡的意愿表达情况除外。这对老年人的安乐死——老年人的无痛苦死亡——的问题很重要，因为很多年龄非常大的老年人处于精神错乱状态，我会谈到这个问题。但是大多数情况下我会用"安乐死"代表"自愿安乐死"，并与"医生协助自杀"互相通用。我这样做不仅会无视自愿与非自愿安乐死的差异，也会无视狭义上这样两种情况之间的差异——安乐死：医生给病人施以药物，目的是杀死病人，以及医生协助自杀：帮助病人杀死自己。我 会把这两种方法看成是医生协助自杀（安乐死或者自愿安乐死）的不同形式。

让问题更为复杂的是，我所定义的安乐死仅仅是让死亡在医学上不可避免之前就到来的医学行为（或不行为）的一个方面而已。另外一些此类行为或不行为包括，由于一些治疗无法有效延长有意识的生命，拒绝或者中止进行这类治疗；给病人可能缩短其生命的止痛药；认同病人拒绝接受进一步的治疗或拒绝进食或饮水的行为。[1] 所有这些被总称为"MDEL"（临终医学决定）。在荷兰，如果遵守适当准则就不会惩罚安乐死或医生协助自杀（在我的词语里两者相似，但在荷兰语里不一样），但就是这样因 MDEL 死亡的人数也只占整个死亡人数的很小一部分。[2] 我没有找到美国的相关可靠估计。人们可能会认为，在美国除医生协助的自杀以外的 MDEL 更为常见（一种替代效应）——或者更不常见，因为对医生协助自杀的敌意可能反映出人们有付出任何代价来延长生命的愿望。我们可以看到 MDEL 在这个国家是靠承认生前遗嘱以及长期的医疗代理权而得以推进的。

医生协助自杀的问题不限于老年人，但与他们更相关，因为老年人比年轻人更可能得不治之症或病得十分厉害。[3] 这并不是说在健康状况（基本的限定条件）不变的情况下，医生协助自杀的比例在老年人当中更高一些。这个比例可能更低。[4] 这有几方面的原因。一是人们难以确定很多年龄很大的人做出有效的同意死亡的表示能力。他们经常非常虚弱，用来止住疼痛的止痛药剂量（在荷兰，大多数无痛苦死亡的病人是癌症病人）会杀死他们。由于年龄很大的老年人已到达死亡的"自然"年龄，医生可能会认为没有必要将之报告为一例安乐死事件。选择偏见也在起作用：老年人口中极有可能包括一部分不成比例的有强烈生存意愿的人。相关的一点是由于人们年龄很大，

〔1〕 有关的优秀讨论参见，G. K. Kimsma and E. van Leeuwen, "Dutch Euthanasia: Background, Practice and Present Justifications," 2 *Cambridge Quarterly of Healthcare Ethics* 19 (1993).

〔2〕 出处同上，第 27~28 页。

〔3〕 所以才有了专门的"老年人安乐死"一词，Stephen G. Post, "Infanticide and Geronticide," 10 *Ageing and Society* 317 (1990). 我们可以回忆一下第 6 章中提到老年人的自杀率最高。在荷兰，38% 因 MDEL 死亡的人在 65~79 岁。Kimsma and van Leeuwen, 本章注〔1〕，第 27 页。我没有关于安乐死的单独数据。

〔4〕 有关这种推想的证据是，75 岁特别是 85 岁以后的安乐死事件非常少。Gerrit van Der Wal and Robert J. M. Dillmann, "Euthanasia in the Netherlands," 308 *British Medical Journal* 1346, 1347 (1994).

他们一定已经适应了大大降低了的生命效用，因此进入生命最后时期所意味的效用进一步降低的前景，对他们来说可能不会像年轻人那样感觉强烈。

我要区分这样两种自杀，一种是自杀想法和自杀行为几乎在同时发生，一种是先有想法，真正的自杀行为推后（$A$ 在时间 $t$ 作出想在时间 $t + k$ 结束生命的决定，$k$ 可能代表很多年）。第一种情况又分自杀是在其他人帮助和没有其他人帮助之下完成的。我强调得到帮助的自杀，因为如果一个希望结束自己生命的人能够在没有他人帮助下完成，那么不负刑事责任地协助自杀权的实践意义就很有限了。尽管不是没有意义，我们将讨论这个问题。由于一个将要解释的原因，我没有将得到医生以外其他人帮助的协助自杀包括在内。

通过 1994 年 11 月的公民投票，俄勒冈成为美国第一个允许医生协助自杀的州（这个法律原本要在 1995 年 1 月生效，但直到写这本书时仍因法院的异议而推迟）。在符合详尽复杂的保障条件情况下，医生可以给病人开"自杀药"，这类病人必须是不会再活 6 个月以上的人。6 个月的限制是有问题的，不仅仅因为对一个要死的人还能活多长时间的估计会充满谬误，也因为有最强烈的理智自杀意愿的一些人是那些要一生面对无期限瘫痪、严重疼痛或其他极度残障的人。尽管如此，俄勒冈州新法律的经验最终可能会为医生协助自杀的优点提供一些决定性的证据。同时，在其他州激烈论争时，对此的经济学分析会带来有意义但未被认识的贡献。

## 身体无能力时医生协助自杀的经济学分析

**好处和代价**　我把医生协助自杀限制在有严重残障和极度衰弱人的情况，这些人通常（尽管有时并不总是）有不治之症。[5] 在这样一些情况下，病人

---

〔5〕 在荷兰，大约有 3/4 的安乐死者是癌症病人，其中 83% 的病人被预测只能再活不到一个月。Van der Wal and Dillmann，本章注〔4〕，第 1347 页。但是如同我在文中所指出的，人们怀疑临近死亡是否是允许施行医生协助自杀的前提条件。

可能缺乏自杀的能力，至少是无法在不经历极度疼痛或者恐惧的情况下完成自杀。在这种情况下，病人会强烈要求医生协助自杀，这对老年人最为重要，这也是医生会愿意帮助人们自杀的惟一情况。我没考虑宗教对自杀的反对，这并不是因为我认为对此无法给出答案，[6] 而是因为这属于个人的选择而不是社会政策的范畴。我对法律规制的合适范围的观点与约翰·斯图加特·密尔一样：政府可以适当干预的有能力成人的自愿行为是那些有明显危害的行为，而不是那些仅仅引起异议甚至反感的行为。X 在 Y 的帮助下自杀的行为与 Z 的宗教信仰不一致的事实不能成为法律反对协助自杀的好理由。

反对使自杀总体来说更容易（无论是允许出售自杀药、自杀用具包或允许医生帮助那些要死的或者身体有严重损伤的人自杀）的一个非宗教的主要观点是，许多自杀是冲动性的，是一次忧郁、极度悲伤或耻辱，有可能是错误的一个坏消息（例如罗密欧与朱丽叶），以及一些瞬时原因的结果，受此类瞬时原因影响的个人可能想事先防止受到这类影响。当一个人希望结束自己生命但没有能力这样做时，防止此类自杀的努力（以惩罚帮助自杀的人的方式使得此类自杀的成本更高）可以被粗略地拿来与禁止敲诈勒索（如"要命还是要钱？"）相类比。这种情况下某类可产生一个短期收益的交易（如通过给抢劫者钱财而保住自己的性命）得不到法律的保护，因为绝大多数人认为最好自己从未有此经历。没有能力结束自己生命的事实给自杀提供了一个理性的动机。[7] 最近的一个司法判决宣布规定医生协助自杀为犯罪行为的某州制定法无效，理由是它专断剥夺了受第十四修正案的正当程序条款保护的

239

---

〔6〕 参见，David Hume, "Of Suicide," in Hume, *Essays: Moral, Political, and Literary* 577 (Eugene F. Miller, ed., rev. ed. 1987). 有关对正反两面的哲学争论见，*Suicide: Right or Wrong?* (John Donnelly, ed., 1990).

〔7〕 "老年 Pliny……认为自杀对一个在生活中受难的人来说是最好的礼物。" Miriam Griffin, "Philosophy, Cato, and Roman Suicide: 2," 33 *Greece and Rome* 192, 193 (1986). "每一天，世界各地理性的人都在请愿要求允许去死。" Ronald Dworkin, *Life's Dominion: An Argument about Abortion, Euthanasia, and Individual Freedom* 179 (1993). 我在第 6 章中提到，比起年轻人，老年人自杀更少是冲动性的，我以后还会讨论这个问题。

自由。[8] 先不考虑这一判决法律上的是非曲直问题，读者不会不被法庭对三位有不治之症的原告（两位是老年人）状况的令人揪心的描述所感动。与普遍的观念相反的是，在我们社会里要死的人通常经历着很深的痛苦或其他不愉快症状；[9] 维多利亚时代小说里所庆贺的"和平"死亡一直都很少，或者至少是无法指望的。一个无论如何很快就要死去的、在残余的日子中要遭受极度痛苦或磨难的人，继续活着的效用是负的，这显而易见。[10] 我们只需要回忆一下当要死的李尔王出现了生命迹象时肯特（Kent）的话："不要烦扰他的灵魂。啊！让他安然死去吧；他将痛恨那些想使他在这无情的人世多受一刻酷刑的人。"[11]

寻求帮助自杀的权利对个人是有意义的，尽管他可能永远不会使用这个权利。自杀的权利是一种选择，[12] 这种选择的价值是独立于行使的价值的，它就像保险对于上了保险、从未有机会索赔的人所具有的价值一样。如果一旦生命变得无法忍受，个人可以结束生命，知道这点一个人可以使自己的头脑平和，使自己更能忍受生活。对于对允许医生协助自杀的任何成本效益的分析来说，这点很重要：大家要知道安乐死不只对于实际上这样做的相对少

240

---

〔8〕 Compassion in Dying v. Washington, 850 F. Supp. 1454 (W. D. Wash. 1994), rev'd, 49 F. 3d 586 (9th Cir. 1995). 美国最高法院更早时裁定，一个人拥有宪法权利拒绝接受医学治疗，哪怕结果是死亡。Cruzan v. Director, Missouri Dept. of Health, 497 U. S. 261, 278-279 (1990).

〔9〕 Robert Kastenbaum and Claude Normand, "Deathbed Scenes as Imagined by the Young and Experienced by the Old," 14 *Death Studies* 201, 212 (1990). 医生对此最为清楚——人们都知道他们手头上藏有致命药，这样如果他们知道自己有病而且是晚期，他们就可以杀死自己。在最近一项研究里，有不治之症的病人被允许拒绝进食或饮水，结果是这些人死于脱水或饥饿，只有13%的病人被断定在他们死时经历了不舒适。显然最成功的是人们做出各种努力来缓解嘴的干燥、干渴和其他这种死亡方式的症状。Robert M. McCann, William J. Hall, and Annmarie Groth-Juncker, "Comfort Care for Terminally Ill Patients: The Appropriate Use of Nutrition and Hydration," 272 *JAMA* (*Journal of the American Medical Association*) 1263, 1265 (1994).

〔10〕 "通常可以发现，一旦对生命的恐惧大于对死的恐惧，一个人就会结束自己的生命。"Schopenhauer, "On Suicide," in *Essays of Arthur Schopenhauer* 399, 403 (T. Bailey Saunders, trans., 1902).

〔11〕 *King Lear*, act V. sc. iii, ll. 314-316. [有关这段的翻译，参考了朱生豪译《李尔王》（莎士比亚全集，第9卷）人民文学出版社1978年版，第273页。——译者注]

〔12〕 这是一个至少回到 Seneca 的争论。有关现代版本参见，C. G. Prado, *The Last Choice: Preemptive Suicide in Advanced Age*, ch. 7 (1990).

的那部分人有益。安乐死的益处不仅限于那些真正这样做的人，这一事实可以部分抵消这样一种担忧，亦即其成本不会很低——若允许帮助自杀的行为，不论这种行为被限定在多大范围内，都会不可避免地鼓励自杀行为，而且，由于这让生命显得更不值钱，或许还会鼓励谋杀行为。后面我会给出一些原因和数据来说明，这种观点无论如何都是一种夸张。

关于允许医生协助自杀对第三者的影响问题，我要讨论的是这样一种论点：就算一个人真心想死，他的家人可能不希望他这样做，所以他的死会给第三者带来无法补偿的损失。我认为如果仔细考虑了连接一个充满爱的家庭成员的利他主义关系，这个观点就不能成立。在决定是否希望去死时，这个人会考虑他的决定对家人的影响；在决定是否并且以什么样的心情接受这种决定时，家人也会考虑如果他被迫延长生命会给他带来的成本。所以他所作出的决定多半是使整个家庭的效用最大化的。

有人认为"以年龄为依据建立起来的自杀权观念实际上相当于这样一种反常的信念——我们可以预测自己的未来，我们能够知道我们未来有怎样意想不到的生命"。[13] 我们不能够肯定。但我们可以有一个大致的善的概念；人类选择（包括那些不可逆转的选择）是以可能性而不是以确定性为基础的。我们会看到不确定性实际上是支持医生协助自杀权的一个理由。

有人争论说大多数自杀的老年人都"有情绪或心理疾病"，他们作出的自杀决定是非理性的，所以不应该得到尊重。[14] 这里所说的主要疾病是忧郁。任何决定杀死自己的人一定都认为自己的生活压抑，具有可诊断为忧郁症的"自杀意识"及类似的症候。[15] 因此这种观点是一种循环论证。

241　　　反对医生协助病人自杀的另外一个观点是，医生既拯救生命又残杀生命对社会不好，这与反对拥有堕胎权的观点一样；医生职责的模糊化会使他们

---

[13] Harry R. Moody, "'Rational Suicide' on Grounds of Old Age?" 24 *Journal of Geriatric Psychiatry* 261, 274 (1991).

[14] Thomas J. Marzen, "'Out, Out Brief Candle': Constitutionally Prescribed Suicide for the Terminally Ill," 21 *Hastings Constitutional Law Quarterly* 799, 811-812 (1994).

[15] 回想一下第 6 章中对自杀—忧郁循环的讨论。

更少去治病。如果有时，也许是通常，他们治疗的努力使人们处在一个十分痛苦或者无能的境地，让人想去死，医生就可能不知如何做好。也有人认为——包括反对死刑的人——任何允许有意选择结束人类生命的政策都是对人生命的不敬。这种观点在死刑问题上尤其无力，特别是针对杀人犯时，死刑可以用来表明对受害者生命的尊重。稍后我们会看到"拯救生命"的理念也可以用来支持安乐死，尽管看起来似乎不太可能。另外，这种认为安乐死与人的生命尊严不相吻合的观点忽视了尊严与质量的关系。尊重人的生命必须考虑人的生命价值，这种价值不全是形而上的。面对养老院里挤满了虚弱和痴呆老年人的场面，或者在医院病房里挤满了大量服用镇静剂（以保证勉强有知觉）或因极度疼痛而勉强可辨认其模样的临死病人的场面，我们可能可以说这是在损害而不是在加强宝贵的生命。生命的价值越高，人们认可的保留生命的价值就越大。那些谈论"给植物人浇水"的医生和护士，由于亲身触知了牺牲生命质量的实际后果，从而对人们那种无论如何都要延长病人生命的愿望不再敏感。

自愿的安乐死自 20 世纪 70 年代早期在荷兰公开实行，[16] 然而荷兰人并没有因此变得比其他欧洲人（更不用说美国人）更有暴力倾向或更无同情心。荷兰人的谋杀率只有美国的 1/10，比欧盟的平均水平还要低。[17] 以后我们会 242 看到，荷兰实行安乐死似乎也没有增加自杀率。

卡洛斯·葛梅兹（Carlos Gomez）基于在荷兰进行的 26 个安乐死个案研究[18]论争说，对安乐死实践的控制不充分，难以确保安乐死总是自愿的。他

〔16〕 Kimsma and van Leeuwen 说明了有关荷兰安乐死的大量文献，本章注〔1〕；van der Wal and Dillmann，本章注 4；John Griffiths，"Recent Developments in the Netherlands concerning Euthanasia and Other Medical Behavior That Shortens Life，" 1 *Medical Law International* 347（1995）；G. van der Wal et al.，"Euthanasia and Assisted Suicide，1，How Often Is It Practised by Family Doctors in the Netherlands?" 9 *Family Practice* 130（1992）；Paul J. van der Maas et al.，"Euthanasia and Other Medical Decisions concerning the End of Life，" 338 *Lancet* 669（1991）；M. A. M. De Wachter，"Active Euthanasia in the Netherlands，" 262 *Journal of the American Medical Association* 3316（1989）.

〔17〕 United Nations Development Programme，*Human Development Report* 1994 186（1994）（tab. 30）. 谋杀的统计数字只是男子所为的数字，但是大多数杀人者是男性。

〔18〕 Carlos F. Gomez，*Regulating Death：Euthanasia and the Case of the Netherlands* 64–89（1991）.

的个案研究中只有一例（亦即被他描述为比起其他 23 例"更有问题"的 3 例中的 1 例）[19] 对他的理论稍有支持：可能没有人告诉一位因白血病要死的年轻女子有比化疗痛苦更小的治疗选择。[20] 当然也许别人告诉过她——葛梅兹不知道。在病情得到缓解的一年里，她和丈夫多次与他们的家庭医生讨论无痛苦死亡，[21] 但是这位医生可能对各种替代疗法不是那么熟悉。

葛梅兹担心医生会把病人赶向死亡，[22] 但是这种担心没有被证实，[23] 同时看起来也不现实。这种行为会违背医疗职业的宗旨，那就是强调治疗，而不论成功的几率多么小。这种行为也可能不利于该职业自身的金钱利益，尽管这取决于支付医疗服务费用的方法。如果医生从服务中得到报酬——美国流行的支付方法——那么他们就会有给病人太多而不是太少治疗的动机（这一点说明，应禁止医生专门从事协助自杀的行为，因为这样会调整他们经济上的动机。很显然在荷兰没有出现这类专职医生）。但就是在美国，许多病人不是交钱看病的。加入了医疗保障组织（HMOs）的人是这样，其他到拿工资医生那里看病的人（例如老兵）也如此。在这里，经济上的动机是要避免实行昂贵的生命末期治疗，而安乐死可能是一种廉价的替代方法。

另外，与评估草率死亡的危险同样相关的是临终关怀运动（hospice movement），这种运动反对安乐死。这个运动认为可以让一个人的生命后期变得能够忍受，所以没有必要用自杀来缩短生命。临终关怀院为那些想自杀的临终者提供了另外一种选择，因此与那些协助自杀的医生形成了竞争。

葛梅兹担心的滥用安乐死的危险可以通过相对简单的规定控制到最低限度，例如要求有人见证病人同意安乐死，或者有文字书写形式的同意书，实行安乐死的医生要向医院委员会报告每一例安乐死，实行之前要向有适当证

---

[19]　出处同上，第 111 页。

[20]　出处同上，第 112 页。

[21]　出处同上，第 79 页。

[22]　如同 Waugh 对安乐死的讽刺那样，Evelyn Waugh, *Love Among the Ruins：A Romance of the Near Future*, ch. 2 (1953).

[23]　另外一个荷兰安乐死个案研究发现的是没有严重的虐待现象。G. van der Wal et al. , "Euthanasia and Assisted Suicide, 2, Do Dutch Family Doctors Act Prudently？" 9 *Family Practice* 135 (1992).

书的专家咨询有关帮助临死病人的伦理问题。[24] 这种规定的可行性以及医学职业的文化解释了为什么允许医生协助自杀不像允许非医生协助自杀那样是一个逻辑问题。有人担心很多所谓"仁慈"的杀害并不真是仁慈的，这些杀害没有得到被害人明确或间接同意，这种担心是无力的，因为杀人的医生与被杀者没有关系，或没有很深的个人交往关系。

比葛梅兹叙述的任何东西都更成问题的是，一位荷兰医生被判没有刑事责任，他帮助了一位身体和精神都健康但就是想死的中年妇女自杀，在这之前这位妇女曾几次试图自杀，医生相信她会再次试着自杀，直到成功为止。[25] 我难以支持使这类安乐死合法化的任何措施。在这个例子里，要求自杀的人没有无法忍受的痛苦但又没有无法结束自己生命的不治之症或其他不断恶化的残障情况。但我不认为基于荷兰的一个授权医生协助没有能力的人自杀的（如我所定义）例子，就可以说美国会走向不可回转的无控制的协助自杀。

**更少更晚的自杀？** 至此我只提出那些反对医生协助自杀的人低估了这种方法的益处、夸大了它的代价。我想当然地认为后果之一是会有更多人自杀、纯损失更多的生命年。这一点对关于医生协助自杀权利的密尔式分析到底有什么意味，是不清楚的。如果自杀数量增加是因为医生协助自杀的（在适当的情况下，并须符合适当的法律规定）合法化，那么这可能只说明很多人认为延长死亡过程的价值是负的。当然另外一种可能是，自杀率的升高可能说明（但可能证明不了）人们确实被自私的亲属和冷酷无情的医生匆匆推向死亡，甚至对一个密尔主义者来说，这种可能性也使调查允许医生协助自杀对自杀率会有何种影响成为一项值得做的事情。因此有必要指出（我会这么做）允许医生只协助我所称的没有身体能力的人自杀实际上可能减少自杀的人数，推迟这种现象出现的时间。葛梅兹认为这会比那些得到真正、全面

〔24〕 参见，Franklin G. Miller et al. ，"Regulating Physician-Assisted Death，" 331 *New England Journal of Medicine* 119（1994）.

〔25〕 *Office of Public Prosecutions v. Chabot*；由以下作者对此案件翻译和解释，John Griffiths，"Assisted Suicide in the Netherlands：The Chabot Case，" 58 *Modern Law Review* 232（1995）. 荷兰最高法院推翻了无罪，但理由仅仅是没有另外一个医生为这位妇女做单独的检查；法院免除了对医生的惩罚。

选择信息的病人的死亡数更多（死亡到来得更快）。我要探讨的一个观点是，与医生协助自杀不合法相比，在合法化的情况下死亡会更少（更晚）。

当然，如果这是正确的，那么总的医疗成本就可能上升，因为决定不马上结束生命，严重疾病患者的这种决定会带来大量的医疗成本。在某种程度上这些成本不是由决定活下去的这些人而是由第三者承担的，这是我们医疗保障系统的一个主要特征，所以很难断定允许医生协助自杀在社会成本方面是否正当。密尔看问题的方法帮助我们排除（严格的经济学或者功利主义分析不会这样）了第三者仅因为讨厌自杀而体验到的负效用。但这并不能让我们去掉人们通过纳税、交付健康保险费和医生账单被迫支付其他人的医疗费用而实际承担的成本。我不想估算这些成本，因此大家要把这一章中的分析看作是一种尝试性的分析。

假定一个人知道自己患有进行性疾病，这最终会让他认为死了比活着好，因为他忍受的痛苦不会因有任何恢复的希望、病症改善或者这么活下去的衰减的效用而得到补偿。让我们再假定，他认识到病情进一步恶化时他会丧失自杀的能力。这可能是老年人自杀时比年轻人更多使用致命方法的原因之一，例如使用手枪而不是药物，他们的自杀成功率也更高。[26] 老年人会担心如果自杀不成功，他会失去再次自杀的能力，对他来说失败的成本更大。另外一种解释是老年人的自杀更多是经过深思熟虑的，原因在第6章已讨论。这种经深思熟虑的而不是冲动型的自杀更会促使他们选择有效的方法。这有道理，但这同时意示着老年人的自杀比年轻人的自杀更可能是出于理性的考虑，因而为要求有医生协助自杀的权利提供了另外的支持。

为了让这里的讨论更符合现实一些，假定我们假设的患者并不确定他的病是否会恶化到他希望去死的地步，尽管他确信如果病情恶化到那个地步没有他人的帮助他将无力自杀。也许他有可能最终恢复，至少达到让他对自己

---

[26] John L. McIntosh and John F. Santos, "Methods of Suicide by Age: Sex and Race Differences among the Young and Old," 22 *International Journal of Aging and Human Development* 123 (1986); Ellen Mellick, Kathleen C. Buckwalter, and Jacqueline M. Stolley, "Suicide among Elderly White Men: Development of a Profile," *Journal of Psychosocial Nursing*, no. 2, 1992, p. 29.

活着感到满意的程度，或者至少他有可能比自己预期的要活得长而且他会生活在不像他预期的那么可怕的境况下——简言之，他对自己疾病未来的预测可能有误。这种可能性在人们自杀时是普遍存在的，这也是我前面列出的反对自杀更为容易的理由之一。很多人都有过被错误告知患了不治之症的经历。[27]

我们有必要比较一下我们假设的例子在不同条件下的结果。首先是禁止医生协助自杀。当一个人知道他的可能命运是必须在下面两种行为中做出选择：一种是现在自杀，成本是 c（对死亡的恐惧、疼痛、道德内疚，等等）；另外一种是推迟到他快不能自杀时（如果他仍希望自杀的话）再自杀。问题是哪种选择对他最有利。如果他现在就自杀，他会得到 -c 的效用。他不会有活着所具有的正的或者预期效用，因为他死了，但是他将承受把活着的状态弄成死了的状态的成本。如果他决定现在不死，他就可以避免这种成本，同时得到继续活下去的效用（正的或者负的）。由于不确定感，这种效用就是一种预期效用，它等于注定会走向死亡的状态的负效用 $-U_d$（这是他真得了不治之症或其他令他极端痛苦或残疾的疾病时的负效用）以及如果他最终恢复到令他希望活下去的健康或相对健康状态下的正效用（$U_h$）的加权平均数。

每种预期效用必须要考虑到这个人发现自己处在死亡或健康状态的可能性（$p$ 或者 $1-p$）。他合理地预计自己会死去，但不肯定：也就是 $1>p>(1-p)$。这时总的效用就是 $p(-U_d)+(1-p)U_h$，我们必须将之与自杀的效用（$-c$）相比较。我假定 $U_d>c$ 是一个重要的假定条件，以后会有所放宽。[28]

有了这些假设条件，我们假定的个人会在下面的情况下自杀，

$$pU_d>(1-p)U_h+c \qquad\qquad (10.1)$$

──────────

〔27〕　我的祖父在他 40 多岁时被一位有名望的医学专家告知得了致命的肾脏病，如果他放弃肉食可以再活 1~2 年。他没有放弃吃肉，但活到了 85 岁，死因是与此不相干的小病。这是很久以前的事情，但类似的问题依然存在。如同其他专业一样，有时医生的自信心比事实担保更充分。

〔28〕　这是因为虽然 c 通常很高，但还是 $U_d>c$，所以自杀也可以被认为是一种有勇气或胆小的行为。关于这点十分有趣的讨论参见，Miriam Griffin, "Roman Suicide," in *Medicine and Moral Reasoning* 106, 122-123 (K. W. M. Fulford, Grant R. Gillett, and Janet Martin Soskice, eds. , 1994).

也就是现在就死的预期效用（因为现在死而避免的负效用）大于活着的预期效用与自杀成本之和。这种预期效用的损失以及自杀成本就是他现在自杀的成本。[29] 当成本为零时，一个人在 $pU_d > (1-p) U_h$ 的情况下就会自杀。也就是在我所称的在注定要死亡的状态下活下去的预期（经以可能性进行加权计算的）负效用（我称为死亡状态的）超过了健康状态活下去的预期效用。

由于这个人处在注定要死亡的状态下的可能性更大——即 $p > (1-p)$——这种状态下的预期负效用不一定要像被挽救状态（即健康状态）的预期效用一样大，才能让自杀成为一种理性的决定。实际上，如果 $p$ 足够高，即使在注定要死亡的状态下生活下去的负效用比在健康状态下活下去的效用小很多的情况下，自杀也不一定是不理性的选择。当然这些都要根据 $c$ 的大小来定。如果自杀的成本太大，一个人会放弃自杀，哪怕他认为死了比活着好。所以 $c$ 是一种交易成本，是通向死亡的单程票。

247　　再将之与这种情况相比：这个人可以选择以下二者之一：在成本 $c$ 的情况下现在自杀和在相同成本下以后在医生帮助下自杀。这是一种实际的选择，因为在可能得到帮助的影响下（假定已经合法化），一个人可能会推迟作出自杀的决定。[30] 如果为了简单起见我们假定无法忍受的痛苦（这种痛苦致使出现 $-U_d$，也就是注定要死亡的状态的负效用）会在未来某个时点出现，并且这时这个人会十分清楚他不会恢复到相对健康的状态 $U_h$，那么，自杀可能会在成本 $c$ 的情况下推迟的假设就意示着 $c$ 取代了不等式 10.1 中的 $U_d$。也就是一旦注定要死亡的状态出现，一个人（在他人的帮助下，因为我假定注定要死亡的状态出现将使这个人在没有他人的帮助下已经无法完成自杀）会选择更小的负效用——自杀的成本。

把这种替换带入公式 10.1，我们假定的个人会马上自杀，而不是推后作出决定，只要

---

〔29〕 我忽略了将这些未来价值贴现为当前价值的问题，这对我的分析不重要。
〔30〕 Carlos Gomez 个案研究中的一位医生认为，"可以有安乐死的事实使那位妇女（他的病人）放心地至少尝试一次化疗，" Gomez 本章注〔18〕，第 111 页。

$$pc > (1-p) \ U_h + c \qquad\qquad (10.2)$$

也可以说在$-U_h > c$的情况下，这个人不会现在自杀，因为$U_h$和$c$都是正值。就算不考虑将自杀成本贴现为当前价值的问题，概率为1的自杀成本也一定会大于用一个小于1的概率乘以这个成本、同时扣除进入继续活下去会带来净效用的状态的某种概率之后的数值。现在自杀的成本必须大于以后自杀的预期成本（因为假定$c$是不变的且大于$pc$），哪怕不考虑活下去的预期效用。

　　以上的分析说明，如果允许医生协助自己没有能力的人自杀，那么我设想的这类自杀的例数就会减少$1-p$，这是出于错误估计自己疾病的未来发展或者疾病对他活下去的愿望的影响而期望自杀的比例。另外，在自杀确定发生了（$p$）的那部分人当中，如果允许医生协助，自杀会延迟一些。他们可以再得到数周、数月，甚至数年的生命，并得到生命的净效用。

　　这些结果背后的直觉是简单的。如果惟一选择是要么现在自杀、要么此后痛苦，人们通常会选择现在自杀。如果可以选择现在自杀或者以后自杀但无更大的成本，人们可能会选择以后自杀，因为他们那种认为继续活下去会给自己带来难以忍受的痛苦或失去能力的想法总有可能是错误的。他们现在自杀就会失去改正这样错误的机会。医生协助自杀的可能性使他们可以等收集更多信息后再做出是自杀还是活下去的决定。换句话说，医生协助自杀的可得性增加了继续活下去的自由选择的价值。我们在第6章中指出，这一价值随年龄增加而减少是老年人高自杀率的原因之一。

　　这一总的观点——即一种服务的可得性可以降低而不是像人们可能认为的那样会增加对这种服务的需求——既不违背人们面对可怕选择时会是理性的这一假设，也不仅仅限于自杀。假定你在周五的下午腹部突然剧痛，如果你的医生周末不上班，你可能在周五就会奔向他的办公室，免得周末病情恶化。但是如果医生周末上班，你可能会决定等一等，看疼痛是好一些还是更坏了。在大多数情况下疼痛会得到控制，所以像这个例子一样，如果获得这个医生的服务的可能性更大一些，去看病的总次数就会更少一些。

医生协助自杀的减少自杀的效用还可以进一步扩大，条件是（这极有可能）医生协助自杀的成本对一个希望自杀的人来说比没有协助的自杀更低廉，而不是如我假设的那样：二者成本一样。成本上的差异会增加这个人再等一等的意愿，因为在我的分析当中必须是病人没有能力结束自己生命时医生才可以帮助自杀。这样，带有矛盾意味的是，自杀更低廉时，自杀却更少了。但条件是模型中的 $c<U_d$，自杀的成本要小于临近死亡状态的效用。假定没有协助的自杀（$c_u$）非常昂贵（寻找必要的方法、疼痛、害怕失败、失败的预期后果），那么知道生命最终会陷入万分痛苦境地的人也不会试图自杀，除非他能够得到医生的帮助。（也就是 $c_u>U_d$。）如果医生协助自杀（$c_a$）的花费足够低，致使当痛苦阶段开始时 $c_a<U_d$，那时他就会在（只会在）允许医生协助自杀的前提下结束生命。自杀的成本是影响自杀率的一个重要因素，对老年人更是如此，这亦得到了这一事实的证明：当烹饪用煤气作了去毒处理后，英国老年人的自杀率降低了；把头放在煤气炉里一直是特别受中年人和老年人欢迎（并且简单）的自杀方法。[31]

若人们全面低估了注定命运结果发生的可能性或严峻性而非在第一次知悉他们可能要遭受的命运时就自杀，那么医生协助自杀就可能增加而不是降低自杀的人数。因为如果不允许医生协助自杀的话，当他们明白过来时就已经太晚了。当然我们要注意，如果第 5 章的分析是正确的，这种愚蠢的乐观主义问题在老年人身上没有比年轻人更严重。

就算 $c_u>U_d>c_a$，允许医生协助的自杀也可能降低而不是增加自杀率。当医生协助自杀比没有协助时要便宜，那些执意自杀的人会选择有医生帮助的而不是没有帮助的自杀。这说明在自杀之前他们会咨询医生。这种咨询带来的自杀延迟会减少冲动型自杀的人数；另外一些自杀可以因医生查明病人有可治愈的精神疾病而避免。当病人因为要自杀而寻求帮助时他们会表露出自

---

[31] Dan G. Blazer, "The Epidemiology of Psychiatric Disorders in Late Life," in *Geriatric Psychiatry* 235, 251 (Ewald W. Buse and Dan G. Blazer, eds., 1989)；另参见，George Winokur and Donald W. Black, "Suicide-What Can Be Done?" 327 *New England Journal of Medicine* 490 (1992)；Bijou Yang and David Lester, "The Effect of Gun Availability on Suicide Rates," 199 *Atlantic Economic Journal* 74 (1991).

杀的倾向，这就会减少人们通常谈论到的难以断定老年病人自杀倾向的困难。[32] 因此，医生协助自杀不仅仅可以降低自杀的成本，也可以降低可避免自杀的干预行为的成本。这种效果不单限于那些失去体力能力的人，当然我认为这并不足以证明应放松获得医生协助自杀的权利的规定。我作出这一判断的理由不仅仅是因为查波特（Chabot）案之故（它当然可能没有代表性），[33] 也因为获得医生协助自杀的一般权利可以（当然，正如我刚才指出的不一定会）减少冲动型和深思熟虑型自杀的成本。我在前面曾指出，人们可能不希望让他们的冲动型自杀来得太容易。

也许有人会认为我的所有分析违背了经济学的需求法则（Law of Demand）： 250
降低一种物品或者服务的价格——在这里是自杀——就必定会增加而不是降低对这种物品或服务的需求。这不是界定这个问题的正确方法。我们有两种而不是一种物品：没有帮助的自杀和医生协助自杀。它们是互代品，因此降低后者的价格（使它合法化）会减少对前者的需求。经济学没有说对前者的需求的降低必定会被对后者的需求增加完全抵消。一种可以保证用 10 次都锋利的刮胡刀是只能保证锋利使用 1 次刮胡刀的替代品。但是如果前者占领了市场，那么刮胡刀的生产和销售总量就会降低，哪怕使用更长时间的刮胡刀不比其他种类的刮胡刀更昂贵。

尽管我强调医生在降低自杀成本方面的作用，但在减少收益方面医生也起着重要的作用，特别是在使用有效的止痛药方面，这种药物可以通过减少 $U_d$ 来降低自杀的可能性。当医生开出有潜在致命剂量的止痛药时，他的这两种角色合并为一。在这种情况下 $U_d$ 可以因病人的疼痛得到遏制或者病人死亡而消失。

最后请注意，如果我的分析是正确的，在一种以付款换取服务的医疗保

---

〔32〕　参见，Carmelita R. Tobias, Raymond Pary, and Steven Lippmann, "Preventing Suicide in Older People," 45 *American Family Physician* 1707（1992）; Yeates Conwell and Eric D. Caine, "Rational Suicide and the Right to Die: Reality and Myth," 325 *New England Journal of Medicine* 1100, 1101–1102（1991）.

〔33〕　参见本章注〔25〕以及其中的正文。

健制度下（美国主要的医疗保健制度），医生应会支持使医生协助自杀合法化的法律变化。这种变化会直接或间接增加对医生服务的需求。如果这类法律会减少病人和老年人的自杀率、推迟这类人的自杀，那么这种变化的间接作用就在于延长了那些有重病、需要长期昂贵医疗监护的人的生命。

**证据**　关于在丧失身体能力情况下允许医生协助自杀会增加还是降低自杀率的问题，可以进行经验研究。表 10.1 是依据州的人均收入、州人口中黑人的比例（黑人比白人的自杀率要更低），以及一个虚变量（若某州认为医生协助自杀是刑事犯罪，该变量为 1，反之则为 0）。[34]

表 10.1　自杀率与协助自杀法律以及其他变量的回归分析（括号内为 t 检验）

| 人均收入 | 黑人比例 | 协助自杀的法律 | $R^2$ |
|---|---|---|---|
| −0.0005<br>（−3.388） | −0.1287<br>（−2.999） | −0.7601<br>（−0.951） | 0.31 |

251　　　　收入变量和黑人比例变量的系数是负值，并且具有统计意义上的高度显著性。这两个变量能够很好解释不同州自杀率的差异。法律变量的系数也是负值，这说明禁止医生协助自杀的州确比允许协助自杀的州的自杀率要低。但是这个系数的统计意义不显著，也许这仅仅是因为大多数自杀的人不是那些有不治之症或有其他严重疾病的人，所以并不属于我试图证实的假说的范围。尽管这些结果不能说明拒绝允许协助自杀的法律是减少州自杀率的有效方法，但它们至少向便利自杀会导致更多自杀的假说提出了一些疑问，这也是我的疑问，尽管在直觉上这个假设似乎是对的。

　　　　但是我强调的是"一些"疑问。如果反协助自杀法很少对医生强制施行，这就说明这种法律可能很少有威慑作用。（另外一种假说是，因为人们完全遵

---

〔34〕　有半数以上的州有这种法律。自杀率和人均收入的数据来自 1993 年的 *Statistical Abstract of the United States*. 关于种族的数据来自 Kathleen O'Leary-Morgan et al. , *1991 State Rankings: A Statistical View of the 50 United States* (1991). 关于协助自杀法律的数据来自 Julia Pugliese, "Don't Ask-Don't Tell: The Secret Practice of Physician Assisted Suicide," 44 *Hastings Law Journal* 1291, 1295 n. 20 (1993).

从所以不用强制施行，这个假说很不可信。有相当多的、总计在一起很有说服力的轶事或抽样调查的证据说明，在美国医生协助自杀并不少见。[35]）或者说，尽管有这种法律的州通常都施行此类法律，但是，如果没有这种法律的州亦惩罚医生协助自杀，[36] 将这种行为定为普通杀人罪，那么有没有这样一个特殊法律不会带来太大的差异，除非陪审团希望给医生定协助自杀罪，而不是杀人罪。

实际上似乎哪种法律都没有经常用来反对那些帮助自己病人自杀的医生。我发现自 1950 年以来只发表了 3 个有关这种行为的司法意见，都是关于杰克·克沃吉安（Jack Kevorkian）医生的，[37] 从他决定公开在大庭广众下这般行为来看，这确是一个特殊的例子。我发现除了克沃吉安以外，在美国，只有 4 例医生因协助病人自杀而被刑事指控的案件。[38] 不容怀疑的是会有更多的例子，但总数不会太多。将医生协助自杀定为犯罪的法律实际上不太可能增加自杀率，尽管它有助于解释为什么这种法律缺乏显著的统计意义。但是，一项不实际实施的禁止规定的存在，不论这种禁止规定是一部关于协助自杀的特别制定法还是关于杀人罪的一般法律，都可能增加自杀率，因为这阻碍了规制，阻碍了通过规制来限制这种实践的法律和道德规范的发展。

关于医生协助自杀的法律对自杀率影响的其他证据见图 10.1。这个图表显示了荷兰和其他北欧国家男性老人（75 岁及以上）相对于其整个男性人口的自杀率的趋势。安乐死在 20 世纪 70 年代早期流行以前，荷兰的自杀率非

---

〔35〕　出处同上，第 1305~1306 页。

〔36〕　参见，David R. Schanker, "Of Suicide Machines, Euthanasia Legislation, and the Health Care Crisis," 68 *Indiana Law Journal* 977, 985–992 (1993).

〔37〕　People v. Kevorkian, 527 N. W. 2d 714 (Mich. 1994); People v. Kevorkian, 517 N. W. 2d 293 (Mich. Ct. App. 1994); Hobbins v. Attorney General, 518 N. W. 2d 487 (Mich. Ct. App. 1994).

〔38〕　参见，H. Tristam Englehardt, Jr. and Michelle Malloy, "Suicide and Assisting Suicide: A Critique of Legal Sanctions," 36 *Southwestern Law Journal* 1003, 1029 (1982); Michael Winerip, "Prosecutor Ponders Mercy-Killing Doctor," *New York Times* (national ed.), Nov. 25, 1986, p. B4; Lawrence K. Altman, "Jury Declines to Indict a Doctor Who Said He Aided in a Suicide," *New York Times* (national ed.), July 27, 1991, p. 1. 4 个案例中只有 1 个被定罪；被告承认自己有杀人罪。协助自杀很少被定罪，哪怕协助的人不是医生。Catherine D. Shaffer, Note, "Criminal Liability for Assisting Suicide," 86 *Columbia Law Review* 348, 369–371 (1986).

常高，但在那之后，无论是自杀的绝对数还是同样本中其他国家相比的相对数量，都在下降。[39]

荷兰的统计没有将安乐死（包括医生协助的自杀）包括在自杀之内。一篇文章指出，有不治之症的老年病人会"要求安乐死或者让医生协助自杀"，一旦他们的请求被批准，他们就被算成是自杀。[40] 但这太不可能了（实际上253 也是不正确的），原因是估计的安乐死的年死亡数（2 700 例，其中 400 例是有医生帮助的）超过了荷兰报称的自杀总数（少于 2 000 例）。[41] 为了统计汇总目的，荷兰只将部分故意结束生命的例子作为"自杀"对待。由于缺少有关安乐死的时间序列资料，从图 10.1 中无法得出自安乐死在荷兰普及以后，最广义上的老年人自杀人数在下降的结论。与我的分析一致的是，在荷兰安乐死可能代替了常规的自杀。

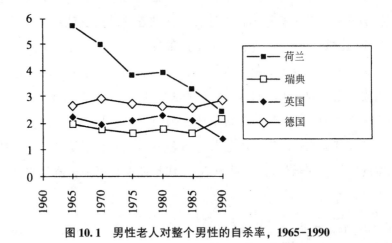

**图 10.1 男性老人对整个男性的自杀率，1965-1990**

[39] 图 10.1 的数据来自 World Health Organization，*World Health Statistics Annual*，various years. 女性的同类自杀率有类似的趋势，只是荷兰最近的女性自杀率有一点上升。

[40] A. J. F. M. Kerkhof et al.，"The Prevention of Suicide among Older People in the Netherlands：Interventions in Community Mental Health Care，" 12 *Crisis* 59，63（1991）.

[41] 参见出处同上，第 59 页。Kimsma and van Leeuwen，本章注〔1〕，第 27～28 页；Netherlands Central Bureau of Statistics，*Statistical Yearbook* 1993 *of the Netherlands* 418（1993）（tab. 43）. 电话询问荷兰统计局的结果是，荷兰自杀统计数据不包括安乐死。

有人认为允许安乐死会损害生命的神圣，促使各个年龄段的人自杀（以及谋杀）。如果真是这样，我们应该看到荷兰的自杀率自 20 世纪 70 年代以来不断上升。在 1974 年~1988 年间自杀率确实上升了 25%，但在其他欧洲国家里，这个比例平均上升了 36.25%；荷兰的增加幅度是 12 个国家里倒数第四的。[42]

## 自愿安乐死但推迟执行

现在我来讨论这样的情况：在决定自杀和这一决定的实施之间有一个不 254 容忽视的时间间隔。这可以有两种情况：第一，对于老年状况很熟悉的 A 决定他不希望进入身体衰老阶段，但他又担心当他到达那种状态下又改变主意，所以他现在希望在 75 岁时结束自己的生命，这是一个他认为太老的年龄。第二，B 对老年无所谓，但担心衰老，他认为衰老的人就是活死人。他知道如果自己已经衰老，自愿结束生命就已太晚了，所以像 A 一样，他希望当他衰老时就自杀，无论衰老发生在什么年龄。不能说 B 担心衰老是神经过敏或非理性。老年痴呆折磨着相当一部分老年人（这在第 1 章中也提到），导致令人痛心的认知功能退化。特别是那些八九十岁的人，他们变成严重痴呆的风险很大，足以成为许多上年纪人的可以理解的恐惧来源。

**身体衰老的例子**　允许 A 如愿的经济理由是，我们应该允许人们为他们的将来作出不可逆转的约定——为了自己不当医生，所以去了法学院而不是医学院，或者为了折寿而选择一种不安全或不健康的生活方式。自杀就是这样一种选择。但是在实际实施多年前作出自杀决定时，情况就相反了。在第 4 章中我们讨论过，在时间 $t$ 的自我和时间 $t + k$ 上的自我实际上是两个人（$A_t$

---

[42]　这是从下列文献中计算出来的。Colin Pritchard, "Is There a Link between Suicide in Young Men and Employment? A Comparison of the UK with Other European Community Countries," 160 *British Journal of Psychiatry* 750, 753 (1992) (tab. 3). 我使用的数据的原始表格中苏格兰和北爱尔兰与英国和威尔士是分开来的。我包括了苏格兰的数据，但没有使用北爱尔兰的数据——这是一个特别的例子，其自杀率增加了 206%。

和 $A_{t+k}$），至少当 $k$ 是一个不容忽视的数字时是如此。人是什么？根据假设，$A_t$ 和 $A_{t+k}$ 对生与死的基本问题会有不同的见解。年轻的自我当然对年老的自我有一定的控制权，年老的自我对年轻的自我却没有任何控制权，这仅仅是因为时间不可倒流而只能向前。实际上不可能让 $A_t$ 当 $A_{t+k}$ 的受托人。[43] 但这并不意味着法律应该肯定地支持年轻的自我为年老的自我做出的毁灭性设计，即执行在 $A_t$ 和第三者之间签订的在时间 $t+k$ 杀死 $A$ 的契约。凭什么说年轻的自我比年老的自我更是真实的自我？在多重自我的分析中，确定真实自我的问题是一个基本问题。[44] 也许博弈论者可以帮助我们，他们可以将之作为一个人的现在自我和将来自我之间的讨价还价的结果。这也许会有帮助，但在现阶段仍没有一种令人满意的方法来裁决各个前后接续的自我之间的冲突。因此我认为普拉多（Prado）的这种观点是奇怪的：他认为这是支持自杀"优先"的一个理由，根据是我们年老时，就不再"是我们本身了"，会"适应哪怕是几个目前我们会认为是无可忍受的一切"。[45]

这种分析可能会支持一种更为强硬的说法——只要可能就应该永远禁止自杀，因为当 $A_t$ 杀死自己时也就杀死了活下去也许会得到正效用的 $A_{t+k}$。然而，人们可以很容易地想像这样一种情况：$A_t$ 杀死 $A$ 的行为是公正无私的，因为，尽管他知道自己的未来自我会从活下去中得到正效用（也就是 $UA_{t+k} > 0$），但现在和将来的效用之和是负值（$-UA_t + UA_{t+k} < 0$）；对于 $A_t$ 来说生存下去的负效用（也许他太担心最终不得不进养老院，[46] 这对他来说简直和集中营一样）大于 $UA_{t+k}$ 生存下去的效用。在这种情况下，自杀会是一种效用最大

---

〔43〕 有一点例外，这将在下面讨论。相似的例子是，当处罚一位怀孕的妇女时，由于她没有照顾好自己，进而伤害到了胎儿。

〔44〕 例如参见，Thomas C. Schelling, *Choice and Consequence: Perspectives of an Errant Economist*, 67–68, 98, 152–156 (1984).

〔45〕 Prado, 本章注〔12〕，第 119 页；也参见上注，第 124~125 页。

〔46〕 与流行的观念不同，大多数住养老院的老年人的居住时间都相对短，他们或者死去或转入非机构的社区，"所有住进养老院的妇女中有近 25% 的人会在那里住 3 年。" Andrew Dick, Alan M. Garber, and Thomas A. MaCurdy, "Forecasting Nursing Home Utilization of Elderly Americans," in *Studies in the Economics of Aging* 365, 392 (David, A. Wise, ed., 1994).

化的方法，哪怕现在自我认为未来自我的效用和现在一样也是如此。

所以多重自我的分析结果不一定是谴责所有的自杀——至少如果我们是功利主义者的话，这对很多人来说是一个大大的"如果"。然而就算我们是功利主义者，愿意用一个"人"的生命换取另外一个人的生命，这种暗示允许政府在一定范围可干涉个人选择的分析会让任何相信自由的人感到不安。例如，如果我们的未来自我就像胎儿（另外一个潜在的人）一样拥有道德上的权利——哪怕比我们现在自我的权利要小，那么，禁止怀孕妇女抽烟的观点就会演变成禁止除临终者之外的任何人抽烟。

我们不能径直地斥责这种认为应禁止自杀约定的观点为家长式的观点，即使那些拒绝所有干涉成人选择的家长式依据的人，也不能这样做。[47]　如果一个人的未来自我是与现在自我不同的人，那么这个人就不是在为自己选择。尽管如此，反对这种观点的现实理由，与反对政府干涉个人自由的现实理由类似。特别是，如果年轻的自我不是年老自我的最佳代表，那么州又怎么可能是更好的代表呢，更确切地说州如何平衡两个自我之间的对抗性争议？同样，尽管父母不是其子女的最佳代理人，我们假定，除了一些极端情况之外，例如不好好照管或者虐待子女，那么父母一般是比州更好的代理人。我们发现人们为自己的老年和其他可能出现的自我做准备——例如他们上残障保险，而不是简单地杀掉可能因事故而残障的自我。他们并不是完全忽视他们的未来自我。问题是，他们忽视未来自我的程度是否到了政府进行干预并付出此种干预所需的所有成本的地步。

**衰老的例子**　看一下 $B$ 的情况，只有当年老自我有严重痴呆时，年轻的自我才会希望杀死这个年老的自我。与 $A$ 情况不同的是 $B_{t+k}$ 是否是一个人还是一个问题。如果他不算一个人，那么他是否是另外一个人，是否有权获得免于 $B_t$ 之损害的某种保护，这个问题就不存在了。因为在身份和真正的人

---

〔47〕　有关家长主义的观点和基于多重自我的观点之间的差异参见下一章有关社会保障强制特点的讨论。

（personhood）之间是有区别的。[48] $B_{t+k}$ 有着和 $B_t$ 一样的名字和其他身份的标记，但如果真正的人需要某种程度的心理活动，[49] 而不仅仅是大脑还活动，那么 $B_{t+k}$ 就可能不是一个人，因此也就不能享受任何保护。

257 我对这个观点感到不安。[50] 丹·波罗克（Dan Brock）不这么想，他认为他关于"真正的人的观点意味着杀婴不一定错误，新生儿以及婴儿缺少任何不被杀的重要的道德权利"。[51] 波罗克的理论思考使他自己已经偏离了美国的道德重心。杀婴的不道德性已不再容讨论，以下的情况也同样不可思议：仅因为一个人曾订下一个自杀契约、且被认为无权撤销该契约，就强制执行该契约，将之拉向死亡，或者，以没有履约保证金或其他某种经济制裁的方式来强制执行自杀契约。我们碰巧有一个不可动摇的道德直觉，认为杀婴和执行自杀契约是不对的。这些直觉先于并充斥着对真正的人的哲学分析，而不是后于、受这种哲学分析的影响的。若允许一个人事先约定——若他某天衰老，那么他就要死亡——的正确性取决于杀婴的正确性，或取决于一个猴子或一台电脑是否比一个严重痴呆或智力发育严重迟滞的人更称其为一个人，那么我们在处理衰老问题上就不会有任何进展，因为在这种情况下，我们完全违背了这样的不可动摇的直觉：人比动物或机器优越。[52] 我并不是要说我们所有不可动摇的道德直觉都是普适的，[53] 或者说这些直觉在我们的社会里

---

[48] 例如参见，Dan W. Brock, *Life and Death: Philosophical Essays in Biomedical Ethics*, ch. 12 (1993).

[49] 作为标志的有"自传的记忆"，其中最基本的是要知道他是谁，他过去是谁。参见，D. B. Bromley, *Behavioural Gerontology: Central Issues in the Psychology of Ageing* 231 (1990). 读者可以回忆一下第 5 章中提到的，这就是为什么老年人可能渴望延长生命、哪怕仅仅是很短时间的部分原因。

[50] Dworkin, 本章注〔7〕，第 232 页。其中表达了对痴呆个人尽管处于这样的状态但仍快乐的矛盾心理。进一步的问题是（我不讨论）利用监护人的职责和非自愿的民事约定程序将那些实际上仍有能力的老年人限定在机构里或剥夺他们的自主权，原因仅仅是这些老年人的亲属不方便。参见 George J. Alexander, "Age and the Law," in *Perspectives on Aging: Exploding the Myths*, 45, 54–66 (Priscilla W. Johnston, ed., 1981).

[51] Brock, 本章注〔48〕，第 385 页，注〔14〕。

[52] 有关在道德判断中直觉优先于分析的讨论可参见我的书，*The Problems of Jurisprudence*, 76–77, 339–340 (1990).

[53] 在一些社会里（例如前现代的日本）男性老人受到尊敬，人们容忍杀婴，引自第 9 章。

是永存的。其中很多实际上是地域性的和易变的。但它们不是可以因某些理由而变化的，部分原因是这些直觉不是建立在理性之上的。由于我们的遗传程序，由于我们社会的物质条件（这在前面一章讨论过），我们对婴儿的生命会比衰老的生命考虑得更多。在将这些问题拆分开来这一点上，这是一种足够好的理由，即使并不一定是一种"理性"的理由。

所有这些关于不可动摇的道德直觉的观点看起来可能与我在这一章开始时谈到的信奉约翰·斯图加特·密尔的有限政府的观点不一致。但是如果看到下面这一点，我们就会觉得是一致的：多重自我的概念使我们认识到，现在占有这个身体的自我杀死未来占有这个身体的自我的决定，用密尔的观点说，是"涉他的"决定，亦即这种行为将一个成本强加给了一个并未同意承担此成本的人。如果一个人身体完全失去能力，这个问题还不是很严重，而我就是从这一点开始讨论的。大家回想一下荷兰安乐死中的绝大多数都是只有不到一个月的生命的情况。他们并不是为一个十分遥远的未来自我作决定，这些自我之间的价值观念和偏好不会有太大不同，从而不足以将他们认定为不同的个人。

从非哲学实践的角度看，杀婴和老年人安乐死在有限的程度上是分开的。尽管帮助自杀的契约难以强制执行，但人们可通过生前遗嘱的方式以及（特别是）长期的医疗代理权来促使这样一种局面的出现：他们将陷入严重痴呆状态，无法存活很久。[54] 但是要注意"有限的"这个词——因为到1989年时只有不到1/4的老年人生前留有遗嘱，而且更少老年人赋予相关人员以长期的医疗代理权。[55]（不可否认的是这个比例正在上升，但是我没有最新的数字。同时我也不知道最需要有生前遗嘱的人中，例如要死的人，有多少有

〔54〕 有关生前遗嘱和长期保健代理权问题的背景资料参见，Barry R. Furrow et al., *Bioethics: Health Care Law and Ethics* 263-279（1991）；Peter J. Strauss, Robert Wolf, and Dana Shilling, *Aging and the Law*, ch. 22（1990）, and Supplement thereto, ch. 10（1991）. 有关反映对这个问题的最新观点的典范法规参见，National Conference of Commissioners on Uniform State Law, "Uniform Health-Care Decisions Act"（1993）.

〔55〕 Wayne Moore, "Improving the Delivery of Legal Services for the Elderly: A Comprehensive Approach," 41 *Emory Law Journal* 805, 812-813（1992）.

这种遗嘱，也许这个比例很大。）更为基本的问题是，留有生前遗嘱的目的是
"除非有干预死亡的措施，死亡在即"（这里引用的是伊利诺斯州通过的形
式）这样的情况，这种情况通常出现在痴呆发展非常后期时。医疗代理权的
适用范围更广一些，拥有这种权利的人（这里再次引用伊利诺斯州的）"能够
作出各种保持或停止任何医疗保健措施的决定，包括停止供应食物和水在
内"。但是和生前遗嘱一样，只要授权者仍有能力，就可以取消此种代理权，
但也许很难决定在痴呆发展过程中什么时候到了这一点。只要痴呆病人没有
进入植物人状态，权利持有人是不愿意授权作出通过饥饿和脱水的办法让病
人死去的决定的，尽管这样似乎可以让这些病人相对无痛苦地死去。[56]

一些州现在有"代理人决定权法规"，当病人处于昏迷或无法作出决定，
又没有生前遗嘱或授予相关人以医疗代理权时，病人的代理人（通常是一个
很近的亲属）有权作出医疗决定，包括停止治疗的决定。[57] 生前遗嘱、医疗
代理权以及代理人法规共同减少了在相当长的限度内延长昏迷病人生命之做
法的问题。我不对此进一步讨论。利用这些方法结束一个严重痴呆者的生命
带来的疑问是，这样的人并非昏迷不醒，通常也没有表现出有难以忍受的
痛苦。

我们应当注意，通过推动除安乐死之外的临终医学决定——这是我们在
本章开始时提到的医生协助自杀的替代方法——生前遗嘱、长期医疗代理权
以及代理人的决定权都可以认为是医生协助自杀合法化的替代品，或者是使
其合法化的歇脚点。比如说当依照一个病人的生前遗嘱，医生帮助他自愿脱
水死亡，给他涂一些油来缓解因为缺水造成的嘴唇干裂，很难区分医生所做
的这些与协助自杀有什么区别。荷兰的经验说明，除了医生协助自杀本身，
临终医学决定并不是医生协助自杀的完美替代。否则的话，就没有什么理由
允许医生协助自杀了。

---

〔56〕 参见，McCann, Hall, and Groth-Juncker, 本章注〔9〕。

〔57〕 Strauss, Wolf, and Shilling, 本章注〔54〕，第 607~614 页；Supplement, 本章注〔54〕，第
234~238 页。一般的论述参见，James Lindgren, "Death by Default," *Law and Contemporary Problems*,
Summer 1993, p. 185.

　　尽管对一个本人改变了自杀主意的人实施自杀契约显然与我们社会的道德感情不一致，也不是密尔式的自由主义要求的，但是我感到有义务指出，不执行这种契约会增加自杀率，降低自杀的平均年龄。人们在老年痴呆早期通常既知道自己患了这种疾病，也知道这种病会恶化。在痴呆发展到他们（事先）认为最好死去的时候之前，这些人可能有几年非常好的日子。如果他们不能够"计划"在那个交叉点上去死，害怕在那个时刻到来之际他们会失去自杀的意志或方法，他们就有可能决定更早自杀，[58] 他们仅仅为了防止预期效用的丧失而会失去几年有价值的生命。若他们可以与人作出一个可执行 260 的约定，规定当一个负责任的判断认定他们的生命质量已经低于他们愿意（若他们能够作出一个理性判断的话）继续活下去的水平时，那么就让自己被无痛苦地杀死，则这些失去的年份就可以保留下来。

　　可以为本章的主要结论做这样的总结。对于那些在短期内或预计在短期内将变得没有能力自杀的患有晚期疾病、疼痛缠身或身体严重受损的人而言，密尔的政府的正当限度理论表明（尽管无法证明）应当承认这种人有获得医生协助自杀的权利（需要有适当的保护措施，并制定实施细节，[59]——这里我没有讨论），应该废除禁止这种行为的法律。有人担心在这种制度下医生会逼迫他们的病人过早或不情愿地去死，这种担心似乎过于夸张了。如果在我所描述的情况下允许医生协助自杀，自杀率实际上可能会下降。然而我不相信引入多重自我的概念后（应该引入）密尔式的理由会支持更广泛的医生协助自杀的权利，例如签订一个规定当一个人衰老时就强制实施死亡契约的权利。

　　我希望以医生协助自杀实施中的一个细节来结束本章。这就是此种改革

　　〔58〕 对于一个实际例子的讨论参见，Christine K. Cassel land Diane E. Meier, "Morals and Moralism in the Debate over Euthanasia and Assisted Suicide," 323 *New England Journal of Medicine* 750（1990）.

　　〔59〕 包括这样一些细微但重要的细节：如果医生协助自杀合法，那么，这种自杀是否和寿命保险单中规定的自杀一样？寿命保险单包括一种对自我致死的例外规定（然而，这种例外规定通常仅限于保险单生效的头两年）。引自 Robert J. Kovacs, "Insurance Issues in Physician-Assisted Suicide," *New Jersey Lawyer*, Sept. 26, 1994, p. 15, 一些有关生前遗嘱的法规认为，为了满足死者生前遗嘱愿望的死亡不算是自杀。Legal Counsel for the Elderly, *Decision-Making, Incapacity, and the Elderly* 24（1987）.

应该在政治层面上实施。我相信这种改革应该在州而不是联邦这一级别展开。今天的美国比以往任何时候都更是一个道德多样化的国家，一些道德的界限与州的界限基本吻合。在中西部或者远西部各州主要居住着北欧出身的人，他们的道德观念可能与我国南部州的道德观念不同，至少在很多带有十足的宗教和感情色彩的问题上是如此，包括生与死的问题。[60] 我想不出一个让人可以相信的理由来说明，无论是通过国会行为还是对宪法条款的可适用于州的司法解释，为什么要把国家多数人（或者特别是其思想通常被联邦法庭接受的那些政治精英或知识精英）的类似医生协助自杀问题的观点强加给全国。我在本章开始时说过，俄勒冈州最近成为第一个允许医生协助自杀的州，同样的一个法案在康涅狄格州立法机关里悬而未决，[61] 可以期待其他州也会有一些立法活动，在另外一些州里这个目标在现在和将来很长一段时间里会无望实现。这种趋势，这种激动与多样性是正常的。每个州应该有自己的决定权，应该避免过早的全国化［罗伊诉韦德案（*Roe v. Wade*）就有这种缺点，该案打断并阻碍了州堕胎法律的自由化潮流］。

---

〔60〕 注意 Dworkin 在他的书中对流产和安乐死的分类，*Life's Dominion*，本章注〔7〕。

〔61〕 1994 Conn. Sen. Bill No. 361.

# 第十一章
## 社会保障与健康

　　有关是否应该允许一般人，特别是体弱多病的老年人结束自己生命的问题而引发的伦理和经济学论争对于解决其他与老年人相关的政策问题很有帮助，这也是本章希望阐述的问题。这些政策最为重要的部分，也是我在文中会侧重的，是退休金的社会保障制度以及老年人医疗保健（包括医学研究和治疗的费用）的公共供应问题。

### 社会保障的强制性特点

　　我从一个因多重自我概念而与上一章讨论的主题有趣地联系在一起的一个问题开始。多重自我概念阐明了社会保障退休制度的特点——也就是实际上它是强制性的——只是看起来与安乐死相距甚远。如果你为一个受社会保障覆盖的雇主工作（现在几乎所有的雇主，包括个体职业者，都在这个制度之下），你就必须为社会保障制度做贡献；你不可能与你的老板做一个私下的交易——你拿更高的工资，条件是双方都不交社会保障费，你到退休年龄后也没有资格领取社会保障金。当今社会保障制度强制性特点的主要现实意义是要保证在社会保障备用金中有钱支付给其他有权享受这个制度的人。但这一制度原本的基本原理是促使人们为自己老来做储蓄，就连那些批评社会保障制度，希望另有一整套私立系统的人也认为（当然是其中的大多数人），应该强制人们加入一种私立养老金系统，为自己老来做准备。社会保障中的联邦医疗保险也有同样的问题：大多数批评联邦医疗保险的人都支持有一种替代的系统，在这个系统下人们必须为自己老来购买私人医疗保险。

支持社会保障制度强制性特点的理由通常有两点。第一是家长式管理：人们的目光短浅，他们没有能力为遥远的未来做出安排。如果人们通常低估自己的预期寿命、从而没有为老年的消费（包括医疗服务的消费）留出相应数量的钱财，那么这个理由可以成立。但事实却是相反的。[1] 第二个原因是实用政治：实际上社会不会让人们饿死，或因为付不起基本的医疗费用而病死，这样不储蓄的人就成了免费搭车者。[2] 有些事实支持这种观点，一些没有交过社会保障费的人却也有权享受适度的政府补贴，在政府医疗保险或者联邦医疗保险制度形成之前，贫穷的老年人就靠慈善事业接受医疗服务。

多重自我的概念提供了另外一种不同的思考角度。处于工作年龄的 $A$，特别是在年轻的工作年龄时，与退休年龄的 $A$ 是不一样的人。不应允许 $A_w$ 因为拒绝出资支持没有能力支持自己的 $A_r$ 而使 $A_r$ 处于赤贫状态。从这个角度看 $A_w$ 是 $A_r$ 的受托人，$A$ 是 $A_w$ 和 $A_r$ 先后寄居的躯体。强制性养老金系统，就像禁止可强制执行的协助自杀的契约一样，加给年轻的自我一个有限的受托责任。律师会用类似的理由要求终生占用者对剩余财产继承人负起一个责任——不浪费能继承的财产，例如在树木成材之前不可砍折，等等。这种类推的方法帮助我们认识到，在强制性社会保障方面，多重自我论点（与家长式管理的论点不同）的基础并不是人们自己无知，也不是政府最明白。

不幸的是，如我们已经看到，没有一个好的方法来决定不同自我的偏好应相对获得多少分量（构成对老年人之要求最明显限制的情况是：年轻自我之所以希望牺牲这些要求，是为了其他自我的利益，因此年轻自我这样做就不是出于自私）。回想一下进化生物学指出的有机体在长寿和生育适应性之间

---

〔1〕 参见，Daniel S. Hamermesh, "Expectations, Life Expectancy, and Economic Behavior," 100 *Quarterly Journal of Economics* 389 (1985).

〔2〕 例如参见，Laurence J. Kotlikoff, Avia Spivak, and Lawrence H. Summers, "The Adequacy of Savings," 72 *American Economic Review* 1056 (1982).

的交换问题，我们就能理解当年轻自我决定将资源从老年自我转向子女的生育时老年自我就不该有牢骚，这不是年轻自我的自私的花费。但是除此之外，也许我们只能让政治程序来决定前后自我的对抗性要求，这将在本章最后一节讨论。与一般担心相反的是，这种政治程序不太会将年轻自我的利益完全置于老年自我的利益之下。

## 医疗资源向老年人的分配
## 以及老年男女之间的医疗资源分配

与老年人安乐死问题更为紧密相连的一个问题是，社会是否有任何责任为严重痴呆的人提供（单纯为缓解疼痛的照顾之外的）医疗服务。这个问题可以放在一个范围更大的问题里：该为有医疗需求的老年人提供多少、什么形式的资源——直率地说这些人很快就会死去——还可以放在一个范围还要大一些的问题中，也就是在相互竞争的需求者之间如何分配稀缺的医学资源。这个问题在生物医学伦理学文献中被称为"优先分配"（triage）问题，[3] 它得到了广泛的分析但无最终结论。我相信，经济学可以减少这种分析，无论是在一般情况下还是在老年人医疗这一特殊问题上的不确定性。

**私人花费**　我们应该区分允许一个人或他的家庭利用自己或家庭的资源支付医疗费用（一种消极自由）与强迫纳税人支付医疗费用（一种积极自由）的不同。消极自由甚至也不是完全没有问题。老年人的私人医疗花费，也就是超出联邦医疗保险（这个制度不全部支付加入这个系统的病人的花费）和其他公共项目支付的部分，足以影响到其他人的医疗费用。65 岁及以上的

265

---

〔3〕　例如参见，Robert T. Francoeur, *Biomedical Ethics：A Guide to Decision Making*, ch. 5（1983）；Robert W. Derlet and Denyse A. Nishio, "Refusing Care to Patients Who Present to an Emergency Department," 19 *Annals of Emergency Medicine* 262（1990）；有关最全面的讨论参见，John F. Kilner, *Who Lives? Who Dies? Ethical Criteria in Patient Selection*（1990）, and Gerald R. Winslow, *Triage and Justice*（1982）。"优先分配"这一词（法语，意思是分类）以前的含义非常窄，指的是为了最优先地紧急治疗战场上负伤的人所采用的方法。它将受伤者分成不需马上治疗可以活下去的一类，接受紧急治疗但仍可能会死的一类，也许只有马上接受治疗才有可能活下去的一类。治疗时只考虑第三类病人，而不是基于先来后到的顺序。

老年人虽然只占美国人口的 13%，但他们的医疗费用却占所有医疗费用的约
1/3（第 2 章中提到过）。老年人账单的 2/3 是由政府通过联邦医疗保险或者
其他公共计划担负的，[4] 这意味着国家健康总支出中的 11% 以上是由老年人
个人支出的。如果服务是在平均成本逐步增加的条件下提供的，那么需求的
增加就会提高市场价格，这个市场里的每个人就要比以前花费更多。特别是
从长远看，我不太知道当供给更为灵活时，医疗方面是否也会如此。如果是，
那么老年人对医疗方面的大量个人需求可能会抬高其他医疗服务使用者支付
的价格。然而，对其他消费者的这种影响是一种纯粹的金钱的外部效应，它
完全会因医疗服务销售者的收入增加而被抵消。收入在个人与个人、群体与
群体之间的分配可能会受到影响，但是社会的总财富没有变化。这是否可以
促进经济上的平等，谁也说不清楚。并不是所有医疗服务提供者都富有，实
际上大多数医务工作人员的工资很低。

**公共花费** 如果老年人在年轻时购买可确保支付他们年老时的医疗费用
的医疗保险，而不是现收现付的话，那么有关的分析就会是一样的。（这个问
题说起来容易做起来难，因为难以提前几十年可靠地预测出未来的医疗费用。
但这是另外一个问题，当然我还会讨论的）如果老年人的医疗费用主要是靠
联邦纳税人通过联邦医疗保险补贴的（当然是这样的），人们甚至可能会认为
有关的分析是不变的。[5] 在一定程度上投入医疗服务的基本资金十分不足，
因此医疗服务部门的扩展只会带来更高的价格，这些都是正确的。但是，如
果老年人决定在医疗方面自己花费更多的钱财，在平均医疗成本从长远看会
增加这一相同的假设下，正如我们已看到的，也会发生同样的事情。两者之
间的差异是，医疗的公共补助会减少经济中物质和服务产出的总价值，因为
这种补贴会诱使老年人以医疗服务来替代其他一些若他们是以市场价格来支
付医疗服务的话就会更加看重的东西。如果联邦医疗保险的年总支出只是给

266

---

〔4〕 U. S. Senate Special Committee on Aging et al. , *Aging America*: *Trends and Projections* 133（1991 ed.）.

〔5〕 1991 年共计 1 020 亿美元，如果包括了联邦对老年人的其他医疗补助，这个数字则为 1 260 亿美元，这是联邦医疗保险用来支付贫困老年人医疗费用的主要部分。出处同上，第 239 页（表 8-1）。

那些够条件的人发放现金,[6] 那么老年人就不太可能把他们全部的新资金投入到医疗上。一个现在每年得到 2 万元社会保障退休金的老年人,若每年再得可自由支配的 1 万元钱,十有八九他不会将之全用来买医疗保险,哪怕他知道如果自己得病,保险不够用时他也不能指望公共或者慈善机构的帮助,他也不会。老年人有时会选择,或者在他们的医生和医院的鼓动下选择边际性的医疗程序,因为个人成本(他们自己支付)比社会成本(由社会来支付)要低很多。所以从经济效能的角度看,联邦医疗保险使资源分配不当。

这种不当是否很严重? 我不肯定。虽然从经济意义上来说,联邦医疗保险过于慷慨,它提供给老年人的医疗保健服务,超出了老年人在对相互竞争的医疗物品和服务有未被扭曲的选择权的情况下愿意付款购买的医疗保健服务的数量。[7] 同时联邦医疗保险也不是那么的慷慨(尽管罗纳德·德沃金有相反观点[8]),这是因为如果年轻人签订一个终生健康保险,那么老年人就会得到更多的医疗保健。毫无疑问,德沃金在这一点上是正确的,大多数年轻人不会去买一个需要交付很多保险费的保险计划,仅仅为了支付生命最后几周、几个月用于医学干预的很多但大多无效的预期花费。但是他的论点还是有些脆弱,对其论点明显的异议会是,实施终生健康保险计划需要有比政府能够得到的更多的信息,而且没有人知道该如何为终生医疗保险定价,同时更为微妙的异议是,允许年轻人为老年人作出生死决定就是让一个人(年轻的自我)过度控制与另外一个人(同一个人的年老自我)共享一种 267

---

〔6〕 这暗示社会保障退休金数额要增加近 50%。出处同上,第 239 页(表 8-1)。

〔7〕 一般的论述参见, Jerry L. Mashaw and Theodore R. Marmor, "Conceptualizaing, Estimating, and Reforming Fraud, Waste, and Abuse in Healthcare Spending," 11 *Yale Journal on Regulation* 455 (1994).

〔8〕 Dworkin, "Will Clinton's Plan Be Fair?" *New York Review of Books*, Jan. 13, 1994, p. 20. 有关类似的讨论参见, Dan W. Brock, *Life and Death*; *Philosophical Essays in Biomedical Ethics* 358-360 (1993) ("谨慎分配"观点)。抽样调查的证据支持 Dworkin 关于从某种意义上说人们不"想"有昂贵的结束生命的方法的说法; 有关的回顾文献参见, James Lindgren, "Death by Default," *Law and Contemporary Problems*, Summer 1993, p. 185.

资源（躯体）的权利。[9]

这是在衰老的哲学分析中常被忽略的一个问题——这让人很吃惊，因为"解构"自我正是哲学家们喜欢做的一种事情。讨论代际间平等的诺曼·丹尼尔斯（Norman Daniels）说，由于年轻自我和年老自我仅仅是一个生命的不同阶段，区别对待他们"根本不会带来不平等……。从长期稳定运作制度的角度来说，以年龄来不平等地对待人们，就好像是在为一生做预算"。[10] 然而我们在前面几章中看到，老年人完全有理由在医疗上花大价钱来延长自己的生命，他们的资源没有其他的好用途。年轻自我可能对延长他的未来自我的生命缺乏兴趣，这不是因为年轻的自我目光短浅或者控制不了自我，仅仅是因为他有不同的偏好。

这个问题也被哪怕是最好的健康经济学家所忽视。谢文·罗森（Sherwin Rosen）指出，"通过小组访谈考察假设的生命轨迹经验，结果鲜明地说明人们在20多岁时很少对他们70多岁哪怕50多岁或60多岁的健康感兴趣，或干脆就不感兴趣。但50多岁或者60多岁的人的回答却不同。"[11] 但是罗森认为，就算年轻人拥有准确的信息，这也不会是与年轻人行为有关的某种规范问题。[12]

德沃金提议，将提供给老年人的医疗保健的数量，限定在年轻自我在信息充分且社会财富分配公正的情况下自愿购买的数量。这种建议不仅用多重自我分析和我提到的其他异议来衡量有问题，而且在道德方面也不能接受，

---

〔9〕 他在自己书中间接提到这个问题（*Life's Dominion*：*An Argument about Abortion*，*Euthanasia*，*and Individual Freedom*，257，n.12，1993），为读者提供了一个更长的没有发表的研究成果。但是书中的注和那项研究限定在一个特殊的问题上（我在上一章中讨论过）——我们是否能为我们将来的衰老自我作决定。

〔10〕 Norman Daniels，"Justice and Transfer between Generations，" in *Workers versus Pensioners*：*Intergenerational Justice in an Ageing World* 57，61，63（Paul Johnson，Christoph Conrad，and David Thompson，eds.，1989）. 另参见，Margaret P. Battin，"Age Rationing and the Just Distribution of Health Care：Is There a Duty to Die?" 97 *Ethics*，317（1987）.

〔11〕 Sherwin Rosen，"The Quantity and Quality of Life：A Conceptual Framework，" in *Valuing Health for Policy*：*An Economic Approach*，221，247（George Tolley，Donald Kenkel，and Robert Fabian，eds.（1994）.

〔12〕 出处同上，第244、246页。

原因与说明波罗克处理严重痴呆者的类似建议（我在上一章中谈过）一样。 268
让我再谈一点个人的事情。1987 年我母亲在她 87 岁时摔断了她的髋部。这时
她已经是一个虚弱和皱缩的老妇人，有中度老年痴呆的症状：她经常不辨方
向、混乱，短期记忆消失，这使她说话极度重复。但是她基本的理性还在，
在家里与我父亲一起住。在最近几十年医学得到发展之前，像我母亲这样摔
断髋部的结局会是死亡，人们会认为她到了长寿的自然终点。然而，医生巧
妙地修复了她的髋部，她活了下来。然而她再也没法走动，不得不住进养老
院。她的精神状态继续恶化，最终她无力用她的双手、不能说话、不认识任
何人。90 岁时她最终因为肺炎像一个影子一样地走了，完全丧失了理性
（"没有理性我们就是张画，或者仅仅是野兽"）。[13]

　　1992 年我岳父 75 岁，外表很健康，这时他在一个著名的医疗中心被医生
诊断患有不可医治的癌症，只能再活 3 个月。他接受了这个诊断现实，回了
家。3 个月后他开始出现一些呼吸方面的不适。一位放射学家告诉他除非进行
化疗，不然他会在 2 周内死去。放射学家没有告诉他如果做化疗会发生什么。
我岳父决定做化疗，3 周后痛苦死去。他最后 3 个星期的医疗费用（都由联邦
医疗保险担负）是 3 万美金。

　　在我看来用于延长我母亲 3 年生命和我岳父 1 周生命花费是浪费的。我
母亲和我岳父的年轻自我在这点上一定会同意我的看法，甚至会情愿地为此
签一个约。但是我看不到有任何可行的方法来实施这种契约，除非不告诉老
年人其可选择的治疗方案，而我相信德沃金是不会同意这样做的。在我们的
社会里由于你不会对人们说，尽管科学技术可以延长人们的生命，但由于这
样做的成本大于收益，因此你告诉他们不可以使用这些技术。哪怕你可以提
醒人们他们年轻时曾经坚持不要生命尽头的昂贵治疗，你也不会提醒他们，
请德沃金原谅。我们可以指责我岳父的放射科大夫，他没有告诉我岳父化疗 269
可能无效，还可能有很不好的副作用，但我认为就算我岳父知道这些也不会
改变自己的主意。美国人是斗士而不是宿命论者。

_____

　　[13]　*Hamlet*, act Ⅳ, sc, ⅴ, 1. 86.

当然一个社会在超越某一点后会拒绝维持老年人的生命。在一个非常贫穷的社会，这一点到来得很早，这在第 9 章中也讨论过。但是在一个富有的社会，例如我们的社会，老年人所花费的医疗费用要远远超过他们现在的水平时，社会才会考虑拧紧水龙头。我岳父是富有的，可以从自己的腰包里支付化疗费用；而我母亲，她那被拖延的老年主要花的是养老院的费用，这是联邦医疗保险不管的部分。要求老年人在有资格得到公共帮助之前先花光自己的钱是对的。但这又与目前的道德不一致，无法迈出下一步（德沃金愿意迈出下一步），在超出更年轻的自我会同意支付给老年自我医疗费用的范围之外拒绝给予任何公共（也包括私人的）援助。

年轻的自我是不会被允许完全控制年老自我的。由于没有一个令人满意或可以接受的平衡年轻和年老自我的要求的分析步骤，目前的老年人实际上可以代表目前年轻人的未来年老自我，他们在政治市场上为了生命周期的消费分配与目前的年轻人斗争着。用于延长老年人生命和改善老年人健康的医疗费用的增加正增大着代际间的紧张。联邦医疗保险的医院信托基金预计 2001 年会耗尽，[14] 到那时将不得不提高社会保障税，削减津贴，或者采取其他措施恢复平衡。年老的自我有这样一种观点（如果他能提出这个观点的话！），即医疗保健开支的效率不断提高，使资源可以再从年轻的自我那里分配一些过来；边际美元为老年自我购买的效用会超过它为年轻自我购买的效用。当然年轻的自我可能会有不同的观点。

**研究的重点** 有关补贴老年人口医疗的问题还有另外一种形式，这就是联邦政府对类似心脏病、癌症这些更多地折磨老年人的疾病的研究支持。并不是所有严重疾病都影响老年人，例如哮喘病和周期性偏头痛以及某些癌症——当然还有艾滋病——在年轻人而不是老年人中更常见，但 65~74 岁男性的心脏疾病发病率是所有 45 岁以下男性的 10 倍，在 75 岁及以上的男性当

270

〔14〕 Robert Pear, "Benefit Funds May Run Out of Cash Soon, Reports Warn," *New York Times* (national ed.), April 12, 1994, p. A12.

中其发病率是 45 岁以下组的 15 倍。[15] 美国公共卫生部门将其每年大部分研究经费用于危及老年人的疾病（其余大部分经费用于艾滋病的研究）。[16] 除了"生命价值"的因素，这些支出的边际收益可能很小。老年人很容易患很多致命或致残的疾病，实际上这些疾病是在你争我夺地害死或者严重损害着老年人。治愈一种或两种这样的疾病减少了其他疾病面临的竞争，使得其他病的危害比这一两种病未治愈时更大。治愈心脏疾病给癌症留出了空间，治愈这两种病就会给肾炎、失明或者阿尔茨海默病机会。这些疾病从医学研究治愈了其对手中获取了"利益"，这些"利益"又因医疗技术的进步对体质虚弱的人有益而得到加强，从而为那些埋伏以待的疾病提供了更为容易的目标。[17]

这一点瓦解了幼稚的成本—收益分析，例如那种假定用来减少老年人意外受伤人数的措施的收益是与治疗这类受伤的医疗费用相等的假定。[18] 这种假设无视这样的事实，亦即避免这样的受伤会使老年人有另外的毛病，那种毛病所需的医疗费用可能一样多甚至更多。在确定对意外受伤的治疗是否合算时，需要加进考虑治疗其他毛病的费用。

这并不是在说增加老年人健康的措施的收益为零。尽管长寿与收入有正相关的关系，而且老年人的收入最近猛增，但寿命的增加（以及老年人伤残人数的减少）远远超过了收入增加所能给出的解释。[19] "拯救"一个有心脏

271

〔15〕 参见，U. S. Bureau of the Census, *Statistical Abstract of the United States* 1993 135（113th ed.）（ser. 206）.

〔16〕 William Winkenwerder, Austin R. Kessler, and Rhonda M. Stolec, "Federal Spending for Illness Caused by the Human Immunodeficiency Virus," 320 *New England Journal of Medicine* 1598, 1602（1989）（tab. 4）.

〔17〕 参见，Donald S. Shepard and Richard J. Zeckhauser, "The Choice of Health Policies with Heterogeneous Populations," in *Economic Aspects of Health* 255, 268（Victor R. Fuchs, ed., 1992）. 长寿的年龄种族"交叉"说明了这点（第 9 章中的讨论）.

〔18〕 例如，Amy B. Bernstein and Claudia L. Schur, "Expenditures for Unintentional Injuries among the Elderly," 2 *Journal of Aging and Health* 157（1990）.

〔19〕 最近几十年寿命增加的很大一部分原因是治疗老年人疾病的技术提高。有关的证据参见，George C. Myers and Kenneth G. Manton, "The Rate of Population Aging: New Views of Epidemiologic Transitions," in *Aging: The Universal Human Experience* 263（George L. Maddox and E. W. Busse, eds., 1987）.

病的老年人，从而让癌症乘机而动，无论如何这会让老年人多活上几年。我们知道增加了的寿命可以给老年人带来很大的个人利益，若同意我所认为的余下的生命长度不是生命需求中一个重要变量的观点的话，就更是如此。我们也知道，那种认为即使是健康寿命的延长，因为其增加了抚养比，也会有严重社会后果的担忧，可能是夸大其词。

但是下面的观点也难以说通——由于年轻人和老年人对死亡来临可能会有相同的恐惧感觉，所以一种可以拯救多年生命的治疗方法并不比只拯救几年的方法更有效用。这是一个事先效用和事后效用对政策的选择都有参考价值的例子。似乎明显应优先考虑前者的是这种情况，亦即一个在作出决定之时似乎合理最后证明却是个糟糕的决定的情况：有人参加了一个公平的赌博，输了，他现在却希望要回自己的赌金。用事后效用的评价来否定事前选择会大大缩小自由选择的范围。从长远来看，事后以及事前的效用（效用！）都会减少。但是如果年轻人和老年人同样地害怕死亡，在他们之间作出选择的基础（如果必须作出一种选择）可能就是事后效用——如果能够被救活，年轻人可以活得更长。

尽管如此，相对主要对中年人有益的医学研究而言，主要对老年人有益的医学研究从社会角度看似乎（但不确定）更非一种理想的投资。[20] 可以考虑一下两种成本一样、成功概率相同的可供选择的医学投资。（这些限定条件至关重要，在整个分析里应该牢记。衡量研究项目的净收益时不仅要看项目如果成功带来的利益，包括间接影响对其他疾病的研究，也要看项目的成本和成功的几率。）一种投资可以将生命从 80 岁延长到 85 岁，而另外一种投资可以将生命从 60 岁延长到 80 岁，从严格的金融角度看，前者可能是一个更好的（但并不一定是好的）投资。因为它"只"增加了 5 年的老年年龄，而后者会增加 5 年的生产年龄（假定 65 岁为退休年龄）和 15 年的老年年龄，在

272

---

[20] 参见，Tomas J. Philipson and Richard A. Posner, *Private Choices and Public Health：An Economic Perspective on the AIDS Epidemic* 120-125 (1993)，以及其中引用的参考文献，这里面讨论了杀死年轻人的疾病可能对国库储蓄的贡献。

这些年里这个人要领取社会保障金，带来沉重的（被高额补贴的）健康成本。[21] 若这个人的体质虚弱，那么这种成本可能非常沉重，这就是他为什么在如果没有新的医疗技术情况下 60 岁就可能死亡的原因。

但是国库的成本没有穷尽人们评价有关公共投资的各种考虑。成功对付致死更年轻人的疾病可能比成功控制影响老年人的疾病带来了更大的非金融效用（我们刚刚讨论到）。这不仅仅是因为挽救了更多年的生命，而大多数人从生命中得到效用，也不仅仅因为健康、更年轻的生命比多病、年老的生命会带来更多的效用。这还因为，年龄越大，老年人可能还有的存活家人就越少，在他去世时为他伤心的人就越少。[22]（死亡的成本不仅由去世者自己担当。）我的结论是，不把危及年轻人生命的疾病作为研究重点所意示的是医学研究资源分配上的无效率，除非老年人在由他们税款支持的其他政府服务方面遭到了克扣（这极不可能），或者除非有关老年人疾病的医学研究相对其支出可以拯救更多的生命。

这些都是重要的限定条件，另外一点是对一些因带来早死而为人们十分恐惧的疾病的治疗努力无论如何都会延长老年人的生命。心脏病和癌症是主要的例子，除非我们的研究可以在某种程度上有效区分这些疾病的哪些形式更多地影响年轻人，哪些形式又更多地影响老年人。有些癌症的发病率明显有年龄组的差异，例如 20~24 岁年龄组中得霍奇金病的人的比例就比 85 岁及以上组的要高（每 10 万人 4.8 比 3.8），而前列腺癌则相反，更年轻年龄组

---

〔21〕 Thomas Schelling, "Value of Life," in *The New Palgrave Social Economics* 269, 270 (John Eatwel, Murray Milgate, and Peter Newman, eds., 1989). 与这种观点一致的论点是"吸烟者为社会保障制度'节约'了数百亿美元"。John B. Shoven, Jeffrey O. Sundberg, and John P. Bunker, "The Social Security Cost of Smoking," in *The Economics of Aging* 231, 244 (David A. Wise, ed., 1989); 另参见，W. G. Manning et al., "The Taxes of Sin: Do Smokers and Drinkers Pay Their Way," 261 *JAMA* (*Journal of the American Medical Association*) 1604 (1989).

〔22〕 通过亲属关系的远近来确定家人的人数。一个人活得越长，他越可能有活着的孙辈子女和其他远亲，但比起配偶、父母或者年轻孩子，这些人对这个人的感情可能要淡得多。在比较当中还有一个因素是（我过后会再讨论）对年轻人和老年人来说余下生命年头的质量。

273  的发病率是每 10 万人 0.0，而更老年龄组的却是每 10 万人 328.8 人。[23]

　　还有一个复杂的问题是年轻人比老年人更可能通过改变生活方式避免得病，例如戒烟、减肥、减少食物中的脂肪量或节制饮酒，而大多数老年人已经做出了这些努力。年轻人的疾病疗效更好的结果可能会促使年轻人恢复不健康的习惯，因为这些习惯的成本越小，它带来的预期疾病成本（习惯带来的）就越低。这种习惯的恢复（近年来美国人口中肥胖人数增加可能就是一个例证[24]）减少了年轻人疾病医学研究的有效度，尽管对年轻人仍然有净效用。

　　这一节中有关分析的另外一个含义是，当其他条件相当、从严格的金融角度看时，更多的资源应用于预防和治疗精神疾病而不是躯体疾病。前者更有可能不缩短生命但增加人们的残障状态，因此治疗这些疾病更可能解除残障状态而不是延长生命。这使一个人在不延长其生命的情况下成为可以工作的工人，这样就可以降低对生产人口的依赖比例。因此，或许支持把一些资金重新分配到精神疾病的研究和治疗上去，这符合作为一个群体的老年人的利益。

　　**性别的问题**　一个被忽视和敏感——也许因为太敏感才被忽视——的问题是，如何在男性老人和老年妇女的疾病研究中分配公共资金。在第 2 章中，我们看到美国女性预期寿命大大超过男性，两者之间的差别导致老年人当中女性占多数。性别之间的公平性似乎要求老年病的医学研究重点放在杀死男性老人但不（或者，如在冠状动脉疾病情况下，不像杀死男性老人那么快地）

274  杀死老年妇女的疾病上，例如前列腺癌和冠状动脉疾病。[25] 女权主义者可能会反对妇女因为她们在寿命上相对男性的"自然"优势而使自己处于一种不

---

　　〔23〕　U. S. Dept. of Health and Human Services, National Cancer Institute, "Annual Cancer Statistics Review, Including Cancer Trends: 1950–1985" III. B. 30 (Jan. 1988).

　　〔24〕　Marian Burros, "Despite Awareness of Risks, More in U. S. Are Getting Fat," *New York Times* (national ed.), July 17, 1994, p. 1.

　　〔25〕　1990 年，包括前列腺癌在内的生殖器官癌症杀死了男性 75～84 岁年龄组每 10 万人中的 358.5 人，但相同女性的被害率只有每 10 万人中的 95.3 人，其差别几乎是 4∶1。U. S. Bureau of the Census, 本章注〔15〕，第 97 页（系列 133）。在同一年龄组中各种类型的心脏病杀死每 10 万男子人中的 2 968.2 人，每 10 万女子中的却是 1 893.8 人。出处一样，第 96 页（系列 132）。

利的地位。这种反对的基础是生物本质主义，而这恰恰是女权主义者在其他大多数政策中反对的，例如产妇休假、怀孕津贴以及流产权利，等等。有关女性更长的寿命仅仅是一种补偿，补偿了医学控制住大多数让妇女在生育过程中死亡的危险之前妇女的更高死亡率，这种观点也不怎么成立。很久以前去世的妇女不会因当代妇女预期寿命更长得到补偿。

这里有一些反对努力使男女预期寿命平均化的更好的、尽管不是决定性的理由。第一，政府不应该理会女权主义对生物本质主义的否认，试图消除性别之间的自然差异——特别是既然政府目前还没有做出太多的努力来消除妇女的自然劣势一面（取消征兵消除了妇女的一个传统优势）。第二，妇女可以采取一些行动来减少自己的预期寿命，增加她们丈夫的寿命。第三，妇女在寿命上的自然优势在某种程度上可能是幻觉。随着男女工作差异的缩小，他们在死亡统计数字上的差异也可能缩小。罗伯特·阿金（Robert Arking）报道说，有估计认为"总死亡性别差异中的18%可能是因为性别不同的激素对心血管系统影响的结果，因此可能很好地代表了男性内在的或者说是无法改变的死亡风险"，同时"至少有55%的差异来自自毁行为"，[26] 例如抽烟，就受职业和其他社会因素的影响。就算妇女没有像男性那样自我毁坏，工作上两性差异又在缩小，寿命上的"自愿"差异仍然存在。如果把研究资金注入到改变行为就可以预防的疾病上，那就会减少人们改变这类行为的动力，因此对减少这种差异的作用很小。第四，在一定程度上，男性比女性天生更为脆弱，所以用于控制男性疾病的费用可能对增加生存年数的意义不大，因为这样一来疾病之间对杀死男子的"竞争"更为激烈。用来研究治疗一些妇女疾病的数亿美元可能会增加女性1个月的寿命，而用于相同目的的相同支出可能只会增加男性3周的寿命。

所以在女性疾病的研究支出上可能还有许多没有发现的益处。如果当前研　275

---

〔26〕　Robert Arking, *Biology of Aging*: *Observations and Principles* 223（1991）；另参见，William R. Hazzard, "Why Do Women Live Longer Than Men? Biologic Differences That Influence Longevity," 85 *Postgraduate Medicine* 271（1989）.

究经费过于偏向男性，这就更有可能，然而表 11.1 说明现实并不是这样的。[27] 请注意相对于心脏病、肺癌和前列腺癌（主要或者全部是男性），用于乳腺癌和子宫颈癌（女性）的支出更高。就政府的慷慨资助方面来考虑，主要是男性疾病的艾滋病压倒了所有其他的疾病，这确实如此，但是艾滋病不是男性老人的疾病。到 1994 年 6 月美国所有报告的艾滋病病例中只有 2% 的男性是在 60~64 岁时诊断出艾滋病的，在 65 岁及以上时诊断出的男性只占总数的 1%。[28]

表 11.1　政府为不同疾病导致的每例死亡的支出

| 疾病 | 每例死亡的支出（美元） |
| --- | --- |
| 艾滋病 | 79 000 |
| 宫颈癌 | 7 300 |
| 糖尿病 | 6 300 |
| 肾脏病 | 5 100 |
| 乳腺癌 | 2 800 |
| 心脏病 | 1 100 |
| 前列腺癌 | 800 |
| 肺癌 | 600 |
| 中风 | 600 |

尽管男性老人并不为研究机构所偏重，但 1 美元用来控制女性的疾病比 1 美元用来控制男性的疾病增加更长寿命，这依然是个不变的事实。这似乎可以成为反对将医学支出从老年妇女转向男性老人的一个有说服力的经济学论点，因为治疗妇女疾病的边际收益要大于治疗男性疾病的边际收益，但这并非如此。效用和寿命是有联系的，但是他们之间不可以互相替代。这种关系的简单形式可以用下面的公式表示：

---

〔27〕 表 11.1 的资料来源于 "Sickness and Politics: The Influence of Disease Advocates: Cancer vs. Aids," *Cancer Weekly*, *June* 8, 1992.

〔28〕 U. S. Dept. of Health and Human Services, Centers for Disease Control and Prevention, *HIV /AIDS Surveillance Report*, Mid-Year Edition, 1994, p. 13 (tab. 8). 与此相对的女性比例是 1%（60~64 岁）和 2%（65 岁及以上），在 60 岁及以上年龄组中的病例中女性所占比例不到 20%。同上，第 13 页（表 8）。

$$U = N \cdot Y \cdot V\,(R) \tag{11.1}$$

其中 $U$ 是为一种可能缩短男性或者女性寿命的疾病再花费 1 美元的医学研究的效用。$N$ 是男性或女性老人的人数，$Y$ 是医学研究上多花的钱带给男性或女性中每个人的平均生命年数。$V$ 是每一个 $Y$ 单位对个人的平均价值，它是男性老人和老年妇女之间的比值，$R$（$=N_m/N_w$）的函数。

在这个等式中，男性更短的被延长的生命（$Y$）以及更少的男性人数（$N$）可以通过增加生命的每个单位的更高价值（$V$）得到补偿。由于男性老人和老年妇女之间数量的不平衡，老年妇女多出的一个月的寿命不一定比男性老人多出的一个月的寿命更有价值（从功利主义而不是金融的角度讲）。也就是说，$V_w$ 可能要低于 $V_m$，这就抵消了 $Y_w$ 高于 $Y_m$ 的影响。注意 $N$，也就是男性（或者女性）人数的双重作用。在其他条件相当的情况下，妇女的人数越多，用于延长妇女生命的研究支出就越会增加其总效用。但是妇女相对男子的人数越多（换句话说就是 $R$ 越小），将一个男性老人生命延长一定数量的价值就更可能超过将一个老年妇女的生命延长相同数量的价值（也就是，$dV_w\,(R)\,/dR>0$，$dV_m\,(R)\,/dR<0$），因为男性老人的稀缺增加了妇女对男子更长寿命的需求。

这种交换关系可以通过将 11.1 方程分解成两个，一个代表男性，另一个代表女性，表现得更为明显：

$$U_m = N_m \cdot Y_m \cdot V_m\,(R) \tag{11.2}$$
$$U_w = N_w \cdot Y_w \cdot V_w\,(R) \tag{11.3}$$

然后用 $N_m/N_w$ 代替 $R$。这样可以更容易揭示 $U_m$ 会大于 $U_w$——用于控制男性疾病的支出会带来更大的效用——如果，

$$Y_m/Y_w \cdot V_m\,(N_m/N_w)\,/V_w\,(N_m/N_w)\,\cdot N_m/N_w>1 \tag{11.4}$$

我假设其中第一项小于 1——花费 1 美元控制妇女疾病而延长的寿命会比用相同资金来控制男性疾病而延长的寿命长。第三项也如此——老年妇女比男性

老人多。但是第二项会如何呢？男性老人对老年妇女的比值越低，第二项就
很可能大于1，因为这一项衡量的是在同样数量上延长男性老人的生命对延长
老年妇女生命的相对价值。这种关系足以使男女之间保持不平等。当然在一
定程度上男性会因女性过剩而得到好处，男性对女性比值的增加会降低增加
男子寿命对于男子的价值，但是我假定这种抵消效果是很小的。

　　我描述的论点若听起来不像性别歧视的观点的话，至少也是对妇女利益
不利的。但并不如此，妇女作为一个团体可能会受益于一些促进男性老人和
女子数量上更平等的政策——例如一些增加女性寿命1年但男性寿命2年的
政策——因为这样可以使老年妇女更可能有男性伴侣，这是许多妇女非常看
重的，[29] 尽管激进女权主义者认为这是错误的。从第6章中我们知道，老年
妇女性行为的持续性十分依赖于她们的婚姻状况。[30] 结了婚的老年妇女要比
那些独居妇女在经济方面要好得多——尽管这会因为更多女性参加工作以及
养老金更大的自然增长而有所变化。[31] 在65岁及以上的老年人当中，在婚
男子的比例比女子高，这种差异随年龄的增加而加大。男女在丧偶方面的差
异特别明显，在65~69岁年龄组中只有7.3%的男性丧偶，但女性的则为
33.8%；在80~84岁年龄组中这个比例达到了27.3%和72.3%。[32] 如果男性
活得和女性一样长，这种差异会更小一些。

　　用经济学家的话语来说，男性寿命对女性寿命有补充作用。因此男性寿
命的增加会对妇女有利，她们会愿意提前把预防和治疗妇女疾病的医学资金
分给预防和治疗男性的疾病。

　　如果人们理解这个想法与如下这个问题的关系的话，也就是是否该将一

　　[29] 有关的证据参见，Jane Traupmann, Elaine Eckels, and Elaine Hatfield, "Intimacy in Older Women's Lives," 22 *Gerontologist* 493 (1982).

　　[30] 有关婚姻对很多老年妇女很重要的其他证据参见本章注〔29〕；Timothy H. Brubaker, "Families in Later Life: A Burgeoning Research Area," 52 *Journal of Marriage and the Family* 959, 965-966 (1990).

　　[31] F. N. Schwenk, "Women 65 Years or Older: A Comparison of Economic Well-Being by Living Arrangement," 4 *Family Economics Review*, no. 3, 1991, p. 2.

　　[32] Jacob S. Siegel, *A Generation of Change: A Profile of America's Older Population* 364-365 (1993) (tab. 6A. 1).

些医学资金从老年人的疾病转向年轻人的疾病，这种想法听起来会更正常一
些。如果给一个 65 岁的人增加 1 年寿命比给 75 岁的人增加 1 年寿命的效用更
大，那么给一个男性老人增加 1 年的生命就可能比给一个老年妇女增加 1 年
的生命的效用更大。这与老年男女人数的不平衡关系不大，而仅仅因为男性 278
老人比老年妇女平均而言要年轻。注意这个分析也意示，考虑到黑人的预期
寿命比白人的要短得多，如果将医学资金的分配从特别危害白人的疾病转向
那些特别危害黑人的疾病，这也许不是一个坏主意。然而比起将医学资金的
分配从白人转向黑人，或者不分性别地从老年人转向年轻人，将医学资金的
分配从女性转向男性实际上更为有道理。原因仍是选择偏见的问题。一个 75 岁
还有 1 年生命的老年人也许并不比一个 65 岁仍有 1 年生命的人更虚弱，因为更
老的老年人很可能，仅从其活得更长一些来看，衰老得更缓慢一些。但是在两
性之间的资金重新分配，保证（虚弱的）男性再活 1 年不仅仅对他自己有益，
对他的妻子也有好处，推迟了她丧偶的时间。惟一的成本是她作为丧偶者死去
的时间会稍提前一点，因为保证她的生命的资源被用来延长她丈夫 1 年的生命。

　　我希望我的观点是清楚的，也就是并不提倡将医学资源从分配给控制妇
女的疾病转向控制男性的疾病。从经济学角度看这是否是件好事至少还要将
一些数字带入我的公式里，这是我还没有试图去做的事情。我只建议这是一
个值得研究的问题，而不应像一些人可能做的那样，径直放弃这种研究。

　　**生命的质量和数量**　年龄不仅仅是一个关系到医疗和医学研究的财政决
定的问题，也是关系到医学治疗决定的问题。当医学资源短缺（就像传统的
优先分配情况下一样），价格不能用来控制需求时，年龄是否可以作为谁可接
受治疗的标准？年龄经常被用作标准，但是以不利于老年人的方式而使用的
一个标准。英国的医生不会给"老年"肾脏病患者（大于 55 岁）做透析，美
国医生用年龄来决定特别护理组的最后一张空床该给哪位患者，哪个病人可
以接受心脏移植。[33] 使用这种标准还常常以严格的"医学"理由做辩解——

　　〔33〕 Kilner, 本章注〔3〕，第 77～78 页。有关的反对意见参见, Nancy S. Jecker and Lawrence
J. Schneiderman, "Is Dying Young Worse Than Dying Old?" 70 *Gerontologist* 66, 70 (1994).

老年病人比起更年轻的病人从医疗中存活下来或受益的可能性很可能要小一些。但不总是这样，那又该怎么办？

如果真是一个优先分配情形，问题就不是该将多少资源分配给这组或者那组人，而是谁该死亡，这样利用年龄标准就相对不会引起争议。治疗偏向年轻人会将拯救的生命量最大化，用质量加权的数量会更大，因为生命的效用有随年龄增加而降低的倾向。恐惧死亡在天平两端是一样的，所以不必考虑，这样可使效用的比较更适当一些。

但是我们必须要十分小心，不要不加鉴别地赞同那种导致优先分配现象出现、从而使以年龄为标准的做法带上欺骗性的合理性资源决定。如果是因为特别护理床位的数量而使得特别护理组的管理人员经常不得不做出把最后一张床位给年轻人还是给老年人的决定，那么我们就要考虑国家是否有足够的特别护理的能力。通过减少这种能力迫使人们在挽救年轻生命还是老年生命之间做出"简单"的选择，无异于不告知老年人其他的治疗选择。

所以，以年龄为标准来分配医疗资源是靠不住的。但是反对这种标准的一些说法又是粗劣的。一个例子是，有一种观点认为这种标准与处罚老年杀人犯和年轻杀人犯一样重的现象不一致。处罚老年杀人犯更轻一些会鼓励老年人犯罪，从而达不到处罚的社会目的。大多数刑事法规的目的是严厉处罚犯罪分子，与保证边际威慑作用以及节约刑事审判系统的支出是一致的。[34]这些都没有点出要"从轻"处罚谋杀老年人的行为。当然"仁慈的杀害"，主要是杀害老年人，通常要比其他类别的谋杀处罚得轻一些。很多仁慈的杀害类同甚至等同协助自杀，这大约应该用不同于谋杀罪的道德指控来谴责，尽管上一章中有关的讨论不能作为对这个问题的决定性建议；那些讨论只限于医生协助的自杀。尽管人们坚定地反对使任何形式的仁慈杀害合法化，但他们又反对将这类谋杀与其他故意他杀处罚得一样重。他们不应再坚持当必须在挽救一个年轻生命还是一个年老生命之间做出选择时要忽视年龄。

---

〔34〕 Richard A. Posner, "An Economic Theory of the Criminal Law," 85 *Columbia Law Review*, 1193 (1985).

我已经谈到了长寿和生命质量之间或者生命的数量和质量之间的区别，下面我想再深入地讨论一下。我们发现预期效用的观点有它的局限性，特别是在理解老年人的行为或者评估有关他们的一些规范问题时。但它在解释生命的质量对数量的问题上又非常有用。[35] 从一种粗略但有用的角度（忽视复杂化的问题，例如贴现问题），我们可以说人们希望生命数量乘质量的值得以最大化。所以 10 年的生命、每年会带来 100 个效用的预期效用会比 8 年的生命、每年带来 150 个效用的预期效用低，这样人们会偏向更短的期望寿命。我认为，如果女性的预期寿命短一些会增加她们有男性伴侣的可能性，从而增加妇女老年时的生命效用，那么妇女实际上可能期望稍微更短一点的预期寿命，她们的预期效用可能会更大。这不是社会在分配医学资源作决定时要考虑的惟一一个因素，但它是一个因素。

在致命和非致命疾病的研究上（例如心脏病的研究和聋哑的研究），它对如何分配医学资源也有一定的借鉴作用。大幅降低老年生活效用的一个问题或者说一对问题是视力和听力的衰退，它们共同使一个人感到与生活隔绝，大大减少了他或她的活动范围。但是失明和失聪对预期寿命的影响很小。它们减少的是生命的质量而不是数量。一旦认识到预期效用是质量和数量的结合，老年人疾病的研究重点很明显就不该再偏重（或者偏向）危及生命的疾病。减少老年人中 2% 的失明可能会比增加 2% 的老年预期寿命带来更多的老年生活预期效用要大。白内障手术的技术发展一定对老年人的生活质量有很大贡献。

不幸的是，至今的分析没有提供一个公式用来决定多少社会财富应该专用于老年人健康。就人们愿意接受年轻和中年的更低生活水平，从而等于是从自己的口袋中（没有任何税收补助的帮助——也就是没有直接或间接地花费纳税人的钱）掏钱为自己老年的消费做准备（包括医疗资源的消费）这个意义上而言，我希望我已经说得够清楚，我们几乎没有理由不愿给老年人有

---

〔35〕　有关在健康经济学规范问题上使用预期效用方法的说明参见，George Tolley et al. , "The Use of Health Values in Policy," in *Valuing Health for Policy：An Economic Approach*，本章注〔11〕，第 345 页。这篇论文包括了对治疗老年痴呆的效用的有趣讨论。同上，第 368~375 页。

281　一个医疗充足的晚年。一个难定的问题是，他们应该从公共资源中索取多少。多重自我分析——那个规范的恶作剧者——仅仅能帮助我们说明这个问题有多难，它给不出一个解决办法。但是我们也许能够通过以下方法帮助回答这个问题：调查一下老年人现在用了其他年龄组多少钱（通过税收和支出政策或者其他途径），看一下对他们明天使用更多钱的行为有什么样的政治制约手段。这个问题会贯穿本章余下的部分。

## 社会保障以及再分配

　　一个人可以为了一些目的把年轻自我和年老自我当作不同的人，但为了另外一些目的，他又将自己始终当作一个人。大多数人不希望杀死我们未来的老年自我，甚至也不愿意采取一些什么手段缩短未来自我的寿命，这不是因为我们对同用一躯体的未来自我有一种责任感，而是因为我们把未来的老年自我看作是我们自己。多重自我的问题只是在年轻自我决定要放弃年老自我这类特例时才会出现。在社会保障出现之前"绝大多数美国人只是为了经济活着"，这个问题是个谜。[36] 我刚刚引用过的这一论断的始作俑者戴维·费希尔曾用这样的陈述来支持这一论断，"1910 年曾第一次严肃地试图确定麻省老年人的经济状况，结果是冷酷无情的。大约 1/4 的人（65 岁及以上）靠救济。"[37] 但是他自己的数据显示，这些靠救济的大多数人在领取内战救济，这些救济的额度对平均工资的比例仅比社会保障退休金对现今平均工资的比例稍低一点。[38] 费希尔依据的抽样调查中只有 7.6% 的人接受慈善救济或者贫民救济。[39] 其他人（除了很小一部分在监狱的人）不是算作"非依赖救济

　　[36]　David Hackett Fischer, *Growing Old in America* 164（1977）.
　　[37]　出处同上，第 161 页。
　　[38]　Judith Treas, "The Historical Decline in Late-Life Labor Force Participation in the United States," in *Age*, *Health*, *and Employment* 158, 164-165（James E. Birren, Pauline K. Robinson, and Judy E. Livingston, eds., 1986.
　　[39]　根据 Fischer 的数据计算，出处同本章注〔36〕，第 161 页，注〔5〕。

者"（not dependent）就是领取着联邦养老金。[40]

　　在一般情况下，也就是在人们充分考虑了他们的未来自我，至少为老年　282
做了最基本的适当准备时，再提将财富从年轻人向老年人重新再分配或者由
年轻人补助老年人就有问题了。虽然如此，看起来规定必须缴纳养老金或以
其他方式只赋予老年相关权利的法律，可能干涉了人们一生的消费偏好，即
使对那些希望健康长寿的人也如此。因为他们可能不希望像法律要求他们的
那样，把生命中的大部分消费放在老年。如果法律强求这样，他们老了以后
就必须奢侈地生活（除非他们有强烈的遗产动机），因为他们不可能将财富分
配给他们的年轻自我。然而老了以后他们也许会后悔年轻时没有用掉一生的
大部分收入。

　　毫无疑问，这种场景是难以置信的，特别是当强制缴费和用来支付它们
所需的税金与个人收入相比不过分时更是如此。那时他可以变换收入进项的
时间分布（退休金少一点、目前收入多一点的形式）或者年轻时借贷多一点
（现在消费多一点、将来少一点，因为要还债）来实现在一生中分配消费的愿
望。这些可能性看起来会限制社会保障对那些不关心年老自我（让他们去挨
饿）的年轻自我的影响。不一定如此。社会保障制度具有潜在的再分配效应，
这与多重自我没有关系，它在不同的个人之间重新分配财富。应该区分两种
不同的再分配效应：同代之间的，也就是对同一时间出生者的相对收入的影
响；代际之间的，对出生在不同世代人的相对收入的影响。[41] 因为社会保障
金随收入提高的幅度没有社会保障税收提高的幅度大，所以社会保障制度将
相同年龄组中富裕一些的人的收入再分配给了贫穷一些的人。由于收入和长
寿之间正相关，因此更为富有的人有再领取更长时间社会保障金的趋势，这

　　[40] 有关社会保障制度建立之前大多数美国人都得到足够但不一定是大量的补助的其他证据参
见，Carole Haber and Brian Gratton, *Old Age and the Search for Security: An American Social History* (1994)，
特别是其中的第 2 章；Carolyn L. Weaver, "On the Lack of a Political Market for Compulsory Old-Age Insur-
ance prior to the Great Depression: Insights from Economic Theories of Government," 20 *Explorations in Eco-
nomic History* 294, 302-316 (1983).
　　[41] 有关的细致分析和文献回顾参见，Nancy Wolff, *Income Redistribution and the Social Security
Program* (1987).

种现象有所减少但没有被完全抵消。[42]

更为引人注目的再分配效应当然是代际之间的。1935 年创建社会保障制度时给那些立即可以在这个制度下享受退休津贴的人带来了意外财富，因为他们从未交过社会保障税金（获得类似的另外一个意外收获的是 30 年后建立联邦医疗保险时有资格的老年人）。他们的社会保障金直接来自处在工作年龄、交纳税金的人们，当然其中有些纳税人已快退休，可以期望来自社会保障的净收入会由更年轻的纳税人支撑。随着时间的流逝，社会保障领受者受雇和纳税的时间加长了，代际之间的资金转换减少，有人估计 1960 年或更晚出生的人从社会保障制度得到的（除非他们非常贫穷）预期收益是负的。[43]

社会保障制度的再分配效应是其"现收现付"特点的结果，如果（像限定贡献计划）一个人享受的社会保障津贴与他可用社会保障税金购买的年金相当，不多也不少，那么这种效应就会消失。在一个系统里如果是纳税人支持退休人员，而不是退休人员通过推迟自己的消费来支持自己，那么这个系统就会招致每一代老年人运用他们集中的政治势力来掠夺年轻人。这样一个制度也对不工作人口与工作人口的比值变动十分敏感，同样对出生率、移民比例、退休年龄、妇女参加工作的比例、失业率以及老年人的寿命也十分敏感——所有这些因素难以预测也难以受到社会保障政策变化的影响。预计在 21 世纪早期出现的抚养比的提高（见第 2 章）可能需要大幅度增加社会保障税金，以维持社会保障金的价值。我们可以考虑这样一个简单的现收现付的模型，其中社会保障退休收入（$r$）以一个不变的税率 $t$ 从工人的工资（$w$）中提取，$W$ 是工人的人数，$R$ 是退休人员的人数。这样就有以下的公式：

---

[42] 出处同上，第 124~125 页。

[43] Michael J. Boskin et al., "Social Security: A Financial Appraisal across and within Generations," 40 *National Tax Journal* 19, 23 (1987). 有关"世代决算"的一般讨论参见, Alan J. Auerbach, Jagadeesh Gokhale, and Laurence J. Kotlikoff, "Generational Accounting: A Meaningful Way to Evaluate Fiscal Policy," *Journal of Economic Perspectives*, Winter 1994, p. 73; 有关的批评参见, Robert Haveman, "Should Generational Accounts Replace Public Budgets and Deficits?" 同上，第 95 页。

$$rR = twW, \qquad\qquad (11.5)$$

或者，

$$t = (R/W)\ (r/w). \qquad\qquad (11.6)$$

如果 $R/W$（抚养比）升高 20%，那么社会保障税金也要提高 20%，以维持现 284
有的退休对工作收入的比例。

抚养比增加对一个退休系统（像我们的一样，包含医疗部分，也就是联邦医疗保险）总成本的影响，因为与寿命增加相关的医疗费用的增加而加大。每个人每年得到医院照顾的天数在 65~74 岁年龄组里是 2.1 天，在 75 岁及以上年龄组中则上升到 4.0 天。[44] 当医疗津贴包括在退休后的养老金计划里时，寿命增加带来的不仅仅是退休人员领取津贴年数的增加，也有这些津贴的年水平的增加。因此，包括智利和新加坡在内的一些国家已经转向一种每个同龄人组自己为自己的退休筹资的系统，这并不让人惊奇。[45]

然而，与他最近对现收现付系统的批评不一致的是，[46] 加里·贝克尔认为这个系统可以看作是年轻人和老年人之间的一个公平契约。处于工作年龄的成年人通过纳税来支持公立学校系统，这实际上是借钱给年轻人让他们购买人力资本。年轻人到达成人工作年龄后再偿还贷款，这时那些帮过他们接受公立学校教育的人已到达退休年龄，通过社会保障税收得到部分生活和医药费用。[47]

〔44〕 U. S. Bureau of the Census, 本章注〔15〕, 第 125 页（系列 185）。有关的数据是 1991 年的。

〔45〕 Gary S. Becker and Isaac Ehrlich, "Social Security: Foreign Lessons," *Wall Street Journal* (*midwest ed.*), March 30, 1994, p. A18.

〔46〕 同上。

〔47〕 Gary S. Becker, *A Treatise on the Family* 369-374 (enlarged ed. 1991). 我们现收现付的公共养老金制度的原则必须要与其实际的设计区分开来，其中出于实践和政治上的考虑制造了很多例外。例如参见，Jonathan Barry Forman, "Promoting Fairness in the Social Security Retirement Program: Partial Integration and a Credit for Dual-Earner Couples," 45 *Tax Lawyer* 915, 926-948 (1992). Becker 没有解释在不同代际之间制定公平契约的政治机制；一方面是学校税，另一方面是社会保障税和津贴养老金，这是政府不同部门设置的——一个是州和当地的立法机关，一个是国会。这里不十分清楚 Becker 建议的那种公平契约如何能从政治程序中产生出来。

这就回到了我们先前提出的问题，因为我们年老的自我要到老了之后才有表决权，所以现在的老年人可以作为他们自身的代表。在对社会保障的再分配效用进行的一般分析忽视了这一点，因为这些分析在计算在多大程度上哪些社会保障金领取者在其工作时为之支付了价款时，只考虑了社会保障税收的问题，没有考虑学校税的问题。

285　　另外一个支持现收现付的论点是，与表面现象相反，社会保障制度对现在处在工作年龄的一代有益，对领取社会保障金的人也有益。没有社会保障制度，抚养老年人的负担就会大大地落在年轻家庭成员身上。社会保障制度的大部分政治原动力都源起于这样一个事实：大萧条使很多老年人丧失了工作，很多人失去了储蓄，这样额外的负担就落在了年轻人和中年人身上。[48]在今天这个问题就不会那么尖锐，因为私人养老金已经是财富中更大的一个来源。然而仍有成百万的老年人依靠社会保障退休金，有着体面的生活标准。很多人如果没有社会保障制度，是不能或不会为自己老年准备足够的储蓄的。

　　即使有社会保障制度，仍有相当重的照顾老年人的担子落在成年子女身上（特别是妇女）。[49]部分原因可能来自联邦医疗保险不支付许多老年人需要的非医疗帮助的费用，另外一个原因是私人保险市场没有吸引人的养老院保险或者其他长期照料老年人的保险险种。[50]可能因为对老年人照料的未来成本不确定，这种成本是寿命以及这类照顾的价格变化的函数。但是另一种更有意思的说法是，人们对这种保险的需求很少，这样的保险主要保护了遗

〔48〕 Brian Gratton, "The Creation of Retirement: Families, Individuals, and the Social Security Movement," in *Societal Impact on Aging: Historical Perspectives* 45, 61－68 ( K. Warner Schaie and W. Andrew Achenbaum, eds. , 1993).

〔49〕 Roxanne Jamshidi et al. , "Aging in America: Limits of Life Span and Elderly Care Options," 2 *Population Research and Policy Review* 169, 174－176 (1992); Barbara Adolf, "How to Minimize Disruption Caused by Employees Taking Care of Elderly Relative," 3 *Journal of Compensation and Benefits* 291 (1988).

〔50〕 参见, Jane G. Gavelle and Jack Taylor, "Financing Long-Term Care for the Elderly," 42 *National Tax Journal* 219 (1989); Joseph P. Newhouse, "Comment on Predicting Nursing Home Utilization among the High-Risk Elderly," in *Issues in the Economics of Aging* 200, 202－203 (David A. Wise, ed. , 1990).

产，因为老年人在用完自己的财产后可以从州得到免费的养老院服务。[51]　由
多重自我分析得来的一个相关可能性是，人们可能拒绝购买这种保险，因为
他们不希望把收入转给他们未来衰老、有病、很可能痴呆的自我。这一点会
与保护一个人健康老年的消费的愿望一致，因为长期护理是为那些不健康的
人准备的。这不是一个完整的回答。对自己年老自我特别自私的人可能对他
们的子女非常无私，因为他们会担心孩子们要花费很多来照顾他们。这些人
可能不担心遗产保护的问题，因为他们可能不会有任何钱留给他们的子女，
但是他们会不希望给子女带来一种以照料负担形式出现的"负遗产"。

　　当然，说到责任的自愿"负担"时（不论是多么不情愿的自愿），我们
就偏离了经济学的常规分析。第 9 章中提到要求人们抚养他们贫困父母的法
律残留（vestigial laws）很少迫使美国人照顾他们无助或者穷困的父母；所以
如果他们这样做了，一定是因为他们"想"这样做。虽然很多成年子女对自
己年老的父母十分无私，情愿在金钱、时间、气恼、压抑甚至反感方面承担
巨大成本，也不愿无视或者抛弃老年人，但他们还是十分希望将照顾自己父
母的担子，或者至少部分担子，放在其他人身上。照顾老年人不能像人们从
消费中得到快乐一样。有很多证据说明，子女责任的意识，像其他道德感情
一样，可能成为有这种意识的人的一种成本来源。[52]　从公平分配的角度来
看，人们可以为社会保障制度这样辩护（我没有考虑这种辩护的有力程度），
至少它在整个现在世代中将照顾老年人的金钱负担部分分散开来了。最为受
益的是那些小家庭的人们，仅有一个孩子的家庭比有其他兄弟姐妹的家庭要
面对更沉重的照顾老年父母的担子。在大家庭里人们可以从学校税中得到更
大的实惠，因为他们有更多的接受教育的子女，而学校税并不因为纳税人子

---

〔51〕　Mark V. Pauly, "The Rational Nonpurchase of Long-Term-Care Insurance," 98 *Journal of Political Economy* 153（1990）.

〔52〕　例如参见, Nancy J. Finley, M. Diane Roberts, and Benjamin F. Banahan, III, "Motivators and Inhibitors of Attitudes of Filial Obligation toward Aging Parents," 28 *Gerontologist* 73（1988）. 在以孝顺（第 9 章）出名的日本，家庭规模的缩小增加了年轻成员照顾老年人的负担，这促使扩大对老年人的公共照顾的服务。Daisaku Maeda, "Family Care of Impaired Elderly in Japan," in *Aging: The Universal Human Experience* 493, 497（George L. Maddox and E. W. Busse, eds., 1987）.

女人数多少而浮动,[53] 所以至少大致公平的是，小家庭应该从社会保障中得到更多的利益。

287 　　如果我们把家庭"自愿"照顾老年人看作是一种"税"的形式，它使财富从年轻人流向老年人，这就要注意这种税是在增长的。它在增加是因为需要照顾的老年人对年轻人和中年人的比值在增加，也因为妇女时间的市场机会成本在增加。

　　就算先不考虑社会保障代际之间的契约性质，也十分难以预算由社会保障这类政府项目会将多少资金从年轻人转向老年人。1991 年联邦用于支付老年人的费用是 3 870 亿美元,[54] 但这不是一个净数字。老年人领取的部分社会保障金仅仅是他们工作时支付的社会保障税的回报，因此可以看作是他们自己支付的而不是别人转给他们的一种年金。不同的人在净转移方面有很大的不同，这与他们的收入、家庭情况、工作时间长短以及（因为社会保障税和社会保障退休金在不断变化）一个人的同龄人有关。[55] 另外老年人支付很多亿美元的收入税和其他税金。[56] 尽管他们也得到了出自这些税的政府部门服务的益处，如果他们比其他年龄组得到的此种服务更少（简单的例子如学校税），那么他们交的税就会部分抵消他们得到的社会保障金。更为复杂的是，由于鼓励人们提前退休，社会保障制度减少了老年人所交的收入税的数量。家庭照顾老年人"税"的负担增加也使问题更加复杂化。

---

　　[53]　至少在如果我们忽视这些孩子成人、工作后将要支付税金的情况下。David Friedman, "Laissez-Faire in Population: The Least Bad Solution" 13 (Population Council 1972).

　　[54]　U. S. Senate Special Committee on Aging et al. , 本章注〔4〕，第 239 页（表 8-1）。

　　[55]　有人推算出 1970 年代早期退休的同龄人社会保障退休津贴中的 77%～89% 来自财富转移。Wolff, 本章注〔41〕，第 43 页；Richard V. Burkhauser and Jennifer L. Warlock, "Disentangling the Annuity from the Redistribution Aspects of Social Security in the United States," 27 *Review of Income and Wealth* 401, 407 (1981). 1980 年代中期退休的同龄人当中，财富转移的比例估计降到 67%。Michael J. Boskin et al. , 本章注〔43〕，第 20 页。

　　[56]　Barry Windheim and Charles Crossed, "Salaries and Wages Reported on Income Tax Returns, by Marital Status and Age, 1983," *Statistics of Income Bulletin*, Winter 1987-1988, pp. 65, 73-75 (tabs. 6-9); Sheldon Danziger et al. , "Income Transfers and the Economic Status of the Elderly," in *Economic Transfers in the United States* 239, 256 (Marilyn Moon, ed. , 1984). 我没有找到更近期的数据。

社会保障的代际契约性质所需的不为我们所知的财富调整以及社会保障的年金性质所需的财富调整并没有附加额外的负担。如果代际之间契约的观点是合理的，那么工人所付的社会保障税就不是他们自己的对养老金的贡献，而只是在偿还他们父母一代承担的教育他们的成本。

288

## 老年和民主理论

我们不知道从年轻人向老年人的财富净转移究竟有多大，但是它可能是一个正值而不是负值，也许是一个很大的数量。[57] 如果这种转移仅仅是工作人口对老年人的无私或自然感情的自然表现，那么我们就没有什么必要讨论这个问题。出于第 9 章讨论的原因，这是不可能的。人们对那些遭受例如贫穷或者不健康的人（特别是后者在当今可能与老年有关）是无私的，但是自然的反应会是试图消除导致这种现象的环境，而不是将老年人作为一类人向他们分发恩惠。当今财富向老年人转移的规模，不管从道德或者经济学理论上看公正与否，[58] 如果不是因为他们的政治力量，难以让人理解。这种力量凑巧是老年人的时间成本低的结果（第 6 章中讨论过），由于他们的利益一致性以及儿童没有公民权，这使得老年人成为获取对他们有益的政策非常有效的施压政治团体。

没有政治或者道德理论指明，一个团体可以因为他们的如下特点在道德上拥有政治力量，因为时间成本低在选举中与其在人口中的比重相比参与更多，因为他们的利益集中和统一，选举行为具有高度不相称的有效性。在一定程度上可以信任老年人会无私地选举，他们不相称的力量不会带来很大的麻烦。但是也不该相信他们，因为他们对把财富重新分给自己的政策过于感兴趣。这种兴趣不会因为老年人对自己的子女和孙子女的无私感情而减少一

---

〔57〕 参见，Danziger et al.，本章注〔56〕，第 264 页。

〔58〕 Becker，本章注〔47〕，第 370~373 页。他指出了一些证据，说明年轻人并没有多付给老年人因教育借用的"贷款"。人们也不确定如果老年人对目前的政策有意发表意见，他们是否比我们未来的老年自我合法要求得到的会更多一些。

些。无私的老年人如果愿意可以通过礼物或者遗产来抵消他们接受的公共资金，这些老年人更喜欢这种形式而不是失去财富的转移，因为这样可以最大限度地增加老年人的力量。尽管老年人可能比年轻人更是无私的选民，一些特定政策带来的预期收益和损失会因为他们将去世而缩小，但这可能也不是一个非常重要的因素。大多数老年人拥有有意义的剩余预期寿命，而那些快要去世的老年人不太可能去选举。

我不是在说年龄是影响老年人参与选举的惟一因素，其他因素也起作用，例如受过教育的老年人可能会为公立学校债券问题投票，因为他们看重教育，尽管他们可能没有上学年龄的子女。[59] 但是我们有理由认为老年人有不相称的选举力量，特别是与在年龄另外一端的儿童没有选举权相比。一种空想的解决办法是给每个儿童选举权，其中一半的投票权由每个父母代为行使。这不一定是一个难以运作甚或特别麻烦的解决办法。它带来的欺诈行为并不一定比收入税中的赡养减免方面的欺诈更多，而且可能会更少，因为从欺骗中得到的益处很小。考虑儿童选举的方案可以在某些方面重新平衡政治力量，现在它似乎太偏向生命快要结束的人的利益，而没考虑那些拥有最大预期寿命的人的利益。

我用了"似乎"偏向的字眼，因为老年人不相称的选举力量、有过度重新分配危险的观点可能有些夸张，仍有一些老年人通过给子女礼品和遗产而"未"使公共财富流向他们。将财富从年轻人（或者中年人）重新分配给老年人的压力是自我限制的。随着老年人口比重的增加，抚养比增加，每个年轻挣工资者分给老年人财富的负担在加重，虽然老年人领取的平均津贴数没有增加。个人负担的加重会促使年轻人强烈反对再给老年人增加津贴。虽然老年人相比工作年龄的人更是一个有组织、有效的政治施压团体，但在一定程度上偏向前者的财富重新分配给后者带来的成本会达到一定的水平，导致可能出现有效的政治抵抗组织。抚养比上升得越快，这个水平就会越早到

---

[59] 有关的证据参见，James W. Button and Walter A. Rosenbaum, "Seeing Gray: School Bond Issues and the Aging in Florida," 11 *Research on Aging* 158 (1989).

达。所以这是年轻和年老自我之间斗争的一个自然的、尽管不一定是最佳的政治平衡。

然而这个观点因为"沉没"的社会保障税的现实而变得无力。[60] 哪怕一个还没有退休的人认为社会保障制度过于偏向老年人，但考虑到自己从这个制度中可以得到的预期利益，他会不在乎自己已经交付的社会保障税，这是一些找不回来、永远失去的沉没成本。如果这个人快要退休，他承担的大部分社会保障费用都来自过去，而所有的收益都在未来，这样他就很可能出于自己利益的考虑，反对任何削减社会保障金同时减税的提案。老年人和准老年人当中有一股自然的结盟倾向，这会加大前者的政治力量，超过了他们可怕的数量和选举参与程度所预示的一切。

年轻人的自身利益对控制政府财富流向老年人规模方面的影响在类似我们这样一个不尊敬老年人的社会里可能被认为会特别大。这个观点似乎难以与日本的事实调和起来，那里的老年人仍受尊敬（可能比以前要差一些），他们的储蓄率比美国要高得多。有人可能认为日本人存钱会少一些，因为他们到了老年会"免费"依赖他们的子女。[61] 也许我把因果关系弄反了。也许是因为在工作时大量存钱，增加了人们在老年时的财富，才使得日本老年人的社会地位高，他们受尊敬的原因是财富而不是年龄。

不必害怕财富过多重新分配给老年人的第二个理由是，比起许多其他利益集团之间的重新分配，这种分配可以通过很少的政治成本来控制。因为可以提前很多年预测老年人的大致人数（尽管医学的快速发展使得这种预测越来越不确定），因为最近 10 年或 20 年内老年人口相对少，[62] 这就有可能通过现在立法，将未来成本贴现为现值，从而消除财富在未来向老年人的转移。

---

〔60〕 Boskin et al.，本章注〔43〕，第 30~31 页。

〔61〕 Edward P. Lazear，"Some Thoughts on Savings," in *Studies in the Economics of Aging* 143, 162 (David A. Wise, ed.，1994).

〔62〕 从某种意义上说他们是"过客"，在我们想像中，他们比政治组织中"永久"成员的政治力量小。当然这种比较是夸张的。没有人能不死；准老年人会认为自己是老年人，这样就（在功能上）增加了老年人的数量和他们的持久力。

也有可能利用政治过程的惯性（就算政治平衡方面发生了变化相关法律也难以废除）来保证这类法律在未来变为现实时不遭废除。想一下 1983 年通过的在 2023 年将全额享受社会保障退休金的年龄从 65 岁提高到 67 岁的法律[63]（这使得 62 岁时申请社会保障金时的贴现率从 20% 上升到 30%）。这个法律不会对现在领取社会保障退休金的人带来任何影响，因为他们已经有资格了。受到影响的是那些现在正在工作、必须工作更长时间才能享受津贴的人。用将来失去的利益现价值来衡量，他们有损失——不太多，因为现值有贬值问题。[64] 这小部分损失可以因不用交纳更高的社会保障税金而得到补偿（而这种税金对在未来提供更多津贴至关重要），或者更确切地说因现在老年人的子女和其他家庭成员得到的收益而被部分抵消。然而我们不应对这种收益抱太大指望。总会有这样的可能性的，和现在一样，将来的老年人拥有足够的政治力量，迫使年轻人为他们支付更高的社会保障退休金；更进一步的可能是，退休年龄的提高会使更多人申请社会保障残障津贴，[65] 这个社会保障津贴计划实际上在向任何能够证明自己完全残障的工人加速支付社会保障退休金。

当某一政策给政治力量很强的团体带来的收益和损失都很小时（因为现值的贬值问题），考虑公众利益（也就是相关政策给例如消费者或纳税人这样的松散群体带来的收益和损失）就易于在政策塑造方面起更大的，经常是决定性的作用。不然就很难明白为什么惩罚罪犯的法律得以通过和实施，因为受益者（除了律师和法律执行人员外）是一个松散的群体——所有守法的公众。

如果伴随寿命增加的是老年人健康的改善（看起来似乎是这样），人们可能会认为提高退休年龄是对老年起始年龄提高的自动的和无成本的反应。我

---

〔63〕 实际上这个年龄自 2000 年开始每年增加一个月。

〔64〕 以 3% 的贴现率看，1 美元的现在价值在 40 年后（2023 年至 1983 年）是 31 美分。不太清楚出自更有效政策的将来世代的收益是否也会遭到类似的贬值，或者干脆没有贬值。社会贴现率可能是零，尽管我对此有怀疑（见下一章）。但是如果假定人们的政治行为主要受个人而不是社会的收益和成本影响，那么修正社会贴现率的问题就与立法的政治上可行性问题不同，后者会减少未来世代的权力。

〔65〕 Thomas N. Chirikos and Gilbert Nestel, "Occupational Differences in the Ability of Men to Delay Retirement," 26 *Journal of Human Resources* 1 (1991).

也认为多是这样的（见第 2 章），尽管它可能忽视了前几章中强调的无聊的因
素。如果到达某一点后工作的负效用的增加与工作时间而不是年龄成函数关
系，增加人们工作生命会给他们带来负效用，哪怕因为健康状况更好，在新
的、更高退休年龄实行之前他们的工作能力和工资不会下降，也是如此。但
这又假定健康长寿带来的影响只延长了人们的事业，这应该还有其他的影响。
研究生教育可能更吸引人，因为它会推迟开始工作的时间。类似军队这样在
结束服役后适合人们开始第二职业的职业也会更吸引人。最重要的是会推动
职业转换行为，因为剩余工作生命的延长会增加中年为获取新人力资本而进
行的投资的回报。

人们都十分清楚，社会保障金过于与通货膨胀挂钩。如果能够矫正这个
问题，保障金会（在没有新立法的情况下）比平均工资增长更慢一些，因为
津贴没有与实际的（也就是调整了通货膨胀的）工资增长挂钩。

不赞同过于担心老年人选举力量问题的另外一个考虑是，这种力量在政
治稳定中的作用。回想第 8 章中的观点，老年选民一般是保守的，他们拒绝
公共政策中的新花样。拒绝新观念是流体智力随年龄增加而下降的一个有特
色的副产品，它在科学领域没有好处，因为在科学领域为了去坏存好就要有
客观的程序。政治上则没有这种程序（或至少非常缓慢），所以一些坏的新观
念可以很快得以巩固。老年选举人口多可以通过阻止采纳新的政治观点，从
而降低一个政治制度的内在危险。另外一个在政治中常用的形容接受新观点
的词是"易受影响的"（Impressionable）。我们可能不希望选举被易受影响的
选民主导，我们可能会认为财富从年轻人流向老年人的部分目的是补偿老年
选民为政治稳定做出的贡献，因而年轻人也会从中得利。

一种相反的考虑是，老年选民可能特别容易受激进观念的影响，当这些
观念以老观点的面孔出现时（可能会是这样）。老年选民似乎在选举中不成比
例地支持了希特勒，为他掌权铺平了道路。[66]

最后一个反对认为老年人拥有危险的过多选举力量的观点，把我们再次

---

〔66〕 参见, Richard F. Hamilton, *Who Voted for Hitler?* 61-62, 512 n. 46 (1982).

带回到多重自我的概念。每个年轻人和中年人都有一个未来的自我，他可能不是一个可以完全信赖的受托人，就像父母不完全是他们子女的可靠受托人一样，因为他们的利益不一样。作为实践的问题，当前的老年人所代表的不仅仅是他们自己的利益，也代表了现在年轻将来会老的人的利益。我早先提出的论点是，给予父母多余的选举权，以增加政治进程中儿童利益的分量，这个论点也可以用来支持容忍老年人"过量"的选举力量，以保证这个进程会适当考虑未来的老年自我。

然而，有两个相反的因素抗衡着本节中提到的所有让人心安的事实。一种与缩短的视野有关；另一种与搭便车有关。我说过目前的老年人可以代表未来的老年人（目前年轻人和中年人未来的自我）。但是，当涉及收益在多年以后才能体现的计划时，就不太可能如此了。例如，预计在 20 年间不会发现治愈癌症方法的研究计划就属此类。到那时现在的老年人已经死去。对这种研究感兴趣的人是未来的老年人，现在他们是年轻的。

第二，虽然似乎削减未来的联邦医疗保险和社会保障，并拒绝为那些需要日常生活帮助而不是医疗帮助的老年人的家庭照料提供公共补贴，这在政治上是可行的，但是政治上不可能拒绝给予老年人医疗照顾（回想一下对德沃金提议的讨论）或遗弃那些需要家庭照料的老年人。当联邦医疗保险和私人保险没钱以后，前者的负担就落在了政府医疗保险身上，后者的负担就落在了家庭、朋友和社会工作者身上。[67] 这些负担成本很大，除非强迫人们为了自己的老年更多储蓄一些，社会（当作是其成员的集合体）无论如何都必须为之支付金钱。这些负担会因老年人比例的增加而真正加大，当更多老年人活到很大年龄时，大量的医疗和家庭照料成本不可避免，哪怕——这在目前来看不太可能——医疗和家庭照料的相对成本没有继续攀升。目前也不像有什么公共或者私人办法可阻止老年人将这些负担转给纳税人和家庭成员。不能指望人们会通过私人储蓄为老年凑足资金，因为年轻自我和年老自我之间有矛盾，我在本书中始终强调这个问题。

---

〔67〕 我强调家庭照料而不是机构照顾，因为老年人更喜欢前者，原因在第 6 章中解释过。

从这个角度看——这附带地提出了重新分配医学研究费用的另外一个理由，从老年人的致命疾病转向仅仅是使老年人身体和精神残障的疾病——削减社会保障制度、联邦医疗保险、政府医疗保险或者其他公共福利的利益，不过就是在改动账目而已，或者更确切地说，不过就是在改变承担老年人成本的纳税人和其他承担者的身份、并改变纳税人和其他承担者之间承担的相对份额而已。当然这是一种夸张。如我在讨论老年医疗保健制度时指出的，公共方案结构的变动可能会促发节约的热情。我指出过，如果老年人能将他们联邦医疗保险资格的预期价值转换成现金，用在任何他们喜欢的地方，他们的境况就会更好一些，结果是国家总的医疗支出会减少。私人医疗慈善补助毫无疑问会比公共补助更为不足。然而就算取消支持老年人的所有公共项目，也不可能明显减少人数正不断增加的美国老年人的医疗和其他消费费用。

但是我们必须十分小心地保持正确的视角，或者换个说法，就是考虑到所有的收益和成本。中年人为了在家照顾年老的父母会花费很大，但他们（他们或者他们未来的自我！）有一天也会老，也会希望有家庭照顾。这些大量的费用在某种程度上是医学和科学知识进步的不可避免的副产品，这些进步延长了中年人的健康，推迟了老年的到来，这两者相加带来了很大的效用，相比之下照顾老年人的负担可能是一个相对小的代价。更大的代价可能是老年人和他们家庭承担的不健康的老年带来的精神损失。

本章的重点在于代际之间金钱和非金钱的财富转移——推测的和已证明的。社会保障退休制度、联邦医疗保险，或者其他我没有讨论的老年人公共项目、公共资助的医学研究（研究那些更多折磨老年人的疾病）、避免用年龄分配稀缺医疗资源的治疗决定，这些带来了大量从年轻人向老年人的总体财富的重新分配。但是净重新分配是另外一件事。最大的公共财富转移计划中代际之间向老年人的净转移部分——社会保障退休计划——可能很小。如果我们从退休金中减掉享受社会保障退休金的人工作时所交的社会保障税的年金价值，如果适当地考虑接受退休金的一代人都为正交税一代的大部分人力资本交过学校税，这些人力资本反过来又补充了作为社会保障退休金费用来源的国库，如果考虑了社会保障减少了老年父母的子女以及孙子女的负担，这种净转移部分还可能是负值。

我们老年公共项目中有一些表面上看起来专断的特征，经过仔细分析似乎很有道理，例如可以用多重自我的概念来为社会保障制度的强制性特点进行辩护。不是因为短视，而是因为漠不关心之故，年轻自我可能会遗弃他未来的老年自我。强制为退休后储蓄，就像拒绝执行自杀契约和努力阻止有害的上瘾行为一样，可能反映出社会在各个方面都不希望把现在的自我看作是躯体的"主人"，而只把他看作是躯体的临时住户。多重自我分析也会瓦解以以下原因为由而认定联邦医疗保险过度大方的说法：如果可以选择，大多数年轻人都不情愿为他们老年的医疗需要做过多储备。这是年轻自我有更看中现在自己的效用而不是他未来年老自我的效用的倾向的又一个例子。从严格的财政角度看，我们更可以为医学研究大力倾斜老年疾病做辩护，因为帮助年轻人活到老年可能会比让已经上年纪的人适度延长生命增加更多的净预期终身医疗成本。然而，从更广的效用角度看，将资源更多集中到年轻人的疾病上效果会更好。

我认为在医学范围，公共资源的分配可能应该适当偏向精神疾病的研究，因为在这方面的治愈或者大幅度改善不太可能会"挽救"病人于一种疾病却又让其陷入另一种疾病。最有争议的是，我强调把医学研究的公共资金更多地分配给研究男性疾病而不是女性疾病，这样可能会带来一些益处。男性老人和老年妇女在人数上不平衡的现象十分突出且不断加剧——"有利于"妇女——这减少了老年妇女的婚姻和性机会，如果事先重新分配医学研究的资源（至少暂时），使男性寿命增加的速度快于女性，妇女似乎可能（从我建议的标准看不能用更强硬的词语）更多受益。总的一点是，在决定怎样分配医学资源才会使预期效用最大化时我们必须考虑生命的质量和数量。

对国家当前老年项目的细节，有些是非常大的细节，有很多反对意见；[68]

---

〔68〕 Raymond G. Batina, "On the Time Consistency of the Government's Social Security Benefit Policy," 29 *Journal of Monetary Economics* 475 (1992).

因此，认为这些项目接近完美，或者否认这些项目有可能把大量、可能是过度的财富从年轻人转向老年人，都是鲁莽的。年轻人和老年人之间选举力量的明显不平衡——儿童干脆没有选举权，相对老年人口对成年人口的比值老年人选举的不成比例——支持了这种考虑。但是可以制约老年人选举力量带来的危害的微妙因素却很容易被忽视。其中包括"保守主义"（不是从政治倾向而是从抵制新奇事物的角度看），这是老年选民的一个特点，它通常但不一定是一股健康稳定的政治力量。财富越多从年轻人流向老年人，就越容易将年轻人联合起来形成反对未来财富这样流动的一股有效政治力量。（或多或少地）〔69〕对未来特定时点老年人口的预测能力加上立法的惯性（一旦通过立法很难撤除这个立法）减少了为了老年人未来利益的立法；这类立法的成本将由未来的老年世代来承担，但更低税金的利益却能马上显现。我们也可以以现在的老年人是没有被代表的未来老年自我的代言人为由，为老年人"过度"的选举力量辩护。

我承认这些分析都可能过于静态。医疗和非医疗的家庭照料负担会随着老年人口的增加而增加，而且速度可能比老年人口的增速更快。〔70〕必须有一些人来承担这种负担，因为极不可能实际拒绝那些需要帮助的老年人。考虑到年轻和老年的自我之间有矛盾，这"一些人"可能不是老年人自己（他们年轻时）。在实际政策上这是一个难点，没有便于使用、可行的解决方法，但是更强调改善质量而不是延长寿命的医学研究可能指出了至少部分的解决方法。哪怕无视这种可能性，我认为对于那些承担照料老年人沉重负担的人，现代医学和科学延缓（也在延长）老年的到来所带来的收益会减掉一些沉重成本。会有更长的健康中年，这带来的一个成本是中年人必须承担老年人的费用，因为老年也在不可避免地延长。

297

---

〔69〕 以下的作者强调得更少，Kenneth G. Manton, Eric Stallard, and Burton H. Singer, "Methods for Projecting the Future Size and Health Status of the U. S. Elderly Population," in *Studies in the Economics of Aging*, 本章注〔61〕，第 41 页。

〔70〕 回想一下第 2 章中防止对反对夸大保健费用增加对老年人口的总社会成本的影响的说明。

# 第十二章
## 有关衰老与老年的法律问题：一些例证

298　　尽管社会保障法案（Social Security Act）是与老年有关的最重要的法律，但在实际执行这项条例时引发的有关应用和解释方面的问题中，很少有什么问题需要类似我在本书中试图阐释的对衰老和老年的理解才能作出明智的决断。在实施其他许多法律时也有很多这样的问题。社会保障法案最引起人们兴趣的就是它努力要消除基于年龄的雇用歧视。我将在下一章中讨论雇用年龄歧视的问题，而在本章我将谈论涉及老年人的其他一些法律规定的问题：（社会保障制度以外的）有关养老金的联邦法律；适用于老年人受伤和受害的侵权规则；对老年罪犯的处罚以及继续关押年轻时犯了罪、被判无期徒刑并不得假释的已届老年罪犯；老年痴呆症患者的法律能力和责任。有关协助自杀、生前遗嘱以及临终医学决定（MDEL）等相关法律已在第 10 章中讨论过。

　　我在本章中讨论的与老年有关的法律问题不多。其他一些有意思的问题包括在破产活动中保护老年人的财产，祖父母（外祖父母）的法律权利，对
299　痴呆病人进行医学实验而征得知情同意书的问题，在既无正式文件又没有使用强力的情况下被送入养老院的那些人的权利。[1]

─────────────

〔1〕　有关这些问题参见，Daniel L. Skoler, "The Elderly and Bankruptcy Relief: Problems, Protections, and Realities," 6 *Bankruptcy Development Journal* 121 (1989); Madeline Marzano-Lesnevich, "Grandparents' Rights," *New Jersey Lawyer*, Jan./Feb. 1991, p. 46; Robert L. Schwartz, "Informed Consent to Participation in Medical Research Employing Elderly Human Subjects," 1 *Journal of Contemporary Health Law and Policy* 115 (1985); Carthrael Razin, "'Nowhere to Go and Chose to Stay': Using the Tort of False Imprisonment to Redress Involuntary Confinement of the Elderly in Nursing Homes and Hospitals," 137 *University of Pennsylvania Law*

# 养老金法

1974 年国会通过了雇员退休收入保障法案（ERISA）。[2]这个复杂的法令是在联邦法庭提起诉讼的主要根由，但是很多诉讼的内容与本书讨论的问题没有关系。尽管该法案的题目是《雇员退休收入保障法案》，但它还规定了雇主医疗和福利金以及退休金问题，并规定了有关具体的退休金计划或属该法案范围的其他具体计划条款的合同争议，可以由联邦法院管辖。这个法案与年龄有关的主要意义在于它对雇主在限定利益额的养老金计划和限定贡献额的养老金计划之间作出选择的影响，以及它对限定利益方案的规制。[3]

限定利益方案保证根据雇员工作的最后一年或几年的薪金和工作年限，向雇员支付一个固定的年养老金。某人为其雇主工作的时间越长，最后的薪金越高，那么他的退休金就越多。例如，这个方案可以使他每年得到的年金收入为最后薪金的 1%乘以他工作的年数，也就是如果他在工作了 30 年之后退休，他每年得到的养老金就是他最后那年工资的 30%。因此在限定利益方案下，雇员得到多少养老金与雇主付给了该方案多少钱以及对该方案投资的情况没有关系。

300

---

（接上页）*Review* 903（1989）. 有关一般的老年人的法律问题参见，Peter J. Strauss, Robert Wolf, and Dana Shilling, *Aging and the Law*（1990）；Joan M. Krauskopf et al., *Elderlaw*：*Advocacy for the Aging*（2d ed. 1993）（2vols. ）.

〔2〕 29 U. S. C. §§1001 *et seq* 有关对 ERISA 养老金方面有帮助的经济学分析参见，Jeremy I. Bulow, Myron S. Scholes, and Peter Menell, "Economic Implications of ERISA," in *Financial Aspects of the United States Pension System* 37（Zvi Bodie and John B. Shoven, eds., 1983）；Laurence J. Kotlikoff and David A. Wise, "Pension Backloading, Wage Taxes, and Work Disincentives," in *Tax Policy and the Economy*, vol. 2, p. 161（Lawrence H. Summers, ed., 1988）.

〔3〕 有关这个方案中两种不同类别的差异参见，Zvi Bodie, Alan J. Marcus, and Robert C. Merton, "Defined Benefit versus Defined Contribution Plans：What Are the Real Trade-Offs?" in *Pensions in the U. S. Economy* 139（Zvi Bodie, John B. Shoven, and David A. Wise, eds., 1988）. 尽管更多人选择限定贡献方案，但是限定利益方案总体上可以得到更多的财产。Pension and Welfare Benefits Administration, "Abstract of 1990 Form 5500 Annual Reports," *Private Pension Plan Bulletin*, Summer 1993. 但是也参见本章注〔10〕和其中的文字。

在一个典型的限定贡献方案里，雇主和雇员为方案交的钱分别存入为每个雇员在这个方案下设立的账号中。[4] 该雇员退休时，他账号里的资金等于他自己和他的雇主存的钱加上这些钱本身和用这些钱投资所得的利息。这些资金用来购买年金，使该雇员和他的配偶有固定的年收入用于生活。（有的方案是雇员得到总的一笔钱，而不是年金。）所以，在限定利益方案中，投资的风险由雇主或该方案（或方案的保险人）负担；而在限定贡献方案中，负担风险的则是雇员，当然雇员可以通过投资该款项于各种有价证券来减少风险。

退休后年月里的通货膨胀危险在这两种方案中的分配正好相反。在限定利益方案中津贴用名义数值表示（每年多少美元，直到该雇员去世为止），但是在限定贡献方案里，津贴在退休时付给雇员，雇员可以再投资，这样就使该雇员至少能够避免一些通货膨胀。我还没有见到为什么在限定利益方案中津贴不与通货膨胀挂钩的任何解释。

限定利益方案对于雇主的雇员年龄概况有很大影响。在联邦退休金和年龄歧视法律规定的范围内，雇主可以采用有利算法，使雇员在某个年龄（例如 55、60 或 65 岁）退休（或不退休）极为不利。限定贡献方案就不那么受雇用条款的影响，因为雇员退休时的津贴不在雇主的控制之下，尽管雇主贡献的钱数对津贴有影响。

由于限定利益方案下的津贴取决于雇员最后的薪金数额，所以这种方案能提供更多但不十分稳定的固定收入来替代尽管不一定能与原来的工资收入完全持平的薪金，雇员退休后仍能保持他过去习惯的生活水平。限定贡献方案下的津贴则严格取决于已经交的款数，以及用所交的款进行投资的收益。

如果雇主更能承担风险，对于雇员来说，更具吸引力的当然是限定利益方案，而不是限定贡献方案，尽管在既定享受退休权利规则上的差异和总是存在的通货膨胀使得这二者的衡量复杂化。限定利益方案也有利于人力资本的最佳投资（下面我们会谈到），当方案资金过多时（即该方案下的资金多于

301

[4] 在一些限定贡献方案里只有雇主交钱。但这是一个没有经济学意义的细节，我们将在下一章中讨论，因为尽管雇主是名义上的支付人，但工人是实际的支付人，因为他们接受了更低的工资。

退休金责任），雇主能得到纳税方面的好处。来自这些资金的收入对雇主有利，因为雇主不必用其全部来支付养老金，由于这个方案是免付税金的，所以这些收入也是免税的。

那么，不提供足够资金的动机又是什么？在 ERISA 通过之前，限定利益方案中的养老金责任可能也经常只是养老金方案的，而不是雇主的责任。如果这个方案因为付款不足、投资结果不理想，或者保险预测不准确，提供不了足够的资金，那么损失就是雇员的，这样一来一些投资风险就将由雇员承担。如果方案提供的资金过多，雇员得到方案提供的所有权利后，资金余下部分的所有权者为雇主的股东，股东就会获得利益。

根据既定享受退休权利规定和特定方案的工作年限规定，工人在退休年龄之前退休可能会发现他的养老金比他的贡献要少，甚至一钱不值。所以他有很强的动机留在同一公司，直到达到退休年龄。这种动机减少了劳动力的流动，也增加了雇主剥削雇员的公司特定人力资本的权利，如果雇员要求增加工资以便与他们对公司的价值相当，雇主就会暗中威胁在养老金权利生效前解雇这些雇员。先不考虑人力资本问题，人们可以想像一个雇主把雇员的工资和养老金之和定在一个刚好超过这个雇员若换一个最好工作所得的工资数的数额上。在雇员要退休的前一年、在可以享受养老金之前，他的工资可能为零，甚至是负值，雇员要为允许他工作时间足够长从而领取养老金付出代价。

在做出实行 ERISA 之前的养老金制度是剥削性的结论之前，我们必须要提醒自己，包括养老金权利在内的退休条款是雇主和雇员之间商谈的一个问题，而不是单方强迫接受的。哪怕（像过去一样，现在更普遍）雇主拒绝与每个雇员分别商谈，而是对雇员说要么接受雇用条款，要么走人；哪怕雇员不由工会代表（如果是工会，雇主无法合法地拒绝与其商谈），但雇主之间的竞争还是给了未来雇员一个选择不同工资津贴的机会。一些雇主会强调提供好的退休或者其他待遇，但条件是工资低一点；另外一些雇主会强调给高工资，但退休金或其他津贴少或者不稳定一些。雇员会根据个人对风险和一生

302

消费分配的偏好来选择雇主。

　　不健全的既定享受退休权利并不是一个骗局，也不是对劳动力最佳流动的一个障碍。通过将养老金作为雇员留在公司并且让人满意地工作的附加条件，不健全的既定享受退休权利帮助雇主收回他们投资雇员的公司特定人力资本。这也解决了最后时期的问题：不仅仅挥舞大棒（威胁在养老金权利生效之前解雇），也使用胡萝卜，因为在限定利益的方案中养老金受雇员工作最后一年工资的影响很大。雇主滥用权利的动机（不完全的既定享受退休权利使他们可以反悔公平对待雇员的不成文契约）可能受到控制，因为雇主会顾及保留一个公平交易的名声（如果没有这个名声，他就不得不给新雇员更高的工资），并且工人因拥有的公司特定人力资本也具有讨价还价的力量。如果工人因为生气或者厌恶辞去工作，或者公司为了减少他的养老金而将之辞退，那么公司就必须再投资培训一个没有经验的工人来替代他。[5]

303　　靠市场来控制雇主对雇员的剥削并不是完美无缺的，很少有什么市场控制机制能达到此种地步。特别是当雇主处在最后时期时，我们就更不能指望这种市场制约机制能起作用了。[6] 但是没有令人信服的证据说明滥用养老金的问题十分普遍，以致应该制定一个复杂的联邦规制方案予以控制。相反，仔细的实证研究表明，在 ERISA 之前，机会主义地解雇养老金计划下的工人的现象很少，ERISA 对解雇该方案下的工人这一问题没有带来可察觉的影响。[7]

------

〔5〕 引自，Donald P. Schwab and Herbert H. Heneman III, "Effects of Age and Experience on Productivity," 4 *Industrial Gerontology* 113 (1977). 有关养老金契约的当代经济学理论的优秀回顾参见：Richard A. Ippolito, "The Implicit Pension Contract: Developments and New Directions," 22 *Journal of Human Resources* 441 (1987); 有关更全面的讨论参见下面书中的文章：*Pensions, Labor, and Individual Choice* (David A. Wise, ed., 1985). 当代理论将养老金契约看作是给工人适当积极性的一个方法；更早的理论认为，它仅仅是被有利的税制刺激了的一种储蓄形式。

〔6〕 例如参见，Daniel Fischel and John H. Langbein, "ERISA's Fundamental Contradiction: The Exclusive Benefit Rule," 55 *University of Chicago Law Review* 1105, 1132 (1988).

〔7〕 Christopher Cornwell, Stuart Dorsey, and Nasser Mehrzad, "Opportunistic Behavior by Firms in Implicit Pension Contracts," 26 *Journal of Human Resources* 704 (1991); Richard Ippolito, "A Study of the Regulatory Impact of ERISA," 31 *Journal of Law and Economics* 85, 91-102 (1988).

ERISA 的主要要点，至少就退休方面（注意 ERISA 也有关于医疗和其他雇员利益方案的规定）而言，是要求限定利益方案给予加入方案 5 年以上的雇员以养老金权利，并以限制养老金"拖延"（backloading）来保证这个要求。这个词的意思是，使养老金过分与年龄挂钩，因此如果不达到退休年龄，养老金权利的数额会很小。ERISA 与养老金相关的其他目的有：建立一种联邦司法救济来对付对方案参加者和方案受益者不执行养老金方案的信托责任的行为，减少不对养老金方案提供足够资金的现象，通过依据该法案建立的机构——年金保证公司——来保证在资金不足情况下的养老金权利。最后这两个目的相互矛盾，因为存在受保障的养老金损害了市场对资金投入不足的控制。如果知道有政府做后盾，工人和工会就不会那么努力为得到适当养老金而斗争。这与联邦储蓄保险十分相似，这种保险增加了金融机构发放高风险贷款的动机。十分明显的是，ERISA 的制约性规定是不充足的。有人害怕最终会出现养老金危机，就像 1980 年代的储蓄和贷款灾难一样。[8]

ERISA 对养老金延迟的影响很小。限定利益方案仍有很严重的拖延。[9]然而这个法案使限定利益方案对雇主更昂贵（以每美元的利益计算），使雇员更有保障。但是，由于成本和收益都更大一些，所以很难评估该法案对私人养老金制度的净影响。这个影响可能很小。自 1974 年以来利率要比以前更高一些，所以（受公司税率的左右）过度提供资金带来的税金利益也在增加。该法案没有禁止过度供资，尽管它使雇主更难收回股东为养老金方案过多供资的财产。利率扩大了过度供资带来的税金利益，这一效应抵消了该法案使雇主对限定利益方案更不感兴趣的效应。确实，自 20 世纪 70 年代后期，社会潮流已经偏转到限定贡献方案一边（特别是 401 [k] 方案，它允许雇员向

304

〔8〕 参见，Carolyn L. Weaver, "Government Guarantees of Private Pension Benefits: Current Problems and Market-Based Solutions," (unpublished, American Enterprise Institute, Aug. 1994, forthcoming in *Public Policy toward Pensions* [John B. Shoven and Sylvester J. Schieber, eds.] Twentieth Century Fund.

〔9〕 Laurence J. Kotlikoff and David A. Wise, *The Wage Carrot and the Pension Stick: Retirement Benefits and Labor Force Participation* (1989)；参见，Bodie, Marcus, and Merton, 本章注〔3〕，第 143 页。

退休账户缴纳贡献额，同时对此种贡献额推迟征税）。[10] 但是仍不清楚 ERISA 是否是导致这个潮流的一个因素。

该法案限定了不完全的既定享受退休权利，由此减少了雇主对其老年雇员的控制，因为这可使这些雇员拥有牢固的养老金权利。这种控制权的丧失会让雇主在雇员身上少进行公司特定人力资本的投资；另外由于雇主对雇员的投资更难得到保护、雇员努力工作的积极性也小（如果他们被解雇也不会损失太多的养老金），所以雇主会更经常公开或含蓄地威胁解雇，以此维持秩序。这种影响的程度有多大也是不清楚的。

对 ERISA 最大的批评是，没有有关 1974 年之前私人养老金权利市场未能适当运转的让人信服的理论或实践的依据。司法史上讨论的弊病大多是由工会管理的多雇主养老金方案——几乎构不上没有被规范的劳动力市场运作的代表例子。如果没有社会保障法，所有养老金都会是私立的。但是基于多重自我或其他理由，人们希望要求年轻人为他们自己的老年留下一些什么，这样就有必要设定最低养老金水平，对资金投入不足进行限制，禁止转让或借用养老金权利，或者有必要采取其他一些措施防止雇主和雇员私下达成协议把有意义的养老金权利换成更高的工资，这样一来年轻雇员就还可以迫使他们未来的年老自我挨饿、接受私人救济或者施舍。如果社会保障金是为我们的未来自我所做的适当准备，我们就有些不明白为什么还需要 ERISA。但是如果社会保障被一种"简单"要求人们为老年储蓄的法律所代替，那么这又需要类似 ERISA 这样的东西，以使那项法律不成为一个空姿态。

除非该法律只要求雇员对限定贡献方案做出一个明确水平的贡献，该法就不起作用。但是这是一个重要的"除非"，因为法律可以强迫使用限定贡献方案，减少使用限定利益方案。如果限定利益方案具有任何效率的话（我们提到过几点），这种政治上强迫的替换将是社会成本的一个来源。

---

[10] John R. Woods, "Pension Coverage among Private Wage and Salary Workers: Preliminary Findings from the 1988 Survey of Employee Benefits," *Social Security Bulletin*, Oct. 1989, p. 2.

# 老年侵权行为者和老年侵权行为受害者

现在我要讨论的一些问题（尽管有些深奥）可以很好地说明经济学分析对理解和评价司法规则和实践的价值。第一个问题是，侵权法是否应当为老年人（不论是作为加害者还是受害者）规定比年轻人低的处罚标准，因为从理论上说老年人无法达到与年轻人一样的水平。侵权法对儿童和盲人有这方面的考虑。让儿童和盲人为那些成人和视力健全者以合理成本可避免、但儿童和盲人（因他们达到同样水平的成本要高很多）无法避免的伤害承担责任，无助于使儿童和盲人造成的事故数量减少，这只是将这些事故的成本从受害者转向加害者而已。[11] 我有些夸张。我们在第 6 章中就讨论过有关老年人的驾车行为，交通事故不仅可以因为人们更加注意、也可以因为避免或减少这类并非故意导致事故的行为而不发生。老年人更少开车，如果开车的预期成本包括了向事故受害者支付赔偿责任的预期成本，他们就会更少开车。同样，盲人也可以少出门，父母则可以更加严格看管自己的子女。

老年人与盲人、儿童的不同以及我推测法律对前者没有像对后者那样设定一个更为"现实"的注意标准的原因在于，老年人避免致人伤害的成本要比儿童和盲人的低。老年人可以用时间来替代更年轻车手的更好视力和更快反应。因为大多数老年人已经退休、不是上下班的人，所以驾车的价值在减少，他们可以通过减少驾车次数来减少事故给他们带来的成本，他们可以通过改换活动来弥补任何多加小心也难以弥补的注意力缺陷。如果老年人侵权责任标准根据老年人的平均体力能力来定，就可能减少老年人为避免事故而加以小心和减少某些活动的动机，这对社会无利。

普通老年人的驾车价值比平均年轻人的低，这为要求老年人达到与年轻人一样但不更高的注意力标准提供了一个有利基础。如我在第 6 章中强调的，侵权责任、自我保护的考虑以及老年人驾车的平均价值低，已经减少了老年

[11]　William M. Landes and Richard A. Posner, *The Economic Structure of Tort Law* 123–131 (1987).

306

人的驾车数量，剩下的那些驾车行为极可能会给他们带来很大的收益。

老年人多是事故（包括致命事故）的受害者。1990 年有 26 213 名 65 岁及以上的美国人死于事故，其中 30% 是汽车事故。[12] 有些事故是侵权行为所致，这就提出了为了侵权赔偿之目的如何评估老年人生命价值的问题。估计纯金钱方面损失的难度并不比估计年轻人更难——实际上更容易一些，因为在要求预计收入的情况下，老年人获得预计收入的时间会更短。但是该如何计算一个已没有多少年生命、此后年月里大约会因预期身体衰弱、效用有限人的非金钱生命价值？直觉上这似乎非常明显，老年人的平均生命价值要比年轻人小得多，但在第 5 章中讨论的老年人的"死亡恐惧"应让我们对这个问题心存疑虑。

威廉·兰德斯（William Landes）和我建议，为估计侵权行为损失的目的而评价生命价值的适当方法应该是：从对使用安全带和其他老年人保护自己免受伤害方法的研究，来决定人们在希望自己避免民事侵权行为带来的事故风险上想支付多少，以此除以风险。[13] 如果被告制造了 0.000 001 的死亡风险，受害者可以要求 1 美元的承受这种风险的赔偿；如果受害者死去，他应该得到的赔偿（如果风险可以具体化）将是 100 万美元。这是衡量损失的正确方法，因为它使潜在伤害者正视他们危险行为的预期成本（1 美元）。如果他们在避免事故方面花费的比这少，从经济学和紧密相关的法律意义上看，他们就是疏忽大意的。

尽管很多研究利用了兰德斯和我认为可以用来计算死亡的侵权损害赔偿金的方法来推断"生命的价值"，[14] 但我没有看到任何这类研究调查了年龄

---

〔12〕 U. S. Bureau of the Census, *Statistical Abstract of the United States* 1993 93 （113th ed.）（ser. 128）; National Safety Council, *Accident Facts* 12 （1993 ed.）.

〔13〕 Landes, and Posner, 本章注〔11〕, 第 187 ~ 189 页; 另参见，Erin Ann O'Hara, "Hedonic Damages for Wrongful Death: Are Tortfeasors Getting Away with Murder?" 78 *Georgetown Law Journal* 1687, 1697-1700 （1990）.

〔14〕 参见 Marvin Frankel and Charles M. Linke, "The Value of Life and Hedonic Damages: Some Unresolved Issues," 5 *Journal of Forensic Economics* 233, 237-243 （1992）; 以及以下非常有趣的讨论: Sherwin Rosen, "The Value of Changes in Life Expectancy," 1 *Journal of Risk and Uncertainty* 285 （1988）.

对潜在加害者需要增加多少注意这个问题的影响。但是如果第 5 章的分析是正确的，要求老年人应达到的注意水平应当和年轻人一样，甚至要求更高——尽管他们的预期寿命已经缩短，而这意味着，以兰德斯和我建议的方法来计算，老年人要求加害者为其生命遭受的非金钱价值损失的损害赔偿至少可以和年轻人要求的一样多。有关老年人可以和年轻人一样（甚至更多）要求潜在加害者注意的确凿证据是，65 岁及以上的人比年轻人可能更经常使用安全带。[15] 应当承认，这没有证明在同样减少伤害和死亡风险时老年人会和年轻人付出一样多，更不用说会比年轻人付出更多。他们的时间成本更低一些，尽管说到系好安全带，这太微不足道；更重要的是他们在汽车交通事故中受伤或死亡的风险要更大。如果这种风险有两倍大，他们要求潜在加害者达到的注意水平会和年轻人要求的一样，哪怕他们的余生效用仅有年轻人的一半。

无论如何，十分明显的是，老年人并不因为只有几年的生命就认为自己 308 的生命不重要。所以我们可以看到老年人被害时得到的侵权损害赔偿会很多，至少在那些不将非法致死案件中的损害赔偿额限制在生存者所遭受的金钱损失上的领域内是如此。这种限定条件很重要。金钱损失在非法致死诉讼中原本是惟一可以补偿的损失。普通法在死亡案件中不提供什么损害赔偿金，最早改变普通法规则的非法致死法规仅仅给死者的失去支持的受赡养者一些补偿。这在一些州里仍然实行。严格地讲，这种赔偿金仅仅赔偿了幸存者失去的金钱损失，如果受赡养者已经退休，这部分补偿很少。（有时还会是负值：死亡加速了遗产的出现。）然而，在非法致死诉讼中，非金钱损害赔偿已经越来越得到支持，理由多种多样，其中之一是失去了伴侣。[16] 一些州现在试图补偿死者本人的损失，而不仅仅是生者的损失。例如密苏里州的一个法规允

〔15〕　Isaac Ehrlich and Hiroyuki Chuma, "A Model of the Demand for Longevity and the Value of Life Extension," 98 *Journal of Political Economy* 761, 781 (1990) (tab. 5).

〔16〕　参见，Dan B. Dobbs, *Law of Remedies*：*Damages-Equity-Restitution*, vol. 2 § 8.3 (5) (2d ed. 1993). Borer v. American Airline, Inc., 563 P. 2d 858 (Cal. 1977) 中提出这一点时明确地提到了老年原告。

许一位养老院居民的遗产管理人对养老院提出非法致死的诉讼，该法规背后的理由是养老院的居民极不可能为他人提供帮助或其他服务。[17] 只有一个州，康涅狄格州（加上联邦法院的民事侵权诉讼），允许对损失的生命快乐（效用）予以赔偿[18]——称作"享乐"损害赔偿金——陪审团常常秘密地给予这种损失补偿，夸大死者失去的收益或他死前的痛苦。

那些允许在死亡案件中赔偿非金钱损失的领域也允许对其中的金钱损失予以赔偿，所以我们可以预计在非法致死案件中老年受害者得到的总损害赔偿金一般要比年轻人低。更具体地说，我们预计，年轻受害者的非法致死损害赔偿金相对老年受害者的损害赔偿金的比值要大于1，但比二者的纯金钱损失的比值要小。

309

与这种预期一致的是，一项对 1992 年和 1993 年非法致死案件裁决的抽样研究发现，73 个受害者年龄在 65～85 岁的案件中判决的平均补偿数目是 120 万美元，这是 25～45 岁受害者的平均补偿数目 170 万美元的 73%。[19] 一项对飞机致命事故的侵权赔偿研究发现，40～49 岁（接受补偿的高峰年龄）受害者获得的赔偿对 70 岁及以上受害者获得的赔偿的比值在 7.17，而两个受害者组获得的纯金钱损失的补偿比值（以预期的未来收益和退休收入的现值体现）是 8.49。[20] 两个抽样结果的差异令人吃惊。前述飞机事故抽样调查的时间要早一些，其中所体现的年轻死者获得的损害赔偿对年老死者的比值要高于更近的一次抽样调查（1992 年～1993 年）的比值可能说明，在大部分辖区内，传统上对非法致死案件的非金钱损失赔偿所加的严格限制正

---

〔17〕 参见，Stiffelman v. Abrams, 655 S. W. 2d 522 (Mo. 1983).

〔18〕 O'Hara，本章注〔13〕，第 1692 页，注〔26〕；另参见 Dobbs，本章注〔16〕，§ 8.3（5），第 443 页；Andrew Jay McClurg, "It's a Wonderful Life: The Case for Hedonic Damages in Wrongful Death Cases," 66 *Notre Dame Law Review* 57, 62–66, 90–97 (1990), esp. 65 n. 33; 引自，注释，"Excessiveness or Adequacy of Damages Awarded for Personal Injuries Resulting in Death of Retired Persons," 48 A. L. R. 4th 229 (1986).

〔19〕 这些样本来自陪审团裁决 LRP－JV 计算机化的数据库，从西方出版公司的《西法》（Westlaw）系统中可以得到。

〔20〕 根据以下资料计算而得，Elizabeh M. King and James P. Smith, *Economic Loss and Compensation in Aviation Accidents* 35, 48 (RAND Institute for Civil Justice R-3551-ICJ1988) (tabs. 4.4, 5.7).

在松动。

我找到的最大的致命事故样本是 1959 年至 1979 年间伊利诺斯州库克县陪审团对 224 例非法致死案件的裁决。[21] 高峰年龄是 46～50 岁，这个年龄组的 17 位原告得到了平均 294 682 美元的赔偿。24 位最高年龄组的原告（61～70 岁）平均得到了 145 861 美元的赔偿，这是较年轻组所得赔偿数额的 49.5%。尽管这个样本的时间太早，但与最近的样本结果十分接近。在 61～70 岁组中，平均赔偿数额随年龄增加急剧下降，对 66～70 岁死者的赔偿仅为 40 498 美元，但是这个年龄组的样本量很小（10 例）。

人们可能会预期在非死亡的诉讼中，老年受害者获得的赔偿对非老年受害者获得的赔偿的比值会更高一些，因为发生相同事故时，年龄越大受伤的严重程度就可能越重。这在库克县的资料中得到证实。所有这类由汽车事故受害者（包括汽车致行人受伤害的事故）提出起诉的裁决中，高峰年龄在 46～50 岁（案例有 349 个），平均裁定赔偿额在 43 034 美元，相比之下 61～90 岁的案例（383 个）的平均赔偿额在 28 159 美元。在非死亡案例中老年受害者得到的平均裁决赔偿额是非老年组的 65.4%，而在死亡案例中这个比例只有 49.5%。这看起来可能有些奇怪，若平均受伤程度更为严重的话，老年受害者得到的平均赔偿额没有超过非老年受害者。但正是因为老年人的预期受伤更为严重，所以我们预计他们会更加努力地减少这种严重性，例如更注意系好安全带——我们知道他们是这样做的。非死亡的损害赔偿金和死亡的一样包括了失去的收入，正工作的人比退休的人的收入更多——退休收入的确不会因为一个致残的事故而减少。比较组的年龄越轻，老年非致命事故受害者的损害赔偿金就越可能与年轻受害者一样甚至会超过他们，这是因为更年轻受害者的收入可能更低而且受伤的严重程度也更低。与此一致的是，61～90 岁年龄组平均损害赔偿金（28 159 美元）是 26～40 岁组平均赔偿金（20 590 美元；案例数是 1 150 个）的 136.8%。

310

---

〔21〕 这个样本是耶鲁大学法学院 George L. Priest 教授从正在进行的库克县侵权诉讼研究中得到的。

　　一些有关生命价值与年龄关系的研究发现，在为危险工作做出保险费决定时，年轻工人以更高的比率来低估未来的受伤或者死亡的费用。[22] 有人可能会说，如果这些工人以后死亡或受伤，应该按他们估计的办。但这会忽视多重自我的问题。不应该用年轻自我相对较少考虑年老自我的事实来决定老年人的权利。老年人看重个人安全的行为说明他们并不以他们年轻自我定下的贴现价值来衡量自己的生命。出于与第 4 章解释的原因相似的原因，年轻人可能不希望购买保险确保年老时若因事故残障而发生的医药和其他需求得到满足，但这一事实不应成为发生这样的事情而不向老年人提供全额侵权损害赔偿金的令人信服的依据。

## 老年罪犯和囚犯

311 　　第 6 章中指出用监禁形式处罚老年罪犯会因处罚缩短带来威慑力方面的潜在问题。在处罚老年罪犯时更强调罚款的方法可以减轻但也不能解决这个问题。目前还没有这样做。联邦量刑指南中指出过"如果被告年老体弱，如果类似在家禁闭的方法可以达到监禁的效果并且代价小，那么可以用年龄为根据，作出低于适用标准范围的判决"。[23] 但是指南没有提到可以罚款。指南的制定者似乎仅仅看中了有关老年罪犯的一点，那就是体弱使他们逃跑的危险更小，因此比监禁更宽松的禁闭形式可能有效（成本也更小）。这不是一个好观点。在一定程度上，就体力或精神虚弱会将老年人"囚禁"在家中这个意义上而言，在家禁闭只有一点点或者干脆没有任何惩罚的效果，这种监禁的作用太小，甚至根本就没有。以对老年罪犯和体弱罪犯处以更恶劣条件

---

　　〔22〕　W. Kip Viscusi, "The Value of Risks to Life and Health," 31 *Journal of Economic Literature* 1912, 1921（1993）.

　　〔23〕　United States Sentencing Commission, *Guidelines Manual* § 5H1. 1, p. 303（Nov. 1994）. 1994 年的控制暴力犯罪以及法律实施法案（§ 70002, 18 U. S. C. § 3582［c］［1］［A］）给予释放 70 岁、被监禁至少 30 年的囚犯的权利，这些人必须是因为犯有三种或三种以上重罪、被联邦判决处以强制性终身监禁、可以证明现在对任何其他人或社区的安全不会带来危险的囚犯。这是走向正确方向的一步，但是仅仅适用于很小一部分有罪犯人。

的监禁来解决这个问题会是野蛮的。监禁似乎对老年罪犯不是一个办法，更需考虑的应是罚款的办法。

对此的主要异议是很多罪犯，不论是年老还是年轻，都无力偿还债务。然而这可能不是严重阻碍更多使用罚款来威慑老年罪犯（相对威慑年轻罪犯）的一个重要因素。老年罪犯更可能有一些社会保障或其他退休收入，所以如果分期支付罚金（如果需要，让他在余生中分期支付）就会大大降低他的生活标准。如果他有很大一笔财产（这更可能发生在老年罪犯而不是年轻罪犯身上），他很可能认为这些财产效用很大——也许他有很强烈的遗产动机——这样他就会因为重罚而受损失。这种情况下所受的损失要比前者更大，因为老年人支付罚金的损失和被监禁是一样的：因为老年人的预期寿命缩短了。但是除非这种缩短对罚款是一个更严重问题（为什么会是呢?），罚款可能还是比监禁更好一些，因为实施起来更为廉价一些。

对老年人进行刑事处罚中最为严重的问题主要来自对年轻罪犯处以不可假释的终身监禁的数量增加。授权制定联邦量刑指南的法规也规定不得假释根据这一指南裁决的罪犯。许多州也在向同一个方向发展。不得假释将引发老年因犯人数和比例大幅度上升的危险，至少在联邦监狱系统中会如此，尽管目前这种危险还未出现。根据我从美国监狱总局得到的统计数字，到 1994 年 3 月 17 日，联邦监狱因犯中有 5% 为 51~55 岁，3% 为 56~60 岁，2% 为 61~65 岁，仅有 1%（与占总人口的 13% 相比）为 65 岁及以上。尽管很多人认为老年因犯的人数在上升——如果从更长的刑期和无假释的角度看这是令人信服的，[24] 但是 1994 年联邦监狱中 50 岁以上的囚犯总比例（11%）与前 5 年的相比没有什么本质上的变化，那时有 12% 的囚犯年龄在 50 岁及以上。[25] 但是现在衡量最近在刑罚实践上变化所带来的影响还为时过早。过去 10 年里受重罚、不得假释的年轻罪犯在以后的几十年里才会变老。

〔24〕 Gary Max, "Some Would Free Inmates Held in Chains of Age," *Chicago Tribune*, June 13, 1994, p. 1.

〔25〕 Peter C. Kratcoski and George A. Pownall, "Federal Bureau of Prisons Programming for Older Inmates," *Federal Probation: A Journal of Correctional Philosophy and Practice*, June 1989, pp. 28, 30.

我们仍然有时间认真思考我们是否想要有很多老年囚犯。我相信我们不希望。老年人，尽管他们年轻时犯下了严重罪行，现在老了多半没什么害处，因此继续监禁他们就不再起到使他们无能力犯罪的功能。因为大多数暴力罪行是由相对年轻的人犯的，当囚犯年老后他的罪行被遗忘了很多，减少了继续处罚的报复性压力，除非这个人的罪行特别凶残——可幸的是这种罪行相对不多。此外，这种处罚的威慑效果往往微不足道，这是因为现在价值的未来贬值之故或者（更为显著的）是年轻自我有勾销自己年老自我的倾向之故。思考这样一个例子：一个 20 岁的杀人犯被判终身监禁、不可假释。假定他在 20 岁时的预期寿命还有 55 年。考虑一下他 70 岁后仍被监禁的威慑力增值情况。以 10% 的贴现率计算，50 年后的 1 美元仅仅相当于现今的 0.008 5 美元，也就是不到 1 美分；在整个 50~55 岁期间 1 美元只值不到 5 美分。这是货币方面的贬值，（但是如多重自我分析所预示的）非货币的成本和收益对大多数人来说也在贬值。罪犯可能有非常高的平均贴现率。一个原因是人们成为罪犯是因为他们缺少正当收入的机会，这在某种程度上是他们没有大量投资人力资本的结果；我们知道一个人的贴现率越高，他投资人力资本的可能性就越小，因为投资带来的成本是眼前的、得到的收益却是未来的。然而，我们不应该过多地考虑这一点。对自己的人力资本不大力投资的另外一种解释是因为预期回报可能很小，这可能与一个人没有足够的智力从教育或在职培训中得到很大好处有关，或者由于贫穷、歧视或者其他原因，这个人没有机会得到教育和培训。但是如果（尽管有这个限制条件）罪犯有贴现率高的倾向，那么老年后不得不在监狱中多待几年的前景对于年轻罪犯不太会有有效的威慑作用。

因此，根据任何有影响的刑事处罚目的的理论，年轻罪犯到老后仍留在监狱里的社会效益是很小的，除非罪犯是特别凶恶的人，这样死刑就可能是一个有吸引力的替代方法（我将讨论这点）。监禁年轻罪犯的经贴现的当前成本，当很多年后他变老了以后，也似乎很小。但也可能情况不是这样。公共支出（这里指修建和管理监狱的支出）的贴现率要比一般罪犯的私人贴现率低，实际上它可能是零。[26] 有关这个贴现率低甚或是零的论点得到了多重自我概念的支持。对未来世代承担的成本进行贴现实际上是将那些世代的成员看作是现在一代人生命的未来，而不是不同的人。如果我们歧视我们的未来自我是错误的，那么我们歧视那些我们没有什么可论证的权利去控制的人，就更是错误的。

当然，当我们谈论的是效用贬值而不是财富贬值时，以上分析的说服力才会强一些。如果真实的（调整了通货膨胀）收入随时间以美元形式增长，收入的边际效用随收入的增加而递减，未来 1 美元的收入就会给未来接受这 1 美元的人带来比现在 1 美元带给现在接受者更少的效用，前提是两个个人拥有类似的价值观念和偏好。[27] 但是我不需要零社会贴现率来说明我的这个观点：将一个年轻的罪犯直到老年仍关在监狱的成本可能会超过收益。

然而在我的分析里没有计算老年人更高的医疗费用。不仅仅是老年囚犯不会像年轻人那样制造严重的安全问题，因而关押他们的成本可得到一定程度的节约，而且如果释放老年囚犯，他仍会有同样的医疗花费，这些花费会通过政府医疗保险或者联邦医疗保险还是由政府支付。很可能他在监狱里比在外面更健康一些，这样不释放他就可以减少医疗费用，但是反过来说他又可能在监狱里活得更长，带来更多的医疗花费。

囚犯犯罪时的年龄越大，在决定最佳监禁时间时，考虑轻判的分量就越小。所以一个自动释放所有到达退休年龄罪犯的规定可能并不是一个聪明的规定，哪怕人们确信这些人不会再犯罪。否则对那些快要接近退休年龄时犯罪的人就失去了有效的惩罚手段。然而在我看来似乎所有的监禁判决应定在

314

------

　　[26]　例如参见，Derek Parfit, *Reasons and Persons* 480–486（1984）；Tyler Cowan and Derek Parfit, "Against the Social Discount Rate," in *Justice between Age Groups and Generations* 144（Peter Laslett and James S. Fishkin, eds., 1992）.

　　[27]　Gordon Tullock, "The Social Rate of Discount and the Optimal Rate of Investment: Comment," 78 *Quarterly Journal of Economics* 331（1964）；William J. Baumol, "On the Social Rate of Discount," 58 *American Economic Review* 788, 800–801（1968）.

40 或者 50 年，或者至少可以假释年龄很大的囚犯。[28] 对于非常残忍的罪犯，这种徒刑似乎太短，在这种情况下，死刑可能比没有意义又并不省钱的增加监禁年数的方法更为可取。

本章这一节与上一节的比较说明，对老年带来的特殊问题，侵权制度比刑事司法制度是一个更好（但不是完美）的解决办法。这并不让人吃惊。有人提出普通法（亦即法官制定的）规制体系比制定法体系更偏向经济考虑的观点，其他一些研究为此找到了一些证据，并提出了理论推理；[29] 立法在现代刑法中比在侵权法中占据了更突出的地位。下一节我们会讨论普通法抓住了老年问题要害的另外一些证据。

## 痴呆与能力

老年痴呆症为法律能力（例如立遗嘱、定契约的能力，或者作为证人作证的能力）和法律责任（例如犯罪行为）提出了一些不论在分析层面还是在实践层面上都令人着迷的问题。我们知道老年痴呆症是进行性的，与老年特别常见但相对不严重的苦恼——轻微的认知障碍——不同。[30] 如果仅仅因为证实一个人有最早期老年痴呆症的症状，例如偶尔不辨方向、失去短期记忆等，就认定这个人没有能力改变遗嘱、签订租约、在法庭上作证、因犯罪行为遭起诉，这将是荒谬的。同样，如果给一个连自己最亲近的家人都不认识的人以法律能力或责任也是荒谬的。但是该如何在连接这两个极端的线条上划出分界线？老年痴呆症的持续增加使这成了一个紧迫的问题。[31]

---

〔28〕 哪怕没有假释，州长或者是总统（联邦罪犯的情况下）可以利用赦免权减轻老年囚犯的徒刑。

〔29〕 参见 Richard A. Posner, *Economic Analysis of Law* (4th ed. 1992), esp. pt. 2.

〔30〕 参见，第 1 章。法律很早就认识到这种差异。例如参见 In re Will of Wicker, 112 N. W. 2d 137, 140-141 (Wis. 1961).

〔31〕 参见，Edward Felsenthal, "Judges Find Themselves Acting as Doctors in Alzheimer's Cases," *Wall Street Journal* (midwest ed.), May 20, 1994, p. B1.

矛盾的是，这种疾病的进行性特点使得在一些案例中可以避免这个问题。因为它暗示一个在时间 $t$ 被证明智力上有能力（尽管有痴呆病）的人在更早时间也应是有能力的。[32] 所以如果罪犯被认为有能力接受审判，这就说明他在 $t-n$ 时有他试图所犯罪行的能力，只要犯特定罪行时不需要有比在审判中跟上进度、与律师交换意见更高的智力能力就行。[33]

最后一个限定条件引出了一个关键问题：在很多法律赋予合法意义的不同活动中，每个活动所需要的心理活动类型和程度是非常不一样的。这是对智力能力标准之所以面临挑战的一种一般表述。当问题是关于责任而不是能力时这一点最为清楚。法律对一些行为进行制裁（刑事制裁或其他制裁），目的是阻止这类行为发生，这至少是制裁的一个主要目的。从威慑的角度看，问题不在于被告的心智或者智力是否健全，而在于他是否可以被威慑住。有人发现，很多智力不全或者有精神病的人对刺激有反映——例如当价格高时购买更少的东西，并会避免明显的危险——足能自己生活，不需送到专门机构里。为什么他们就不能受到根据自己所理解的违法要被处罚或者（可能性稍小）有担当民事责任的危险的影响？并没有什么一般的辩护理由认为精神病或精神缺陷一概不用承担法律责任。一个被告要避免法律责任就必须说明他的智力状况无法使他理解有关特定行为的后果或无法对法律对此的"警告"作出反应。

老年痴呆症也有同样的问题。我想法庭有关彼得森财产案[34]的裁决是正确的，裁决认为这样的事实——一个 83 岁的其遗嘱受到挑战的人又瞎又呆（至少在一定程度上），不能自己穿衣吃饭，他"有一种一群小马在屋中飞来飞去、对他挤鼻弄眼的幻觉，他必须啐它们才能将其赶走"——不一定就说

---

[32] 老年人每天的情况不定，所以 $t$ 有必要是一个足够长的时期，以准确确定个人的平均智力能力就行。

[33] 例如参见，United States v. Rainone, 32 F. 3d 1203, 1208 (7th Cir. 1994).

[34] In re Estate of Peterson 360 P. 2d 259, 267 (Nev. 1961). 类似的案件参见 In re Will of Wicker, 本章注〔30〕；Wright v. Kenney, 746 S. W. 2d 626 (Mo. Ct. App. 1988). 有关认为立遗嘱者的痴呆程度已经到了没有能力立遗嘱的地步的案件参见 Creason v. Creason, 392 S. W. 2d 69 (Ky. 1965).

明他没有能力毁掉自己以前的遗嘱、写一个新遗嘱。[35] 有人做证他与其他人有过神志清醒的关于遗嘱的对话。例如，他对一个人说旧遗嘱的受益人从他这里得到的礼物足够多了——这是为新受益人而立新遗嘱的一个非常合理的理由。如果他认为旧遗嘱的受益人是那群小马中的一个、对骚扰他负有责任，那就是另外一回事了。

理解法律拒绝对一个人患有老年痴呆症的事实赋予控制意义的另外一个途径是：要注意痴呆对一个人作出理性判断的影响不仅与疾病的阶段有关，也与疾病开始时这个人的智力能力有关。如果 A 在表现出老年痴呆最早期症状前夕的 IQ 是 100，当他立新遗嘱时的 IQ 下降到了 80，他的智力水平会和一个 IQ 在 80（90%的人的 IQ 比这高）有轻微的智力迟缓毛病的年轻人 B 一样。这样一来问题就成了：IQ 在 80 的人是否有能力立遗嘱？（有）。

我承认这样的探讨有些简单，老年痴呆的智力后果与其他形式的智力损伤是不一样的，哪怕"底线"IQ 标准将二者归在同样水平上。在具体场景下，老年痴呆症的显著症状——短期记忆的丧失对 A 智力能力的影响比对 B 无阅读复杂文件的能力的影响要大。法庭在罗德岛州诉迈诺奇奥案（Manocchio）[36] 的判决中这样认为是不对的：它认为旨在证明一个证人的短期记忆已丧失的交叉质询同样可以表明他对 15 年前事件的记忆一样甚至更为受损。但是其中的原则是合理的：法律关注的问题是一个人的智力能力，而不是使这种能力受限的原因是否是因为什么疾病。[37]

这种分析使我对戴维斯诉考克斯案（Davis v. Cox）的推理产生了怀疑。[38] 一位妇女起诉她的成人女儿要为这位妇女的丈夫（女儿的父亲）的非正常死亡负责。这位父亲患有老年痴呆症，"他的状况在非理性行为和药物带

---

〔35〕 有着类似结果的相似案例（尽管不是关于遗嘱而是有关契约的）是 O'Brien v. Belsma, 816 P. 2d 665（Ore. Ct. App. 1991）；Feiden v. Feiden, 542 N. Y. S. 2d 860（App. Div. 1989）；Weir v. Ciao, 528 A. 2d 616（Pa. Super. Ct. 1987）。所有这些案例都注意到了"神志清醒时刻"的现象。参见本章注〔32〕。

〔36〕 State v. Manocchio, 523 A. 2d 872（R. I. 1987）。

〔37〕 在这些案例中这个观点十分清楚。例如参见 Dulnikowski v. Stanziano, 172 A. 2d 182, 183–184（Pa. Super. Ct. 1961）。

〔38〕 Davis v. Cox, 206 S. E. 2d 655（Ga. Ct. App. 1974）。

来的平静之间来回摆动，他几乎完全失去了记忆。"[39] 他与女儿女婿一起搬来，他们把自己的卧室让给了他。这个卧室里有一个五斗橱，其中一个抽屉里有一支上了子弹的手枪，在他搬来时，女儿忘记拿走了这支枪。一天早上，父亲打开抽屉，拿出手枪，杀死了自己。法庭认为，这个女儿应该可以预见"一个非卧床的痴呆病人发狂时"可能恰好找到了这支上了膛的手枪，"并无意地伤了自己或者他人。"[40] 但是为什么要假定这位父亲是"无意"的呢？痴呆病人经常知道自己有痴呆症——或者知道自己哪个地方很有问题，根据个人的价值观和处境，这很可能是他自杀的合理动机（这取决于这个人的价值观和所处的环境）。在戴维斯案中不太清楚是否是如此。我们甚至不确定那位父亲是否想要杀死自己。但是如果像法院那样假定痴呆病者做的每件事都是无理性的，那将是错误的。在一个遗嘱诉讼中，为了确定或者否定立遗嘱者是否有能力，法庭会检查立遗嘱者的（用不严格的词语所说的）"客观"合理性。回想一下在彼得森案件中被取消的遗嘱受益人会得到多少益处，这为废除旧遗嘱、订立新遗嘱提供了理性动机。同样的方法可以用（至少可以考虑用）在戴维斯一案中。但是自杀行为的使人持久蒙羞的效果使法官不愿意承认这种行为可能是一种理性的行为。

318

〔39〕　同上，第 656 页。
〔40〕　同上，第 657 页。

# 第十三章
## 雇主的年龄歧视和强制退休

　　早在 ERISA 得以实施、雇主更可能凭借威胁解雇来使雇员就范（的确经常不得不使用这种确实有效的威胁）之前，国会于 1967 年颁布了雇用年龄反歧视法案（Age Discrimination in Employment Act），使得解雇年老雇员更为困难。[1] 这项后来经过修正的法案禁止以年龄为依据歧视 40 岁及以上的雇员。最初，受到保护的是 40~65 岁的人，所以允许强制退休的年龄是 65 岁。1978年上限延长到了 70 岁，到 1986 年完全取消了上限。除了很少一些例外，现在完全禁止在任何年龄上强制退休，禁止雇主根据年龄对雇员有这样或那样的虐待。我的论点是：年龄歧视法案基本没有作用，但是若说它有作用的话，它的作用就是对老年人的福利以及整个人口中收入和财富平等有负面影响。年龄歧视法案对老年人没有作用，是倒退、有害的。

## 雇用年龄歧视的性质和后果

　　**恶意歧视**　　人们为这项法令提供的合理依据是，大于 40 岁的人会遭受偏见（年龄歧视），这和种族歧视、性别歧视是相同的东西。先不考虑年龄歧视

---

[1]　29 U. S. C. §§623 *et seq.* 有侧重法规的经济学方面的比较评价参见：Richard A. Epstein, *Forbidden Grounds*：*The Case against Employment Discrimination Laws*，ch. 21（1992）；Stewart J. Schwab, "Life-Cycle Justice：Accommodating Just Cause and Employment at Will," 92 *Michigan law Review* 8（1993）. 很多州有自己的禁止雇用年龄歧视的法律，也有其他的联邦法规禁止年龄歧视，例如年龄歧视法案 42 U. S. C. §§ 6101 *et seq.*，但是我不讨论其他这类法律。

等同于让老年工人处于不利地位的任何做法（在这种考虑下，"老花眼"也是"年龄歧视的"）[2]，我们可以设想出两种年龄歧视，其中只有一个可以站得住脚。没有道理的那种是出于无知，恶意或非理性地系统低估老年人在工作中的价值。有人将这种情况称为"恶意歧视"。我不否认我们的社会对老年人有不满和鄙视（见第 9 章）或有广泛的误解，这些对老年人不利。我已经举出一些例子，例如在第 7 章中曾谈到，老年人看来似乎是老式的，因为他们"抱住""过时"的方法不放，但是"抱住"旧方法不放也许是因为最新办法带来的利益增值十分微小。

　　本章要谈的是工作场所。即使不考虑迫使人们做出理性行为的竞争压力问题，（这在私人市场上更为突出，）那些为公司和其他雇主制定雇用政策以及执行这些政策具体决定招聘和解雇哪个工人的人至少也会是 40 岁的人，而且常常是年龄更大的人。这就好比黑人占据了全国大多数高级的上层政治职位，制定雇用政策、作出雇用决定的人中大多数是黑人，联邦立法强制规定白人向黑人进行大规模的转移支付。如果情况如此，谁会认为国家还需要用法律来保障黑人在就业上不受歧视，这岂不是过于糊涂。雇主们在正确衡量雇员能力方面都有直接的经济利益，再说，他们本人大多数也都不是年轻人，所以他们对老年人工作能力评估不会有严重的偏差（因此雇用被当作禁止年龄歧视的主要领域真是有点奇怪），也不会对老年人有一种一般性的反感观念。

　　可以用另一种说法来表达这个观点。孕育着种族、少数民族和性别歧视的那种"我们—你们"的思想在对待老年工人问题上不会有太大作用。[3] 这不是由于年轻人日后会（都可能）变老，过分强调个体特点的延续会冲淡多重自我的问题。而是因为招聘和解雇人的人一般都和他们招聘、解雇的对象年龄相当，所以他们不太会错误估计那些人的工作能力。人们不应因为证明

321

---

　　〔2〕　意思和 William Graebner 用的一样，*A History of Retirement：The Meaning and Function of an A-merican Institution*，1885-1978，ch. 2 (1980).

　　〔3〕　参见，John Hart Ely，*Democracy and Distrust：A Theory of Judicial Review* (1980).

雇主错误估计老年工人能力的证据既少又含糊而感到吃惊。这些工人的确难以找到高工资的工作。但这是因为他们过去的工作反映的是公司特定人力资本，当他们离开原公司的时候，这种资本已经不复存在。由于学习新技能的花费，也由于这些劳动力已经接近（自愿的）退休，减少了投资的预期回报，所以他们难以马上充实自己的人力资本。[4]

有一项研究发现，"将近90%失去工作的（老年）人的薪金下降，是因为工人的公司特定的技能、知识以及资历无法转移。"[5] 作者们将其他的10%说成是年龄歧视的结果，但是他们这样说并没有根据。他们所说的那10%仅仅是"在以其他原因进行解释后剩下的一部分"[6]——没有计算在内的原因包括可能与年龄有关的能力下降。这项研究是关于失去原先工作后老年工人在新岗位上的工资，所以的确有可能被抽样研究的是一些工作成绩不佳的工人。这组文章中的另外一篇是关于同一公司录用年轻和年老工人的研究，它发现两组在工资上所有的差别都是因为人力资本投资上的差别。[7] 正像我在第4章中指出的，发现65岁及以上老年工人与同一公司更年轻工人工作一样好的经济研究由于有选择偏见而无说服力：那些不能令人满意的老年工人会被解雇或被迫退休。一些老年工人能够做得让雇主满意的事实与很多老年工人不能是一致的，在这种情况下，我们可以认为，老年工人的平均工资会比较低的原因与歧视无关。

322 人们会想，如果裁掉了不够标准的老年工人，那么仍受雇的老年人的平均工资就不会低于更年轻的人的工资，除非有歧视在起作用。但是，其中一些因为工作不能使雇主满意而被从现在工作裁掉的人并没有离开劳动力市场，

---

〔4〕 Dian E. Herz and Philip L. Rones, "Institutional Barriers to Employment of Older Workers," 112 *Monthly Labor Review*, April 1989, pp. 14, 20.

〔5〕 David Shapiro and Steven H. Sandell, "The Reduced Pay of Older Job Losers: Age Discrimination and Other Explanations," in *The Problem Isn't Age: Work and Older Americans* 37, 47 (Steven H. Sandell, ed., 1987).

〔6〕 同上，第48页。

〔7〕 Paul Andrisani and Thomas Daymont, "Age Changes in Productivity and Earnings among Managers and Professionals," in *The Problem Isn't Age: Work and Older Americans.* 本章注〔5〕，第52页。

他们会找到与自己下降能力相当的、收入较低的工作，这些人的工资降低了平均工资。

"恶意"年龄歧视的概念本身就是建立在一些错误概念上，例如说雇主坚持让雇员在一定年龄强制退休的原因是他们低估了老年人的能力。[8] 下面我们要谈到，这并不是雇主这样做的原因。

**统计上的歧视**  在对待老年人的问题上比恶意歧视似乎更可能、更得到证明的年龄歧视（如果必须这么叫的话）形式包括了这种形式：把某个年龄组里一般人具有的特点当作所有人都具有的特点。这是经济学家称为之统计歧视、经济学家以外的人称它为"成见"的一个例子：在信息成本太大的情况下，没有或者拒绝把某个人和他所从属团体里的一般成员区别对待。年龄，就像性别一样，是我们看一个人时首先注意到的东西，也是用来把他或她"归类"的根据。我们这样做是因为我们常常以一种不自觉、但又非常强烈的如下假设来行事（和许多原始社会里严格按年龄等级来组织活动和工作一样）：生活中特别的态度、行为和地位与特别的年龄有关。"我们会利用哪个年龄该到哪个位置的标准来判断其他人：他年纪太大，不会是学生；他太年轻，不会是教授；他太老了，不会再结婚；他太年轻，不会已经退休。有些人有时'出人意料'，但是大多数人和'他们的年纪相配'"。[9]

有关在这些方面年龄重要的假设是合理的。不然的话，本书就失去了主题，谈论"65岁的老年人"或"八旬翁婆"，就像谈论有碧眼或黄发人的态度和行为一样，都与公共政策没有关系。但是，特定年龄组里的不同人在能力、行为和态度上是有很大差别的，这种状况的部分结果是，不同年龄组的人的能力有很大重叠。人衰老的速度不同，衰老起始时的能力也不同。所以如果

323

〔8〕 Erdman B. Palmore, *Ageism: Negative and Positive*, 5 (1990).

〔9〕 Arlie Russell Hochschild, *The Unexpected Community*, 21 (1973). 有关利用看到的年龄来判断一个人的特点的讨论参见 Robert Bornstein, "The Number, Identity, Meaning and Salience of Ascriptive Attributes in Adult Person Perception," 23 *International Journal of Aging and Human Development* 127 (1986). 有关统计歧视理论的简短但有用的概述参见 Paula England, "Neoclassical Economists' Theories of Discrimination," in *Equal Employment Opportunity: Labor Market Discrimination and Public Policy* 59, 60–63 (Paul Burstein, ed., 1994).

将年龄作为雇主喜欢或不喜欢的属性标志，一些完全可以达到雇主要求的人就不会被雇用，或者会被解雇，被强迫退休，以让路给实际上能力更低的年轻人。

但是这种现象并不使年龄歧视在就业问题中比在其他活动中以规则（例如每小时驾车速度不得快于 65 英里）替代标准（在一些情况下不要驾车太快）的做法更无效率。规则比标准更容易实施，因而也更廉价；而且忽略某些可使规则之目的受损害的具体情况的做法带来的成本节约可能会超过这种做法带来的损失。规则的错误成本高但实施成本低，而标准的错误成本较低但执行成本较高。这两种类型成本的相对规模会决定在特定情况下在可选择的管理方法之间选择哪种最有效。统计歧视是一种以规则为基础的行为，因为它是一种节约信息成本的办法，所以我们会看到这种方法更多用在信息成本高的地方。因此，与发达社会相比，年龄等级〔就像旨在节约信息成本的另一种以规则为基础的"字面主义"（literalism）一样〕更多出现在初民社会，人们不应为此感到吃惊。[10] 然而即便在发达社会，规则也常常比标准更有效；因此，我们不能径直谴责强制退休以及其他以年龄为依据的雇用分类行为，说它们过时了。如果民航飞行员或军官没有个人身体不健康的证明就不能强迫他在某个年龄退休，我们中间很少有人会对此感到惬意。[11]

年龄等级表明统计歧视是如何能有益于，而不是有害于某个特定的群体，比如，年龄等级就将一些老年人拥有的成熟、智慧和公正的特点延伸到所有或大部分老年人身上。另一个对老年人有利的情况是，很少有人懂得选择偏见。人们根据八旬法官的成绩引申说八旬老年人拥有不容怀疑的能力；但是，大多数法官在被任命时已是高龄，这种现象致使法官是从老年人口中一个不具代表性的群体中选择出来的。如果老年人因为统计歧视受益也受伤害，如果法律能够成功消除对老年人不利的统计歧视（与对他们有利的统计歧视不

〔10〕 Richard A. Posner, *The Economics of Justice* 169–170 (1981).

〔11〕 年龄歧视法案允许强制航空公司飞行员在 60 岁退休，但飞行员工会反对这个规定。有关与年龄相关下降的证据参见 Joy L. Taylor et al., "The Effects of Information Load and Speech Rate on Younger and Older Aircraft Pilots' Ability to Execute Simulated Air-Traffic Controller Instructions," 49 *Journal of Gerontology* P191 (1994).

同)，那么老年人可能就会比其他群体享受到更多的不正当的优势。但是，我不愿意太重视这个因素。由于我在前面说过的理由，我想雇主对不同年龄组一般工人的特点会有头脑清晰的概念，而不会被选择偏见所愚弄。

强制性退休——一个反对继续任用已经达到一定年龄的工人（不管他实际的生产能力如何）的普遍规则——除了有规则所具备的一般利益外，还得到另外三方面的支持。

1. 在很久之前就知道在什么年龄退休，有利于个人制定经济的和退休的计划。一个人总是可以决定他要在某个年龄退休，但是他可能害怕自己会变主意——又是多重自我的问题。

2. 由于 65 岁就能享受全额的社会保障金，但是如果在 65 岁之后还继续工作，在 70 岁之前，这个人的社会保障金就会被大幅削减，所以在 65 岁退休会得到很大的经济利益。假如少数工人愿意在此之后继续工作，来自对个人能力的详尽评估所带来的收益是很小的；但是建立和运行所需要的评估机制却有相当的固定成本。这一点表明，取消强制性退休不太会对老年人加入劳动力市场有什么大影响，我们在后面会看到相关的证据。

3. 如果（这是很可能的）一个工人的工作能力在 65 岁之后的几年里会大幅降低，这样对个人详尽评估的收益就会进一步减少，因为这种收益只能延续很短的时间。然而这种评估的成本会加大，因为雇主日后必须更仔细地监察（和监察更年轻工人的成绩相比）可能已经达到工作成绩会下降年龄的工人的成绩。

可以说人们对强制性退休的反应以及对年龄歧视的关注，可能反映了这样一个事实，也就是作为信息成本函数的统计歧视可能与教育和智商成反比，因为受过教育和有知识的人比其他人更容易吸收和使用信息。"僵化"或者"威权主义"的个性，这些被心理学家与歧视态度联系在一起的个性，[12] 可以有一种经济学的意义：知识或教育程度低的人采用比较粗糙的筛查办法，例如成见。由于一个社会中的平均信息成本在下降，统计歧视越来越会是没 325

---

〔12〕 有关"年龄歧视"的特别文献参见 Palmore，本章注〔8〕，第 53~54 页。

有受过教育和知识少的人的专属领域，而阶层偏见可能会受到社会精英的批评诋毁甚至禁止。

但是我不知道在雇用年龄歧视问题上这一点是否贴切。雇员和独立承包人之间的差别和这个问题有关。这个差别是：雇员不像独立承包人那样把自己的物品卖给他的委托人，而是按时间取得报酬。通常这是因为难以精确估价工人的产出，由于这可能是一组人集体的产品，而不是某一个人单独的产品。估价的困难意味着衡量一个雇员对他公司的贡献只能是大约计算，而不会十分准确。雇主要设法根据一个雇员的特点和他的表现来推断那个雇员的贡献，特点之一就是年龄。我们知道年龄常常和业绩相关，因为年龄可以直接看得到，而表现不能，所以即便是最有智慧的雇主也会用年龄作为雇员表现的一种代表，这完全是合理的。

这样一种做法是否可看作是一种恶意的"歧视"形式，这值得怀疑，除非从个人乃是一个团体的成员的角度来评价个人而不是把个人当成一个个体来评价的做法在某种意义上是不公正的。那真是不公平吗？我们总在这么做，而且几乎不能不这么做。由于我们无法直接到达"人的内心"，也对其生活历史并不完全了解，我们无情地这样对人进行"归类"，也用这种"归类"来判断人。像商业企业里集体产品的例子，由于衡量单个人的成本很高，人们总得有个什么理由来让其他人承担责任。如果不准雇主使用有效的衡量方法，那么雇主的劳工成本就会增加。目前一般认为，企业以降低工资或减少福利的办法，使大部分增加了的工资税或其他劳动成本最终还是落在工人头上。[13] 这样的成本增加变成了税，而税并不计较是由市场交易的哪一方（在这里指雇主或是雇员）来支付。[14] 如果法律强迫雇主保留效率差的老年工

326

---

〔13〕 参见，Jonathan Gruber and Alan B. Krueger，"The Incidence of Mandated Employer-Provided Insurance: Lessons from Workers' Compensation Insurance," 5 *Tax Policy and the Economy* 111 (1991)，以及上一注中的第 117~118 页。

〔14〕 例如参见，Joseph A. Pechman, *Federal Tax Policy* 223-224 (5th ed. 1987); Laurence Kotlikoff and Lawrence Summers, "Tax Incidence," in *Handbook of Public Economics* 1043, 1047 (Alan Auerbach and Martin Feldstein, eds., 1987).

人，全体工人（其中很少是富有的，也很少有年龄歧视）就会为这些效率不高的老年工人的利益而交税。然而老年人，这些有幸得到相当多公共帮助的人，不可能是什么受压迫阶层的成员（见第 2 章）。

法律不能仅以认定某种形式（或多种形式）的歧视为非法的办法来强迫雇主对每一个雇员做出单个的评定，这样做的信息成本太高。评估老年工人的信息成本会特别高。我们在第 1 章里已经谈到，同年龄组的人在表现上的差异会随着他们年龄的增加而加大。工人人口中的差别越大，如果雇主不依赖某些简单的典型特点或依靠常识，他就要花费更长的时间去寻找适合他要求的工人。个别化衡量的成本会太高。工人间差别的增加会使得这种衡量更有价值；但是要知道，挑选最好的工人（如果他已经年老了）所带来的预期回报会是有限的，因为老年工人不太会工作得很久。

不准使用年龄作标志，一些雇主会用其他的标志代表能力或表现，例如一些测验结果，因此就会"歧视"那些被测验结果低估了工作能力的人。例如，如果不允许航空公司规定强制飞行员退休，那么公司就会提高对身体健康状况要求的标准，其结果可能会使一些完全有资格的年轻飞行员被迫出局。有些不用年龄作为代表标志的雇主就会放弃对工人进行评价，当不能在年龄相同的工人中区分开好和差时，他们就只能同等对待这两组人，结果是差的工人占了好的工人的便宜。这是另一种统计歧视。这两类统计歧视的受害者——将年龄相同能力不同的人归为一类（也就是法律鼓励的那种统计歧视）或者区别对待能力相同但年龄不同的人（这是法律禁止的统计歧视）——会是不同的。但他们总归都是受害者。年龄歧视法的受害者（他们不同于法律所谓的年龄歧视的受害者）可能是比一般的年龄大的工人更接近边缘、更贫困的人。证实这种假设的一种证据是，大多数年龄歧视诉讼中的原告并不是什么"工人"，而是管理人员、专业人员和经理。

这种讨论解决不了年龄歧视是否有效的问题，但确实对这个问题有意义。和其他形式的歧视一样，对老年人的统计歧视可能会带来一种外在成本，亦即由非当事人承担的特定雇主和特定雇员或求职者之间交易产生的成本。如

327

果因为很少有雇主愿意在作出雇用决定时不考虑年纪，那些在头脑、身体和精神方面都很年轻的特殊老年人无法将他们的特殊性兑现，这些老年人就不会有十分强烈地为自己人力资本投资的愿望，因为他们的回报期被人为地缩短。如果一个中年专业人员有理由相信他具有并且能够持续保持自己年轻的精力以及智能灵活性，如果他想到他不得不在 65 岁时退休，或者只是由于他同龄人的平均特点而不能得到提升，他就会无论如何也要放弃那种到 70 岁才能够分期收回的人力资本的投资。造成人力资本投资不足的是许许多多雇主个人决定的集合产物，其中没有一人能在费了不少钱财查出有特别能力的老年工人中获得更大利益。一个肯接受较低工资的工人有可能说服有怀疑的雇主作出对他有利的决定，但这并不能完全解决问题。肯接受这样一种减薪的前景会减少特别雇员对人力资本投资的预期回报，也会减少他愿意投资的数额。我后面还要指出，年龄歧视法实际上排除了这种交易的可能性。

说年龄方面的统计歧视无效率，这个论点不能说服人。只要评价每个雇员表现的成本过高（通常是这样的），禁止使用年龄做标志就会导致人们会换用其他什么作为标准。这时投资不足的问题只是换了个样子，而没有得到解决。一个没有被新标准公正衡量的人，从这种方法没有准确衡量出他能力的角度看（也许因为他缺少正规教育，做不好书面测验，但他却是个非常出色的工人），会失去为自己人力资本最佳投资的意愿。如果新标准不比年龄更有效——很可能是这样，因为如果不是这样的话，就不用政府推动而早已得到采用——工资就会下降，因为雇主的劳动成本会更高。在工资更低的情况下，工人为自己的人力资本投资的兴趣就会减少。

只有当其他标准（其他代替统计歧视的方法）和年龄不一样，使雇主的成本比个别化评估的成本更高时，才会诱使雇主进行个别化评估，从而使禁止使用年龄作为标准的做法成为应对特殊老年人投资人力资本不足问题的良好手段。这不大可能，尽管根据已有的知识无法做出更为有力的陈述。人们的确好奇这些特殊的老年工人过去在人力资本上投资不足的问题到底有多么严重。尽管有联邦的规定，雇主们不太会为退休作完全相同的规定。雇主们从未有过在一个固定的年龄强制退休的规定。有能力的工人（总是全体工人中的一小部分）希望晚退休或不退休，他们或者被筛选到有适当退休政策的雇主那里，或者会成为自我雇用的职业者。

## 雇用年龄反歧视法的影响

上一节质疑了是否需要一个禁止以年龄为依据施以歧视的法律。但是我们已经有了这部法律，现在要做的是更小心地考虑它对老年工人和对社会其他人可能带来的影响。要注意的第一件事就是这项法案的内容和老年人所考虑的事情不相称。禁止强制性退休显然和这些考虑有关，因为很少在 65 岁之前强制退休。但是这项法案总体上禁止对过了 40 岁的工人有年龄歧视。我曾做过一项有关这个法案的法庭案例的研究（见下面的讨论），在我研究的案例中，只有 10% 的原告（包括对强制退休提出异议的原告）年龄超过了 65 岁；这个比例比老年人在美国总人口中所占的比例要低。主要的原因很清楚：大多数超过 65 岁的人是自愿退休的，所以不受雇用年龄反歧视法案的保护。然而这项法案却对老年人的苦境使用感情化言语进行"宣传"，到了 1967 年老年人仍被看作是美国社会中的不幸人群，尽管这个法案在设计和执行上主要针对的是非老年工人的利益。这样制定的一个年龄歧视法案很难使老年人得到多大好处，下面我们会看到它甚至可能给他们带来伤害。

当然，由于老年人的收入主要依靠他在黄金工作年间的收入，一个增加在那些年月里工人薪金的法律可以看作是对老年人有益。但是就算我们不去考虑多重自我的问题（得到利益的年老自我可能和因雇用年龄反歧视法案得到好处的年轻自我不是一个人），我们后面会看到，这个法案的受益者可能也要承担成本，因此至少从平均的角度看，他们并没得到净收益。

**雇用案件**　我们知道，与任何法律全然无关的是，雇主不愿意雇用年纪较大的工人。培训老年工人的成本要高于培训比较年轻工人的费用，因为随着年龄增加流体智力会降低，同时由于老年工人预期的工作年限较短，所以

329

培训投资的预期回报也就少。[15] 雇用年龄反歧视法案增加了雇用老年工人的成本，从而使得雇主更不愿意雇用他们，因为和年轻工人相比，这项法案给予老年工人更多法律上的权利，这些权利不利于雇主。由于这项法案降低了老年人受雇的前景，所以它挫伤了那些特殊的老年人为自己人力资本投资的积极性，因为这种投资的预期回报在降低。

这项法案的确禁止在雇用、解雇、提拔、薪金等其他方面有年龄歧视。但是在禁止雇用歧视方面它是十分无效的，因为极难证明在这样的案件中该有多少损害赔偿。损害赔偿不是根据这项法案起诉可得的惟一法律补救方法，强制性补救也是可能的。但是失望的求职人不太可能因为要求雇主雇用他的一纸命令而满意，他很可能要在最不利的情况下受雇。

之所以难以证明雇用案件中损害赔偿有多少是因为，原告申请人如果被雇用，只会得到比他心目中工资略高一点的薪金，因为如果他申请的工作的待遇比他当前职位的待遇高许多，他很难让陪审团相信他是他所申请职位的最有资格的人选。（如果他次佳工资是 2 万美元，那么就很难证明若他更年轻一些，被告雇主就会给他 10 万美元。）在解雇案例中金钱利益通常要大许多。如果被解雇的雇员薪水包括了公司特殊人力资本的回报，那么他在这里的薪水就会比在其他地方高些，也许高很多——特别是当他接近退休年龄时，或是在学习新技术上太不灵活，使得新雇主认为不值得对他进行新的特定人力资本投资。一个老年工人被解雇之前的工资和他在一个新工作中得到的更低工资（这是他所能希望得到的最好工资）之间的差别就是衡量他可得到的损害赔偿的尺度。

因此，在众多年龄歧视诉讼案件中，人们不会因为没有关于雇用的案件而感到意外，2/3 的案件是有关解职的（解雇和非自愿的退休），其他主要是

330

---

[15] 有关雇主不情愿雇用老年工人的实证证据参见 Robert M. Hutchens, "Do Job Opportunities Decline with Age?" 42 *Industrial and Labor Relations Review* 89（1988）. 老年工人的保健成本也更高，雇主可以在安排雇员的工资津贴时把这些成本考虑进去，这不算违反反年龄歧视法。

关于提升和降职的。[16] 在更近一项有关向就业机会平等委员会（EEOC）提交的反年龄歧视起诉的研究发现，在不涉及其他歧视而只是年龄歧视的案件中，有 87.9% 的起诉是有关解职的，只有 8.6% 是关于雇用的。[17]

我自己对所有关于反雇用年龄歧视法的法庭案件进行了研究，这些案件的最终裁决是在 1993 年 1 月和 1994 年 6 月 30 日之间作出的，这些裁决都不是根据程序上而是根据其他理由作出的。它们发表在"西法"，这一由西方出版公司计算机化了的司法判决的资料库里。表 13.1 按照提出的年龄歧视的类型和诉讼的结果分别归纳了这些结果。

表 13.1 按结果和歧视种类报告的 ADEA 裁决，1993

| 类 型 | 原告胜诉 | 被告胜诉 | 原告胜诉（%） | 类型（%） |
|---|---|---|---|---|
| 解雇 | 27 | 127 | 17.5 | 35.8 |
| 结构性解雇[1] | 2 | 26 | 7.1 | 6.5 |
| RIF[2] | 4 | 122 | 3.2 | 29.3 |
| 强制退休 | 6 | 4 | 60.0 | 2.3 |
| 提职/降职[3] | 1 | 27 | 3.6 | 6.5 |
| 雇用 | 2 | 43 | 4.4 | 10.5 |
| 其他/混合 | 7 | 32 | 17.9 | 9.1 |
| 总计 | 49 | 381 | 11.4 | 100.0 |

1. 由于雇主提供的工作条件无法让人忍受，雇员辞职。

2. 裁减人员，见本章后面的讨论。

3. 雇员起诉未被提升，或被降职。

〔16〕 Michael Schuster and Christopher S. Miller, "An Empirical Assessment of the Age Discrimination in Employment Act," 38 *Industrial and Labor Relations Review* 64, 71 (1984) (tab. 3)；另参见 Michael Schuster, Joan A. Kaspin, and Christopher S. Miller, "The Age Discrimination in Employment Act: An Evaluation of Federal and State Enforcement, Employer Compliance and Employee Characteristics: A Final Report to the NRTA-AARP Andrus Foundation" iv (unpublished, School of Management, Syracuse University, June 30, 1987).

〔17〕 George Rutherglen, "From Race to Age: The Expanding Scope of Employment Discrimination Law," tab. 5 (University of Virginia Law School, May 1994; forthcoming in *Journal of Legal Studies*, June 1995). 一个相信自己的起诉是基于雇用年龄反歧视法案的人也可向 EEOC 提出起诉申请，它有权利代表个人进行起诉。如果 EEOC 不准备起诉（通常是这样的），他可以自己起诉。或者他可以越过 EEOC，不用代理人自己进行起诉，条件是他要通知 EEOC 他要起诉。

由于这里局限在已发表的法庭案件上，所以样本不是随机抽样，不能将它看成是有代表性的。仅在 1993 年 9 月 30 日结束的那一年里面，EEOC 就接到了 19 884 件年龄歧视的投诉。[18] 只有非随机的一小部分向 EEOC 提出起诉的案件最终到了法庭，[19] 这其中被"西法"报道的只是一部分未按程序原因处理、是按照法律是非了结的案件。没有有关其他诉讼结果的资料。

331　　我的研究发现雇用案件相对稀少，这和更早的一些研究相一致——只占全部抽样案件的 10.5%。其他大部分都是涉及这种或那种解职的。此外，雇用案件中只有两例原告胜诉——打赢官司的比例只有 4.4%。总体来说，原告的胜率都不高，在他们起诉的案件中胜诉的比例只有 11.4%。这些胜诉的案例中（除了其他/混合类），除了两例雇用案件外，都涉及解职。原告投诉有关提职或降职的判决中没有一个得到金钱赔偿。

　　一类案件中原告胜诉的比例很低（如果它大于零！）并不能最终说明原告提出的起诉案件是"失败"的。有两点很重要：第一点，胜诉比例低可能是损害赔偿很高造成的。如果原告胜诉的赔偿越高，原告就越会起诉，即便胜诉的可能性不大。这正像彩票一样：奖额越大，彩票组织者就能够在不增加中奖机会的情况下卖出更多的彩票。第二点，在反年龄歧视案件中胜诉的原告，可以让被告在付给赔偿金之外还承担原告律师费用，而败诉的原告只是在该诉讼属于无所谓（frivolous）时才可能被判承担被告律师的费用。

　　就我的研究结果来看，这两点都不令人信服。在原告得到替代或补充了衡平救济的损害赔偿的 29 个案件中，平均赔偿数额是 257 546 美元。当我们
332　考虑到不仅什么也赢不到的风险十分巨大——把我的样本中被告胜诉的案件也计算进来，将全部赔偿金合在一起平均来看，每个案件所得到的赔偿金只不过是29 360美元，对一路打到联邦法庭并取得最终判决的案件来说这是个很一般的预期金额——而且如果考虑涉及高额利益的案件也容易在从诉讼

　　〔18〕　EEOC News Release, Jan. 12, 1994, p. 4（tab. 3）.
　　〔19〕　但要记住，一些法庭的案件不是直接来自向 EEOC 提起诉讼的案件；向 EEOC 提出起诉不是进行法庭诉讼的前提。

直打到判决的案件样本中占据比例过高时，这个赔偿数额并不很大。因为一般说来，一个案件的利益越大，这个案件就越会诉诸法律，而不是协商解决。[20]。

　　如果法庭判给胜诉的原告律师足够多的律师费用赔偿金，那么不论原告胜诉的机会有多么小（除非律师们不愿承担风险、不能接到足够多的案件来减少其中某个案件败诉的风险），每个原告胜诉可能性大于零的案件都会被提起。但是，法庭一般判给原告律师的费用是他实际的花费，并没有算上败诉风险。在我的样本中没有关于律师费用赔偿的完整数字，在知道的判给了律师费用的 10 个案件中，平均数额是 97 449 美元，占损害赔偿金额的 37.8%。将这个比例外推到全部的案件，就使预期裁决费用（损害赔偿加上律师费用）从 27 466 美元上升到 40 469 美元，这在联邦诉讼判决的案件中仍然不是个大数额。当我们考虑到美国有 1 亿就业人口、其中很大一部分人超过 40 岁，"西法"上留下记录的所有案件数（甚至在相对短期内向 EEOC 提出过 2 万个起诉的数字）都是很小的。我的样本中的案件结局揭示了其中的缘由。

　　在雇用案件中，损害赔偿预计会比解职案件中的平均赔偿要低。在我的样本中惟一一件雇用案件的损害赔偿是 63 000 美元，这远比那些判处损害赔偿的全部案件的平均损害赔偿金要低，尽管此案已发回至下级法院决定是否有故意年龄歧视，在这种情况下原告胜诉可得到加倍的损害赔偿。假定一个人得到了加倍损害赔偿，总共 126 000 美元；假定其他雇用案件中胜诉原告得到了相同数目赔偿，但没有公开损害赔偿的数目。当在 45 个雇用案件中平均这些钱数时（其中 43 个被告胜诉），这类案件的预期损害赔偿（不包括律师费用）只有 5 689 美元。所以人们不应因雇用起诉案件很少而感到吃惊。我的猜想是，这些起诉是由一些没有经验的律师提出的。有经验的律师很少会接手胜诉机会小且即便胜诉裁定数额也很少的联邦官司，诉讼的预期成本会超过预期收益。当然因果关系也可以是反的，雇用案件原告败诉是因为他们请

333

〔20〕　Richard A. Posner, *Economic Analysis of Law* 556 (4th ed. 1992).

了没有经验的律师。但这似乎不可能。如果有经验的律师能够打赢某个特殊类别的官司，人们就会请他们去打这类官司。

解职案件相对雇用案件的高比值不是年龄歧视案的一个特色。[21] 致使雇用案件和解职案件中可获得的损害赔偿出现差异的基本特点——有还是没有显著的公司特定人力资本——与被指控的歧视的性质没有关系。当然，原告的年龄越大，他的这类资本就越多，这就会增加解职案件中他要求的损害赔偿数目。甚至支持法律反对雇用歧视的一些学者也认为，当被保护群体的成员越可能提出解职诉讼、越不可能提出雇用诉讼时，雇主就越不会雇用这类群体的成员。[22]

**解雇（和其他辞退）案件** 我说过，只有当雇员被解雇时，年龄歧视案件才可能一直走到获得损害赔偿和其他赔偿判决的地步。但是在这样的案件中判决很多损害赔偿是否合理也令人怀疑，这样说是基于下面这个理由，尽管据我所知没有哪个雇主提出过这种理由，但该理由深深地根植于基本的人力资本模型之中。我们可以回想一下第 3 章，一个拥有公司特定人力资本的雇员对该公司具有更大价值，他的部分工资就反映了这种价值，并且这部分工资也许是因雇主对这种资本的贡献而产生的。接受较低工资的雇员自己支付了雇主对雇员一般人力资本的投资——那些他可以在其他地方使用的技能。雇主没有任何防范措施阻止雇员利用一般人力资本从另外一个雇主那里得到更高的工资，所以他不会支付这些费用。但是雇主会支付雇员公司特定人力资本中的一部分，也许是其中的很大一部分，因为雇员无法从另外的雇主那里得到这种资本的回报。雇主为这种资本付出的越大，雇员跳槽的可能性就越小（因为他们会得到更高的工资），这样雇主就越可能从这种投资中获利。[23]

334

---

[21] John J. Donohue III and Peter Siegelman, "The Changing Nature of Employment Discrimination Litigation," 43 *Stanford Law Review* 983, 1015 (1991).

[22] 同上，第 1024 页。

[23] Gary S. Becker, *Human Capital: A Theoretical and Empirical Analysis, with Specific Reference to Education* 33–49 (3d ed. 1993).

　　这种分析说明，应允许雇主从年龄歧视解雇案的赔偿金中扣除支付给雇员的工资与这个雇员在另一份最好工作中可得到的工资之间的差额，这代表了雇主支付的特殊人力资本的回报。雇主因为失去了雇员而损失了投资于雇员身上的人力资本，但不应该为此支付两次——一是忍受投资损失，二是实际上不得不以支付赔偿金的方式来"买"回投资。

　　这个论点是合理的，但是过于奇异，计算要求太难，法院很难接受。这个论点对评价雇用年龄反歧视法案效果的真正意义在于引导人们注意雇主有他们自己的动机（与法律无关）不解雇任何年龄上有能力的雇员，哪怕可以替换。雇主在雇员身上投过资，如果雇员仍有生产能力，雇主就还会从自己的投资中得到回报。

　　到目前为止的分析说明，只要反年龄歧视法禁止歧视雇员个人——这与歧视以年龄界定的雇员阶层不同（主要是通过一定年龄的强制性退休，稍后再就此多谈），该法律就可能像 ERISA 一样没有什么效果。就算没有该法律，至少在私人市场上，法律要禁止的那种粗暴对待老年工人的现象也很少见。这种现象少见的原因是（和 ERISA 的情况一样）雇主有市场动机避免这种粗暴对待。但是"至少在私人市场"的限定条件十分重要。反年龄歧视法也适用于政府、学院、大学、基金以及其他非营利雇主的雇用行为。政府和非营利雇主会比私人、营利雇主更可能歧视，原因有两点。他们面临的降低劳动成本的市场压力更小一些，对他们获利方面的限制使他们有以非金钱收入替代金钱收入的动机，非金钱收入的一种形式就是避免与不喜欢的人交往。[24]在我抽样的包含了必要信息的 256 个案例中，23%是针对政府雇主的，7.8%针对非营利雇主，这个比例大大超过了劳动力在这两种雇主中所占的比例。

　　所以，在年龄上歧视那些雇主已经为其具有的公司特定人力资本大量投过资的工人个人是不太可能的，至少私人雇主不会这样；而对其他工人以及

335

　　〔24〕　参见，Armen A. Alchian and Reuben A. Kessel, "Competition, Monopoly, and the Pursuit of Money," in *Aspects of Labor Economics* 157（National Bureau of Economic Research 1962）；Posner，本章注〔20〕，第 350、652~653 页。

针对老年人找工作方面的年龄歧视则很难用反年龄歧视法来防止，因为这类原告在打官司时很难得到很多经济利益。

有关该法律似乎不起作用的进一步证据是，原告在年龄歧视案件中胜诉的比例很小，如表 13.1 所示。这是一个让人吃惊的统计数字，因为与其他在 1991 年修正了民权法之前的雇用歧视案件的情况不同，如果原告的案件得以审理，那么年龄歧视案件的原告就可以要求有陪审团。在我的样本中，20% 的裁决案件中原告胜诉的占 47.7%，74.7% 的案件为即决审判处理，也就是没有应审理的问题，在这些案件中原告胜诉只占了 1.6%。[25]

**为什么大多数年龄歧视案原告的结果如此不理想？** 1967 年雇用年龄反歧视法案生效时，许多雇主都有年龄歧视（主要根据统计），并且公开地歧视。我们用了一些时间使那些实际决定雇用的公司人员认识到年龄歧视如今是一种非法行为，应当予以制止。他们又轻松地过了一些年，制造着年龄歧视的"确凿证据"。但是现在的雇主多已成功地在管理和人事工作人员中清除了"没法教老狗新把戏"[26] 这样的词语。[27] 通过比较我的样本中原告胜诉的比例（11.4%）和舒斯特（Schuster）样本中的更高比例（32%），可以说明原告确实很难在年龄歧视案件中胜诉，他的样本来自 1968 年（雇用年龄反歧视法案施行后的第 1 年）至 1986 年间的案件。[28] 但是这种差异可能（部分地）

336

———————————

〔25〕 20% 和 74.7% 之和仅有 94.7%，其余的案件被其他形式的审判处理了。

〔26〕 或者"老狗不干活"，这成为 Siegel v. Alpha Wire Corp.（894 F. 2d 50, 55, 3d Cir. 1990）一案年龄歧视的证据。

〔27〕 "有必要使所有管理人员敏感地意识到任何涉及年龄的词语，哪怕是在非正式的谈话里，都可能给机构带来负面的影响（在一个年龄歧视起诉中）。" Robert A. Snyder and Billie Brandon, "Riding the Third Wave: Staying on Top of ADEA Complaints," *Personnel Administrator*, Feb. 1983, pp. 41, 45（原文中的强调）。

〔28〕 参见本章注〔16〕的参考文献。十分有意思的是在我的样本中原告胜诉比例只有所有雇用歧视案件（包括了种族、民族、性别歧视，以及年龄歧视的案件）中胜诉比例的一半。参见 John J. Donohue III and Peter Siegelman, "Law and Macroeconomics: Employment Discrimination Litigation over the Business Cycle," 66 *Southern California Law Review* 709, 756（1993）（fig. 4）; Theodore Eisenberg, "Litigation Models and Trial Outcomes in Civil Rights and Prisoner Cases," 77 *Georgetown Law Journal* 1567, 1578（1989）. 但是和 Schuster 的年龄歧视研究一样，这些研究所涉及的时期（1977 年～1988 年）比我的要早，所以严格地讲无法比较。

来自不同研究的设计。

在没有确凿年龄歧视的证据、也很难获得的情况下，现实的问题是原告必须证明雇主对一个能力相同但更年轻的雇员更好。这种证据很难拿到，因为除了衡量最简单的工作，评价一个工人的工作时带有很多无形因素，最简单的工作不太可能有很高的损害赔偿来支付官司的费用和不确定性。最简单的工作只需要很少的一般或特殊人力资本，（因此）得到的工资也很低。

另外，一个公司要想解雇一名老年雇员通常可以几乎不受损害地同时解雇一名更年轻的雇员。有人听说这是常用的一个办法。这可能是可行的，因为年轻雇员的流动性总是很大的，公司也可能还没有在年轻雇员身上投资很多公司特定人力资本（这是年轻雇员为什么流动性大的一个主要原因），所以如果解雇年轻雇员，公司的损失很小；当然考虑到信誉问题，公司一定会在一定或很大程度上禁止使用这种诡计多端的策略。"RIF"（裁减人员）是一个相关的策略。以年龄歧视为理由起诉的 RIF 的受害者很难胜诉（表 13.1 所示），甚至比指控雇用年龄歧视的诉讼更难胜诉。（稍后会更多讨论裁减人员问题。）

在年龄歧视案件中雇员很难胜诉的另外一个原因是，由于接受的工资和利益更多，老年雇员比年轻雇员给公司带来的成本更大。成本越大，他们就越难说明他们的解雇是年龄而不是成本更高所致。老年雇员的工作能力可能更大，因为他更有经验，或者他拿的工资更高，无论这是为了防止他在最后雇用阶段偷懒还是作为以前他没有偷懒的奖赏（这与第 12 章中讨论的养老金契约理论相似）。如果他的工作能力更大，那他对公司来说就不比一个更年轻、工资更少、工作能力也更低的工人的成本更大。如果公司付给他的是用来防止他偷懒或用来回报他承诺（年轻时接受公司给年轻雇员更低的工资，以换取公司的如果做得好以后会得到公司补偿的隐含允诺）的所谓"效率"工资，那他仅仅是在接受自己讨价还价得来的利益。但是法庭不会去弄清楚为什么老年雇员实际上并没有真正地得到"过高报酬"，而是雇主在违反自己

337

的默示允诺。法庭所看到的是雇主解雇老年工人的原因与年龄无关，而是因为他太昂贵。

法庭在试图解决这个问题时可以将工资歧视作为年龄歧视的一种，因为年龄和工资之间倾向于有正相关的关系。但是也许正是由于这将使得公司即使发觉自己支付的工资超过了市场价格，也很难根据任何理由采取理性步骤来减少它的成本，最高法院拒绝了这种方法。[29]

我的分析暗示，年龄本身不是年龄歧视官司中原告能否胜诉的一个好的预测指标。雇员年龄越大，雇主就越容易似乎有理地说明雇员被解雇的原因是他做得不好或他太昂贵，而不是他的年龄问题。原告被雇用时间的长短似乎更可以成为原告能否胜诉的一个预测指标。这代表了在他特定人力资本上投资了多少，代表了他的损害赔偿的多少，因而也代表了他是否有足够大的预期赔偿来吸引一个有能力的律师为他打官司。确实不错，原告起诉的预期收益越大，被告的预期损失就越大，他就会更加努力地维护自己的利益。但是这里有双重不对称现象。第一，起诉有一个预期收益的限度，如果低于这个限度潜在的原告就不可能提出一个可信的诉讼威胁。第二，更为有趣的是，一般在年龄歧视案中被告损失的要比原告胜诉得到的更多，因为原告的胜利会鼓舞其他人起诉被告。[30] 这种不对称越大，金钱利益就越少，因为这些利益是对称的。所以小案件的原告胜诉的可能要比大案件难。在一个小案件中，原告会发现很难雇请到一个优秀的律师，因为从这些诉讼中得到的预期收益太少，但被告会努力雇请一个优秀律师，因为他们害怕这次官司的失败影响未来诉讼。

雇主和雇员在小案件中的不对称关系可以用来证明单向律师费用转移是合理的，这在年龄歧视和其他歧视案件中是一条准则。（也就是，胜诉的原告

---

〔29〕 Hazen Paper Co. v. Biggins, 113 S. Ct. 1701（1993）. 这是利用 Anderson v. Baxter Healthcare Corp.（13 F. 3d 1120, 1125–26 7th Cir. 1994）这类案件对 Hazen 案的解释（另参见 Hamilton v. Grocers Supply Co., 986 F. 2d 97, 5th Cir. 1993），尽管 Schwab（本章注〔1〕，第 45 页的注〔148〕）不太清楚这是否是一个正确的解释。

〔30〕 如 Rutherglen 注意到的，本章注〔17〕，第 27~28 页。

通常得到律师费用赔偿，胜诉的被告则得不到。）但是从法院不愿意判决加倍赔偿律师费的角度看，单向律师费用转移不会消除这种不对称。

提到与年龄相关的下降，人们应注意到还有待法院处理的雇用年龄反歧视法案（ADEA）和美国残疾人法案（ADA）[31] 之间的相互作用，后者最近才出台（1990 年），有关的雇用条款直到 1994 年 7 月才会全面生效。ADA 的立法历史强调，老年本身不是一种残障。[32] 但是与年龄相关的一些疾病和缺陷，例如虚弱、轻微认知损伤、没有精力和力量、听视力丧失却可能是一种残障。[33] 在这种情况下，雇主可能必须调整对老年工人的要求，使老年工人更容易继续工作，就像要求雇主为有更常见的残障（如瘫痪或失明）工人所做的一样。美国残疾人法案不仅仅禁止歧视能够达到雇主一般要求的残疾工人（所以至少相关的是也包括了并不是真正残疾的人），它还要求雇主"合理照顾"有残疾的工人。[34] 在一个工人有年龄问题的情况下，可以想像会要求雇主给这个工人更轻的工作、更短的工作时间或者更少的工作定量，因为这个法案说到"'合理的照顾'可以包括……调整工作。"[35] ADA 有可能在 ADEA 不起作用时帮助老年工人。但现在说这些还太早了。

**提前退休的提议**　至少（看起来似乎）在没有很多诉讼的情况下，雇用年龄反歧视法案的一个重要方面依然一直发挥着有效作用：禁止在一定年龄强制性退休。强制性退休的政策是存在的，所以很令人怀疑是否需要很多诉讼来消除这种行为。值得注意的是，在我的样本中仅有 10 个强制性退休案件，其中 6 个原告胜诉——这个比例高于其他类型的案件。法案在这里当然起了作用。

---

　[31]　42 U. S. C. § § 12101 *et seq.*

　[32]　S. Rep. No. 116, 101st Cong. , 1st Sess. 22 (1989).

　[33]　"残障"广义的定义包括"身体或精神的损伤，严重限制（残障了的）个人主要生活中的一项或者多项活动"。42 U. S. C. § 12102 (2) (A).

　[34]　42 U. S. C. § 12112 (b) (5) (A).

　[35]　42 U. S. C. § 12111 (9) (B). 有关一般的评述参见"评论"，Daniel B. Frier, "Age Discrimination and the ADA: How the ADA May Be Used to Arm Older Americans against Age Discrimination by Employers Who Would Otherwise Escape Liability under the ADEA," 66 *Temple Law Review* 173 (1993).

但并不一定如此。雇主可以在没有违反法律、没有很大其他成本的情况下通过提供提前退休利益来控制雇员的年龄结构。[36] 这种建议的成本不昂贵，理由有两点。第一，雇主有权把提前退休的条件定得十分有利，使其在实行时十分吸引人，这是补偿雇员的一种形式，与其他附加利益没有什么不同。这种利益的价值是不确定的，但健康和寿命保险也不确定，它的价值与一个个体工人的健康和寿命有关，但这无法用任何方法提前知道。提早退休的条件越慷慨，雇主用于支付工资和其他利益的费用就越少。

创建一个以减少工资水平为基础的慷慨的提早退休方案，会使雇主对那些更看中休闲而不是金钱收入的工人更有吸引力，[37] 而雇主会希望选择有更强烈工作道德感的工人。采用这种方案的雇主越多，对任何一个雇主的劳动力结构的影响就越小。

雇主提议让雇员提早退休的净成本较低的第二个因素是，雇员拒绝比较小气的建议也可能让自己面临很大的风险，因此提早退休的条件不需要定得十分优厚就会被广泛接受。除非雇员可以证明雇主的退休金和其他利益不是一个有诚意的建议，而是用来逃避禁止年龄歧视法规的（这不是一件容易证明的事情），否则雇主就能通过给晚退休的雇员更低的待遇来处罚那些拒绝接

---

[36] Michael C. Harper, "Age-Based Exit Incentives, Coercion, and the Prospective Waiver of ADEA Rights: The Failure of the Older Workers Benefit Protection Act," 79 *Virginia Law Review* 1271, 1278–1279 (1993). 有关这种建议有效降低劳动力平均年龄的证据参见 Laurence J. Kotlikoff and David A. Wise, *The Wage Carrot and the Pension Stick*: *Retirement Benefits and Labor Force Participation* (1989); James H. Stock and David A. Wise, "Pensions, the Option Value of Work, and Retirement," 58 *Econometrica* 1151 (1990); Rebecca A. Luzadis and Olivia S. Mitchell, "Explaining Pension Dynamics," 26 *Journal of Human Resources* 679 (1991); Robert M. Lumsdaine, James H. Stock, and David A. Wise, "Pension Plan Provisions and Retirement: Men and Women, Medicare, and Models," in *Studies in the Economics of Aging* 183 (David A. Wise, ed., 1994). 有关雇主利用提前退休来 "规避" 强制性退休的法律限制的具体证据参见 Edward P. Lazear, "Pensions as Severance Pay," in *Financial Aspects of the United States Pension System* 57, 82–84 (Zvi Bodie and John B. Shoven, eds., 1983).

[37] 有关实证的证据参见 Olivia S. Mitchell and Gary S. Fields, "The Economics of Retirement Behavior," 2 *Journal of Labor Economics* 84, 103 (1984).

受提早退休建议的雇员。[38] 此外，提出提早退休建议并不意味着雇主会保证让那些拒绝这个建议的雇员工作到正常退休年龄。这样，拒绝该建议的雇员的风险最大。雇主提出提早退休的建议说明雇主希望减少雇员数量或者降低雇员的平均年龄，如果没有很多雇员接受这个建议，或者很多人接受了这个建议，雇主还是可以利用其他方法来达到期望的工人数量和结构。雇员们知道这些，也知道如果自己今天拒绝提早退休的建议，明天就可能被开除或解雇。他也知道在这种情况下他很可能无法证明有年龄歧视，从而无法得到补偿，因为雇主可以证明裁员是工作需要；他也很可能无法找到支付相同工资的其他职业，特别是当他的目前工资包括了公司特定人力资本的回报。以前我提到过找工作的老年人的困境，现在我要补充的是，有经验证据证明，就算调整了老年工人有更高保留工资（因为可以依靠养老金收入）这一问题后，一个工厂关闭或迁移后老年工人也比年轻工人的失业时间长。[39]

　　当然提前退休的人也可能会遇到一个冷淡的工作市场。说提前"退休"多少有些用词不当。提前退休的利益可能太少，难以维持舒适的退休生活。但是拒绝这种建议后又被解雇的雇员不仅仅少了提前退休利益的缓冲——这种利益至少可以用来帮助去更休闲地、有成效地找工作，他还背上一个非自愿解雇的耻辱。

　　从下面律师给雇主的一些忠告中可以看出雇员拒绝提前退休建议的风险：

　　　大多数公司从两个阶段实行 RIFs（裁减人员）。第一阶段一般是自愿
　　的，这时公司提供一些好处，鼓励那些没有到正常退休年龄的人提
　　前退休或以其他形式自愿离职。第二阶段是非自愿的解职，主要是

---

　　〔38〕　Public Employees Retirement System v. Betts, 492 U. S. 158（1989）. Betts 一案所依据的年龄歧视法的条款（该条款没有规定诚信福利计划问题）后来被另外一个法案（老年工人利益保障法案，Pub. L. No. 101-433, 104 Stat. 978〔1990〕；整理后归在 29 U. S. C. § 621 下）做了修改。但是雇主仍然保留了相当的自由来减少那些拒绝提前退休的工人的收益。Harper, 本章注〔36〕，第 1309~1321 页。
　　〔39〕　Douglas A. Love and William D. Torrence, "The Impact of Worker Age on Unemployment and Earnings after Plant Closings," 44 Journal of Gerontology S190（1989）.

通过减少职位、看工作成绩，或者两者都考虑。管理部门应该成立监督委员会，保证每个阶段的实施都遵从了公司政策和相关法律。[40]

所以任何不明就里、不提前退休的人就成了第二阶段（非自愿解雇）的目标。如果被非自愿解雇，雇员不能指望提出什么好的年龄歧视赔偿请求，更不用指望从另外一个雇主那里得到一份好工作。回忆一下表 13.1，样本中的 84 个 RIF 原告里只有 2 例胜诉。[41] 如果把这种结果放在一边，作为可忽视的，那么在不等式 4.2 当中，一个拒绝提前退休建议的雇员的 $I_p$（来自继续工作而不是提前退休的年货币收入）就可能以大大小于 1 的比例贬值，这就是他从现在雇主或者将来一些雇主那里、从现在到正常退休之间的年间实际得到的收入。我们知道 $I_p$ 越低（或者更现实地说是 $kI_p$，其中 $k$ 是继续被雇用的可能，$0 < k < 1$），接受提前退休的动机就越强。

342

这一分析说明，经常有年龄歧视行为的雇主很可能获利，因为这样可以促使老年雇员选择提前退休。发生这种歧视的明确可能性，会增加接受提前退休建议的雇员人数，或者使雇主以更不吸引人的提前退休待遇达到他期望的接受人数，或者两个目的都达到。理性计算的雇主会用歧视带来的利益抵消损害赔偿和违反雇用年龄反歧视法案带来的其他费用。我们已经看到这种费用显然很小。当然这些费用很小的原因是雇主没有采用这种策略，他们没有这样做又因为雇主怕因此蒙上对待员工尖刻残忍的坏名声，并因之承担代价。他可能必须用更高的工资来抵消这种坏名声的影响。

就算雇主守法，就算雇主不采用"第二阶段"策略（非自愿解职），那些拒绝提前退休建议的雇员也承担了相当的风险。因为如果没有足够的雇员

〔40〕 Michael R. Zeller and Michael F. Mooney, "Legally Reducing Work Forces in a Recessionary Economy," *Human Resources Professional*, Spring, 1992, pp. 14, 15.

〔41〕 有关 RIF 受害者很难在年龄歧视诉讼中获胜的其他证据参见 Christopher S. Miller, Joan A. Kaspin, and Michael H. Schuster, "The Impact of Performance Appraisal Methods on Discrimination in Employment Act Cases," 43 *Personnel Psychology* 555, 568 (1990).

接受这种建议，雇主就可能决定实行裁员，尽管这不是他的初衷。就算如果
RIF 对雇主的年老和年轻雇员的影响相同，一些拒绝提前退休建议的雇员会成
为被解雇人员，此时他们可能得到的利益一般不会比接受建议的更好，不会
比更年轻的工人好，因为后者一般说来有更多机会在其他地方找到更好的工
作。了解到这些，老年人就会有接受建议的动机。先提出提前退休的建议再
裁员的策略与公司合并市场上的两级要约收购相似，在这种市场上目标公司的
股东努力争取开始的慷慨要约收购条件，防止陷在后来的不那么大方的收购条
件里。

　　从关注自己员工年龄结构的雇主的角度看，提前退休的建议不是万能的。
在无法指望法令废除强制性退休的意义上而言，雇主不能向工人"收取"（以
更低的工资或者其他利益形式）相当于提前退休这一选择的价值的费用。同
时雇主也不能确定有多少工人、哪些工人会接受提前退休的建议。如果他低
估了接受比例，或者如果他的重点工人选择提前退休，他就可能发现自己不 343
得不额外花钱把这些刚刚得到提前退休好处的人返聘回来。[42] 应把"哪些"
问题与"多少"问题分开来看。提前退休提供的慷慨待遇可能会使雇主劳动
力质量遭到意想不到的损失，但是这未必会发生。的确有一些工人愿意抓住
这样的机会，其中包括有很好其他工作前景的人；从新工作得到的任何收入
都会加在他们从旧工作得到的退休金上。这些人一般是最好的工人——最有
适应能力、最有精力。雇主可以试图返聘他们——这样做会道明这些工人对
雇主的价值，他们会要求更高的工资。但是这类工人可以因其他三类工人而
被平衡。一类是那些特别害怕因拒绝提前退休建议而很快在得不到任何利益
的情况下被解雇的人，他们多是比较贫穷的工人。另一类是那些给休闲以很

　　[42]　Frank E. Kuzmits and Lyle Sussman, "Early Retirement or Forced Resignation: Policy Issues for Downsizing Human Resources," *S. A. M. Advanced Management Journal*, Winter 1988, pp. 28, 31; Mark S. Dichter and Mark A. Trank, "Learning to Manage Reductions-in-Force," *Management Review*, March 1991, pp. 40, 41; William H. Honan, "New Law against Age Bias on Campus Clogs Academic Pipeline, Critics Say," *New York Times*, June 15, 1994, p. B6; 另见 Joseph W. Ambash and Thomas Z. Reicher, "Proper Planning Key to Avoiding Discrimination Suits," *Pension World*, May 1991, pp. 14, 15.

高价值的人，他们多是不那么投入、没有什么热情的工人。最后一类是那些老年工人，可能与任何特殊的恐惧无关，或者与任何对休闲的超常要求无关，他们就认为提早退休比继续工作要好。虽然这些工人可能都有能力，但是我们要记住假定雇主出台提早退休建议为的是降低劳动力的平均年龄，那么他就会从随机促使老年工人（是从能力的角度说随机的）离开中得到利益。在雇主眼里，结果至少——我说过没有理由假定他们是错误的——会是增加了他的劳动力的以成本加权的平均质量。

在很多雇主对减少劳动力平均年龄并不感兴趣的情况下，提前退休建议似乎也很普遍。如果提前退休建议经常有效，与任何试图绕开雇用年龄反歧视法案的意愿无关，那么这就在某种程度上表明，以绕开该法案为目的而采取提前退休建议策略的成本不会非常高。

在对付年老无能的劳动力问题上，除了提前退休的建议外，还可以查明任何年龄段上表现不佳的工人并解雇他们。这个方法的缺点是不仅仅要承担年龄歧视诉讼的风险，还要花钱来对每个人的成绩做评估。所有雇主都可能知道自己的劳动力"太老了"，他可能难以在可忍受的成本内（至少提前）决定哪个老年工人没有完成任务。与承担年龄歧视诉讼风险相比，这一点和与工人保持和谐关系一起，可能是雇主宁可拿出提前退休建议的胡萝卜而不是挥舞解雇大棒更为重要的考虑因素，因为这种起诉的预期成本对雇主可能非常小。

**什么样的工人会提出年龄歧视诉讼？** 作为一名法官，我一直对推销员抗争自己因年龄被解雇的案件数量印象深刻。这种印象也被我的研究所证实。在 388 例有所需信息的案件中，38 个（9.8%）是由推销员提出起诉的，这不包括零售职员。[43] 首先，这么大的案例数让人吃惊。推销员的工资主要是计件工资，所以无论因为年龄还是其他原因工作能力下降，他们的报酬就会下降，雇主的成本也自动下降。[44] 但是回到更早提出的一点上，如果雇用有一

---

〔43〕 Graebner，本章注〔2〕，第 44~49 页。他对 1900 年至 1924 年间老年推销员的敌意潮流做出了吸引人的讨论，当时认为年轻的躯体活力是成功推销的基础。

〔44〕 Laurence J. Kotlikoff and Jagadeesh Gokhale，"Estimating a Firm's Age-Productivity Profile Using the Present Value of Workers' Earnings," 107 *Quarterly Journal of Economics* 1215, 1236（1992）.

份固定成本（也确实有），减少工资就不一定补偿了因雇员工作量下降给雇主带来的损失，这与半工的情况一样。另外，如果推销员有一个特定的工作领域，那么如果他的工作下降，他雇主的销售也会下降。

涉及推销员的案件很多，原因可能有二。第一，推销比起大多数其他白领工作压力更大，[45] 这会刺激人们更早退休，也会带来更多的没有达到退休年龄的解雇。第二，推销员通常拥有大量的公司特定人力资本（其中许多是第 3 章中讨论的关系人力资本——更确切地说与有价值顾客的网络）。这使他们不太会被解雇，但如果被解雇就会使他们遭受相当大的损失，因为他们的替代工资会比被解雇时的工资要低得多。在我的抽样中第二高的损害赔偿就是判给推销员的。[46] 相比之下，主要拥有一般而不是特殊人力资本的雇员在其它工作的工资也会接近被解雇的工作的工资，或者他们的工资无论如何都太少，难以平衡为补偿失去的工资而打官司的麻烦和花费，这些人很难出现在原告行列中。

与这个推测一致的是，大多数年龄歧视起诉都是由专业或管理人士提出的，他们的工资高。大多数原告在 50 多岁，已经积累了大量的特殊资本，因而可以要求很高的损害赔偿。[47] 在我的研究中，388 个案件中有 234 个是由专业、管理或者推销人员提出的——60%多。这个数字与这类人员在总工作人

345

---

〔45〕 有关的证据参见，Pauline K. Robinson, "Age, Health, and Job Performance," in *Age, Health, and Employment* 63, 69 (James E. Birren, Pauline K. Robinson, and Judy E. Livingston, eds., 1986).

〔46〕 非常奇怪的巧合是，这个案件上诉到了我的法庭上，我为此写了意见书，确认裁定有利于这个推销员。EEOC v. G-K-G. Inc., 39 F. 3d 740 (7th Cir. 1994). 当时我没有注意到这个案例在我的样本里。应该指出，很多推销员因为他们的顾客接触网络拥有特定市场资本，这是他们可以带走到现在雇主的竞争对手那里的资本，现在的雇主通常会要求推销员签订不竞争的契约来防止这种情况的发生，如同第 3 章引用的 *Suess* 案。参见 Paul H. Rubin and Peter Shedd, "Human Capital and Covenants Not to Compete," 10 *Journal of Legal Studies* 93 (1981).

〔47〕 有关这两种观点参见，Schuster and Miller, 本章注〔16〕, 第 68 页（表 1）；Schuster, Kaspin, and Miller, 本章注〔16〕, 第 iii 页（59.3%的起诉是由管理和专业人员提出的）。"ADEA 主要成了白人男子和白领工人使用的发泄不满的工具。" Christopher S. Miller et al., "State Enforcement of Age Discrimination in Employment Legislation" 18 (unpublished, Syracuse University, School of Management, n. d.).

口中所占比例不相称，表 13.2 可以说明。[48]

**表 13.2　与整个劳动力人口相比，ADEA 原告的分布**

|  | 样本比例（%） | 劳动力人口比例（%） |
|---|---|---|
| 职员 | 22.6 | 21.7 |
| 工人 | 16.7 | 48.6 |
| 专业和管理人员 | 50.9 | 23.4 |
| 推销员 | 9.8 | 6.3 |

346　　　　抽样中原告人数最多集中在 55~59 岁年龄组，第二多的是 50~54、60~64 岁组，50 岁以下年龄组只占 24.3%。年轻人还没有积累很多公司特定人力资本，所以损害赔偿更少。老年人（65 岁及以上年龄组中的原告只占 8.6%）可能已经退休，所以不再受雇用法令的保护（除非他们当初是非自愿退休的），或者快要退休，这两种情况下的预期损害赔偿都低，如同年轻工人的情况一样。

其他一些研究显示，在年龄歧视案件中作为原告的黑人和妇女不多。[49] 一种解释是黑人和妇女不"需要"像白人男子一样多地提出年龄歧视诉讼，因为他们可以根据其他民权法规起诉。这不是一个令人信服的解释，因为在起诉时能提多少合理诉讼请求就提出多少，这通常是有利的。更为可能的解释是，黑人和妇女比白人男子有更少投资人力资本的倾向。[50] 投资越少，从年龄歧视起诉中得到的预期收益就越少。

考虑到相关诉讼的原告人口构成，现实地说，雇用年龄反歧视法案不能

---

〔48〕　除了涉及文书职员外，样本案例和整个人口之间的差别在常规的 5% 水平上时就具有统计意义上的显著性。

〔49〕　例如，参见本章注〔47〕；Rutherglen，本章注〔17〕，第 21~22 页。在我的样本中没有原告种族身份的信息，但有性别信息；24.9% 是妇女，这比她们在美国整个劳动力人口中所占的比例的一半多一点。

〔50〕　有关妇女的证据参见，Elizabeth Becker and Cotton M. Lindsay，"Sex Differences in Tenure Profiles：Effects of Shared Firm-Specific Investment，" 12 *Journal of Labor Economics* 98, 107–108（1994）；Elisabeth M. Landes，"Sex-Differences in Wages and Employment：A Test of the Specific Capital Hypothesis，" 15 *Economic Inquiry* 523（1977）. 我没有关于黑人的公司特定人力资本的资料。

算是进步法规。在一定程度上雇主必须把损害赔偿判决或纠纷协议的预期成本以及遵守（或者违反）法律的其他成本考虑在劳动力成本之中，他会支付更低的工资。他会试图压低那些可能提出年龄歧视诉讼并胜诉的人的工资，但是由于被雇主压低工资的人不可能和那些最可能提起此类诉讼的人完美对应，这样一来这个法案的部分成本至少会由一般工人来承担。因此，这个法案的效果就是对财富进行了重新分配，使财富从更年轻的人转移到老年工人那里，或者在这个法案生效多年后从同一工人的年轻时代转移到他的中年时代那里；（在轻一些的程度上）从一般工人转移到专业和管理阶层那里（包括靠回扣的推销员），后者在年龄歧视案件中占主流。

　　这种财富分配效应是了解这些法案（例如雇用年龄反歧视法案和 ERISA）如何在最早时得以通过的线索，尽管这些法案除了多少提高了劳动力的成本外长远影响不多。它们对当时的雇主和雇员一代有很大的一时的影响。ERISA将很多预期财富从联邦纳税人那里转向资金不足的养老金基金加入者那里；雇用年龄反歧视法案在前面讨论的限定条件下增加了某些工人（注意还有教授，我们还会讨论这点）的工作稳定性。当雇主有时间适应新形势、当时的一代雇员换成了另外一代后，法案带来的大多数成本又会回到雇员那里，所以工人作为一个整体（包括将来会变老的现在一代的成员）从法律中没有得利。

　　当然在多重自我的分析起作用的范围内，将财富从一个人的年轻自我重新分配给年老自我与把财富从一个人的左裤兜放到右裤兜是不一样的。然而，这两个自我的福利是紧密相连的，与在婚姻中通过共同消费男人和女人的福利紧密相连是一样的。所以更偏重老年人而不是年轻人的努力似乎不会带来很大的重新分配的净效果，就像反对性别歧视的法律更偏重妇女而不是男子的努力一样。如果反性别歧视法律增加了雇主的劳动力成本，结果是男性雇员的工资更低，这些男性雇员的妻子们也会跟着倒霉。[51] 类似的是，法律要

---

〔51〕　Richard A. Posner, "An Economic Analysis of Sex Discrimination Laws," 56 *University of Chicago Law Review* 1311 (1989). 这其中有一种抵消因素：从性别歧视法律受益的妻子的丈夫也在受益。但是这种抵消不完全，因为比起男子，妇女更少参加工作，职业妇女比职业男子结婚的可能性更小。

求将财富从年轻人那里重新分配给老年人，这会在一定程度上伤害老年人，因为年老自我使年轻自我的福利内在化了。同时，这里讨论的财富重新分配是从年轻人转到中年人，而不是年轻人转到老年人，多重自我的观点对前者的重要性要小一些。

**对经济影响的概括** 我强调过雇用年龄反歧视法的目的（至少是表面目的）似乎因雇主理性的收益最大化行为而受到了破坏。然而就算不考虑诉讼和法律咨询的成本，如果作出该法案对经济的影响可以忽略（尽管这种影响可能很小）的结论，也将是错误的。不能认为准备遵守新法的成本和为达到雇主期望的年龄结构而修正雇用条款的成本是过渡性，因此忽视这种过渡性成本。[52] 但这种成本可以通过提前通告法律而最小化。国会十分英明地提前8年通告各大学将取消在一定年龄强制退休的法律，然而大学没有（我们会讨论）足够聪明地利用这一喘息机会。

这个法案有可能降低了平均退休年龄（通过鼓励提前退休，但接受这一建议的一些工人并不是雇主不愿意要的人），而不是提高了平均退休年龄（这是这个法案出于降低社会保障制度成本的考虑而明确宣称的目的），这样就诱导了人们无效地用休闲代替工作。尽管本章下一节的证据对这一特定观点提出了疑问，但正如我们所看到的，该法案无疑给劳动力市场带来了其他问题，包括阻碍了老年工人的雇用。该法案可能伤害老年人的另外一个方面是，阻碍了工人因自己能力下降而同意订立以减少工资为代价继续工作而不是被解雇的契约。哪怕没有法律反对年龄歧视，这样的契约也不会很常见，这是由于雇用的固定成本和我们在第3章和第6章讨论退休时谈到的其他因素所造成的。可能会有一些这样的契约。年龄歧视法没有禁止这样的契约，但是这种契约对雇主的吸引力不大。比起试图说明在有相同工作的两名工人中降低老年工人的工资是有理的，不如解雇一个因为年龄而致生产能力下降的工人

---

〔52〕 Louis Kaplow 认为〔尽管他对过渡性和缓策略（包括推迟实行）表示怀疑〕，当调整的成本十分高时它可能是有效的。Kaplow, "An Economic Analysis of Legal Transitions," 99 *Harvard Law Review* 509, 591 n. 251, 592, n. 254 (1986).

更容易逃避责任。

　　这个法案还带来另外一个问题。在第 9 章中我指出，新公司的年龄结构更可能比老公司年轻，因为它们雇人更多、大多数新雇的人都是年轻工人；老年工人一般会因为公司特定人力资本而锁定在已有的工作上，而且他们对新环境的适应能力也稍差一些。这暗示年龄歧视法案特别优待了新公司，因为这些公司的职员中更小一部分人是受保护的群体（记住从 40 岁开始受保护），也因为（我已经指出过）法案在反对解雇方面的歧视比反对雇用方面的歧视更为有效。然而，抵消这一点的一个可能因素是遵从复杂法律中的规模经济效益问题。规模经济会对老公司而不是对新公司有利，因为新公司的规模通常比较小。

349

## 强制退休的经济学

　　我想更仔细地研究一下 1986 年雇用年龄反歧视法修正案的影响，1986 年修正案禁止在大多数职业里规定固定年龄的强制退休。世俗但重要的一点是，大多数工人希望在正常退休年龄时退休。少数人一定想继续工作，否则公司就用不着规定强制退休了。但是大多数希望继续工作的人可以和雇主商定一个双方都满意的继续工作的契约。[53] 如果商谈不成功，雇主可以和缓地利用更有利的提前退休待遇使雇员退休，即使在废除强制退休之后仍然如此。有人估计，在 1978 年修正雇用年龄反歧视法、将最低强制性退休年龄从 65 岁提高到 70 岁之前，只有 5%～10% 的退休工人是非自愿退休的。[54] 这可能是一个过高的估计。在修正案通过后的一年里没有出现 65 岁及以上受雇者比例

---

〔53〕　一般的论述参见，Robert L. Kaufman and Seymour Spileman, "The Age Structures of Occupations and Jobs," 87 *American Journal of Sociology* 827 (1982).

〔54〕　Philip L. Rones, "The Retirement Decision: A Question of Opportunity?" *Monthly Labor Review*, Nov. 1980, pp. 14, 15; 另参见 Joseph F. Quinn, Richard V. Burkhauser, and Daniel A. Myers, *Passing the Torch: The Influence of Economic Incentives on Work and Retirement* 85-87, 199 (1990).

稳健下降趋势中断的现象。[55] 雇主除了提供提前退休的胡萝卜之外，还可以挥舞这样一根大棒：他们可以要求工人更努力工作，这样一来工作更努力带来的负效用就会不均匀地落在老年工人身上，促使他们"自愿"退休。[56] 从实践角度看，工人很难成功地根据年龄歧视法挑战这种策略。

所以人们对此不会感到吃惊——1986 年的修正案除了使少数极可能坚持下去以得到更好提前退休待遇的工人大发横财外，别无任何作用。但就这一点我们也不能太确定。男性老人劳动参与率的下降趋势最终在 1985 年达到最低点，从此开始适度上升（见图 2.7）。妇女的上升幅度更大一些，但其意义很小。预料之中的是，不管有什么法律方面的变化，老年妇女的劳动参与率都会上升，这仅仅是最近几十年妇女大量参加工作的结果。但是可以相信的是男性老人劳动参与率的上升（至少部分）与废除强制性退休有关，当然我们还需要进一步的研究，区别出其他可能的致因。

1986 年的修正案可能对经济平等起到了负面的作用。从第 3 章中我们知道，教育会使年龄收入概况变得不平衡——在学习期间较低的收入可以由后来的更高工资来补偿——因此受过教育的工人收入高峰更晚一些，所以他比受教育少的工人更可能希望到老年还可以工作。这说明取消强制退休主要对受教育更多的人有利，他们也更可能是有能力的工人、工资收入也高过仅为收回他们更高人力资本投资所需要的水平。这进一步证明雇用年龄反歧视法案是倒退的。[57] 这种倒退是短期的，长期来看是中立的，因为从长远看，受教育多的人在早期工作时可能会接受更低的工资，以得到更长的（比他们的雇主所希望的更长的）工作机会。

让我们仔细研究一下强制退休的历史和基本原理。它到第二次世界大战

---

〔55〕 Rones，本章注〔54〕，第 15~16 页。随后的一项研究也证实，将最低强制性退休年龄提高到 70 岁的 1978 年修正法案没有对 65 岁及以上参与劳动力的人口比例有显著影响。Edward F. Lawlor, "The Impact of Age Discrimination Legislation on the Labor Force Participation of Aged Men: A Time-Series Analysis," 10 *Evaluation Review* 794 (1986).

〔56〕 Rones，本章注〔54〕，第 15 页。

〔57〕 参见，Edward P. Lazear, "Why Is There Mandatory Retirement?" 87 *Journal of Political Economy* 1261, 1281-1283 (1979).

之后才普遍开始。[58] 强制退休出现时恰好大公司开始出台给所有长期雇员全面提供养老金的规定。养老金计划和强制性退休一起保证了工人晚年不贫穷，而雇主也可以不用支付工作不再有效、但仍可能实际领取激励性报酬（用来防止他在工作最后期间偷懒）的工人。即使工人没有接受激励酬金，即使以契约来减少他的工资不会遇到什么障碍，[59] 与年龄相关的能力下降会减少工人的生产能力，最终到雇主替换他对雇主更为有利的地步。雇主可以解雇或迫使工人退休。在没有到一定年龄必须退休的规定的情况下，雇主必须做出成本很高、（对工人来说）具有羞辱性的决定，即这个工人已经不能有效工作、没有理由再留下来了。因为这与刺激性工资、工会保护，以及避免耻辱的考虑相关，所以，在一定年龄强制退休是和对老年工人有利的雇用契约和实践联系在一起的，与剥削老年工人或愚蠢的年龄歧视没有关系。[60]

351

　　强制性退休也可能减少雇主的代理成本（agency costs）（使雇员的积极性和雇主一致的成本）。当雇主掌握着非自愿退休的处理权，希望在正常退休年龄之后仍然工作的雇员就会想与管理自己的工头结成同盟，这就会破坏两种雇员（工头与工人）对雇主的忠诚。这种考虑可能会解释为什么联邦公务员系统是最早实行强制退休的机构之一。其目标是割断"个人关系与非正式联盟"，这在正式取缔政党分配制之后一直是公务员系统内部关系的特点。[61]

〔58〕　James H. Schulz, *The Economics of Aging*, ch. 3（5th ed. 1992）.

〔59〕　也许有，特别是如果这个工人签有劳资集体谈判协议时，工会希望雇主解雇工人的权限越小越好。所以人们不会惊奇地发现在废除强制退休之前，加入工会和强制退休是有很强的正相关关系的。Duane E. Leigh,"Why Is There Mandatory Retirement? An Empirical Reexamination,"19 *Journal of Human Resources* 512, 525（1984）.

〔60〕　不仅仅是经济学家意识到了这一点。参见 Carole Haber and Brian Gratton, *Old Age and the Search for Security: An American Social History* 108–109（1994）.也参见 Martin Lyon Levine, *Age Discrimination and the Mandatory Retirement Controversy*（1988）；其中有一个律师反对强制退休的论争有力的辩护状，对这种实践的经济学原理提出了质疑。

〔61〕　Graebner, 本章注〔2〕，第 87 页。

## 法官和教授的强制性退休

作为一个曾是教授、现为法官的人来说，我大约该为在本章专门用一节来讨论有关这两个著名的、职位终身的职业成员的强制退休问题而抱歉。但是我不认为这仅仅是出于自身利益促使我把它当作一个令人着迷的问题。

先从联邦法官极不寻常的退休制度开始，这个制度从未实行强制性退休。审判是一个轻松的工作，带来很多非金钱的收益，这使得不等式 4.2 中的 $I_o$ 对大多数法官来说都是正的，这就不会激励他们退休。由于将联邦法官免职是一件很麻烦的事情，[62] 所以几乎不可能弄走一个因为年老而无能的联邦法官。在某种意义上说是这样的。但是对联邦法官来说因年龄带来的无能力问题不是一个严重问题。第一，因为审判不是重活，除了死亡以外，衰老实际上是惟一使法官无法令人满意地（但不必是出色地）工作的因素。或者说，与年龄相关的司法能力下降曲线相对平缓，这样就减少了非自愿退休的社会收益。第二，通过第 8 章讨论的高级法官制度，联邦法官可以在得到全额工资（实际上他们纳税后纯收入增加了）的同时工作担子更轻。很少有法官能够拒绝这样的待遇。这里有这样一个隐蔽的问题：一旦法官接受了高级身份，他就处在其所在巡回审判区的司法委员会的控制之下，如果委员会认为他已经失去了最低限度的工作能力，它就可以减少老年法官的工作量或者将之削

352

---

[62] 宪法第 3 条允许法官"在行为端正期间"保留工作。如果这意味着只要他们没有严重犯罪或者行为不端（这是公开弹劾的条件）就可以继续工作，那么单是能力衰退（不构成道德上的缺点）能否成为甚至用弹劾的方法（更不用说除了弹劾之外的其他任何比弹劾更容易的方法）免职的理由则不清楚。参见 Melissa H. Maxman, "In Defense of the Constitution's Judicial Impeachment Standard," 86 *Michigan Law Review* 420 (1987). 国会试图这样回避这个问题：颁布准许每个联邦巡回法院的司法委员会（管理巡回法官的委员会）有证明某个法官已经没有资格、停止继续分配给他案件的权力的法规（28 U. S. C. § 372c）。由于不能免除法官的职务，这个程序可能违反了宪法第 3 条，尽管这个问题从未被明确解决。非正式的压力经常足以迫使一个因为年龄太大或其他原因而体力和精神上残障的法官退休。Charles Gardner Geyh, "Informal Methods of Judicial Discipline," 142 *University of Pennsylvania Law Review* 243, 284-285 (1993).

减为零（当然不会影响到他的工资）。这就是为什么不是所有的法官都在可以接受高级身份时就这样做的一个原因。但是大多数法官早晚会接受。结果是虽然没有强制退休，但也没有降低联邦判决的质量，可以想像这还可能提高了质量。理由是这样可以使联邦法官这一职业对那些认为自己老来仍有活力和工作能力的律师更有吸引力，同时也会减少因法官期望不当法官后的工作而带来的最后阶段的问题。当然如同其他半工一样，高级身份会使雇主更难弥补固定的劳动力成本，例如租借办公室（老年法官不会不要办公室或同别人共用办公室的），当然这些成本相对低；大多数法官还没有使用昂贵的设备进行工作。最后一点是，已经工作了 10 年、但还没到 65 岁最低退休年龄的法官如果完全残障也可以退休，得到全额工资。这根胖胖的胡萝卜使得挥舞强制残障人退休的大棒失去意义。[63]

我还没有准备好提出这样的观点——高级法官制度实际上比在一定年纪强制法官退休的制度更好。从第 8 章中我们知道，高级法官比一般法官的产出低。因为他们的工资是一样的，所以除非他们的司法意见书的平均质量更高（通常并不是这样），否则他们的工作能力就较低。但是我们应当将这种生产能力的降低，与对法官实施强制性退休制度会带来的成本（法官候选人的质量会降低且还会有最后阶段问题）相比较。这种比较（利用引用数量代表司法产出的质量）是可能的，因为州法官有不同的任期条款，但是据我所知这些条款从未被执行过。

联邦法官对高级法官身份制度的一般看法与我不一样，我的看法是这是强制性退休的一种替代措施。联邦法官里流行的看法是，高级法官在"免费"（除了工作人员和其他办公室成本外）工作，因为他们完全可以退休，领取全额工资。但是宪法中并没有要求让法官带全薪退休。慷慨的退休待遇，就像提前退休的慷慨建议一样，是在一个没有强制退休机制的情况下促使退休的

〔63〕 参见本章注〔62〕。

一种手段。[64] 当问题（考虑到宪法第 3 条的规定，不论这个问题多么地具有学术性）是建立强制退休机制是否更好时，就不能认为这种慷慨是应然的。

更早讨论的慷慨退休待遇对劳动力质量影响的问题在法官身上可能体现得更为尖锐。最有能力的人可能会尽早退休，以有机会私人开业赚钱；最差的人没有退休的动机，因为他们没有那种赚钱机会，而且在现实当中也不会被强制退休。关键的差别在于联邦法官的退休不是提前退休。联邦法官最早可能退休的年龄是 65 岁，在这个年龄上很少有法官在能够继续留下来做司法工作、拿全额工资但工作量大大减少的情况下，还有兴趣承受开业的压力和风险。限定条件（"当他们能够继续留下来……"）非常重要。如果他们能够继续工资不减地用部分时间从事审判工作的话，（尽管只有）少数法官会在 65 岁时自己开业，但如果取消这个条件，要开业的法官人数会更多，也许很多。

对学者强制退休的分析在广义上说与法官类似，尽管有几点重要的不同。[65] 学术工作是轻松的工作，会带来一些非金钱的收益，它会超过工作带来的任何非金钱的成本。这意味着，很多学者像法官一样不希望通常在退休年龄时退休。在优秀的研究型大学里（教学工作轻）更有可能这样。一项对学者在哪个年龄退休的多元研究发现，"艺术和科学领域的终身教授退休较晚，若他们的工作主要是研究，教学任务少，所教的学生好的话"[66]——用另外的话说就是，当工作的非金钱收益大、非金钱的成本小时。学校越好，就越可能具备上述的条件。所以人们一般都认为，取消强制退休主要只对相

---

[64] 司法退休制度的慷慨在起作用，这一事实不意味着它慷慨是因为它有作用。法官是公务员的一种，联邦公职人员被证明是一个有效的利益集团，例如得到不寻常丰厚的退休待遇，等等。Ronald N. Johnson and Gary D. Libecap, *The Federal Civil Service System and the Problem of Bureaucracy: The Economics and Politics of Institutional Change* 89-91, 112, ch. 6 (1994). 另外的一点是，因为公众对公职人员酬劳的不满集中在工资上，信息成本使参与选举的公众很难为整个报酬计划进行估价，立法机构有非工资收益和津贴（包括养老金）来补偿雇员的倾向。

[65] 有关对学者取消强制退休的非常重要的分析参见，Epstein, 本章注〔1〕, 第 459~473 页；另参见 Honan, 本章注〔42〕。有关赞同强制退休的观点参见 National Research Council, *Ending Mandatory Retirement for Tenured Faculty: The Consequences for Higher Education* (1991).

[66] Albert Rees and Sharon P. Smith, *Faculty Retirement in the Arts and Sciences* 23 (1991).

对少数的优秀研究型大学有显著意义。[67]

　　该项研究的作者们惊奇地发现，平均退休年龄与学院或者大学是否有强制退休没有关系。[68]他们不应对此感到吃惊。这一章的主题是雇主可以利用提前退休的方法来达到他所希望的雇员年龄结构。强制退休仅仅是一种方法。但是这些作者的样本中的每所私立大学（与公立大学或者公立、私立学院不同）都有强制退休的规定。这也不奇怪。由于在这些机构里（大多数精英研究大学是私立的，明显的都不是学院）超过"正常"退休年龄继续工作的非金钱净收益更大一些，所以提供足够大方的待遇，以此来促使老年教师提早退休的成本也会更大一些。

　　当然除非学术成绩会随年龄的增加而下降，否则就没有理由试图让老年教师退休。如果解雇能力下降的教师可行，那么强制退休或者提前退休的机制就不那么重要。这几点是相互联系的。

　　尽管比起联邦法官，终身学者更容易有理由地被免职，但这是一个无实际意义的论断。精英大学不那么担心学者们会完全无能。杰出的学者也免不了要上年纪，他们的能力和其他人一样会随年龄的增加而下降。但是因为杰出学者能力的下降起点很高，所以他们一般可以直到 70 多岁甚至 80 多岁仍有足够能力合格地工作。用以前章节中的曲线图来看，$m$（工作成绩巅峰）越高，在其他条件相当的情况下，一个人的工作表现与 $r$（工作所要求的最低能力）相交的时间就越晚。大学只有在需要雇请更年轻的或者正接近成绩巅峰而不是已经过了巅峰的人时，才会希望老年教师退休。在职人员不像潜在替换人员一样好，这不能成为非自愿解雇的常规"理由"；要说明"理由"，学校必须证实一个人没有能力、不道德或不顺从。[69]很少（当然也不是从来没有）需要用终身教职来防止更好的雇员被更差的雇员代替。终身教职除了

_____

〔67〕　例如参见 National Research Council，本章注〔67〕，第 38 页。
〔68〕　参见 Reese and Smith，本章注〔66〕，第 22~23 页。
〔69〕　例如参见，Drans v. Providence College, 383 A. 2d 1033, 1039 (R. I. 1978); Robert Charles Ludolph, "Termination of Faculty Tenure Rights Due to Financial Exigency and Program Discontinuance," 63 *University of Detroit Law Review* 609 (1986).

偶尔被政治上不受欢迎的人所追捧外，学者的终身教职的主要功能是使学者在自己能力下降到低于跃跃欲试取代他们的年轻学者时也不被解雇。

所以，每个终身教职契约中保留的出于合理原因可以解雇的规定对解雇老年教员而言，不会比用弹劾来解雇老年法官有更大作用。由于流体智力在研究能力中要比在审判能力中的作用更大，所以学者随年龄增加能力下降的速度比法官也更快，至少在更注重研究而不是教学的精英大学里是这样。另外老年和年轻学者之间的关系（还是特别在研究大学里）比起老年和年轻法官的关系也更是一种竞争的关系，老年学者赖着不走的目的可能就是要阻止雇用或提升年轻的竞争者。这就是反对将选择教员的权利委托给教员的一个理由。我们可以预计减少这种权利就是对废除强制退休的一个反应。

我们需要知道教师的工作成绩随年龄增加而下降的程度到底多大，因为这是了解取消强制学者退休的成本有多大的关键。当然程度的高低因不同领域而不同，这类似于我在第 7 章中讨论的创造力与年龄概况的关系。刚才提到的多元分析研究确认，在学术研究上有与年龄相关的下降，[70] 但是要注意这种下降始于 35 岁且是渐进的，在 65~70 岁之间下降很小。那些作者认为这令人欣慰。其实未必如此。65~70 岁成绩有点下降与 71~75 岁或者 71~80 岁的急速下降是并存的。该研究的样本没有包括足够的 70 岁以上的教授，从而没有对这个年龄组的成绩进行估计。用更年轻教师的成绩来推知更年老教师的成绩，这是颇有问题的。

如同其他雇主一样，大学能够通过吸引人的提前退休建议来将雇员的年龄结构调整到理想状态或接近理想的状态。在现行法律下法院系统没有这种灵活性。高级法官身份以及有关社会保障税和权利的规则对促进法官的退休有些作用，但大学可提供更丰厚的待遇给教师。这种做法给大学带来的长远成本不一定会很高（这和其他雇主的情况一样），因为在丰厚待遇下提前退休

---

〔70〕 Reese and Smith, 本章注〔66〕，第 70 页（图表 4-3）。类似的影响参见 Alan E. Bayer and Jeffrey E. Dutton, "Career Age and Research-Professional Activities of Academic Scientists: Tests of Alternative Nonlinear Models and Some Implications for Higher Education Faculty Policies," 49 *Journal of Higher Education* 259 (1977).

的前景会降低年轻教师对工资的要求。大学有 8 年的时间用于准备取消强制退休，可以在这一期间减少工资或津贴（或者减少对终身教授的工资或津贴增长的速度），以获得资金来让教员选择是否过了强制退休年龄后仍继续任职，这正是法律要求大学从 1994 年起必须做的。我没有注意到是否有哪个大学已经这样做了，尽管年轻教员意识到法律给予了他们一个有价值的选择，[71] 同时也可以预期他们已经意识到要为此付出代价。

因为缺乏准备，大学可能要像其他为雇用年龄反歧视法案逼迫废除强制退休制度的雇主一样，经历一度损失，这种损失表现在他们支付给教员的提前退休利益上，若双方事先商谈的话，教员的工资津贴一揽子收益就不会包括这类提高退休收益的预期价值。这个损失可能比其他受不断提高（最终取消）最低强制退休年龄法令影响的大多数雇主遭受的损失更大，因为终身教职会使大学很难对教员雇员发出解雇的威胁。取消教授的强制性退休制度的一个影响可能是带来废除终身学术任职的运动，以降低提前退休建议的成本，同时也潜在地抵消取消强制退休对精英大学教员质量的严重影响。可以回想一下前面的讨论，最好和最差的工人可能接受提前退休的建议——但是后者接受仅仅是因为如果他们不接受就可能有被解雇的危险，对有终身教职的教授这种危险很小。只有最好的教授有很强的提前退休的动机。最好的老教授一般是那些在研究方面仍然活跃的人，所以可能欢迎退休，以便有机会把更多时间用于研究。这些人对年轻人没有嫉妒心，不害怕被年轻人取代；他们严格认真，有自知之明，担心因待得太久而不受欢迎；他们在其他地方也能有吸引人的工作机会。最差的老教授不再进行研究，他们可能不喜欢教书，但他们也不可能有很多教学任务，因为学生们会躲开他的课；他们会喜欢搞一些阴谋诡计。这些人可能嫉妒心强，害怕与年轻人竞争，对自己水平的下降麻木不仁。他们在其他地方找不到好的工作机会。所以，学界废除强制退休会降低教员的平均质量（尽管可能只使精英大学教员的平均质量下降），除

---

〔71〕 Honan，本章注〔42〕，其中引用了一位历史系 33 岁的副教授的一段话，"我很高兴法律的这个变化，因为我自己可能不希望在 70 岁时退休。"

非废除终身教职制度。

　　禁止联邦法官强制退休只会带来不严重的社会问题。这不仅仅因为大多数决定不退休的法官在其他行业认为异乎寻常的高龄时仍有能力出色地干好自己的工作，不仅仅因为强制退休会给选择和激励法官带来相反的作用，也因为不会出现老年法官挡住年轻人提升的危险。法官不任命其后任，甚至很少会对后任之任命起什么大作用。

　　该是本书结束的时刻了。有关今天美国老年人所处地位有两种完全不同的观点。一种观点是，他们是——或者会是，如果没有大量政府制定的财富转移计划和其他调整计划的话——受压迫的阶层，和黑人、妇女或者同性恋者一样；他们是或者会是无处不在的"年龄歧视"的受害者，就像是人们认为的恶毒的、让人气愤的种族歧视、性别歧视或者同性恋憎恶的受害者一样；他们是有关老年人的精神和体力能力的错误成见的受害者，这使他们被年轻人和自己憎恶，因此被排斥在工作之外。相反的观点是，老年人是被尽量满足的寄生虫，他们不承认衰老的现实，自私地利用他们不相称的政治力量，吸吮着国家的财富，用来支持自己过多要求丰厚的养老金和过度的医疗费用，使国家陷入老年人统治的停滞和平庸。[72]本书快要结束时的几章以及更前面的章节里的讨论说明，这两种极端的观点都站不住脚。有证据说明确有会以不同速度影响每个人的所谓衰老过程，它给老年人和青年人之间带来明显的、通常和职业有关的体力和精神差异，这比其他任何已知的与职业相关的男女之间、白人和黑人之间或者不同性别取向的人们之间的基本能力差异更引起人们的兴趣。如同我一直强调的，出于一些目的，年轻自我和年老自我可能不是同一个人，他们之间被利他主义和个人身份联系在一起，这种联系比将其他关系中的主导者和从属者联系起来的纽带要紧密得多，因此很难说他们之间的关系是相互歧视的。所以（有进一步的理由说明大多数人对家庭中老

---

　　〔72〕　有关这两种不同的观点，可比较地参见以下的文章：Howard Eglit, "Health Care Allocation for the Elderly: Age Discrimination by Another Name?" 26 *Houston Law Review* 813 (1989); Eglit and Jan Ellen Rein, "Preserving Dignity and Self-Determination of the Elderly in the Face of Competing Interests and Grim Alternatives: A Proposal for Statutory Refocus and Reform," 60 *George Washington Law Review* 1818 (1992).

年成员的尊敬和关爱似乎有一种遗传学的基础）将年轻人和老年人放在一个
"我们—他们"的对立位置上借此来解释对老年人的歧视，或者从诸如强制退
休这样不同的并表现为——仅仅是表现为——对年轻人更为有利的政策推断
为一种歧视，都很难说是合理的。在很多领域里，特别是在那些流体智力比晶
体智力对成功更为重要的创造性很高的领域里，能力随年龄衰退是非常快的。
若假装情况并非如此，或者将罕见的特例当作一般规则，都是感情用事的行为。

　　很多有关衰老和老年的流行错误观点只是因为研究方法上的错误，首先
是没有修正选择或者记忆偏见。有研究展示，老年工人和年轻工人一样好，
所以雇主通常更喜欢使用年轻而不是老年工人的做法是非理性的——是"年
龄歧视"。这种研究忽视了这样一个事实：雇主已经解雇了那些工作达不到标
准的老年工人。雇主留下来的人不能代表他们同龄人的平均能力。更广泛的
一点是，不矫正这些选择偏见就可能会使观察者夸大老年人的能力，也就是
错误地用一个年龄组中的特殊成员代表这个组的平均成员，从而从本不存在
歧视之处看到歧视。

　　因此我们的老年人不是受害的阶层。我们已经看到，早在现代对年龄友
好的社会福利立法时期（始于 1935 年的社会保障条例）之前他们就不是受害
者。似乎歧视老年人的一些做法，例如在一定年龄强制退休或推迟养老金权
利——这些法律要求改变但效果甚微的一些实践——具有很强的效率方面的
正当理由，只有很少或没有任何不公正的迹象。今天至少（至少在这个国家
里）老年人一般是非常富有的。这并不是要否认存在着错误诋毁老年人的成
见，例如说他们是无性别者（sexless），或是马路上的讨厌鬼。我在本书中尽
力消除这种成见。然而我揭穿的荒诞说法越多，我就越像在提供一些凭证，
说明老年人确实是受害者，如果不是歧视行为也至少是歧视态度的受害者，
就像这个国家的犹太人或亚洲人一样。但是对自己以外的与其可能很少正面
接触的团体有误解，这种情况是无处不在的，这些误解是信息成本为正且常
常很高这一事实的一个不难理解的产物。很难看出当前这些有关老年人的误
解是如何或在哪里伤害了老年人。雇主有实际利益去了解雇员和潜在雇员的

359

能力，没有令人信服的证据说明在保护性立法大潮到来之前，雇主是在系统
地低估老年人的价值或是在剥削、虐待他们，例如推迟养老金的既定享受权。
我当然不否认有零星错误和虐待现象的存在。被忽视的一点是，关于人的信
息成本可能导致对相关人的质量估计过高或过低。出于第9章讨论的有关遗
传学的原因，人们很可能夸大通常与老年人相关的智慧和其他好品质，他们
把老年人的这些好品质放在了没有这些品质的老年人身上——由于统计歧视
的反用和对选择偏见的无视之故。[73]

现今美国的老年人没有得到他们以前所有的尊敬和关爱，这可能是真实
的。他们在物质和健康方面一般比他们以前要好，这样的事实有其不利的一
面：他们更少是吸引人的救济和关心的对象。用另外的、更确切的说法来说
就是，受欢迎度的丧失是美国老年人为他们的富有和政治影响所付出的（可
能大多数情况下是心甘情愿的）成本。人口统计方面的变化——出生率和死
亡率的降低，后者多是老年人收入更高、但最主要是医学技术发展的结果——
大幅度地增加了老年人口的相对和绝对数量。他们不再那么稀有，所以价值
也更小。更为重要的大约是社会的变化，包括大众教育和社会、经济、技术
的变化——增加着美国社会的推动力——降低了老年人的记忆、智慧和经验
的价值。

但是我们必须牢牢记住，若说老年人不像以前那么受人尊敬的话，那么
他们确实比以前富有很多。以前当他们不那么富有时，他们得到更多的尊敬；
当他们变得富有后，对他们的尊敬也减少了。双方保持了平衡。美国的老年
人现在不是也从未是脆弱和被社会遗弃的阶层，他们也从不是寄生阶层。他
们更多参与选举，比其他年龄组有更大的政治力量，但是我们又证明压缩向
老年人的财富转移是可行的，条件是要为这种压缩安排一个较长的过渡期。
在老年人需要的支持与年轻人愿意为这种需求提供支持之间有一个自然的但
不一定是最佳的平衡。成百亿转让给老年人的美元出自联邦政府的资金，使

---

[73] 有关在我们社会里有利于老年人的成见的证据参见 Mary Lee Hummert et al. , "Stereotypes of the Elderly Held by Young, Middle-Aged, and Elderly Adults," 49 *Journal of Gerontology* P240 (1994).

人对代际之间的重新分配印象深刻，但这是一个误导的标志；它们不是净数
字。在某种程度上它代替了年轻人会通过为退休后更多储蓄而自愿转让给他
们的年老自我的那部分资金。在某种程度上它补偿了老年人为教育子女一代
的花费，并将可能成为成年子女沉重负担的照顾老年人的任务转换成了现金。
在某种程度上它又反映在我们每个人内部的年轻自我和年老自我的各自主
张之间无法消除的紧张关系。在某种程度上它只是反映了出生率和死亡率的
下降，这两种下降的合力将抚养人口的重心从被抚养的年轻人移向被抚养的
老年人，但实际上并没有增加净抚养人口，尽管这一平衡得以保持的部分原
因是，妇女参加工作的比例增加了，这增加了工作者的人数，也间接地减少
了孩子的数量。

在老年人医疗方面以及用于延长老年人寿命的医学研究方面的巨大费用，
并没有因为老年人至多只有相对几年的剩余生命而白白浪费。他们和年轻人
一样害怕死亡。然而，我们确实可以批评联邦医疗保险对这些花费的补贴，
因为这种补贴让老年人得到了超过他们"真正"需求的医疗保健，指定用于
某种特殊服务，与补贴接受者可用来购买自己喜欢的任何东西的现金补贴不
同，是一剂鼓励人们过度利用补贴的药方。正如这一例子所显示的，即使是
有关老年法律影响经济的最不祥预测也是没有事实根据的（我就是这样认为
的），我们对老年人的政策也不一定全是正确的。在很多例子中，联邦养老金
法律的制定（ERISA）似乎针对了很多并不存在的问题，其实施成本（虽然
总的来说不过分）似乎没有带来任何收益。雇用年龄反歧视法案是一个特别
不光彩的、以年龄歧视为假想敌的冒险行动，这不仅仅是因为大多数老年人
已经退休，已经在法案保护范围之外。法案还可能以各种形式带来一些长远
影响。人们可以很容易地、可能以不太大的长期成本来避免受这个法案的控
制：通过提出提前退休的建议（在这个意义上可说它是自筹资金，像其他的
小额优惠一样，这些钱最终是由工人自己以更低的工资形式来支付的），通过
避免雇用老年工人（这样做似乎只会有很小的法律危险），通过解雇不想要的
老年工人时（通过仔细设计的减少劳动力的计划）搭配一些雇主还未大量投

资公司特定人力资本的年轻工人。这就说明这个法案对老年人没有什么太多好处（会有一些害处），对其他人也没有什么害处，只是该法案废除的强制退休可能会对精英大学有影响。但是这个特殊的伤痛部分是自找的，因为大学没有利用给予他们的丰厚的过渡期间，将这笔成本转移到教员身上。从雇主的立场看，将提前退休作为一种方法智胜年龄歧视法的妙处在于，从长远说，雇主可能可以使接受提前退休的人在年轻时就开始自付这笔费用。

我说过我们社会把老年人描绘成受害者或剥削者都是不确切的。我强调的多重自我的观点提出了第三种可能性的考虑：生命的延长使得自我这一整体遭受不断增加的压力。生命后期增加的那些岁月是能力下降的岁月，也一般是健康衰退、效用减少的岁月。年轻人是明白这些的，他们可能不想为这些未来的生命岁月提供丰厚的储蓄，这就好比是他们可能不想为可能发生的严重伤残做什么准备一样。但是当他们老了以后，他们的观点可能会有变化。他们想活下去（当然不是所有人，但是绝大多数人），不仅仅是而且也不主要是因为他们的政治力量之故，使社会不会弃他们不管，哪怕照顾他们并满足他们的医疗需求的成本非常高。为这些成本筹资成了政治上的难题，因为年轻人拒绝以被迫交纳税金或储蓄来达到他们年老自我需要的资金水平，或者达到当前老年人需求的水平。多重自我的分析没有指出解决这种难题的办法；相反，它说明了为什么很难制定出一种解决问题的办法。

越来越长时间的老年所带来的效用的减少本身就是一个值得关注的问题。功利主义从哲学家那里得到的全部武装都没有使一般个体（平均之上的个体甚至哲学家的个体）赋予幸福的重要性发生太多的降低。如果老年更幸福，年轻自我和年老自我之间的紧张就会少一些，这会使得资助老年人更容易一些。把用于研究老年妇女疾病的资金重新分配到研究男性老人疾病的、把用于研究老年人致命疾病的经费拨一些给非致命疾病的研究，我们有可能（但不必定能）使老年人更幸福一些。

我们有忽视下面事实的危险：生命后期增加的岁月——对大多数人来说是"低价值"、高医疗花费的岁月——是收入的增加、预防性医学和医疗技术进步的副产品，它们延长了中年的时间，所以改变了中年和老年的界限。老年开始得更晚，持续的时间更长，"开始得更晚"意味着低价值、高医疗费用的生命在变成高价值、低医疗费用的生命，前面一种生命又被往后推迟到了生命后期。当计算了所有成本和收益后，我们就失去了作出这样结论的坚实基础：人口老龄化已经或在可预见的未来将是美国人民整体福利净减少的来源。

所以我以乐观的调子结束本书，但是社会预言不是本书的主要目的。我主要试图基于人力资本经济学家的创新贡献，系统地阐述人类衰老和老龄的经济学理论，作这种阐述时我也参考了经济学以外其他领域的研究，包括从古今关于人的想像力的文学和哲学到认知心理学、医学和进化生物学。这个理论使用了比人力资本经济学家使用的更为广义的衰老概念。这是一种强调衰老过程的概念，它提供了一种简单但现实的框架，用来理解与年龄相关的各种态度和行为。这种概念加大了理性选择的范围，使之扩大到我们为老年所作选择和老年时所作的一些选择，这些选择对我们中的某些人来说还包括什么时间死亡的选择。这至少是我的抱负。我认识到这个主题很广阔，与之相关的社会、经济、医学背景都在急速变化，我自己的学识、方法和时间的限制都有可能使我达不到自己的目的。如果是这样的话，请将此书作为起点而不是终点，或将其作为在经济学引导下进行多学科探讨有良好前景的一个例证，或者甚至将其仅仅作为利用更好的社会科学迎接现代性挑战（我们急速老龄化的人口就是其中之一）的一张请柬。

363

# 索　引

Accidents and accident avoidance，事故和防止事故，111 注，115-116，127；accident rate of elderly drivers，老年驾驶员的事故率，122-127；care versus activity-level responses，谨慎对事故水平的反应，123-124，126，306；seatbelt use by elderly，老年人使用安全带，307。又请参见，Driving，Tort law

Addiction，成瘾，116。又请参见，Habit

Adjudication，裁决，116。请参见，Judges

Adoption，领养，adult（领养）成人，209

Age discrimination，年龄歧视，7，319-357；"animus"，恶意，320-322；statistical，统计，322-328，359-360。又请参见，Age Discrimination in Employment Act，Social status of elderly

Age Discrimination in Employment Act，雇用年龄反歧视法案，319-357，361；abolition of mandatory retirement by，废除强制性退休，319，349-357；age versus salary discrimination，年龄歧视与工资歧视，336-337；aggregate economic effects of，总体的经济影响，347-349；and A-mericans with Disabilities Act，美国残疾人法案，338-339；asymmetric stakes of parties，当事人的利益不对称，337-338；awards of attorneys' fees under，律师费奖励，331-332，338；damages in cases under，有关案件的损害赔偿金，329-335；effects of，其影响，328-357；differential effects of on large versus small firms，对大公司和小公司的不同影响，348-349；discrimination by public versus private employers，公共和私人雇主的歧视，334-335，351；hiring cases，雇工案件，320-333；incidence of costs of compliance with，根据法令的费用影响，346-347；percentage of elderly plain-tiffs，老年原告比例，328；politics of，有关政策，346-347；redistributive effects of，再分配影响，346-347，350；reduction in force（RIF）cases，裁减人员的案件，331，336，341-342；"smoking-gun" evidence，确凿证据，335-336；who sues，by age and occupation，年龄、职业起诉人，345-346

Age grading，年龄等级，7，62 注；as method of sorting workers to jobs，作为挑拣工人的办法，208；in modern society，在现代社会，219，322-324

Age-cohort effects，同龄人的影响，136 注，151

Age-earnings profile，年龄-收入概况，52-

版权登记号：图字 01-2022-4387 号

**图书在版编目（ＣＩＰ）数据**

衰老、老龄与法律/（美）理查德·波斯纳著；周云译.—北京：中国政法大学出版社，
2023.9
  书名原文：AGING and OLD AGE
  ISBN 978-7-5764-0618-4

  Ⅰ.①衰… Ⅱ.①理… ②周… Ⅲ.①老年人权益保障法－研究 Ⅳ.①D912.7

中国版本图书馆 CIP 数据核字(2022)第 156051 号

-------------------------------------------------------------------------------------------------------------------

出 版 者  中国政法大学出版社

地  址  北京市海淀区西土城路 25 号

邮寄地址  北京 100088 信箱 8034 分箱  邮编 100088

网  址  http://www.cuplpress.com (网络实名：中国政法大学出版社)

电  话  010－58908285(总编室) 58908433（编辑部）58908334(邮购部)

承  印  北京中科印刷有限公司

开  本  720mm×960mm  1/16

印  张  25.5

字  数  364 千字

版  次  2023 年 9 月第 1 版

印  次  2023 年 9 月第 1 次印刷

定  价  96.00 元